Martin Heidegger · Zollikoner Seminare

Martin Heidegger

Zollikoner Seminare

Protokolle – Zwiegespräche – Briefe

Herausgegeben von Medard Boss

KlostermannRoteReihe

Bibliographische Information der Deutschen Nationalbibliothek

Die Deutsche Nationalbibliothek verzeichnet diese Publikation in der Deutschen Nationalbibliographie; detaillierte bibliographische Daten sind im Internet über *http://dnb.dnb.de* abrufbar.

4. Auflage 2021
3., um Register ergänzte Auflage 2006
2. Auflage 1994

© Vittorio Klostermann GmbH · Frankfurt am Main · 1987
Alle Rechte vorbehalten, insbesondere die des Nachdrucks und der Übersetzung. Ohne Genehmigung des Verlages ist es nicht gestattet, dieses Werk oder Teile in einem photomechanischen oder sonstigen Reproduktionsverfahren oder unter Verwendung elektronischer Systeme zu verarbeiten, zu vervielfältigen und zu verbreiten.
Gedruckt auf Eos Werkdruck von Salzer,
alterungsbeständig nach DIN ISO 9706.
Druck & Bindung: Hubert & Co., Göttingen
Printed in Germany
ISSN 1865-7095
ISBN 978-3-465-04576-2

INHALT

Vorwort zur dritten Auflage	VII
Vorwort	IX
Inhaltsübersicht	XXI
I Zollikoner Seminare (1959–1969)	1
II Zwiegespräche mit Medard Boss (1961–1972)	193
III Aus den Briefen an Medard Boss (1947–1971)	297
Schlußwort	363
IV Register	370

ABBILDUNGEN

Martin Heidegger im Zollikoner Seminarraum
1965   nach S. 84

Martin Heidegger und Medard Boss im
Zollikoner Seminarraum 1965   nach S. 244

Martin Heidegger und Medard Boss im Zwiegespräch auf dem »Feldweg« in Meßkirch 1963   nach S. 324

VORWORT ZUR DRITTEN AUFLAGE

Dieses Buch verdankt seine Entstehung einem Wunder, das sich 1947 ereignete. Darauf wird im Vorwort von Medard Boss zur ersten Auflage im Jahre 1987 hingewiesen. Der Leser kann heute den neu aufgelegten Band zur Hand nehmen, obwohl beide, der Autor und der Herausgeber, durch das Tor des Ewigen gegangen sind – Martin Heidegger 1976, Medard Boss 1990.

Der Leser braucht nicht, wie Medard Boss, der Arzt, mutig die Grundlagen seiner eigenen Wissenschaft in Frage zu stellen und beim Philosophen Rat für einen tragfähigeren Boden des ärztlichen Denkens und Tuns zu erfragen.

Die Veröffentlichung wendet sich auch an einen weiteren, nicht nur fachspezifisch philosophisch interessierten Leserkreis. Er erfährt vom Hintergrund von Entwicklungen, die mit dem ersten Brief von Medard Boss an Martin Heidegger im Jahre 1947 begannen, vom Schokoladepäckchen bis zum subtilen Ringen um das zureichende Verstehen des Seins und des Wesens der Daseinsanalyse. – Eingewirkt in dieses Gewebe vielfältiger Fragen und Antworten – Reden und Gegenreden – ist der Aufruf zur Sorgfalt gegenüber dem Eigen-Sinn der Phänomene.

Die Zollikoner Seminare werden getragen von Freundschaft und sind geschrieben in zwei Handschriften: einem geistigen Kinde gleich, das sein eigenes Leben gefunden hat und sich auch in fremde Sprachen übersetzt verbreitet. –

Auf dem Umschlag steht vor allem Martin Heideggers Name. Wer nun aber Medard Boss mit jenem chinesischen Zoll und seinem Zöllner zusammendenkt, erinnert sich der 13. Strophe einer »Legende«* von Bertolt Brecht, wie sie jedes Zürcher Schulkind seinem Lesebuch entnehmen kann:

»Aber rühmen wir nicht nur den Weisen,
Dessen Name auf dem Buche prangt.
Denn man muß dem Weisen seine Weisheit erst entreißen.
Darum sei der Zöllner auch bedankt.
Er hat sie ihm abverlangt.«

In Liebe und Erinnerung an Medard Boss und Martin Heidegger wird dieses Buch in dritter Auflage auf seinen weiteren Weg geschickt.

Die Zollikoner Seminare erscheinen nun neu mit der Beigabe eines Registers, das sich Herrn Dr. med. Klaus-Henning Gypser aus Glees verdankt. Es wird der weiteren Verbreitung des Bandes und seinen Lesern in aller Welt hilfreich sein.

Zollikon, Sommer 2005　　　　　　　Marianne Boss-Linsmayer

---

* »Legende von der Entstehung des Buches Taoteking auf dem Wege in die Emigration«

VORWORT

Dieses Buch verdankt seine Entstehung dem Wunder, daß Martin Heidegger, der jährlich Hunderte von Briefen aus aller Welt empfing und nur wenige beantwortete, schon meine ersten an ihn gerichteten Zeilen einer überaus liebenswürdigen Entgegnung würdigte. Das war kurz nach Kriegsende im Jahre 1947. Zu diesem Ereignis gehört indessen eine jahrelange Vorgeschichte.

Wie alle psychisch und physisch nicht angeschlagenen Schweizermänner hatte ich die ganze Zeit des Krieges über aktiven Militärdienst zu leisten. Immer wieder wurde ich im Laufe jener Jahre aus meiner zivilen Arbeit als Dozent und Psychotherapeut für Monate herausgerissen und als Bataillonsarzt zu einer Gebirgstruppe der Schweizer Armee versetzt. Wie es die Truppenordnung der Schweizerischen Armee vorschreibt, waren mir nicht weniger als drei Assistenzärzte zugeteilt. Die Truppe, die ich zu betreuen hatte, bestand aus einer kräftigen, arbeitsgewohnten Gebirgs- und Landbevölkerung. Deshalb war ich die ganze lange Militärdienstzeit über nahezu arbeitslos. Zum ersten Mal in meinem Leben packte mich ab und zu die Langeweile. In ihr wurde mir das, was man ›Zeit‹ nennt, problematisch. Ich fing an, über dieses ›Ding‹ eigens nachzudenken. Ich suchte Hilfe in all der mir zugänglichen einschlägigen Literatur. Zufällig kam mir dabei in einer Tageszeitung eine Notiz über Martin Heideggers Buch »Sein und Zeit« in die Hände. Ich stürzte mich auf diese Schrift, mußte indessen feststellen, daß ich von ihrem Inhalt kaum einen Satz verstand. Fragen über Fragen wurden in diesem Buch aufgeworfen, denen ich in meiner ganzen naturwissenschaftlich ausgerichteten Erziehung noch nie begegnet war. Beantwortet wurden sie vornehmlich durch Hinweise auf neue Fragwürdigkeiten. Enttäuscht legte ich auch dieses Buch, erst halb gelesen, auf die Seite. Doch sonderbarerweise ließ es mich nicht in Ruhe. Immer wieder mußte ich es hervorholen und von neuem mit seinem Studium beginnen. Diese erste Zwiesprache mit Martin Heidegger überdauerte das Kriegsende. Sie weitete sich zunächst aus auf Nachforschungen über die Person dieses Autors. Die Auskünfte waren fürs erste verheerender Natur. Von ernsthafter philosophischer Seite wurde mir nur immer von jeder weiteren Beschäftigung mit Martin Heidegger und seinem Werk abgeraten. Das stets wiederkehrende Argument dieser Warnungen bestand vorwiegend aus der Kennzeichnung von Martin Heidegger als einem typischen Nazi-Mann.

Indessen wollte dieses Schimpfwort ganz und gar nicht zu dem passen, was mir beim Lesen von »Sein und Zeit« begegnete. Vielmehr ahnte ich zunächst mehr, als daß ich es streng denkend hätte nachvollziehen können, daß in diesem Werk grundlegend neue, unerhörte Einsichten in das menschliche Existieren und seine Welt zu Worte kamen. Zwar sagte mir mein Verstand mit all dem in ihm verpackten psychiatrischen Wissen, daß der Genialität des Denkens eines Menschen sein soziales Verhalten, das politische mit inbegriffen, keinen Abbruch zu tun brauche. Doch hätte ich es nicht über das Herz gebracht, mich mit einem Menschen persönlich abzugeben, dem konkrete Gemeinheiten gegenüber seinen Mitmenschen hätten nachgewiesen werden können. Deshalb begann ich unmittelbar nach Kriegsende, sowohl bei den französischen Besatzungsbehörden als auch bei den obersten Instanzen der Universität Freiburg i. Br. im Rahmen des mir damals Möglichen, Nachforschungen über Martin Heidegger anzustellen. Beides erbrachte mir aber schließlich die Gewißheit, daß Martin Heidegger wohl während einer kurzen Anfangszeit manche ›weltfremde‹ Verkennungen und Mißverständnisse unterlaufen waren. Er hatte zunächst allen Ernstes geglaubt, daß Hitler und dessen Massen einen Wall gegen die hinter ihnen heranbrausende Woge geistiger Nacht in Gestalt des politischen Kommunismus aufzubauen imstande sein könnten. Doch von einer konkreten wissentlichen Gemeinheit seinen Mitmenschen gegenüber kam nichts an den Tag. Und wenn ich mich bemühte, mir selbst gegenüber absolut ehrlich zu sein, mußte ich zugeben, nicht beschwören zu können, daß ich – vorausgesetzt, ich hätte in den gleichen damaligen umweltlichen Verhältnissen wie Martin Heidegger existieren müssen – nicht auch das Opfer analoger Irrtümer hätte werden können. Dies, obgleich ich damals aus meiner schweizerischen Perspektive eindeutig antihitlerischer Gesinnung war und keinen Augenblick in meiner Bereitschaft schwankte, im Notfall als Soldat meinen Mann bis zum Letzten gegen deutsche Invasoren zu stehen.

Andererseits kam bei Nachforschungen deutlich genug zum Vorschein, daß Martin Heidegger der am gründlichsten verleumdete Mensch war, der mir bisher begegnet war; verstrickt in ein Lügennetz vieler seiner Kollegen. Die meisten von denen, die der Sache des Heideggerschen Denkens nicht ernstlich etwas anhaben konnten, versuchten dem Menschen Heidegger durch persönliche Attacken beizukommen. Rätselhaft blieb nur, weshalb sich dieser gegen die Verleumdungen nicht öffentlich zur Wehr setzte. Gerade diese erstaunliche Wehrlosigkeit in Sachen der eigenen Person wurde mir jedoch zum Ansporn, nach Kräften zu seiner Verteidigung anzutreten.

Jedenfalls lag für mich vom Jahre 1947 an kein zwingender Grund mehr vor, der mich von einem ersten persönlichen Annäherungsversuch hätte abhalten können. Ich als Arzt schrieb dem Philosophen einen Brief, in dem ich ihn um denkerische Hilfe bat. Groß war mein Erstaunen, als dann postwendend eine Antwort eintraf. Darin erklärte sich Martin Heidegger in freundlicher Weise bereit, alle ihm mögliche Hilfe zu leisten. Zunächst folgte ein Schriftwechsel, aus dem bis zum Tode des Denkers eine Sammlung von 256 Briefen entstand. Über

50 Kartengrüße schickte er außerdem, wenn immer er auswärts war.

Sobald die Landesgrenze wieder einigermaßen durchgängig war, kamen regelmäßige persönliche Hausbesuche und Gegenbesuche zustande. Schon bei der ersten Begegnung in Martin Heideggers Berghütte in Todtnauberg im Sommer 1949 hatte sich zwischen Martin Heidegger und mir auf den ersten Blick eine gegenseitige mitmenschliche Sympathie eingestellt. Nach und nach reifte sie zu einer herzlichen Freundschaft. Das wesentlichste Motiv zur raschen Antwort auf meinen ersten Brief wurde allerdings erst viel später verraten. Martin Heidegger – so gestand er selbst einmal – erhoffte sich von Anfang an viel von einer Verbindung mit einem Arzt, der sein Denken weitgehend zu verstehen schien. Er sah die Möglichkeit, daß seine philosophischen Einsichten nicht nur in den Stuben der Philosophen steckenblieben, sondern viel zahlreicheren und vor allem auch hilfsbedürftigen Menschen zugute kommen könnten.

Von der Zeit an allerdings, da erstmals Seminare in die ganz privaten Hausbesuche Martin Heideggers bei mir eingebaut wurden, dachte noch für manches Jahr niemand an deren wörtliche Protokollierung, noch gar an eine spätere Drucklegung dieser Protokolle. Ich hatte es zunächst nur nicht in Ordnung gefunden, daß ich allein Nutznießer vom häufigen Umgang mit dem großen Denker sein sollte. Darum lud ich vom Jahre 1959 an jeweils anläßlich der meist 14 Tage dauernden Hausbesuche Martin Heideggers in Zollikon 50-70 Kollegen und psychiatrische Studenten zu Seminaren in mein Zollikoner Haus ein. Martin Heideggers Hausbesuche in Zollikon fanden zwei- bis dreimal pro Semester statt. Nur gelegentlich machten meine mehrmonatigen Auslandsaufenthalte größere Abstände unvermeidlich.

An zwei Abenden pro Woche opferte jeweils Martin Heidegger den Gästen je drei Abendstunden. Den ganzen Tag vorher pflegte er sich sehr sorgfältig auf diese Seminare vorzubereiten. Es war ihm hoch anzurechnen, daß er, unbeschadet seiner Verachtung für die psychologischen und psychopathologischen Theorien, die unsere Köpfe füllten, die an eine Sisyphosarbeit gemahnende Aufgabe auf sich nahm, während eines vollen Jahrzehnts im Rahmen der inzwischen weitherum berühmt gewordenen »Zollikoner Seminare« meinen Freunden, Kollegen und Schülern ein tragfähiges geistiges Fundament für unser ärztliches Tun und Lassen zu vermitteln. In der unermüdlichen, nie erlahmenden Geduld und Langmut, mit der er diese Unternehmung bis an die Grenzen seiner physischen Möglichkeiten durchhielt und erfüllte, liegt der unerschütterliche Beweis für die Größe von Heideggers eigener Mitmenschlichkeit vor. Mit diesem seinem Verhalten unserem Zollikoner Kreis gegenüber belegte er, daß er von der höchsten Form der Mitmenschlichkeit, der selbstlos liebenden, den Anderen für sich freigebenden *vorausspringenden Fürsorge* nicht nur zu sagen und zu schreiben wußte, sie vielmehr auch in exemplarischer Weise zu leben bereit war.

Die Reihe der Seminare begann am 8. September 1959 mit einem Vortrag Martin Heideggers im Großen Hörsaal der Psychiatrischen Universitätsklinik von Zürich, »Burghölzli« genannt. Indessen erwies sich diese Ortswahl als wenig glücklich. Der frisch renovierte Hörsaal war so hochmodern technifiziert worden, daß seine Atmosphäre schlecht zu Martin Heideggers Denken paßte. Darum wurde schon das rasch folgende zweite Seminar in mein Haus in Zollikon verlegt. Alle nachfolgenden Seminare blieben dort, ein volles Jahrzehnt über. Erst von 1970 an ließ es mir mein ärztliches Gewissen nicht mehr zu, bei den nun altershalber rasch abnehmenden physischen Kräften Martin Heideggers, ihm länger die großen Anstrengungen seiner Zollikoner Seminare zuzumuten. Seine Denkhilfe erbat ich mir von da an nur noch brieflich oder holte sie mir bei Besuchen in Martin Heideggers Heim in Freiburg.

Volle vier Jahre dauerte es vom Beginn der Seminare an, bis mir ein Licht aufging und ich inne wurde, daß in deren

Verlauf aus Martin Heideggers Munde Einsichten zu vernehmen waren, die so nirgends sonst gehört werden konnten. Mißerfolge beim Protokollieren der Seminare durch Studenten zwangen mich rasch, die Protokollführung in die eigenen Hände zu nehmen. Schon vom nächsten Seminar an protokollierte ich selber wortwörtlich jede Äußerung Martin Heideggers nach. Unmittelbar darauf pflegte ich das Stenogramm auf ein Tonbandgerät zu diktieren. Von dort aus übertrug es meine Sekretärin in Schreibmaschinenschrift. Diese Protokollentwürfe wurden darauf regelmäßig Martin Heidegger nach Freiburg nachgesandt. Er korrigierte sie mit größter Sorgfalt, fügte da und dort kleinere, gelegentlich auch größere Ergänzungen in seiner deutschen Handschrift hinzu und ließ sie – so korrigiert und ergänzt – an mich zurückgehen. Die durch Martin Heidegger eigenhändig korrigierten und damit von ihm auch voll autorisierten Protokolle in Reinschrift ließ ich schließlich vervielfältigen, damit jeder Seminarist eine Unterlage und Vorbereitungsmöglichkeit für das nächste Seminar in den Händen hatte.

Einige der Seminare wurden so protokolliert, daß aus der Aufzeichnung auch für den Leser offenkundig werden muß, wie unendlich mühsam sich zu Anfang diese Seminare gestalteten. Mit aller Deutlichkeit kommt dabei in den durch lange Schweigepausen auseinandergehaltenen Reden und Gegenreden zum Vorschein, daß die meisten von Martin Heideggers Fragen den naturwissenschaftlich geschulten Ärzten überhaupt noch nie als Fragen begegnet waren. Viele der Teilnehmer schienen geradezu schockiert und empört darüber zu sein, daß man so zu fragen sich erlaubte. Hinzu kam, daß auch ich selbst zu Anfang der Seminare Ende der fünfziger Jahre erst anfängerhaft das Denken Martin Heideggers nachzuvollziehen in der Lage war. Deshalb vermochte ich nur geringe Hilfe bei der Überwindung der Gesprächsstockungen zu leisten. Des öfteren riefen diese Seminar-Situationen die Phantasien wach, es würde erstmals ein Marsmensch einer Gruppe von Erdbewohnern begegnen und sich mit ihnen verständigen wollen.

Heute, mehr als zwanzig Jahre nach den ersten Zollikoner Seminaren, scheint dieser Vergleich arg zu übertreiben. Gewiß sind inzwischen einige der charakteristischen neuen Worte Martin Heideggers, wie etwa das Reden vom *In-der-Welt-sein* oder von der *Sorge*, vertrauter geworden. Das eine oder andere von ihnen ist doch bereits bis in sehr alltägliche und anspruchslose illustrierte Zeitungen vorgedrungen. Ob es sich dabei allerdings um eine echte Vertrautheit im Sinne eines tiefgängigen Verstehens ihres Sinnes handelt oder bloß um eine eher oberflächliche Angewöhnung des Ohres, ist dabei noch nicht entschieden. Jedenfalls ist die gleiche Frage auch heute noch des öfteren zu hören, die seinerzeit von den Seminar-Teilnehmern ab und zu direkt an Martin Heidegger zu richten gewagt wurde. Sie pflegte sich in die Redewendung zu kleiden, warum denn Martin Heidegger seine Sache nicht in einem allgemein verständlichen Deutsch zu sagen sich bemühe. Des Denkers Antwort lautete regelmäßig: Wir können doch immer nur so sagen, wie wir denken, und denken, wie wir reden. Gehe nun der Wesensgrund einer Sache – und sei diese das Mensch-sein selbst – in der Erfahrung eines neuen Denkens und Sehens in anderen Bedeutsamkeiten auf, verlange dies von sich aus auch ein neues, ihr gemäßes Sagen. Bleibe man zum Beispiel bei der Bestimmung des Menschen beim Reden von einem Subjekt oder einem ›Ich‹, dann bliebe auch das Verstehen des Wesensgrundes des Mensch-seins, der in einem Aushalten eines vernehmenden Welt-Offenständigkeits-Bereiches besteht, völlig verhüllt.

Beim Vorliegen solch damaliger enormer Verständigungsschwierigkeiten mag das Seltsamste der Zollikoner Seminare darin gelegen haben, daß sie weder Martin Heidegger noch einem der Seminaristen je zu dumm wurden. Hartnäckig arbeiteten sich Lehrer und Schüler der ersten Stunde durch die Jahre hindurch einander entgegen.

In den Tagen zwischen den Seminaren blieben Martin Heidegger und mir viele Stunden, die uns reichlich Zeit zu Zwiegesprächen ließen. Auch in bezug auf Martin Heideggers Aussagen bei diesen Gelegenheiten kam mir mit der Zeit die Idee, sie mitzustenographieren. Begreiflicherweise vermochte ich nur einen Bruchteil all dessen festzuhalten, was in diesen Diskussionen verlautbart wurde. Diese Stenogramm-Sammlung bildet den *zweiten Teil* dieses Buches.

In wenigen Fällen sind anstelle von Protokollen und Stenogrammen handschriftlich abgefaßte Texte abgedruckt, die Martin Heidegger zur Vorbereitung der Seminare bzw. der Zwiegespräche verfaßt und mir danach überlassen hat. Die entsprechenden Texte sind im Inhaltsverzeichnis und im Textteil ausgewiesen.

Bei der Zitation philosophischer und literarischer Texte hat Martin Heidegger im Hinblick auf die Zusammensetzung der Seminarteilnehmer zumeist auf in jener Zeit leicht zugängliche Ausgaben zurückgegriffen. In den Protokollen wurden – mit wenigen Ausnahmen – die jeweiligen benutzten Ausgaben jedoch *nicht* vermerkt. Sowohl im Hinblick auf diesen Umstand, als auch im Hinblick darauf, daß sich die Veröffentlichung der Zollikoner Seminare an einen weiteren, nicht nur ›fachspezifisch‹ philosophisch orientierten Leserkreis wendet, werden – analog dem damaligen Verfahren Martin Heideggers – philosophische und literarische Texte, deren Ausgaben in den Protokollen nicht belegt sind, anhand heute leicht zugänglicher Ausgaben zitiert. Bei der Wiedergabe von Texten aus den Schriften des Aristoteles hat Martin Heidegger stets eigene Übersetzungen vorgetragen, so daß sich der Verweis auf bestimmte Aristoteles-Übersetzungen erübrigt.

Ein *dritter Teil* des Buches befaßt sich mit den 256 Briefen, die mir Martin Heidegger von 1947 an schrieb. Von ihnen sind im folgenden nahezu die Hälfte ganz oder teilweise zu lesen.

Abkürzungen in den Briefen wurden weitgehend aufgelöst, Daten zumeist ausgeschrieben. Die Interpunktion wurde den heutigen Regeln angepaßt. Einige wenige offensichtliche Schreibfehler sind stillschweigend berichtigt worden. Heidegger-eigentümliche Schreibweisen wurden beibehalten. Erklärende Bemerkungen des Herausgebers erhielten eckige Klammern, soweit sie nicht in Fußnoten gesetzt wurden.

Zahlreiche Eigennamen blieben in diesem Buch ungedruckt: überall dort, wo die Anonymität dem Gehalt der betreffenden Stelle keinen Abbruch tat. Andere Eigennamen allerdings durften nicht eliminiert werden, weil sonst der ganze Kontext unverständlich geworden wäre. Für jeden dieser Entscheide holte ich jedoch noch zu Lebzeiten Martin Heideggers dessen Einverständnis ein.

Natürlich wird mit dieser Veröffentlichung bei weitem nicht der Umkreis der geistigen Ausstrahlung Martin Heideggers ausgelotet. Dieses Denkers neue Einsichten in das, was ist und wie es ist, haben schon längst begonnen, die ganze Welt zu umspannen. Jedenfalls ist schwerlich ein Fleckchen Erde zu finden, das von ihnen noch völlig unberührt geblieben wäre. Freilich werden sie zumeist nur von Vereinzelten wachgehalten. Sie sind im Grunde viel zu einfach, als daß sie von den an komplizierteste Formeln gewohnten Menschenmassen unseres technischen Zeitalters ohne Mühe nachvollzogen werden könnten. Der Denker selbst sprach oft von einer besonderen Blindheit seinen Einsichten gegenüber; auch davon, daß den von ihr Befallenen nicht zu helfen sei.

Auch ist nicht außer acht zu lassen, daß Martin Heideggers grundlegende Besinnung dem Menschen noch eine weitere Entthronung zumutet, vor der viele die Augen krampfhaft verschließen. Schon Sigmund Freud hatte seine Entdeckung eine zweite kopernikanische Wende genannt. Nicht genug damit, daß Kopernikus unsere Erde aus dem Mittelpunkt des Universums verdrängte, hatte Freud aufzuzeigen vermocht, daß das selbstherrliche menschliche Bewußtsein von »Es-Kräften«, wie er sie nannte, und deren Herkunft und Wesen unbekannt seien, hin und her getrieben werde. Martin Heidegger erkannte darüber hinaus, daß es auch mit dem ganzen menschlichen Subjekt als dem Maß und als dem Ausgangspunkt aller Dinge nicht weit her sei. Vielmehr ist auch es ›nur‹ etwas, das *ist*, ein

Seiendes unter tausend anderen Seienden, und als solches angewiesen und in seinem Seiend-sein unablässig gehalten vom *Ereignis* des Seins, der Entbergung. Allerdings kommt ihm, dem Menschsein, dabei die hohe Würde und Auszeichnung zu, als jenes Offene und Gelichtete existieren zu dürfen, was als solches jeglichem, das zu sein hat, als dessen unabdingbare Erscheinungs- und Entfaltungsstätte zu dienen hat.

Deshalb darf die Hoffnung genährt werden, daß Martin Heideggers fundamentale Einsichten selbst noch in etwelcher Verdünnung zu einer Vermenschlichung unserer Welt beitragen werden, einer Vermenschlichung in dieses Wortes positivstem Sinne. Gerade nicht im Sinne einer noch größeren Versubjektivierung des menschlichen Geistes zu einem absoluten Alles-Macher, sondern zu einem Sich-fügen in ein dem Menschenwesen zugedachtes Lieben alles dessen, was sich aus der Offenheit seiner Welt her entbirgt und sich ihm als Seiendes zuspricht.

Tiefe Dankbarkeit erfüllt den Herausgeber gegenüber Dr. Hermann Heidegger, dem sein Vater das Imprimatur für den Druck des gesamten Nachlasses übertrug. Er hat auch das vorliegende Buch mit außerordentlicher Sorgfalt betreut. Nicht minder groß ist der Dank gegenüber Herrn Prof. F.-W. von Herrmann, der der sachkundige Mitarbeiter von Dr. Hermann Heidegger ist. Ihm verdankt der Herausgeber insbesondere die Erstellung des sehr differenzierten Inhaltsverzeichnisses. Er war es auch, der Herrn Dr. Heidegger und mit ihm zusammen den Verleger Herrn Michael Klostermann und mich auf die Idee brachte, den Band »Zollikoner Seminare«, der innerhalb der *Gesamtausgabe* eigentlich erst für eine wesentlich spätere Zeit vorgesehen war, in Form eines Einzelbandes zeitlich vorzuziehen. Es ist sehr unwahrscheinlich, daß der jetzige Herausgeber auch im nächsten Jahrzehnt noch leben wird. Zugleich ist es schwierig, sich auszudenken, wer nach ihm die Stenogramme der Seminare, die der Zwiegespräche und die Briefauszüge hätte zusammenstellen und druckfertig machen können. Sehr zu

Dank verpflichtet ist der Herausgeber ferner Herrn Dr. Hartmut Tietjen für seine Kontrolle der Literatur-Angaben. Dank gebührt auch meiner Ehefrau Marianne Boss-Linsmayer. Ohne ihre sachkundige Mitarbeit im Ordnen und in der Auswahl von Martin Heideggers Schriftstücken hätte dieses Buch nie erscheinen können. Nicht zuletzt habe ich ferner Frau Karin Schoeller – von Haslingen für ihre aufopfernden Korrekturhilfen zu danken.

Im Frühjahr 1987   Medard Boss

INHALTSÜBERSICHT

I ZOLLIKONER SEMINARE (1959-1969)

Seminar vom 8. September 1959 im Burghölzli   3
(handschriftlicher Text Martin Heideggers)
Das menschliche Dasein als ein Bereich des Vernehmenkönnens.

Seminar vom 24. und 28. Januar im Hause Boss   5
Kant: Sein ist kein reales Prädikat – Annahme als Supposition (Hypothese) und als Vernehmen des Offenkundigen – ontische und ontologische Phänomene und die zweierlei Evidenzen.

Seminar vom 6. und 9. Juli 1964 im Hause Boss   10
Das Außer-Gebrauch-lassen der Wissenschaften – die unterschiedliche Weise, wie der Tisch und wie der Mensch im Raume ist – der Raum als das Freie und Offene – das Gründen des Leeren im Offenen – das Raum-einnehmen des Menschen – die Wissenschaften vom Seienden und das Denken des Seins – die Unterscheidung des Seins vom Seienden – Kausalität und Motivation – die wissenschaftliche Fragestellung in der Psychologie – das Motiv und die Existenz des Menschen als Offensein für einen bestimmten Bedeutungszusammenhang – der Kausalitätssatz und die Naturwissenschaft.

Seminar vom 2. und 5. November 1964 im Hause Boss   30
Der Zugang zu den Phänomenen und die Weise ihrer Ausweisbarkeit – die Naturwissenschaft und die Gesetzmäßigkeit der Natur: Kant, Galilei, Newton – die naturwissenschaftliche Betrachtung des Menschen und die Frage nach dem Menschsein selbst in der Selbsterfahrung des Menschen – die Akzeption (das An- und Hinnehmen als Vernehmen) in der naturwissenschaftlichen Supposition: Raum, Bewegung, Zeit, Kausalität – das für das Wahrnehmen und das der Sache nach Nächstliegende – die ontologische Differenz von Sein und Seiendem – die Frage nach dem Raum als solchem – die Zeitmessung mit der Uhr und die

Frage nach der Zeit als solcher – das Jetzt, Damals und Dann – Gleichzeitigkeit und Nacheinander – das Soeben und Sogleich – das Jetzt und die Spanne – das Zählen der Zeit und die Aristotelische Definition der Zeit – die Frage nach dem Sein der Zeit und die Bestimmtheit des Seins (der Anwesenheit) aus der Zeit.

Seminar vom 18. und 21. Januar 1965 im Hause Boss 45
Die Frage, was die Zeit ist: die Schwierigkeit einer Antwort auf die Frage (Simplicius, Augustinus) und die größere Schwierigkeit der Entfaltung der Frage – der hermeneutische Zirkel im Verhältnis von Frage und Antwort – die Zusammengehörigkeit von Menschenwesen und Zeit (Aristoteles, Augustinus, Bergson, Husserl) – der Zeitsinn in der Psychiatrie – die Dunkelheit des Wesens des Menschen und des Wesens der Zeit – der durch die Uhr vermittelte Bezug zur Zeit – das Sagen des Jetzt, Soeben und Sogleich und der Vorrang des Jetzt beim Nennen der Zeit – das Heute, Gestern und Morgen und die drei verschiedenen Weisen des Sprechens von der Zeit – der Unterschied zwischen den Zeitbestimmungen und dem Bestimmen der Zeit als solcher – die uhrenmäßige Feststellung des Wieviel an Zeit und das ursprünglichere Verhältnis zur Zeit – die Frage nach dem Woher des Jetzt, Soeben und Sogleich – das immer schon Walten der Zeit – die Zeit-Gabe als Ermöglichung der Zeit-Angabe – das Zeithaben-für-etwas: der Zeitcharakter der Deutsamkeit – der Zeitcharakter der Datiertheit – der gestörte Zeitbezug des psychisch Kranken – das In-der-Zeit-sein des Gebrauchsdinges und des existierenden Menschen – die Bedenklichkeit der Frage nach dem Wassein der Zeit – Krankheit als Privations-Phänomen: Negation als Privation – der Zeitcharakter der Weite – der Zeitcharakter der Öffentlichkeit – das Damals und die Vergangenheit, das Dann und die Zukunft, das Jetzt und die Gegenwart – das nicht gleichmäßige, aber gleich-ursprüngliche Offensein der drei Zeitdimensionen – die alltäglich festgestellte Uhrzeit – die Nivellierung der Zeitcharaktere im physikalisch-technischen Zeitmessen – die nackte Jetztfolge – die Frage nach dem Rangverhältnis – die Frage nach dem Wie der Interpretation eines Textes aus der Krankengeschichte eines jugendlichen Schizophrenen – das In-der-Zeit-sein des Gebrauchsdinges und das Zeithaben des Menschen.

Seminar vom 10. und 12. März 1965 im Hause Boss 75
Die Frage nach der Zeit: die Relativitätstheorie Einsteins als

Frage, wie die Zeit als das Nacheinander der Jetztfolge gemessen werden kann – das Fehlen der Selbstkritik der modernen Naturwissenschaft – die Information als Insuffizienz des Blickes für die Forma – die Frage nach dem Verhältnis von Mensch und Zeit als inhaltliche und methodische: der naturwissenschaftliche Zeit-Begriff als Hindernis für das sachgerechte Fragen nach dem Eigentümlichen der Zeit – die Zeit als solche allein Thema der Philosophie – die zwei Hinsichten des Fragens nach der Zeit: der ärztliche Beruf und die medizinisch-naturwissenschaftliche Ausbildung – der ständig waltende Bezug zur Zeit und die Zeitablesung an der Uhr – das *Haben* von Zeit – die Grundregel der phänomenologischen Interpretation – das Haben der Zeit in der dreifältigen Weise, in der der Mensch ist: das Gewärtigen, das Gegenwärtigen, das Behalten – das dreifältige Sichzeitigen des Weltaufenthaltes des Menschen.

Zur phänomenologischen Interpretation der Vergegenwärtigung: das Vergegenwärtigte als das Seiende selbst (kein Bild, keine Vorstellung) – das Sichzeigen des vergegenwärtigten Seienden selbst von verschiedenen Seiten, die Mehrdeutigkeit der Rede vom Sehen – der Charakter des Vergegenwärtigens als das Sein-beim-Seienden-selbst – die verschiedenen Möglichkeiten der Offenständigkeit für das Seiende – die Privation der Offenständigkeit in der Schizophrenie.

Seminar vom 11. und 14. Mai 1965 im Hause Boss

Der phänomenologische Einblick in das Phänomen der Vergegenwärtigung als Voraussetzung für die physiologisch-psychologische Erklärung – die Phänomenblindheit der Wissenschaften. ihre Bedürfnislosigkeit als Folge des Anspruchs der neuzeitlichen Idee von Wissenschaft.

Das Leibproblem und die Psychosomatik: die phänomenologische Kritik der Psychosomatik – die Unterscheidung von Psyche und Soma – die Bestimmung der Bereiche von Psyche und Soma durch die jeweilige Zugangsart, die Bestimmung der Zugangsarten durch die Sachen: der hermeneutische Zirkel – die Frage nach dem Psychosomatischen als Frage der Methode – das In--sich-Räumlichsein des Daseins als das Einräumen von Raum und die Verräumlichung des Daseins in seiner Leiblichkeit – Tränen, Schamröte, Schmerz weder etwas Somatisches noch etwas Psychisches – Unterschied von Auge und Hand als Organe des Leibes, das Sehen und das Greifen – Vergegenwärtigung und Leiblichkeit – das Verhältnis des Leibes zum Raum, der phänomenale Bezug des Hier zu meinem Leib – das Hinnehmen der Phänomene ohne Zurückführungsmöglichkeiten – die qualitative Verschiedenheit der Leibgrenze und der Körpergrenze – die Jemeinigkeit des Leibes – die Mitbestimmtheit des Leibens durch den ekstatischen Aufenthalt des Menschen inmitten des gelichteten Seienden – das Sichunterscheiden des Menschen vom Tier durch das Sprechen als Sagen – die Handbewegung als Gebärde im Unterschied zur Ortsbewegung eines Gebrauchsdinges – das Stehen in der Offenbarkeit des Seins als Grund für die Wesensnotwendigkeit des Sagens – das gesammelte Sichbetragen (Gebärde) des Menschen als ein durch das Leiben des Leibes bestimmtes In-der-Welt-sein – das Erröten als Gebärde – der ekstatische Sinn der Leiblichkeit – die kybernetische Vorstellung von Sprache als etwas Meßbarem.

Seminar vom 6. und 8. Juli 1965 im Hause Boss 121
Zusammengehörigkeit des Leibproblems und des Methodenproblems der Wissenschaften – die Fundiertheit der theoretischwissenschaftlichen Erkenntnis im leibenden Haben von Welt – die Bereitschaft zur Besinnung auf das, was in der sich absolut setzenden Wissenschaft geschieht: die Selbstzerstörung des Menschen – das erforschbare Seiende als Objekt für das maßgebende Subjekt, der Wandel der Wahrheit zur Gewißheit – Gehirnforschung keine Grundlagenforschung für die Erkenntnis des Menschen – das Auszeichnende der modernen Wissenschaft, die Art des Fragens, Sehens und Sagens der Phänomenologie und das Verhältnis von Wissenschaft und Phänomenologie – das Hören und Sprechen als Weise des Leibens – das Leiben, das das In-der-Welt-sein mitbestimmt – Unterschied von Sprechen und Sagen – die Unterscheidung des Somatischen und Psychischen kein Akt naturwissenschaftlicher Feststellung – die Frage nach der Meßbarkeit: das Vorstellen des Dinges als Gegenstand in seiner Gegenständlichkeit als Ermöglichung der Meßbarkeit – die Gegenständlichkeit als Modifikation von Anwesenheit – das bloße Schätzen – das Fundiertsein des quantitativen Messens im Sichmessen des Menschen mit den Dingen – der Verlust des Gegenstandes in der Kernphysik – die Unterscheidung von Soma und Psyche im Hinblick auf die Zugangsweisen und das Problem der Methode – der Zusammenhang der Fragen nach der Meßbarkeit und der Methode mit dem Leibproblem – die Notwendigkeit denkender Ärzte – Meßbarkeit als Beherrschbarkeit der Natur – die von Descartes erstmals vorgedachte Methode der neuzeitlichen Wissenschaft als Sicherstellung der Berechenbarkeit der Natur – die vierte, zweite und dritte methodische

Regel Descartes' – die Wissenschaft als Methode: die vorgreifende Ansetzung der Natur als eines berechenbaren Gegenstandsbereiches – die von der Subjektivität des Ich-denke als maßgebend angesetzte Wahrheit im Sinne der Gewißheit – das Messen selber als wesensmäßig Unmeßbares – das Sicheinlassen in die Seinsart, in der ich immer schon bin – die Position Descartes' im schärfsten Gegensatz zur griechischen Auffassung – die Methode des Sicheinlassens in unser Verhältnis zum Begegnenden als Abkehr von der Methode der neuzeitlichen Wissenschaft – der Bezug zum Mitmenschen als ein Miteinander--in-der-Welt-sein.

Seminar vom 23. und 26. November 1965 im Hause Boss 147
Erörterung der Einwände der Wissenschafts-, Gegenstands- und Begriffsfeindlichkeit gegenüber der Daseinsanalyse und Daseinsanalytik: die Bedeutung von Analyse und Analytik: Freuds Verständnis von Analyse – Kants Gebrauch des Ausdrucks *Analytik* und die Übernahme dieses Ausdrucks in den Titel *Daseinsanalytik* – die psychiatrische Daseinsanalyse von L. Binswanger – die Frage nach dem Sein selbst und die Frage nach dem Sein des Seienden bei Parmenides und Aristoteles – die Wandlung der Stellung des Menschen zum Seienden: ὑποκείμενον und οὐσία, subiectum und obiectum, Subjekt und Objekt – das Ich als das einzige Subjekt (Descartes) – drei Stadien in der Geschichte der Bestimmung des Seienden – Descartes, Kant, Husserl – »Sein und Zeit« als Frage nach dem Sein als solchem und die Analytik des Daseins – die Bedeutung von *Dasein* in der Überlieferung und in »Sein und Zeit« – Kategorien und Existenzialien – existenziale Daseinsanalytik als Fundamentalontologie – das Gegründetsein einer jeden Wissenschaft auf einer unausgesprochenen Ontologie ihres Gegenstandsgebietes – Kritik an der Verabsolutierung der Naturwissenschaft – das Verhältnis von Daseinsanalytik und Daseinsanalyse – die Bedeutung von Wissenschaft, Gegenständlichkeit und Begriff in den drei Einwänden – zur naturwissenschaftlichen Methode – die Strenge der Wissenschaft als Sachangemessenheit.

Seminar vom 1. und 3. März 1966 im Hause Boss 174
Der durchgängige Grundzug der klassischen und der Atom-Physik: die Methode als die Vorausberechenbarkeit der Naturvorgänge – die Frage nach dem Wissenschaftscharakter der Psychiatrie als Wissenschaft vom Menschen und der theoretischen Fundamente der psychotherapeutischen Praxis – die Er-

fahrung des Menschseins in der heute bestehenden Wissenschaft vom Menschen – die geläufige und die daseinsanalytische Bestimmung des Phänomens *Streß*: das In-der-Welt-sein als Grundzug des Menschseins – Befinden und Befindlichkeit – die Hingehörigkeit des Streß in die durch Geworfenheit, Verstehen und Sprache bestimmte Verfassung der menschlichen Existenz – die Vieldeutigkeit der Sprache in einer Wissenschaft vom Menschen, die Eindeutigkeit der Begriffe in der Naturwissenschaft – Streß als Beanspruchung eines Angesprochenwerdens und Entsprechung – das Wahrnehmen als Umweltverhältnis – die Phänomene der Entlastung und Belastung als Modifikationen des In-Anspruch-genommen-seins.

Seminar vom 18. und 21. März 1969 im Hause Boss 188
Das Räumlichsein des Daseins und das Im-Raume-sein des Gebrauchsdinges – Bewußtsein und Dasein – Husserls Phänomenologie als Deskription des Bewußtseins.

II ZWIEGESPRÄCHE MIT MEDARD BOSS (1961-1972)

29. November 1961, am Tage nach dem Seminar über Halluzinationen 195
Die Vielheit von Anwesenheitsmodi und der Anwesenheitsmodus eines Halluzinierten.

Vom 24. April bis 5. Mai 1963, während der gemeinsamen Ferien in Taormina, Sizilien 197
Das Versäumnis der Frage, was und wie der Mensch als Mensch ist, in der bisherigen Psychologie, Anthropologie und Psychopathologie – Galilei-Newtonscher Naturbegriff – Theorie im modernen Sinne – Humanitas – das Physiologische als notwendige, aber nicht hinreichende Bedingung für die Möglichkeit des mitmenschlichen Bezugs – Vergegenwärtigung und Erinnerung – Behandlung der Leibphänomene nur auf dem Grunde einer zureichenden Ausarbeitung der Grundzüge des existenzialen In-der-Welt-seins – Leibphänomenologie als Beschreibung statt Erklärung – Möglichkeiten des geschichtlichen In--der-Welt-sein-könnens, das auf mich Zukommende, Gewesenes, Gegenwart – mein Dasein als das sich selbst tragende Verhalten – zum Begriff der Vorstellung – zur Wahrnehmung des anderen Menschen – zur Introjektion – zur Projektion – zur

Übertragung – zum Projektionstest – zu den Affekten – zur Therapie – zum Vergessen – zum Erinnern – zum Wollen, Wünschen, Hängen, Drang – zu den psychischen Instanzen Ich, Es, Über-Ich – zum Wesen und Wesensbegriff – zu Sein und Dasein.

5. Mai 1963, im Flugzeug Rom–Zürich 227
Zeit-Messung und Anwesenheit – das Früher-sein und der Mensch in der Lichtung – Gewesen-sein als Modus der Anwesenheit.

7. September 1963, Zollikon 228
Anwesen und Ereignis – zum ekstatischen Bezug – Lichtung und Verbergung, Bewußtsein, Reflexion – Verbergung und Verdrängung – die pathologischen Phänomene und die zeitlichen Ekstasen.

8. September 1963, Zollikon 230
Geschichtlichkeit des Daseins und Seinsgeschick – Endlichkeit des Menschen und Seinsbezug – Seinsbezug und ontologische Differenz – die Erfahrung des Nichts im Bezug zum Tod – zum östlichen Denken – zur Nähe.

29. Januar 1964, Zollikon 232
Die existenziale Beziehung als Sichangehenlassen – das Sagen und Zeigen der Sprache – Lichtung des Sichverbergens – der Mensch als offenständiges Innestehen – Fundiertsein des Leiblichen im Entsprechen – Unreduzierbarkeit des Leiblichen auf Mechanismen – zum Beweggrund – zum Unbewußten – zum Sichverbergen – Supposition und Akzeption – ontische und ontologische Phänomene.

8. März 1965, Zollikon 236
(handschriftlicher Text Martin Heideggers)
Kritik an der psychiatrischen Daseinsanalyse Binswangers nach der Lektüre von dessen Schriften: Seinsverständnis als die das Da-sein tragende Struktur – Da-sein als Bezug zum Sein – fundamentalontologische Auslegung des Daseins keine erweiterte Kennzeichnung der Subjektivität des Subjekts – Sorge als Name für die ekstatisch-zeitliche Verfassung des Sein-verständnisses – fundamentalontologische Bestimmung des Daseins als Leitfaden für die Wesensbestimmung der Liebe – Fundamentalontologie, regionale Ontologie, psychiatrische Wissenschaft – das Da-sein als die ausgezeichnete Transzendenz – Transzendenz als Bezug des Da-seins zum Sein.

12. bis 17. Mai 1965, Zollikon 243
Idealistische und realistische Erkenntnistheorie – Grundlagen
– Leiben, In-der-Welt-sein, Seinsverständnis – die Naturwissenschaft und der Körper – zum Verhalten.

8. Juli 1965, Zollikon 248
Der Naturwissenschaftler und die Unterscheidung in Psychisches
und Somatisches – In-der-Welt-sein, Seinsverständnis, Leiben –
Sprache als Sagen und Zeigen – Motiv und Ursache – die ontologische Unhaltbarkeit der Unterscheidung von Psyche und Soma – zum Gedächtnis – zum Gestimmtsein.

28. November 1965, Zollikon 253
Psychiatrische Daseinsanalyse und Ontologie – zu L. Binswanger – Zweideutigkeit des Weltentwurfs.

29. November 1965, Zollikon 254
Bemerkungen zur Kritik von W. Blankenburg – Bemerkungen
zu L. Binswanger.

29. November 1965, Zollikon 258
Bemerkungen zu den 1966 in Aussicht stehenden argentinischen
Vorlesungen von Medard Boss: das Gestimmtsein der Offenständigkeit – das Leiblichsein des als Weltbezug bestimmten
Existierens.

30. November 1965, Zollikon 259
Zum Verhältnis von Bewußtsein und Dasein – Daseinsanalyse
als ontische Wissenschaft.

1965, Zollikon 260
Kritische Bemerkung zu S. Freud.

6. bis 9. März 1966, Zollikon 261
Zu den bedeutungsverleihenden Akten Husserls – Langeweile
und Zeit – In-der-Welt-sein und Intensität eines Reizes – Belastung und Entlastung – zum hermeneutischen Zirkel – Motiv
und Ursache – das Weltverhältnis des Stellens – zur Verhaltensweise des Arztes – zur Gestimmtheit – das befindliche Verstehen
als Sagen und Zeigen – Angewiesenheit der Atomphysik auf
Körperliches.

7. Juli 1966, Zollikon 265
Phänomenologische Daseinsanalytik und Naturwissenschaft.

13. November 1966, Zollikon   266
(handschriftlicher Text Martin Heideggers)
Kritische Betrachtungen zur genetischen Betrachtungsweise.

6. Juli 1967, Zollikon   267
Die nichtbeweisbaren Voraussetzungen der Wissenschaften –
Ungegenständlichkeit in der Kernphysik und Ungegenständlichkeit des Gesprächs – Angleichung der Sprache an den Computer.

8. Juli 1967, Zollikon   270
Beweise und Grundannahmen – kritische Bemerkungen zur vergegenständlichenden Therapie.

22. November 1967, Zollikon   271
Berechtigung und Begrenzung der Psychologie.

8. bis 16. März 1968, Lenzerheide   272
Der Mensch als Offenständigkeit – Determinismus und Freiheit
– das Stehen unter dem Anspruch der Anwesenheit – Wollen und Freiheit – zum Gedächtnis.

14. Mai 1968, Zollikon   277
Sprache, Seinsverständnis und Tod – drei Bestimmungen in der Wesensbestimmung einer Sache – Schmerzempfindung, Phantomschmerz, Schmerzunempfindlichkeit.

27. September 1968, Lenzerheide   279
(handschriftlicher Text Martin Heideggers)
Phänomenologie als Methode der Philosophie als Ontologie – die Medizin als ontische Wissenschaft, ihre Erfahrung des so und so seienden, des gesunden und kranken Menschen im Lichte des Da-seins – Übergang vom Entwurf des Menschen als vernünftigen Lebewesens zum Menschsein als Dasein – die ontologischen Phänomene und die ontischen Erscheinungen – Sein--lassen des Seienden in seinem jeweiligen so-und-so-Sein und Sein-lassen als Zulassen des Seins als solchen – kritische Bemerkung zu S. Freud.

18. März 1969, Zollikon   285
Da-sein in »Sein und Zeit« als da-*sein* – das Da als das Offene, Räumlichkeit und Zeitlichkeit der Lichtung – zum Verhältnis von Bewußtsein und Da-sein – Bewußtsein als Grundvorstellung der neuzeitlichen Philosophie: Descartes, Kant, Husserl – zur Intentionalität – Bewußtsein als Selbstbewußtsein.

14. Juli 1969, Zollikon 286
Kritische Bemerkung zu L. Binswangers Buch »Grundformen und Erkenntnis menschlichen Daseins«.

2. März 1972, Freiburg-Zähringen 288
Hilfe bei der Abfassung des zweiten Traum-Buches »Es träumte mir vergangene Nacht, ...« von Medard Boss: das Begegnen derselben Welt im Erwachen, das Begegnen des Gleichen im Träumen – Hineingehören der Traum-Welt in die Kontinuität des In-der-Welt-seins – Nichtabgrenzbarkeit der Wach- und Traumbereiche – das Wachen als Wesensvoraussetzung für das Sprechen über das Träumen.

3. März 1972, Freiburg-Zähringen 292
Rückbesinnung auf die früheren Seminare über die Leiblichkeit: Erfahrung des Leiblichen in daseinsanalytischer Sicht im Ausgang vom Menschsein als Da-sein – Welt-Offenständigkeit, vernehmendes Bezogensein auf das sich Entbergende, das Entsprechen dem sich Zusprechenden – das Durchwaltetbleiben der leiblichen Sphären des Existierens vom Mensch-sein – das Ausgerichtetsein auf das sich Zusprechende als Ermöglichung des Leiblichseins – das unmittelbare und grenzenlose Zugehören alles Leiblichen zum Existieren als die grundlegende Philosophie aller psychosomatischen Medizin.

I

ZOLLIKONER SEMINARE
(1959-1969)

*Seminar vom 8. September 1959
im großen Hörsaal des Burghölzli, der psychiatrischen
Universitätsklinik von Zürich*[1]

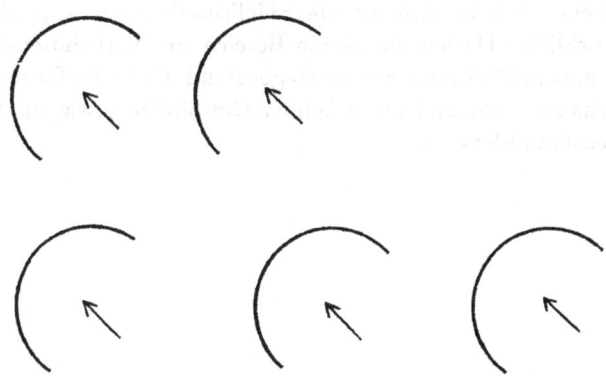

Diese Zeichnung soll nur deutlich machen, daß menschliches Existieren in seinem Wesensgrunde nie nur ein irgendwo vorhandener Gegenstand ist, schon gar kein in sich abgeschlossener Gegenstand. Vielmehr besteht es, dieses Existieren, aus ›bloßen‹, optisch, taktil nicht faßbaren, auf das ihm sich zusprechende Begegnende ausgerichteten Vernehmensmöglichkeiten. Alle die in der Psychologie und Psychopathologie bisher üblichen vergegenständlichenden Kapsel-Vorstellungen einer Psyche, eines Subjektes, einer Person, eines Ich, eines Bewußtseins, haben in daseinsanalytischer Sicht zugunsten eines ganz anderen Verständnisses zu verschwinden. Die neu zu sehende Grundverfassung menschlichen Existierens soll *Da-sein* oder *In-der-Welt-sein* genannt werden. Dabei meint allerdings

---

[1] Ein wortgetreues Protokoll des ganzen Seminars fehlt. Einzig festgehalten wurde die wohl einmalige graphische Darstellung des *Da-seins*, die von Martin Heidegger auf dem schwarzen Brett des Hörsaals eigenhändig mit Kreide gezeichnet wurde. Sie hat die obige Gestalt. Eine schriftliche Notiz Heideggers dazu folgt nach der Zeichnung.

das *Da* dieses *Da-seins* gerade nicht, wie es dies vulgärerweise tut, eine dem Betrachter naheliegende Raumstelle. Vielmehr bedeutet das Existieren als *Da-sein* das Offenhalten eines Bereiches aus Vernehmen-können der Bedeutsamkeiten der Gegebenheiten, die sich ihm aus seiner Gelichtetheit her zusprechen. Menschliches Da-sein *ist* als ein Bereich von Vernehmen-können nie ein bloß vorhandener Gegenstand. Es ist im Gegenteil überhaupt nicht und unter keinen Umständen etwas zu Vergegenständlichendes.

*Seminar vom 24. und 28. Januar 1964
im Hause Boss*

Kant schreibt: »*Sein* ist offenbar kein reales Prädikat, d. i. ein Begriff von irgend etwas, was zu dem Begriffe eines Dinges hinzukommen könne. Es ist bloß die Position eines Dinges, oder gewisser Bestimmungen an sich selbst.«[1]

Real hat bei Kant nichts mit *wirklich* oder *unwirklich* zu tun, sondern bedeutet seiner Herkunft aus *res* entsprechend: *sachhaltig*, an der Sache Vorfindbares. Zum Beispiel sind reale Prädikate eines Tisches: rund, hart, schwer usw., mag der Tisch wirklich vorhanden oder nur vorgestellt sein.

Sein dagegen ist nicht als etwas Reales an einem Tisch auffindbar, auch wenn man einen Tisch bis ins Kleinste auseinandernimmt.

Offenbar heißt, wenn man dessen Bedeutung deutlicher macht und sie entfaltet (was nicht dasselbe ist wie ein bloßes Verwenden anderer Wörter für die gleiche Sache), soviel wie *offenkundig, evident*, was kommt von evideri = sich sehen lassen, griechisch: ἐναργής = leuchtend scheinen (argentum = Silber), sich von ihm selbst her zeigend.

Offenbar ist also nach Kant, daß *Sein* kein reales Prädikat ist in dem Sinne, daß dieses ›Kein-reales-Prädikat-sein‹ rein hingenommen, angenommen werden muß.

Annahme hat aber insgesamt drei verschiedene Bedeutungen:

1. Annehmen: erwarten, vermuten, sich etwas denken.
2. Angenommen: gesetzt, daß ...; wenn ..., so ...; etwas ansetzen als Bedingung, etwas, was nicht selbst gegeben und gebbar ist; etwas ›unterstellen‹ unter einen Gegenstand; *Annahme* als Hypothese, als *suppositio*.
3. Annahme: Hinnahme einer Gabe, Sich-offen-halten für eine Sache, *acceptio*.

---

[1] Kant, Kritik der reinen Vernunft. Hg. R. Schmidt. Hamburg 1956 (Philos. Bibl. F. Meiner). A 598, B 626.

In unserem Zusammenhang sind von besonderer Wichtigkeit die 2. und 3. Bedeutung von Annahme:

a) Annahme als suppositio, Hypothese, ›Unterstellung‹. Zum Beispiel in Freuds Abhandlung über die Fehlhandlungen sind solche Suppositionen die *Strebungen* und *Kräfte*. Diese angenommenen Strebungen und Kräfte *verursachen* und *bewirken* die Phänomene. Dann lassen sich die Fehlhandlungen so und so erklären, d. h. in ihrer Entstehung *beweisen*.

b) Annahme als Hinnehmen, als schlechthinniges Vernehmen dessen, was sich von ihm selbst her zeigt, das *Offenkundige*, zum Beispiel die Existenz des vor uns stehenden Tisches, die nicht durch Suppositionen bewiesen werden kann. Oder können Sie Ihre eigene Existenz als solche ›beweisen‹? Das im Hinnehmen Vernommene bedarf keines Beweises. Es weist sich selber aus. Das so Vernommene ist selbst der *Boden* und der *Grund*, worauf die Aussage über es gründet und steht. Hier handelt es sich um ein schlichtes Sich-ausweisen des Gesagten. Dahin gelangen wir durch ein schlichtes Hinweisen. Kein Aufwand von Argumenten nötig.

Es ist streng zu unterscheiden, wo wir Beweise fordern müssen und suchen und wo es keiner Beweise bedarf und wo gleichwohl die höchste Art der Begründung vorliegt. Nicht jede Begründung muß und kann ein Beweisen sein, dagegen ist jedes Beweisen eine Art von Grund.

Aristoteles sagte schon: »Es ist nämlich Unerzogenheit, nicht einzusehen, mit Bezug worauf es nötig ist, nach Beweisen zu suchen, und in bezug worauf dies nicht nötig ist.«[2] Ist die Einsicht in diese Unterscheidung gewonnen, so ist dies ein Zeichen, daß wir für das Denken erzogen und gebildet sind. Wem diese Einsicht fehlt, der ist für die Wissenschaft unerzogen und ungebildet.

Die beiden Weisen des Annehmens (des Supponierens und des Akzeptierens) stehen nicht gleichrangig nebeneinander, so

---

[2] Aristoteles, Metaphysik, IV. Buch, 4. Kapitel, 1006 a 6 f.

daß man beliebig die eine oder andere Wahl treffen könnte, sondern jede Supposition gründet immer schon in einer bestimmten Weise der acceptio. Nur wenn die Anwesenheit von etwas akzeptiert ist, kann man ihm Suppositionen unterstellen. Hingenommen wird das Erscheinende, das Phänomen. Es gibt zweierlei Phänomene:
a) wahrnehmbare, seiende Phänomene = *ontische* Phänomene, z. B. der Tisch,
b) nicht-sinnenhaft-wahrnehmbare Phänomene, z. B. das Existieren von etwas = *ontologische* Phänomene.

Die nicht-wahrnehmbaren, ontologischen Phänomene haben sich allen wahrnehmbaren Phänomenen immer schon, notwendigerweise *zuvor* für diese gezeigt. Bevor wir einen Tisch wahrnehmen können als diesen oder jenen Tisch, müssen wir schon zuvor vernommen haben, daß es so etwas wie Anwesen gibt. Ontologische Phänomene sind also rangmäßig die ersten, aber im Bedacht- und Gesehenwerden sind sie die zweiten.

Auseinandersetzung zwischen der *psychodynamischen* und der *daseinsanalytischen* Betrachtung des Menschen: Worüber wird dabei befunden und entschieden? Über die Bestimmung des Seins im Seienden, das wir selbst sind. Welches Sein hat man dabei im Vorblick? Nach welcher Hinsicht müssen gemäß Freud die Phänomene zurücktreten gegen die Annahmen? Hinsichtlich dessen, was für das Wirkliche und das Seiende gehalten wird: Nur das ist wirklich und wahrhaft seiend, dem psychologisch lückenlose Kausalzusammenhänge von Kräften unterstellt werden können, meint Freud. Und der weltbekannte moderne Physiker Max Planck sagte vor wenigen Jahren wörtlich: »Nur was sich messen läßt, ist wirklich.« Mit Recht kann man aber dagegen einwenden: Wieso soll es nicht auch Wirkliches geben, das sich durchaus nicht exakt messen läßt? Eine Trauer zum Beispiel.

Auch in der Supposition dieser Art, daß nämlich ›wirklich‹ nur das ist, dem lückenlose Kausalzusammenhänge unterstellt werden können, liegt eine acceptio zugrunde. Es wird nämlich für selbstverständlich hingenommen: Sein = vorausberechenbarer Kausalzusammenhang. Unter dieser Voraussetzung wird auch der Mensch als ein kausal erklärbarer Gegenstand angesetzt.

Immer im Blick zu behalten ist: zweierlei Evidenzen:
1. Wir ›sehen‹ den existierenden Tisch = ontische Evidenz.
2. Wir ›sehen‹ auch, daß das Existieren keine Beschaffenheit des Tisches als Tisch ist; daß aber gleichwohl das Existieren vom Tisch gesagt wird, wenn wir sagen, er *ist* = ontologische Evidenz.

Wir sprechen dem Tisch die Existenz zu und sprechen zugleich dem Tisch die Existenz als eine Beschaffenheit an ihm ab. Sofern dies geschieht, müssen wir offenbar die Existenz im Blick haben, sie ›sehen‹. Wir ›sehen‹ sie aber nicht so wie den Tisch. Wir können aber auch nicht sogleich sagen, was Existenz hier heißt. ›Sehen‹ hat eine Doppelbedeutung: optisch sinnenhaftes Sehen und ›Sehen‹ im Sinne von ›Einsehen‹.

Darum rufen wir Kant zu Hilfe. Er sagt: Sein ist kein reales Prädikat, aber doch ein Prädikat. Was für eines? Es ist »bloß die Position eines Dinges«, also die Gesetztheit eines Gegebenen (Kant, Kritik der reinen Vernunft, A 598, B 626). *Wir* setzen, stellen. Der Tisch zum Beispiel ist zubringbar, antreffbar, er ist hergestellt durch einen Tischler.

Position: ich setze. *Ich*, also kommt der Mensch hier ins Spiel. Wobei? Bei der Wahrnehmung, beim Sehen des existierenden Tisches. Existiert der Tisch dadurch, daß ich ihn sehe? Oder kann ich ihn sehen, weil er existiert? Ist die Existenz des Tisches nur eine Angelegenheit des Tisches selbst? Aber im Herstellen wird er doch gerade aus dem Tun des Menschen entlassen. Wohin entlassen? Als in seinem Eigenen existent zeigt sich der Tisch im Gebrauch, im Umgang des Menschen mit ihm. Wir sehen den Tisch existent als Gebrauchsding.

Wie verhält sich Dr. R. zu diesem Tisch hier? Der Tisch zeigt sich ihm durch den Raum hindurch. Der Raum ist also durchlässig für das Erscheinen des Tisches, er ist offen, frei. Man kann eine Wand zwischen den Beobachter und den Tisch setzen. Dann ist der Raum nicht mehr durchlässig für das Sehen des Tisches. Aber für die Erstellung der Wand ist er offen. Ohne seine Offenheit könnte man keine Wand dazwischen erstellen.

Die Räumlichkeit dieses Raumes besteht also in der Durchlässigkeit, Offenheit, im Freien. Die Offenheit dagegen ist selber nichts Räumliches. Das Hindurch, durch das hindurch etwas erscheint und auf seine Weise sich zeigt, ist das Offene, Freie. In diesem Offenen finden wir uns und befinden wir uns, aber anders als der Tisch.

Der Tisch steht an seinem Platz und steht nicht zugleich dort, wo Dr. R. sitzt. Der Tisch dort ist vorhanden. Aber Dr. R. als Mensch befindet sich an seinem Platz auf dem Sofa und von seinem Platz aus zugleich auch beim Tisch. Sonst könnte er ihn ja gar nicht sehen. Er befindet sich nicht nur an seinem Platz und dann auch hier beim Tisch, sondern er befindet sich stets schon dort *und* dort. Er *befindet sich* in diesem Raum. Wir halten uns alle in diesem Raum auf. Wir gehen auf in dem Raum, indem wir uns an dieses und jenes halten. Der Tisch dagegen ›befindet sich‹ *nicht* im Raum.

Das Offene, Freie, Durchscheinende beruht nicht im Räumlichen, sondern umgekehrt beruht das Räumliche im Offenen und Freien.

Seminar vom 6. und 9. Juli 1964
im Hause Boss

I. — 6. Juli 1964

H. = Martin Heidegger   S. = Seminarteilnehmer

H.: Für das, was jetzt besprochen werden soll, muß einmal alle Wissenschaft ausgeschaltet werden; d. h. es soll von ihr jetzt nicht Gebrauch gemacht werden. In positivem Sinne müßte man dann fragen: Wie soll dann vorgegangen werden? Wir müssen eine neue Art des Denkens lernen, eine Art des Denkens, wie die alten Griechen sie bereits kannten.
Um zum Thema des letzten Zusammenseins zurückzukommen, fragen wir: Ist es der gleiche Tisch, der heute vor mir steht?

S.: Ich habe ihn anders in Erinnerung. – Es ist tatsächlich nicht derselbe! Er ist ausgewechselt worden.

H.: Angenommen, es wäre nun ›derselbe‹, wäre es dann auch ›der gleiche‹?

S.: Nein, ich habe ihn anders in Erinnerung.

H.: Im Aide Memoire, das vor Ihnen liegt, wird der Ausdruck ›schlechthin‹ verwendet. Wie steht es damit?

S.: Es hat etwas mit schlicht, einfach zu tun.

H.: Ja, ist das nun tatsächlich so einfach, dieses ›Hinnehmen‹? Offenbar nicht. Das unmittelbare Hinnehmen ist nicht eine absolute Gewißheit. Hat es überhaupt den Charakter irgendeiner Gewißheit?

S.: Eine augenblickliche Gewißheit: hier und jetzt, nicht absolut.

H.: Welchen Charakter der Gewißheit hat das unmittelbare Vernehmen?

S.: Empirische Existenz.

H.: Es ist eine faktische, aber nicht notwendige Existenz. Das nennt man eine assertorische Gewißheit. Das steht im Gegensatz zur sogenannten apodiktischen Gewißheit, z. B., daß 2 x 2 = 4 ist. Die apodiktische Gewißheit ist auch nicht absolut, aber notwendig. Warum nicht absolut? ... In 2 x 2 = 4 ist das ›gleich‹ vorausgesetzt, und auch, daß 2 immer identisch mit sich selbst bleibt; es ist also eine bedingte Gewißheit.
Nun haben wir also diesen Tisch zuerst beschrieben. Das interessiert uns aber nicht. Nur ›der existierende Tisch‹ interessiert uns. Diese Existenz haben wir angenommen im Sinne der *Annahme*. Was heißt nun existieren? Sein ist kein reales Prädikat nach Kant. Wir sprechen die Existenz dem Tisch zu ... Was heißt dieses ›real‹? Es zeigt *Sachhaltigkeit* an. Existenz in diesem Sinne ist nicht real. Trotzdem wird dem Tisch Existenz zugesprochen; sie kommt ihm zu ... Wie kommt sie zu? Was heißt Existenz?

S.: Der Tisch ist im Raum.

H.: Gehört das zur Sachhaltigkeit?

S.: Die Ausdehnung ist eine Eigenschaft des Raumes.

H.: Wie?

S.: Der Raum hat Ausgedehntheit: hoch, breit, etc. Das sind die Dimensionen.

H.: Ja sind Ausdehnung und Dimension verschieden? Was ist der Unterschied?

S.: Dimension ist eine willkürlich herausgegriffene Ausdehnung.

H.: Wie verhalten sich die einzelnen Räume zu ›dem Raum‹?

S.: Der Raum enthält sie.

H.: Der Raum ist also nicht ›das Allgemeine‹ zu den Räumen

wie z. B. der Baum zu den Bäumen. – Nun, dieser Raum, wie ist er charakterisiert?

S.: Es ist ein abgegrenzter Raum ...

H.: Es ist ein Raum zum Wohnen, er enthält Gebrauchsgegenstände. Es gibt eine Orientierung nach den Dingen im Raum. Die Dinge haben ihre besondere Bedeutung für die Bewohnenden: sie sind ihnen vertraut, während sie für andere befremdend sind. Dieser Raum hat also andere Charaktere als ›der Raum‹. Wie steht nun dieser Tisch im Raum?

S.: Er gehört in den Raum, nimmt Raum ein.

H.: Aber wie?

S.: Er hat eine Gestalt, sie grenzt ihn gemäß seinem Raum ab.

H.: Ja, da sehen Sie jetzt, wie das ist, mit diesem sogenannten Aide Memoire: abgestorbene Sätze! Deshalb ist man so hilflos mit dieser Buchschreiberei!
Fragen wir nun, ob dieser Tisch auch da ist, wenn Herr R., der ihn sieht, nicht da ist?

S.: Beide befinden sich im Raum, der sowohl den Beobachter vom Tisch trennt, als ihn auch verbindet.

H.: Trennt? Sind Sie sicher? Wenn etwas getrennt ist, so mußte es zuerst verbunden sein.

S.: Besser sagen: fern, entfernt.

H.: Distanz hat mit Trennen und Verbinden nichts zu tun. Wir haben nun das letzte Mal gefragt: Wenn wir eine Wand stellen zwischen den Tisch und Herrn R., ist dann der Tisch immer noch da?

S.: Für den Beobachter ist dann der Tisch nicht sichtbar.

H.: Aber ist der Tisch immer noch da?

S.: Hinter der Wand. Verborgen.

H.: Nein, eben nicht verborgen.

S.: Wir haben keine unmittelbare Wahrnehmung, aber wir können uns erinnern, uns ihn vorstellen.

H.: Sehen Sie, das ist gar nicht so einfach.

S.: Beim Kind oder Primitiven wäre er nicht mehr da ... Die Existenz besteht nicht nur in seinem Gesehenwerden.

H.: Schließt die Augen. Wo ist jetzt der Tisch?

S.: Der Tisch ist weg als Wahrnehmung. – Man kann aber immer noch darüber fallen, mit geschlossenen Augen.

H.: Ja, das wäre dann eine ganz massive Wahrnehmung. Ist also der Tisch nur noch in meinem Kopf vorgestellt?

S.: Der Tisch bleibt an seinem Ort. Aber das ist nicht absolut gewiß. Es kann ihn jemand weggenommen haben ... Wenn ich die Augen zumache, bleibe ich in gewisser Beziehung zu ihm. Ob der Tisch noch dort ist, spielt keine Rolle.

H.: Nehmen wir an, Sie machen die Augen zu. Wenn Sie sie wieder öffnen, ist der Tisch weg. Was ist dann?

S.: Staunen, Enttäuschung.

H.: Was heißt Enttäuschung?

S.: Eine Erwartung ist nicht erfüllt.

H.: Ja eben, weil man auch mit geschlossenen Augen noch beim Tische war.

H.: Herr R. nimmt nun also den Tisch hier von dort wahr. Wie geht das zu? Wo ist dann R.?

S.: Dort und da.

H.: R. ist zugleich hier und dort. Der Tisch aber kann nicht zugleich hier und dort sein. Nur der Mensch kann zugleich dort und hier sein. Der Tisch ist also anders im Raum als der Mensch.

S.: R. hat eine Beziehung zum Tisch, der Tisch aber nicht zu ihm.

H.: Wie aber ist es mit dem Raum?

S.: Ich bewege mich im Raum.

H.: Wie?

S.: Ich bewege mich selbst; der Tisch wird bewegt.

H.: Wie ist es denn mit dieser Uhr? Bewegt sich die nicht auch selbst?

S.: Nein, der Zeiger wird durch Menschen bewegt.

H.: Sie läuft von selbst.

S.: Nein, eine Feder bewegt sie und die ist durch Menschen gemacht.

H.: Die Feder gehört zur Uhr. Die Uhr läuft, das gehört dazu.

S.: Nein, die Uhr bewegt sich nicht selbst, nur der Zeiger.

H.: Also der Zeiger... Was ist von einem Menschen im Raum?

S.: Der Körper.

H.: Wo sind Sie selbst?... Also ich verändere meine Stellung. Bewege ich dann nur meinen Körper?... Das tut auch der Tisch!

S.: Wir waren das letzte Mal dazu gelangt, den Raum als das Offene, Durchlässige zu charakterisieren. Wie verhält sich nun der Mensch zum Offenen?

H.: Ja, das ist die Frage.

S.: Ich bin nicht nur im Raum, ich orientiere mich im Raum.

H.: Was heißt das?

S.: Ich bin im Raum, soweit ich ihn begreife.

H.: Inwiefern?

S.: Der Raum ist für mich offen, nicht für den Tisch.

H.: Der Raum ist durch Sie offen. Und wie ist es denn für den Tisch?

S.: Für den Tisch ist der Raum nicht offen.

H.: Ist der Raum überhaupt etwas für den Tisch?

S.: Der Mensch hat den Raum präsent. ... Der Tisch ist gemacht worden. Der Mensch hat Raum und Tisch gemacht.

H.: Kann der Tisch nicht auf gleiche Weise wie der Mensch im Raum sein, weil er gemacht worden ist? ... Herstellen hat den Sinn von ›hier stehen‹, der Tisch ist entlassen worden aus dem machenden Bezug. Es ist der Sinn des Handwerkes und der Kunst, daß das Gemachte für sich stehen kann. – Was heißt das also: Ich orientiere mich im Raum und der Tisch nicht?

S.: Wir nehmen an, daß es der Tisch nicht tut.

H.: Hat der Tisch nichts zu tun mit Orientierung?

S.: Der Mensch kann sich an ihm orientieren. Der Tisch selbst ist orientiert z. B. in bezug auf die Himmelsrichtungen. Er hat seinen bestimmten Standort, ist hergerichtet worden für Prof. H.

H.: Er ist eingerichtet im Zimmer, orientiert nach der Weise des Wohnens. Orientierung hat etwas zu tun mit dem Aufgehen der Sonne. Warum nicht ›Occidentieren‹?

S.: Orient bedeutet das Aufkommen der Sonne, des Lichtes.

H.: Mit Aufgang der Sonne wird es hell, alles wird sichtbar; die Dinge scheinen. Bei bestimmten Grabbräuchen wird das

Gesicht nach Osten gewendet; auch die Orientierung der Kirchen nimmt darauf Rücksicht. – Übrigens, wenn das Licht ausgeschaltet wird, wie ist es dann mit der Lichtung? ... Offensein heißt Lichtung. Auch im Dunkeln gibt es Lichtung. Lichtung hat nichts zu tun mit Licht, sondern kommt von ›leicht‹. Licht hat mit Wahrnehmung zu tun. Im Dunkeln kann man noch anstoßen. Das braucht kein Licht, aber eine Lichtung. Licht – hell; Lichtung kommt von leicht, frei machen. Eine Waldlichtung ist da, auch wenn es dunkel ist. Licht setzt Lichtung voraus. Helle kann nur da sein, wo gelichtet worden ist, wo etwas frei ist für das Licht. Das Verdunkeln, das Wegnehmen von Licht, tastet die Lichtung nicht an. Lichtung ist Voraussetzung, daß es hell und dunkel werden kann, das Freie, Offene.

S.: Was ist das, das Freie, Offene?

S.: Das Freie, Offene ist der Raum. Nur der freie Raum oder der durch den Tisch eingenommene?

H.: Wenn er nicht frei wäre, könnte der Tisch nicht dort sein. Der Raum gibt den Tisch frei. Der Raum ist dann ›besetzt‹, aber nicht: nicht mehr frei.

S.: Ist das dann derselbe Raum wie der Raum als dieses Zimmer?

H.: Das Zimmer gehört dazu. Sehen Sie wieder einmal, daß die Sprache gescheiter ist, als wir denken: Raum kommt von räumen. Was bedeutet das?

S.: Frei machen. ... Aber auch *einräumen*: einrichten, stellen, oder andererseits einen Platz einräumen.

H.: Der Raum hat Plätze. Aufräumen: Ordnung schaffen, was herumliegt, Dinge, die nicht an ihrem Platz sind. Das ist etwas anderes als bloßes Vorhandensein.

S.: Man redet auch von ›aufgeräumt‹, wenn jemand guter Stimmung ist.

H.: Ja, dann ist man heiter, frei. – Ist nun Raum und Lichtung identisch, oder setzt das eine das andere voraus? ... Nun, das ist noch nicht entscheidbar, es kann nämlich noch etwas anderes gelichtet sein: die Zeit, und davon haben wir noch nicht geredet. – Befassen wir uns nun noch mit dem Unterschied zwischen *frei* und *offen* einerseits und *leer* andererseits.

S.: Leer heißt nichts enthaltend.

H.: Also nicht besetzt. Frei ist auch nicht besetzt, aber verschieden.

S.: Frei ist: für etwas.

H.: Ist besetzbar; leer jedoch ist nur: nicht besetzt. Frei kann der Raum auch bleiben, wenn er besetzt ist. Leeres gibt es nur, weil es Freies gibt.

S.: Ist es denn möglich, daß ›nicht besetzt‹ noch nicht ›besetzbar‹ ist?

H.: Das Leere ist das nicht besetzte Freie.

S.: Das Freie hat einen Boden, das Leere unter Umständen nicht. Man kann eine grundlose Leere haben.

H.: Zum Beispiel der Weltraum: ist der nicht besetzbar? Er ist sogar sehr besetzt. – Es gibt keine Leere ohne Freies. Das Leere gründet auf dem Freien.

S.: Was ist das für eine Beziehung des Grundes? Was für ein ›weil‹? ...

H.: Es ist ein Sachverhältnis, nicht ein logischer Grund.

S.: Das ist für die Studenten schwierig, weil *Grund* immer nur im Sinne logischer Schlußfolgerungen verstanden wird. Sie sagen: *sachhaltig*; aber was ist das für eine Sache?

H.: Sache ist das, wovon wir handeln.

S.: Das Offene oder Freie kann ich nicht als eine ›Sache‹ verstehen.

H.: Ist ›Sache‹ nur ein ›Ding‹? – Es gibt doch nicht wahrnehmbare Sachen! z. B. den Raum, 2 x 2 = 4. Dies sind Sachverhalte. Sache ist etwas, worüber gehandelt wird.

S.: Was heißt dann sachhaltig?

H.: Ein sachhaltiger Grund besagt, daß eine Sache nicht sein kann ohne die andere. Leere kann nicht sein ohne ›frei‹; ›frei‹, d. h. besetzbar, ist ursprünglicher als ›leer‹.

S.: Wir fühlen, man könnte es auch umgekehrt ausdrücken: Es gibt Freies nur, weil es Leeres gibt.

H.: Es spielt hier herein der Unterschied zwischen ratio essendi und ratio cognoscendi. Leere ist Erkenntnisgrund für Freiheit; Freiheit aber ist ratio essendi für das Leere. Es ist ein Seinsgrund, aber nicht eine Ursache. –
Wie ist nun der Mensch im Raum? Besetzt der Mensch nur einen Raum oder bin ich anders im Raum?

S.: Ich benütze meinen Platz, sitze.

H.: Sitzt der Tisch? Was heißt das, ›er sitzt‹?

S.: Ich kann eine verschiedene Haltung einnehmen im Raum. ... Der Mensch erfüllt den Raum.

H.: Der Tisch auch. – Wenn ich Mensch sage, sage ich auch schon Raum.

S.: Mensch und Raum sind einander zugehörig.

H.: Wie? Der Raum gehört auch zum Tisch.

S.: Der Mensch kann sich verhalten zum Raum.

H.: Er verhält sich immer.

S.: Der Raum gehört zum Wesenhaften des Menschen. Ich verhalte mich zu den Dingen im Raum, dadurch auch zum Raum. Der Raum ist offen für den Menschen.

H.: Für den Tisch auch.

S.: Ich bin schon in diesem Raum, in dem ich mich bewege.

H.: Ich gehe raum-einnehmend. Der Tisch räumt den Raum nicht ein. Der Mensch hat den Raum eingeräumt, zugelassen. Beispiel: Wenn ich mich bewege, so weicht der Horizont. Man bewegt sich in einem Horizont. Das heißt nicht nur, seinen Körper transportieren.

S.: Wie ist es denn beim Tier?

H.: Das ist wieder ein anderes Raumverhältnis. Das Tier spricht nicht. Der Mensch ist ζῷον λόγον ἔχον. Das Tier erlebt den Raum nicht *als Raum*.

S.: Was heißt dieses ›als‹?

S.: Das Tier kennt den Graben, den es überspringt, als Sachverhalt, aber nicht als Begriff.

S.: Das Tier kann nicht reflektieren.

S.: Ist die Sprache so essentiell? Es gibt doch auch eine Weise des Kommunizierens ohne Sprache.

S.: Jetzt werden Sprache und Verlautbarung durcheinander gebracht.

H.: Es gibt überhaupt kein Verhältnis des Menschen ohne Sprache. Sprache ist nicht nur Verlautbarung. Communicatio ist nur eine Möglichkeit. Sagen heißt ursprünglich ›zeigen‹.

S.: Wenn wir von ›Raum einnehmen‹ sprechen, ist die übliche Anschauung, daß wir dort sind, wo unser Körper ist.

H.: Ich sitze hier, ich spreche mit Ihnen, sitze gegenüber der Wand, bin bezogen auf die Raumdinge. Der Tisch ist nicht bezogen auf die andern Dinge als Tisch! Sich verhalten zu etwas als etwas ist sprechen, sagen. Ich bin für den Raum offen, kann mich bewegen, weiß, wo etwas hingehört, brauche aber nicht auf den Raum als Raum zu blicken. Ich lasse den Raum zu als Offenes, ohne es thematisch zu beachten, ohne mich mit ihm zu beschäftigen.

Schluß: All das sollte Ihnen nur zeigen, daß diese Sache gar nicht so leicht ist. Aristoteles (Metaphysik II, 1, 993 b 9 ff.) sagt: »Wie die Augen der Nachtvögel sich verhalten zum Glanz und Licht des Tages, so verhält sich das Vernehmen des νοῦς zu dem, was vor allem anderen am offenkundigsten ist«. . . . Das ist eben *das Sein.* Das sehen wir am schwersten. Oder Plato sagt: Wenn der Mensch versucht, in das Licht zu sehen, so wird er geblendet.

Sie sollen lernen, nicht zu erschrecken, wenn man Ihnen mit Aristoteles kommt. Aristoteles und die alten Griechen sind nicht ›fertig‹, ›überlebt‹. Im Gegenteil, wir haben noch nicht einmal angefangen, sie zu verstehen. Die Wissenschaft bewegt sich nicht fort. Sie tritt auf der Stelle. Es ist aber gar nicht leicht, auf der Stelle zu treten!

II. — 9. Juli 1964

H. = Heidegger   S. = Seminarteilnehmer

H.: Letztes Seminar ist eher mißglückt. Die Schwierigkeit liegt jedoch in der Sache selbst. Wie Kant sagt: Es gilt, das Sein zu erblicken. Wir haben versucht, das am Beispiel des Tisches zu tun. Die Schwierigkeit liegt jedoch in der Sache, dem Sein selbst. – Für die Wissenschaft ist der gegenständliche Bereich schon vorgegeben. Die Forschung geht in derselben Richtung vorwärts, in welcher die betreffenden Gebiete schon vorwissenschaftlich besprochen worden sind: Sie gehören zur Alltagswelt. Mit dem Sein ist es jedoch nicht das gleiche. Das Sein ist zwar auch vorgelichtet, aber es wird nicht eigens beachtet oder bedacht. Sofern Sein nichts Seiendes ist, ist die *Unterschei-*

dung des Seienden vom Sein die *fundamentalste und schwerste.* Noch schwerer ist dies, wenn das Denken bestimmt ist durch die Wissenschaft, die nur vom Seienden handelt. Heute herrscht der Glaube, die Wissenschaft allein gebe die objektive Wahrheit. Sie ist *die* neue Religion. Ihr gegenüber scheint ein Versuch, das *Sein* zu denken, willkürlich und ›mystisch‹. Mit Wissenschaft läßt sich Sein nicht erblicken. Sein verlangt eine eigene Ausweisung. Es liegt nicht im Belieben des Menschen und kann nicht von einer Wissenschaft vorgenommen werden. Als Menschen können wir nur auf dem Grunde dieser Unterscheidung existieren. Um Sein zu erblicken, hilft nur eigene Bereitschaft des Vernehmens. Sich auf dieses Vernehmen einlassen, ist eine ausgezeichnete Handlung des Menschen. Es bedeutet eine Wandlung der Existenz. Kein Aufgeben der Wissenschaft, sondern dies bedeutet im Gegenteil, in ein besonnenes, wissendes Verhältnis zur Wissenschaft zu gelangen und deren Grenzen wahrhaft zu durchdenken.

Wir unternehmen heute einen neuen Versuch, zur *Unterscheidung von Sein und Seiendem* zu gelangen, von dem aus, was *Natur* heißt. Wir wollen die *Kausalität* abheben gegen die *Motivation.* Man trifft dabei auf ein Phänomen des Grundes, des Gründens. *Fundierung* ist jedoch nicht gleich Kausalität oder Motivation. Was ist Kausalität? Wie wird sie verstanden in der Naturwissenschaft? Nehmen wir ein Beispiel: »Wenn die Sonne scheint, wird der Stein warm.« Dies ist auf eine Beobachtung gegründet, ein Sachverhalt, durch eine Sinneswahrnehmung unmittelbar festgestellt. Es handelt sich um eine *Abfolge.* – Sagt man jedoch: »Weil die Sonne scheint, ...«, so handelt es sich um einen *Erfahrungssatz.* »Sooft die Sonne scheint, ...« bezeichnet nur eine Zeitfolge. – Das ›weil‹ jedoch meint nicht nur ein Nacheinander, sondern eine Bedingung, ein notwendiges Nacheinander! Dies ist Kausalität, wie sie in der Naturwissenschaft geläufig ist. Sie beherrscht das neuzeitliche Denken seit Newton und Galilei. Kant unternahm dann die Kritik der reinen Vernunft. Bei Aristoteles findet man eine causa efficiens, die einen Effekt ergibt. Wäre das aber das gleiche wie der moderne Begriff? – Das notwendige Nacheinander führt zur Interpretation einer »Wirkung bestimmt durch eine Ursache«. Kant sagt vorsichtig: »Alles, was geschieht (anhebt zu sein) setzt etwas voraus, wor*auf* es *nach einer Regel* folgt« (Kant, Kritik der reinen Vernunft, A 189). (Modern würde man jedoch sagen: wor*aus* es folgt!) Das Worauf heißt: zeitlich, ist aber notwendig, nach einer Regel. Man kann nicht wissen das ›woraus‹, wie sich das aus einem anderen entwickelt!

S.: Die neueren wissenschaftlichen Formulierungen sind auch vorsichtiger. Sie sagen: Bisher immer so; anzunehmen, daß, wenn sich nichts ändert, auch in Zukunft alles so verlaufen wird.

H.: Das heißt jedoch: unter der Bedingung, daß keine anderen Ereignisse dazu kommen. Wenn neue Faktoren dazu kommen, muß das Gesetz neu formuliert werden aufgrund neuer Beobachtungen, unter neuen Bedingungen. Causa efficiens von Aristoteles gehört noch in die natürliche, vorwissenschaftliche Weltanschauung. Es ist eine αἰτία. Eine Ursache ist ein juristischer Begriff, eine Sache, das, worüber verhandelt wird. Ursache ist das Erste, von woher etwas kommt, was zuerst behandelt werden muß; den gleichen Sinn hat ›causa‹. Bei den Griechen wurden vier Ursachen unterschieden: material, formal, final, efficiens. Nehmen wir das Beispiel des Silberschmiedes, der eine Schale zu formen hat. Beim Herstellen sind vier Ursachen zu unterscheiden: Das Bestimmende, ›Gesollte‹, ist der Auftrag, also etwas Finales, das ›weswegen‹, οὗ ἕνεκα. Zweitens gehört die Gestalt der Schale dazu, die er als Form im Blick haben muß: dies ist εἶδος. Forma ist bereits eine Umdeutung von εἶδος, was Gestalt heißt. Die finale und die formale Ursache hängen zusammen. Beide zusammen wieder bestimmen drittens das Material, ἐξ οὗ, hier das Silber. Viertens: causa efficiens, das Herstellen, ποίησις oder ἀρχὴ τῆς κινήσεως, dies ist der Handwerker. – Die moderne causa efficiens ist nicht mehr das gleiche! ποίησις und πρᾶξις ist nicht gleich: herstellen und handeln. πρᾶξις hat eine Motivation!

Moderne Kausalität setzt einen Naturvorgang voraus, nicht eine ποίησις. Die Griechen haben die κίνησις der von ihnen verstandenen Natur von ποίησις her gesehen und interpretiert. Galilei hat sich damit auseinandergesetzt. In der heutigen Wissenschaft finden wir das Verfügenwollen über die Natur, das Nutzbarmachen, das Vorausberechnenkönnen, das Vorbestimmen, wie der Naturablauf vor sich gehen muß, damit ich mich sicher zu ihm verhalten kann. Sicherheit und Gewißheit sind wichtig. Man stellt den Anspruch einer Gewißheit im Verfügenwollen. Was so vorausberechenbar ist, was meßbar ist, ist wirklich und nur dieses. Wie weit kommt man damit einem kranken Menschen gegenüber? Man scheitert! – Der Kausalitätssatz hat Wirklichkeit für die Physik, aber auch dort nur sehr begrenzt. Was Aristoteles sagt, ist wahr aus der damaligen Weltsicht, z. B. der aristotelische Begriff der Bewegung. Was ist Bewegung?

S.: Ortsveränderung in der Zeit.

H.: Bei Aristoteles heißt das φορά; das bedeutet, daß ein Körper transportiert wird von einem Ort an den andern, an *seinen* Ort. Bei Galilei fallen oben und unten, rechts und links weg; der physikalische Raum ist homogen; es ist darin kein Punkt vor einem andern ausgezeichnet. Nur diese Auffassung des Raumes gibt die Möglichkeit, die Ortsbewegung festzustellen. Der Raum muß homogen sein, weil die Bewegungsgesetze überall gleich sein müssen; nur dann kann man jeden Vorgang berechnen und messen. Die Natur wird anvisiert in ganz bestimmter Weise, so daß sie den Bedingungen der Meßbarkeit genügt. Das Seiende bekommt Gegenständlichkeit, Objektivität. Im griechischen Denken findet man nichts Objektives. Das Objektive erscheint erst in der modernen Naturwissenschaft. Der Mensch wird dann zum Subjekt im Sinne von Descartes. Es ist sinnlos, ›objektiv‹ zu sagen ohne all diese Voraussetzungen.

S.: Aber ist dann ›objektiv‹ nur das wissenschaftlich Festgestellte? Ist alles andere subjektiv?

H.: Ja ist nun unsere ganz andere Auffassung des Raumes nur subjektiv? . . . Das ist bereits ein Erblicken des Seins! Eine Einsicht! Es ist eine andere Art von Wahrheit als die der Physik, vielleicht eine höhere! Wenn man das sieht, hat man eine freie Stellung zur Wissenschaft.

S.: Es gibt doch auch in der Psychologie eine Berechenbarkeit, die weitgehend richtig und notwendig ist und bei vielem angewendet werden kann. Prof. Boss sagt, man dürfe diese Art des Kausalitätsbegriffes dabei *nicht* anwenden. Wie steht das?

H.: Die Frage ist: Welches ist der Bereich der Wissenschaft? Was kann ihr Bereich sein? Wissenschaft wird heute vielfach nur noch als Naturwissenschaft verstanden. (Angelsächsisch: *science* versus *arts*). Wo ist nun die wissenschaftliche Fragestellung sinnvoll in der Psychologie? Ist sie anwendbar auf Psychisches? Was ist Psychisches? Haben Sie diese Frage bedacht?

S.: Freud wollte die naturwissenschaftliche Kausalität übertragen auf das Psychische. Er kam so zur Idee eines Apparates, einer mechanistischen Auffassung.

H.: Und das Merkwürdige ist, daß tatsächlich etwas dabei herauskommt! Aber ist es etwas Gescheites, das dabei herauskommt? Stimmt es mit der Wirklichkeit überein? Haben die Physiker jemals die Wirklichkeit gesehen? Das Reden von einer Übereinstimmung mit der Wirklichkeit hat gar keinen Sinn. Elektronen etc. sind Hypothesen, die einem erlauben, so zu operieren – aber niemand hat das gesehen. In der Kybernetik besteht heutzutage sogar die Ansicht, daß die Natur sich nach dem ›Apparat‹ richtet. Menschen, die so mit diesem Apparat operieren, werden sich auch ändern. Was ist psychisch? Man fragt nach den *Abläufen*, den *Veränderungen im Psychischen,* aber *nicht* nach dem, was das *Psychische ist.* Wie sieht man die Menschen dabei? Das Unheimliche ist, daß man die Menschen so sehen kann – aber darf man? oder muß man nicht *auch*?

S.: Man verdeckt sich damit die Möglichkeit eines anderen Verständnisses.

S.: Man sollte *auch*, aber in einer niedrigeren Rangordnung.

H.: Es scheint heute so zu sein, daß die Kybernetik mehr und mehr zur Universalwissenschaft wird und das Bewußtsein dabei bereits als ›*Störfaktor*‹ gilt. – Wir wollen jetzt noch sehen, wie es mit der *Motivation* ist. Geben Sie mir Beispiele.

S.: Bei Kriminellen redet man meist vom Motiv, z. B. bei Bürger-Prinz: Motiv der Tat. Kann z. B. aus einer bestimmten Erregung heraus geschehen sein. Aus einer Aufregung kommt es zum Handeln.

H.: Ist Erregung ein Motiv?

S.: Nein, ein Motiv ist eher eine causa finalis.

S.: Nehmen wir an, ein Mädchen stiehlt Milch, weil sie in der Kindheit von der Mutter nicht genug erhalten hat. Wir sagen dann, daß der Hunger das Motiv des Essens war.

H.: Wirklich?

S.: Nein, es ist ein Beweggrund.

H.: Es werden kausal und final durcheinandergeworfen.

S.: Die Erregung kann ein Motiv sein, wenn man sie zu erreichen sucht.

H.: Was ist ein Beweggrund? Welche Bewegung ist gemeint?

S.: Bewegung auf etwas hin, handeln.

H.: Was ist Handlung?

S.: Dazu gehört eine Hand, ein Mensch.

H.: Kann das Tier handeln? Z. B. ein Brötchen nehmen? Das Fenster schließen, weil draußen Lärm ist? Was ist das für eine Bewegung?

S.: Das Motiv ist: Ich möchte Ruhe haben.

H.: Ist das eine Abfolge nach Art der Kausalität?

S.: Nein, es ist keine notwendige Abfolge. Es liegt darin eine Freiheit.

H.: Worin liegt diese Freiheit?

S.: Es kann der Entscheid zwischen zwei Motiven sein, z. B. Lust und Unlust. Man folgt dem stärkeren Reiz.

H.: Was ist nun das Motiv? Das, was mich bestimmt, das Fenster zu schließen. Das Motiv ruft den freien Willen hervor; es schränkt ihn nicht ein. Das Motiv ist nicht zwingend. Man ist ungezwungen, frei. Es spricht mich an zu etwas. Motiv ist ein Grund, den ich mir vorstelle, den ich als etwas mich Bestimmendes erfahre. Das Motiv ist in diesem Falle: Ruhe haben wollen. Nun der ganze Vorgang: Ist das geschlossene Fenster ein Effekt des Lärmes? Ist da ein Kausalzusammenhang?

S.: Nein.

H.: Zum Motiv gehört das Bestimmende, eine Stimme hören, und dem entsprechen. Ein bestimmter Weltbezug, eine bestimmte Situation gehört dazu. Lärm ist nicht Ursache des Aufstehens.

S.: Man könnte aber eine Maschine herstellen, die bei Lärm die Fenster schließt!

H.: Ja, dann wäre der Lärm die Ursache. Aber hört die Maschine den Lärm als Lärm? Die Maschine hat keine Entscheidungsmöglichkeit. Ein anderes Beispiel: Man sieht Rauch.

S.: Dann vermutet man Feuer.

H.: Wie fungiert der gesehene Rauch in bezug auf das Feuer?

S.: Es ist eine Erfahrung, daß, wo Rauch ist, auch Feuer ist. Der gesehene Rauch ist der gesehene Grund meiner Annahme, daß es brennt.

H.: Was ist die Folge?

S.: Ich alarmiere die Feuerwehr.

H.: Das heißt, das Feuer ist nicht einfach wahrgenommen, sondern es wird als Bedrohung gesehen. Die Bedrohung ist der Beweggrund zum Alarmieren. Wohin gehört also das Motiv?

S.: Es ist eine Vorwegnahme.

H.: Nein, es gehört in die Lebenserfahrung, ist nicht eine Vorwegnahme. Im Lärm liegt schon das Stören. Es ist da gar nichts vorweggenommen.

S.: Ich lasse mich bewegen durch eine Erwartung, daß etwas eintreten wird, wenn ich mich bewegen lasse. Das geschlossene Fenster bewirkt, daß der Lärm nicht eindringt.

H.: Was für ein Grund ist der Beweggrund? Die gewohnte Welt ist nötig dazu, der Weltzusammenhang, in dem ich mich aufhalte. Im Unterschied zur Ursache, die nach einer Regel geht, kann man für die Bestimmung, was ein Motiv ist, nichts derartiges brauchen. Charakter des Motivs ist, daß es mich bewegt, den Menschen anspricht. Im Motiv ist offenbar etwas Seiendes, das mich anspricht; Verständnis, Offensein für einen bestimmten Bedeutungs- und Weltzusammenhang.

S.: Es wäre damit das Motiv nicht ganz im psychologischen Sinne gesehen. Wie ist das zu verstehen?

H.: Vom Erfahrenen, Gesehenen aus, nicht nur vom psychischen Bereich aus. Was heißt Motivation in der Psychiatrie?

S.: Man kann z. B. Marktforschung treiben, wobei man fragt, worauf die Menschen ansprechen.

H.: Da ist nichts von Psychologie dabei.

S.: Doch, Verkaufspsychologie.

H.: Was ist Psyche? Ist Markt psychisch?

S.: Es ist ein Reiz.

H.: Wie können wir überhaupt Kausalität und Motivation vergleichen?

S.: Es ist möglich, weil beides Gründe sind.

H.: Motiv ist ein Beweggrund für menschliches Handeln; Kausalität: Beweggrund für Abfolgen innerhalb des Naturprozesses. – Was ist aber Grund? Man kann sagen, das, worauf man steht. Oder man kann sagen: nichts ist ohne Grund. Das ist der *Satz vom Grund*. Alles, was ist, hat einen Grund (von Leibniz im 17. Jh. erstmals als Prinzip ausgesprochen). Auf Grund wovon wissen wir das? Der Kausalitätssatz gründet im Satz vom Grund. Er gilt im Bereich der Naturwissenschaft. Der Satz vom Grund: »Grund ist das, was sich nicht weiter zurückführen läßt.« ἀρχή ist das Erste, von wo aus etwas ist oder wird oder erkannt wird: 1. ratio essendi, Grund des Seins, 2. Grund des Werdens, 3. Grund für das Erkennen (Rauch gesehen, man denkt an Feuer, Feuer – Rauch jedoch Grund des Werdens). Seinsgrund = Grund für das, was eine Sache ist, wie sie ist. Wesensgrund: Jede Farbe als Farbe ist ausgedehnt. Farbigkeit gründet in Ausgedehntheit (aber Ausdehnung bewirkt nicht Farbe). Der Seinsgrund fundiert.

Alle verschiedenen Gründe sind selbst gegründet im Satz vom Grund: Alles, was ist, hat einen Grund.

S.: Ist das nicht willkürlich?

H.: Naturwissenschaft setzt Bedingungen und sieht nach, was herauskommt. Wir sind nicht so vorgegangen. Wir haben nur die Phänomene gesehen, θεωρεῖν = erblicken. *Kausalität* ist eine Idee, eine ontologische Bestimmung; sie gehört zur Bestimmung der Seinsstruktur der Natur. *Motivation* betrifft die Existenz des Menschen in der Welt als eines handelnden, erfahrenden Wesens.

Es stellt sich noch die Frage, ob der *Satz vom Grund* ein evidentes Prinzip ist oder ob er auf den *Satz vom Widerspruch* zurückgeführt werden kann. Ist er ein *Prinzip des Denkens oder des Seins?*

Seminar vom 2. und 5. November 1964
im Hause Boss

I. — 2. November 1964

Zur Einleitung eine Anekdote von Sokrates:

Ein vielgereister Sophist frägt Sokrates: »Stehst Du immer noch da und sagst immer noch dasselbe? Du machst Dir die Sache aber leicht«. Sokrates antwortet: »Nein, ihr Sophisten macht es euch leicht, denn ihr sagt immer das Neueste und Allerneueste und immer etwas anderes. Das Schwere aber ist, das Selbe zu sagen und das allerschwerste: vom Selben das Selbe zu sagen«.

Sokrates war auch insofern der größte Denker des Abendlandes, als er nichts geschrieben hat. Wir hier wollen uns auch darum bemühen, vom Selben das Selbe zu sagen. Das kommt dem gesunden Menschenverstand merkwürdig vor. Man nennt das eine Tautologie. Das ist, logisch gesehen, ein Satz, der nichts sagt. Wir stehen also im Gegensatz zur Logik.

Die durchgängige Schwierigkeit bei unserem Bemühen ist eine *methodische*. Sie betrifft den Zugang zu den Phänomenen und die Art und Weise ihrer Ausweisung und Ausweisbarkeit. Je selbstverständlicher man sich in der naturwissenschaftlichen Vorstellungswelt zuhause fühlt, um so befremdlicher ist die hier von uns geübte Besinnung auf die Phänomene des Raumes, der Zeitlichkeit, des Menschen, der Kausalität.

Wenn Sie im naturwissenschaftlichen Vorstellen zuhause sind, heißt das auch schon, daß Sie ein Wissen über dieses Ihr naturwissenschaftliches Vorgehen haben? Fest steht: Wenn Sie im naturwissenschaftlichen Denken zuhause sind, so ist Ihr Vorstellen ständig auf die Natur gerichtet. Ich frage Sie: was heißt hier Natur? Der Grundzug der vom naturwissenschaftlichen Vorstellen gemeinten Natur ist die Gesetzmäßigkeit. Die Berechenbarkeit ist eine Folge der Gesetzmäßigkeit. Von allem, was ist, wird nur das berücksichtigt, was meßbar, quantifizierbar ist. Von allem andern an den Dingen wird abgesehen. Frage: Unter welchen Voraussetzungen kann ich Natur so denken; was ist das Primäre dabei? Der Entwurf eines homogenen Raumes und einer homogenen Zeit. Gemessen werden dabei die gesetzmäßigen Bewegungen von Massenpunkten auf Ortsveränderung und Zeit hin.

Kant war der erste, der den Charakter der naturwissenschaftlich vorgestellten Natur explizit ausgesprochen hat. Darum sagte er auch als erster, was ein Gesetz im naturwissenschaftlichen Sinne ist. Daß der eigentliche Sprecher der Naturwissenschaft ein Philosoph war, deutet daraufhin, daß es keine Sache der Naturwissenschaft ist, sondern eine der Philosophie, sich darauf zu besinnen, worauf die Naturwissenschaft ständig gerichtet ist, ohne daß die Naturwissenschaftler es für gewöhnlich explizit wissen.

Kants Bestimmung über das Gesetz lautet: »*Natur überhaupt*« ist »Gesetzmäßigkeit der Erscheinungen in Raum und Zeit« (Kritik der reinen Vernunft, B 165). Ferner: »*Natur* ist das *Dasein* [Existenz] der Dinge, sofern es [das Dasein] nach allgemeinen Gesetzen bestimmt ist.«[1] Das Naturgesetz der Kausalität ist ein Gesetz, durch welches Erscheinungen allererst eine Natur ausmachen und Gegenstand einer Erfahrung abgeben können. Natur materialiter spectata (hinsichtlich des Sachverhaltes, von dem sie handelt, die Natur im Sinne des Ganzen der Natur) ist der Inbegriff der *Erscheinungen*, sofern diese vermöge eines inneren Prinzips der Kausalität notwendig zusammenhängen (vgl. a.a.O., § 16). Natur formaliter spectata (jetzt nicht die Gesamtheit der Dinge der Natur, nicht die gesamten Sachen, Materie, sondern die Natur der Dinge) ist der Inbegriff der Regeln, unter denen alle Erscheinungen stehen müssen (vgl. a.a.O., § 17).

Kant unterscheidet Regel und Gesetz. Regel kommt vom la-

---

[1] Kant, Prolegomena zu einer künftigen Metaphysik, die als Wissenschaft wird auftreten können. Hg. K. Vorländer. Hamburg 1969 (Philos. Bibl. F. Meiner). § 14.

teinischen regere = leiten, regieren, Richtschnur, regelmäßig. »Nun heißt aber die Vorstellung einer allgemeinen Bedingung, nach welcher ein gewisses Mannigfaltige (mithin auf einerlei Art) gesetzt werden kann, eine *Regel* und, wenn es so gesetzt werden *muß*, ein *Gesetz*.« (Kant, Kritik der reinen Vernunft, A 113).

Worin Sie naturwissenschaftlich denkend zuhause sind, dieser ganze Bereich, genannt Natur, materialiter und formaliter bestimmt, ist entworfen von Galilei und von Newton. Dieser Entwurf wurde vollzogen oder in einer Supposition angesetzt mit Rücksicht auf die Bestimmung der Gesetzmäßigkeiten, nach denen sich Massenpunkte in Raum und Zeit bewegen, aber ganz und gar nicht mit Rücksicht auf jenes Seiende, das wir Mensch nennen.

Aus diesem Tatbestand wird die ganze Kluft zwischen Naturwissenschaft und Menschenbetrachtung ersichtlich.

Von der Naturwissenschaft kann der Mensch nur als etwas in der Natur Vorhandenes festgestellt werden. Die Frage erhebt sich: Ist so das Menschsein überhaupt treffbar? Innerhalb dieses naturwissenschaftlichen Entwurfes können wir ihn nur als Naturwesen sehen, das heißt, wir machen den Anspruch, Menschsein mit Hilfe einer gar nicht auf sein besonderes Wesen hin entworfenen Methode zu bestimmen.

Die Frage bleibt, was den Vorrang hat: diese naturwissenschaftliche Methode des Erfassens und Berechnens von Gesetzmäßigkeiten oder die Forderung, das Menschsein selbst als solches in der Selbsterfahrung des Menschen zu bestimmen? Wir fragen: Worin gründet dieser naturwissenschaftliche Entwurf von Natur? Worin hat er seine Wahrheit? Kann man ihn beweisen? Man kann ihn nicht beweisen. Man kann einzig die Effekte, die Wirkungen, die durch das naturwissenschaftliche Denken erzielt werden können, als ein Kriterium betrachten, das anzeigt, daß die naturwissenschaftliche Methode ihrem Sachbereich gerecht wird. Effekt ist aber nie ein Beweis, noch weniger ein Kriterium für den Wahrheitsgehalt der zum Effekt führenden Methode. Was hat der Effekt für einen Sinn? Die Beherrschbarkeit der Natur. Nietzsche sagt: »Die Naturwissenschaft will mit ihren Formeln die *Überwältigung* der Naturkräfte lehren: sie will nicht eine ›wahrere‹ Auffassung an Stelle der empirisch-sinnlichen setzen (wie die Metaphysik).«[2]

Die große Entscheidung ist: Können wir je ohne weiteres diese Art des naturwissenschaftlichen Vorstellens, das ohne Rücksicht auf das spezifische Menschsein entworfen wurde, können wir im Horizont dieser Wissenschaft den Menschen betrachten, mit dem Anspruch, daß wir damit das Menschsein zu bestimmen vermöchten? Oder müssen wir entsprechend diesem Entwurf der Natur uns fragen: Wie zeigt sich das Menschsein und welche Art des Zuganges und der Betrachtung fordert dieses Menschsein von seiner Eigenart her?

Wir wiederholen: Die Wahrheit der ganzen Naturwissenschaft beruht im Effekt.

Was verstehen wir sonst unter Wahrheit? Die Übereinstimmung der Aussage mit dem, was sich zeigt. Adaequatio rei et intellectus. Wie steht es nun mit der Wahrheit der Naturwissenschaft dem gegenüber?

In der Physik wird eine Theorie angesetzt und dann durch Experimente untersucht, ob deren Abläufe der Theorie entsprechen. Es wird nur die Entsprechung des Ergebnisses des Experimentes zur Theorie gezeigt. Es wird nicht gezeigt, daß die Theorie die Erkenntnis der Natur schlechthin ist. Das Experiment und das Ergebnis des Experimentes geht nicht über den Rahmen der Theorie hinaus, bleibt in dem durch die Theorie vorgezeichneten Bezirk. Das Experiment wird nicht angeschaut auf seine Übereinstimmung mit der Natur, sondern mit dem, was in der Theorie angesetzt ist, und dies in der Theorie Angesetzte ist der Entwurf der Natur nach naturwissenschaftlichem Vorstellen, zum Beispiel nach Galilei.

---

[2] F. Nietzsche, Nachgelassene Werke (= Unveröffentlichtes aus der Umwertungszeit), in: Nietzsche's Werke. Bd. XIII. Leipzig 1923², S. 79.

Selbst in der Physik wird heute aber von den Pionieren versucht, die inneren Grenzen der Physik explizit herauszuarbeiten, wobei fraglich bleibt, ob das der Physik grundsätzlich je gelingen kann.

Es kommt darauf an, das Fremdartige dieser Methode, die an den raum-zeitlichen Bewegungen der Körper gewonnen ist, gegenüber dem Menschen, gegenüber dem, was das Menschsein ausmacht, zu erkennen.

Es wird gesagt: Ein Teil, etwa das Soma des Menschen, das, was am Menschen Natur ist, könne naturwissenschaftlich untersucht werden. Aus den Ergebnissen solcher Untersuchungen stammen die vielen sehr wirksamen Heilmethoden der heutigen Medizin. Zugegeben wird dabei von den meisten, daß das Zentrale des Menschseins naturwissenschaftlich nicht anzugehen ist.

Natürlich *kann* man den Menschen auch naturwissenschaftlich als Naturteil betrachten. Die Frage bleibt nur, ob dann noch etwas Menschliches herauskommt, das den Menschen als Menschen trifft.

Man kann nicht den Menschen unterteilen in einen Bereich, der Natur ist, und in einen zentraleren, der nicht Natur ist. Wie sollte man zwei so heterogene Dinge je zusammenbringen können und aufeinander wirken lassen können? Vielmehr muß das sogenannte zentralere, nicht naturwissenschaftlich Angebbare auch das Wesen des sogenannten periphereren Bereichs, etwa das Soma des Menschen, ausmachen, unbeschadet darum, ob man diesen obendrein noch naturwissenschaftlich betrachten kann oder nicht. Doch hier bleiben wir stecken, solange wir noch nicht im Grundsätzlichen weitergekommen sind.

II. — 2. November 1964

Der Naturentwurf der Naturwissenschaft wurde von Menschen vollzogen, ist also ein menschliches Verhalten. Frage: Was kommt in diesem Entwurf vom gesetzmäßigen raum-zeitlich

Bewegten vom Menschen zur Erscheinung? Welchen Charakter hat der Galileische Entwurf der Natur? Am fallenden Apfel zum Beispiel interessierte Galilei nicht der Apfel, nicht der Baum, von dem er fällt, sondern nur die abmeßbare Fallhöhe. Er supponiert also einen homogenen Raum, in dem sich irgend ein Massenpunkt gesetzmäßig bewegt, fällt.

Hier ist zu verweisen auf das, was wir in den Seminaren vom 24. und 28. Januar 1964 über die Supposition und die acceptio, kurz über die *Annahme* gesagt haben. Was akzeptiert nun Galilei da in dieser seiner Supposition? Er akzeptiert fraglos: Raum, Bewegung, Zeit, Kausalität.

Was heißt das, daß ich so etwas wie Raum akzeptiere? Ich akzeptiere, daß es so etwas wie Raum gibt, und mehr als das, daß ich eine Beziehung zum Raum und zur Zeit habe. Diese acceptio ist nicht beliebig, sondern in ihr sind notwendige Beziehungen zu Raum, Zeit, Kausalität enthalten, in denen ich stehe. Sonst könnte ich kein Glas auf dem Tisch greifen. Mit diesen Akzeptionen kann niemand experimentieren. Daß es Raum gibt, ist keine physikalische Aussage. Was ist das für eine Aussage? Was besagt das über den Menschen, daß ihm solche Suppositionen und Akzeptionen möglich sind? Daß er sich als Mensch von vornherein vorfindet in Bezug zu Raum, Zeit, Kausalität. Wir stehen vor Phänomenen, die eine ihnen entsprechende Weise des Gewahrwerdens, des Vernehmens von sich aus verlangen. Über dieses Akzeptierte kann nicht mehr der Physiker etwas sagen, sondern nur noch der Philosoph. Diese Akzeptionen sind etwas, die von den Naturwissenschaften nicht mehr erreicht werden können, die aber zugleich das Fundament für deren eigene Möglichkeiten sind.

Wie weit läßt sich über dieses unmittelbar sich Zeigende etwas sagen und auf welche Weise? In dieser Frage ist wiederum das Wort ›unmittelbar‹ fragwürdig. Was bezeichnen wir als unmittelbar? Der Tisch, die Dinge, was im Raume ist und in der Zeit abläuft. Diese Dinge sind also das Nächstliegende. Und der Raum, wenn wir uns einmal auf ihn beschränken wollen?

Ich kann doch nichts räumlich Dinghaftes sehen ohne den Raum, und der Raum ist allen Dingen vorgegeben, aber nicht als solcher erfaßt.

Hier müssen wir der Unterscheidung gedenken, die schon Aristoteles traf: er unterscheidet πρότερον πρὸς ἡμᾶς und πρότερον τῇ φύσει. Das heißt am Beispiel: das der *Erfassung für uns* nach Nächstliegende ist der Tisch, der im Raum ist. Das Nächstliegende jedoch in bezug auf das Sein des Tisches ist der Raum. Der Sache nach ist der Raum früher. Er ist der das Glas als ein ausgedehntes Ding erst Ermöglichende. Das Nächstliegende in bezug auf die Sache ist das eigentlich Nächste. Dieses *eigentlich* Nächste aber ist für das Erfassen durch uns das Schwerste. Es gibt also zweierlei Nächstliegendes, zweierlei, in bezug worauf es das Nächstliegende ist, nämlich in bezug a) auf die Sache selbst, b) in bezug auf unser Erfassen von ihr.

Und wie steht es nun mit der Zeit? Ich sehe auf der Uhr, daß es elf Uhr nachts ist. Wo ist da die Zeit? Ist sie in der Uhr? Man sagt: Die Zeit wird an der Bewegung der Zeiger der Uhr erfahren. Aber wie ist es dann, wenn die Uhr stehen geblieben ist? Auch dann ist die Zeit durchaus nicht verschwunden mit dem Stehenbleiben der Uhr. Ich kann nur nicht mehr sagen, wieviel Uhr es ist.

III. — 5. November 1964

Es werden hier keine Folgerungen gezogen, sondern jeder Satz, den man in diesem Denken denkt, muß jedesmal neu ausgewiesen und gedacht werden. Oft gelingt dies und oft nicht. Manchmal *versteht* man zwar die eigene Sache, aber *sieht* sie in dunkleren Augenblicken selbst nicht mehr.

Zu Beginn des letzten Seminars wurde gefragt: Was heißt für die neuzeitliche Naturwissenschaft ›Natur‹? Wir riefen Kant zu Hilfe zu deren Bestimmung. Von ihm hörten wir die Definition: Natur ist die Gesetzmäßigkeit der Erscheinungen. Dies ist ein befremdlicher Satz. Warum wurde aber überhaupt nach der ›Natur‹ der Naturwissenschaft gefragt? Weil die Naturwissenschaft diese Bestimmung der Natur nicht eigens bedenkt. Galilei vollzog diesen Entwurf von Natur zum ersten Mal. Machte er dabei einfach eine ›Voraussetzung‹? Welcher Art wäre dann diese ›Voraussetzung‹? Es ist eine Unterstellung. Was ist der Unterschied von einer Voraussetzung bei logischen Schlußfolgerungen und einer Unterstellung? Der Unterschied besteht darin, daß aus den Voraussetzungen durch Schlüsse etwas anderes gefolgert wird, daß hier also ein logisches Verhältnis zwischen Voraussetzung und Schluß besteht. Dagegen *gründet* bei der Supposition die wissenschaftliche Betrachtung des betreffenden Bereiches auf dem Supponierten. Hier handelt es sich nicht um ein *logisches*, sondern um ein *ontologisches* Verhältnis.

Was wird eigentlich von der modernen Naturwissenschaft wem unterstellt? Beim naturwissenschaftlichen Beobachter Galilei ist bei der Betrachtung des Fallens eines Apfels sowohl der Baum wie der Apfel wie der Boden weg. Er sieht nur noch einen Massenpunkt, der gesetzmäßig von einer Stelle im Raum zur anderen fällt. Dem Baum und dem Apfel und der Wiese wird die naturwissenschaftliche ›Natur‹ unterstellt, die dieser Unterstellung gemäß nur aus gesetzmäßigen Massenpunktsbewegungen als Ortsveränderungen in einem homogenen Raum und im Nacheinander einer homogenen Zeit besteht. Dies ist die *naturwissenschaftliche Supposition*.

In der Supposition, in dieser Unterstellung einer so bestimmten ›Natur‹, liegt gleichzeitig eine acceptio. Als fraglos gegeben wird nämlich bei solcher Supposition immer schon das Bestehen von Raum, Bewegung, Kausalität, Zeit hingenommen. Annehmen und Hinnehmen heißt hier: unmittelbares *Vernehmen*. In der naturwissenschaftlichen Supposition wird akzeptiert der homogene Raum, in dem unter anderem etwa eine Tasse vorkommt. Diese Tasse ist selbst etwas Ausgedehntes, also Räumliches. Wenn ich die Tasse hebe und einen Schluck aus ihr trinke, wo ist der Raum, in dem sie ist, und in dem sie bewegt wird? Er wird nicht thematisch wahrgenommen. Die

Tasse ist dabei das Nächstliegende: ist πρότερον πρὸς ἡμᾶς. Der Raum ist πρότερον τῇ φύσει. Der Raum ist nicht für unser Wahrnehmen, wohl aber der Sache nach, in bezug auf das Seinkönnen der Tasse, das Nächstliegende oder Vorgegebene.

Das Newtonsche Trägheitsgesetz lautet: Jeder Körper hält in seinem Zustand der Ruhe oder der gleichförmigen, gradlinigen Bewegung aus, außer wenn er von Kräften, die ihm eingeprägt sind, gezwungen wird, seinen Zustand zu ändern.

Dieses Gesetz beginnt also mit: *jeder* Körper. Hat je ein Mensch je *jeden* Körper beobachten können? Gewiß nie. Trotzdem wird dieser Satz als gültig für jede Naturerscheinung gesagt. Es handelt sich dabei also wirklich um eine Supposition, eine Unterstellung. Der Zustand eines Naturkörpers wird durch die Gesetzlichkeit der Bewegung bestimmt. Darum sagt Kant: Natur ist Gesetzlichkeit von Erscheinungen in deren Bewegungen, und diese Bewegungen sind Veränderungen eines beharrlich zugrunde Liegenden. Dies sei nur ein kurzer Hinweis darauf, was da alles in so einem Gesetz supponiert wird.

Aristoteles hat diese fundamentale Sache der zweierlei Hinsichten in bezug auf das Nächstliegende in seiner »Physik« dargestellt. Am Schlusse des betreffenden Abschnittes heißt es: Die Kinder sprechen zuerst alle Männer an als Vater und alle Frauen als Mutter. Erst später lernen sie unterscheiden zwischen Mann und Vater und Frau und Mutter (vgl. Physik I, 1, 184 b 12 ff.).

Dem Kind ist der Mann Vater. Es hat noch keine Vorstellung von Mann und Frau als dem, was Vater und Mutter in ihrem Wesen bestimmt. Das kommt erst später. Inwieweit illustriert dieses Verhältnis von Vater zum Mann die Beziehung von Tasse und Raum?

Im Mann-Vater-Verhältnis ist Mann die allgemeine Bestimmung von Vater, denn jeder Vater ist ein Mann, aber nicht umgekehrt. Bei der Tasse ist der Raum nicht das Allgemeine. Der Raum ist kein Begriff. Beim Raum und der Tasse geht es um ein fundamentaleres Verhältnis. Solchen Verhältnissen sind wir schon begegnet bei Kant, als er sagte: Sein ist kein reales Prädikat, bloß die Position, das heißt: die Existenz ist nicht das Allgemeine zum Tisch.

Wenn Sie sagen, die Tasse existiert, dann sind Sie auf die anwesende Tasse bezogen. Was ist mit ihrer Existenz? Diese ist gleichwohl nicht eine Eigenschaft der Tasse. Die Anwesenheit ist nicht an der Tasse vorfindlich. Die Existenz muß der Sache nach noch näher liegen als der Raum.

Hier wird die *ontologische Differenz* erblickt: die Differenz nämlich zwischen Sein und Seiendem, welch ersteres in anderer Art zugänglich ist als das Seiende.

Wenn Sie bedenken, daß uns der Raum in jedem Erfahren schon immer unthematisch gegeben ist, was ist dann eigentlich der Raum? Wenn wir den Raum vernehmen wollen, wie müssen wir uns dann hinsichtlich der Tasse verhalten? Wir lassen sie unthematisch werden und machen den Raum zum Thema. Heißt dies, daß wir damit eine Abstraktion vollziehen? Gerade nicht. Wir betonten ja schon, daß der Raum keineswegs das Allgemeine zur Tasse ist wie etwa der Begriff Baum zu einer faktischen Birke. Wir machen nur etwas unthematisch notwendig Mit-Gegebenes zum Thema. Was wird mit der Tasse bei der Wendung des Blickes von ihr weg zum thematisierten Raum? Die Thematisierung kehrt sich gleichsam um. Wenn ich den Raum zum Thema mache, kann ich gleichwohl nicht absehen von der Tasse. Der thematisierte Raum ist nämlich das, worin die Tasse ist. Darum vermag ich den Charakter des Raumes als das, worin die Tasse ist, nicht zu fassen, wenn ich von der Tasse völlig absehen würde. Ich muß die Tasse nur unthematisch werden lassen.

Im vierten Buch der »Physik« des Aristoteles wird die Raumbestimmung zum ersten Mal maßgebend für das ganze abendländische Denken explizit gemacht. Die Erstbestimmung des Aristoteles heißt: τόπος = Ort (die Griechen haben gar kein eigenes Wort für Raum); der Ort eines Körpers ist durch das bestimmt, was er als ausgedehnter umgrenzt. Dabei ist jedoch für die Griechen Grenze nicht dasjenige, wo etwas aufhört, nichts Negatives, sondern von woher es beginnt, wodurch es in seine Gestalt eingegrenzt wird. Grenze (πέρας) ist eine positive Bestimmung bei den Griechen. Das andere, das nun gewährt, daß so etwas wie das ausgedehnte Körperding den Raum einnimmt, heißen die Griechen χώρα: der Raum kann ein so begrenztes Ding aufnehmen. Der Raum hat den Charakter des Aufnehmens, gewährt einem Ding seinen Ort, der Raum umhält das vom Körperding Ausgegrenzte, von ihm selbst Gewährte.

Bei den Griechen haben alle Körper ihrer spezifischen Natur entsprechend ihren eigenen Ort: die schweren Körper sind unten, die leichten oben. Die verschiedenen Orte im Raum sind also ausgezeichnet, qualitativ als oben und unten und so weiter. Galilei streicht alle diese ausgezeichneten Raumstellen durch. Für ihn gibt es kein oben und unten mehr.

Wenn wir die Tasse wahrnehmen, vernehmen wir, daß Raum, Raumhaftes, diese Tasse umgibt und ihr den Ort gewährt, aber ganz und gar *nicht*, was der Raum selbst ist. Raum wird immer nur im bisherigen abendländischen Denken in bezug auf die Körper und Gegenstände gesehen, nie der Raum als Raum für sich und als solcher.

Am Schluß des letzten Seminars sind wir auf die Zeit zu sprechen gekommen. Ich sehe auf die Uhr und sehe, daß es einundzwanzig Uhr fünfundzwanzig ist. Wenn morgen Herr Boss kommt und den Zettel, auf den ich diese jetzige Zeit aufgeschrieben habe, sieht, entdeckt er, daß diese aufgeschriebene Aussage inzwischen falsch geworden ist.

Wir frugen, als wir auf die Uhr sahen: Wo ist die Zeit? Kann man überhaupt so fragen, wo? ›Wo‹ kann man nur bei etwas Räumlichem fragen. Es ist also eine beirrende Frage. Wie fragen wir denn nach der Zeit sachgemäß? Wir fragen: wann? Kann ich fragen: Wann ist die Zeit? Das geht auch nicht. So würde ich nach einer Zeit fragen, in der die Zeit ist. Wann ist die Zeit, ist so falsch, wie die Frage, wo ist der Raum.

Wie soll man fragen, was die Zeit ist? Wenn ich nach der Uhrzeit frage, frage ich, *wieviel* Uhr ist es, also nach einem Wieviel, also nach einem Gemessenen. Bei jeder Zeitmessung muß die Zeit bereits vorgegeben sein. Wir fragen jetzt: Als was ist die Zeit beim Sehen auf die Uhr vorgegeben?

Wir wiederholen: wir stellen fest: jetzt ist es auf der Uhr 21.37. Spreche ich da von der Zeit? Was machen Sie, wenn Sie die Uhr ablesen? Sie sagen im Grunde stets: *jetzt* ist es 21.37. Immer wenn Sie auf die Uhr sehen, sagen Sie – ob ausgesprochen oder nicht – *jetzt*. Also schreibe ich auf den Zettel: Jetzt ist es 21.37. Wenn Herr *Boss* das morgen liest, stimmt der Zettel erst recht nicht. Herr Boss wird sagen müssen: *Damals* war es 21.37.

IV. — 5. November 1964

In der Pause schien ein gewisses Erstaunen bei einigen zu herrschen darüber, daß wir so auf gewissen Worten beharren. Es wäre ein großer Irrtum, darin eine persönliche Marotte von uns zu sehen. Denn ein bestimmtes Wort der Sprache sagt eben dies und nur dies, und das ist das Geheimnis der Sprache. Darum kann man nicht einfach herumreden und beliebige sogenannte Synonyme für die selben Sachen gebrauchen.

Kehren wir zum Satz zurück: *Jetzt* ist es 21.37. Den am anderen Morgen falschen Satz müssen wir dann korrigieren: Es war *damals* 21.37. Ist nun diese Zeitangabe endgültig vergangen? Nein. Sie kehrt wieder. Wann kehrt sie wieder? *Dann* nämlich, wenn es wieder Abend geworden sein wird.

Ich könnte gar nicht die Uhr ablesen, wenn ich nicht sagen würde: *jetzt* ist es so und soviel Uhr, ob ich das Jetzt ausspreche oder es unausgesprochen lasse. Daß dieses Jetzt meistens unausgesprochen bleibt, zeigt gerade, daß das ›jetzt‹ selbstverständlich vorgegeben ist. Ist es aber immer nur dann jetzt, wenn Sie die Uhr ablesen? Nein, auch wenn ich nicht auf die Uhr sehe, sondern zum Beispiel zum Fenster hinausblicke, ist es jetzt. Ist es also immer jetzt? Ist immer ein anderes Jetzt?

Warum ist das jeweilige Jetzt ein anderes? Es ist früher oder später. Wenn ein früheres Jetzt wieder jetzt werden würde, so wie das gerade jetzige Jetzt ein Jetzt ist, dann müßte die Zeit rückwärts laufen. Das tut sie nicht. Wie geht denn die Zeit? Die Zeit *ver-geht*. Merkwürdig; sie vergeht und gleichzeitig *steht* sie. Man spricht auch vom Fluß der Zeit.

Wie verhält sich das Damals und das Dann zum Jetzt? Zwischen damals und jetzt und zwischen jetzt und dann vergeht immer Zeit.

Ich bestimme jedes Jetzt *auf etwas bezogen*. Angenommen, ich schlafe ein und sage nur noch jetzt und wache dann wieder auf und sage wiederum jetzt beim Aufwachen, woran erkenne ich das andere Jetzt beim Erwachen gegenüber dem Jetzt beim Einschlafen? Ich sage ›jetzt‹ dabei und sage: jetzt ist Abend, und beim Aufwachen sage ich: jetzt ist Morgen. Abend und Morgen sind auf den Sonnengang bezogen, nach dem die Zeit überhaupt gemessen wird. Es ist eine erste grobe Messung gegenüber der Uhrzeitablesung. Wie verhalten sich diese Tageszeiten zur Zeit? Der Tag ist eine abgegrenzte bestimmte Zeit. Wie verhält sich die bestimmte Zeit eines Tages zur Zeit überhaupt, entsprechend dem Raum eines Zimmers zum Raum des ganzen Hauses? Jeder abgegrenzte Raum ist in einem größeren Raum, ebenso ist eine bestimmte Zeitspanne in der Zeit. Wie sind sie darin?

Die einzelnen kleinen Räume schränken nur den einzelnen, größeren Raum ein, die einzelnen Raumgestalten, Zimmer und Glas zum Beispiel, schränken den größeren Raum des Hauses ein, die einzelnen Teile des Hauses sind als solche Einschränkungen des ganzen Raumes *gleichzeitig*. Die Teile der Zeit dagegen sind nicht gleichzeitig, sondern notwendig *nacheinander*. Räumliches ist Neben-, Über- oder Hintereinander, während Zeiträume immer nacheinander sind. Die Zeit ist eindimensional. Dieses Eindimensionale wird in der Physik zu den drei Dimensionen des Raumes als vierte gesetzt, als ..., das heißt als Linie, in deren Richtung gezählt wird. Alle Jetzte sind nacheinander. Offenbar müssen wir jetzt das Jetzt noch genauer anschauen. Wie weit ist der Abstand vom Jetzt zum Damals und zum Dann? Das nächste Damals zum Jetzt ist das *Soeben*, das nächste Dann ist das *Sogleich*. Jedes Jetzt, das wir sagen, ist zugleich auch ein Soeben und ein Sogleich, das heißt die Zeit, die wir unter dem Namen ›Jetzt‹ angesprochen haben, hat in sich eine *Spanne*. Jedes Jetzt ist in sich auch noch Soeben und Sogleich.

Im Moment jedoch, wo wir die Zeit zu zählen beginnen, achten wir nicht mehr auf das Soeben und auf das Sogleich, sondern achten nur noch auf das Nacheinander von Jetzten. Das Zeitzählen ist also ein ganz bestimmtes Verhältnis zur Zeit, worin die Charaktere des Gespanntseins zum Soeben und zum Sogleich nicht mehr beachtet werden. Gleichwohl sind diese Charaktere in einer gewissen Weise doch noch da, nämlich das Soeben wird zum Vergangenen, zum ›Vorher‹, schließlich zum ›*Nichtmehr*‹. Das Sogleich wird zum ›Nachher‹ und schließlich zum ›*Nochnicht*‹.

Aristoteles' Definition der Zeit lautete bereits: »Dies ist die Zeit: das Gezählte an einer Bewegung im Hinblick auf das Vorher und Nachher.« (Physik IV, 11, 219 b 1). Diese Zeitbestimmung von einem bewegten Ding her ist für das ganze Abendland maßgebend geworden, wie die Bestimmung des Raumes vom Körper aus. Auch die Zeit also wird immer nur bestimmt von dem sich in ihr Bewegenden her, nicht aber als die Zeit als solche.

Ist die Zeit überhaupt? Wenn wir so fragen, ob die Zeit sei, was *ist* dann an der von uns jetzt betrachteten Zeit? Nach dem geläufigen Verständnis von Sein besagt dieses: Anwesenheit. Was entspricht an der Zeit diesem Verständnis vom Sein als Anwesenheit? Anwesend sagt so viel wie gegenwärtig. Gegenwärtig an der Zeit ist immer nur das Jetzt. Das Soeben und das Sogleich ist *nicht* mehr und ist noch *nicht* im Sinne der gegenwärtigen Anwesenheit. Und doch hat das Vergangene und das Zukünftige ein Sein und ist nicht Nichts. Vergangenes und Zukünftiges ist nur dann nichts, wenn ich Sein, Existieren, beschränke auf Anwesenheit als Gegenwart. Die Frage ist nun, wenn ich mit dem Begriff von ›ist‹ ins Nichts tappe, ob ich überhaupt mit dem geläufigen Verständnis von Sein im Sinne von Anwesenheit das Sein von Zeit fassen kann? Denn sofern zur Zeit, zu jedem Jetzt, das Soeben und das Sogleich gehört, fasse ich mit diesem Seinsbegriff das Sein der Zeit nicht. Ob und wie die Zeit sei, das ist überhaupt die Frage.

Welches Verhältnis könnte bestehen zwischen Sein und Zeit?

›Jetzt‹, haben wir gesagt, hat den Charakter des Gegenwärtigen. Das Soeben aber ist vergangen und das Sogleich ist das Ankommende. Beide, das Soeben und das Sogleich, sind also ein je verschiedenes *Nicht*-sein, nämlich ein Nochnicht- und ein Nichtmehr-sein.

Mit dem Begriff von Sein im Sinne von Anwesenheit kommen wir deshalb in bezug auf die Zeit nicht aus, weil Anwesenheit von der Zeit her als Jetzt bestimmt ist. Daher ergibt sich die Frage, ob nicht vielmehr das Sein, wenn es als Anwesenheit (Gegenwart) bestimmt wird, nicht gerade umgekehrt von der Zeit her seine Bestimmung empfängt und von ihr her gewährt wird? In einem nächsten Schritt wird es darum gehen müssen, den Raum nicht mehr nur wie bisher immer von den in ihm vorhandenen Körpern her und die Zeit nicht mehr nur von den in ihr bewegten Sachen her zu bestimmen, sondern den Raum als Raum und die Zeit als Zeit zu denken.

Bei all solchermaßen Gedachtem geht es darum, daß man die gesagten Sätze sich nicht merkt und auswendig lernt, sondern daß versucht wird, das jeweils darin Gesagte unmittelbar zu vernehmen. Vernehmen heißt dabei viel mehr als bloß sinnlich, optisch sehen. Wir vernehmen gerade das Eigentliche nicht sinnlich sehend mit den Augen.

Seminar vom 18. und 21. Januar 1965
im Hause Boss

I. — 18. Januar 1965

Wir fragen noch immer: Was ist die Zeit? Danach wird schon zweieinhalbtausend Jahre lang gefragt und noch immer gibt es keine zureichende Antwort. Es ist für das heutige Denken wichtig, sich an die Überlieferung zu erinnern und nicht der Irrmeinung zu verfallen, man könne geschichtslos anfangen. Es ist ein Unglück, daß heutzutage die unmittelbare Erfahrung der Geschichte im Schwinden begriffen ist. Nur im Gespräch mit der Überlieferung klären sich die Fragen, wird der Willkür Einhalt geboten.

Es gibt zwei Zeugnisse, aus denen deutlich wird, wie nach der Zeit gefragt wird. Simplicius, ein um 500 n. Chr. in Athen lebender Neu-Platoniker, schrieb einen großen Kommentar zur »Physik« des Aristoteles. Simplicius ist bedeutend, weil in seinem Texte auch viele Texte der Vorsokratiker, von Heraklit, Parmenides und Anaximander, überliefert sind. Simplicius schreibt: Daß also die Zeit im voraus immer schon waltet, dies ist nicht nur dem Weisen allein, das heißt den Denkern, sondern für jedermann zum vornherein offenkundig ... Was aber nun die Zeit selbst ist, wenn einer danach gefragt würde, so dürfte selbst der Weiseste kaum eine Antwort darauf finden.[1]

Augustin auf der andern Seite schreibt im elften Buch, Kapitel 14 seiner Confessiones: »Was ist denn nun eigentlich die Zeit? Wenn niemand von mir eine Antwort verlangt, weiß ich es. Wenn ich aber einem Fragenden auseinanderlegen will, was die Zeit sei, weiß ich es nicht.«[2] Was kann Augustin mit diesem Satz gemeint haben? Wo liegt die Schwierigkeit bei der ganzen Frage nach der Zeit? Es sieht so aus, als wäre die Zeit

---

[1] Vgl. Simplicius, In Aristotelis physicorum libros quattuor priores commentaria. Hg. H. Diels. Berlin 1882, S. 695.

[2] Augustinus, Confessiones – Bekenntnisse. Eingeleitet, übersetzt und erläutert v. J. Bernhart. München 1960², S. 629

etwas Unsagbares. In demselben Buche Augustins finden wir indessen auch die Stelle: »Es entbrennt aber mein Geist, zu kennen dieses verwickeltste Rätsel.« (a.a.O., XI, 22)

Wir wollen diesen beiden Texten nicht weiter nachsinnen, aber aus der Rückbesinnung auf die Überlieferung wird so viel deutlich, daß es nicht nur schwer ist, die Antwort auf die Frage nach der Zeit zu finden, sondern daß noch schwieriger als die Antwort die Entfaltung der *Frage* nach der Zeit ist. Es bedarf eigens einer Besinnung darauf, wie nach der Zeit gefragt werden kann und darf.

Wenn ich die rechte Fragestellung nach der Zeit suche, wie muß ich dann fragen? Wenn ich sachgerecht fragen will, muß ich die Sache schon kennen. Also weiß ich die Sache immer schon, nach der ich frage. Kenne ich aber die Sache schon, dann brauche ich eigentlich schon gar nicht mehr nach ihr zu fragen. Heißt dies, daß man eine sachgerechte Fragestellung überhaupt nicht entwickeln kann?

Das ganze Verhältnis von Frage und Antwort bewegt sich unvermeidlicherweise und stets in einem Zirkel. Nur ist dies kein Circulus vitiosus, kein Zirkel, der als vermeintlich fehlerhafter vermieden werden sollte. Vielmehr gehört der Zirkel zum Wesen jedes Fragens und Antwortens. Es ist wohl möglich, daß ich eine Kenntnis von dem habe, wonach ich frage, was aber nicht heißt, daß ich das Gefragte schon erkannt habe, erkannt nämlich im Sinne des thematischen Erfaßt- und Bestimmthabens.

Die Zeit ist uns also schon in irgendeiner Weise bekannt, das heißt, wir stehen von vornherein in einem Bezug zur Zeit, wobei wir weder auf die Zeit als solche noch auf den Bezug zu ihr als solchen eigens achten. Im Hinblick auf diesen Sachverhalt gehen wir von einem Bezug aus, der der bekannteste und jederzeit vollziehbare Bezug zur Zeit ist, nämlich von dem uns durch die Uhr vermittelten Bezug zur Zeit.

Wir haben schon im vorigen Seminar diese Frage angeschnitten, sie aber noch nicht zureichend entwickelt, haben nur einen

Ausblick auf sie gegeben. Das Protokoll darüber ist sehr gut, aber gerade dadurch ist es verführerisch, weil es den Anschein erwecken könnte, die Sache sei schon erledigt und wir könnten weitergehen. Wir gehen aber nicht weiter, sondern gehen zurück. Dann werden Sie sehen, wie grob wir bisher noch über die Zeit gesprochen haben.

Wichtig ist zu beachten, daß bei allem Nachdenken über die Zeit immer wieder die Zusammengehörigkeit von Menschenwesen und Zeit, ›Seele‹ und Zeit, ›Geist‹ und Zeit zur Sprache kommt. So sagt zum Beispiel schon Aristoteles: »Es ist des Nachsehens wert, wie sich die Zeit zu der Seele verhält«.[3] Wenn die Seele nicht imstande wäre, die Zeit zu vernehmen, zu zählen (das heißt im weitesten Sinne: von ihr etwas zu sagen), dann wäre es unmöglich, daß die Zeit wäre, wenn die Seele nicht wäre.[4] Kurz gesagt heißt dies: Wenn es keine Seele gäbe, gäbe es keine Zeit. *Seele* ist hier zu verstehen als das ausgezeichnete und tragende Sein (Entelechie) des Menschenwesens, nicht etwa im modernen Sinne als Ich-Subjekt und Ich-Bewußtsein. Vielmehr ist für das griechische Denken das Auszeichnende des Menschen das Vernehmen und Sagen, dessen Grundzug immer das Entbergen ist, das nicht als ein dem ›Subjekt immanenter‹ Vorgang vorgestellt werden darf. Bei Augustin lesen wir: »In Dir, mein Geist [animus, nicht anima], messe ich die Zeiten.« (Confessiones, XI, 27).

Indes können wir aus beiden Zeugnissen entnehmen, daß der Bezug zur Zeit ein Zählen und Messen ist, ein *Rechnen mit* der Zeit. Dieser Sachverhalt einer Zusammengehörigkeit von Zeit und Menschenwesen drückt sich in der neuzeitlichen Denkweise in der Art und Weise aus, wie das Zeitproblem angesetzt wird, nämlich unter den Titeln: *Zeitsinn, Zeiterlebnis, Zeitbewußtsein*. So publizierte zum Beispiel Bergson 1889 ein Werk mit dem Titel: »Essai sur les données immédiates de la

---

[3] Aristoteles, Physik IV, 14, 223 a 16 f.
[4] Vgl. a.a.O., 223 a 21 ff.

conscience« (»Über die unmittelbare Gegebenheit des Zeitbewußtseins«) und behandelte als solche Bewußtseinsgegebenheit: die Zeit. 1928 wurden Husserls »Vorlesungen zur Phänomenologie des inneren Zeitbewußtseins« veröffentlicht. In der modernen Psychiatrie spricht man vom Zeitsinn. Was heißt dies? Es scheint eine Analogie zu allen Wahrnehmungssinnen, dem Gesichts-, Gehör-, Tast-, Geschmackssinn vorzuliegen. Wäre dies der Fall, dann wäre Zeit ein Organ, wie zum Beispiel das Gehör im Gehörsinn. Gemeint ist eigentlich, daß wir einen Sinn für Zeit haben. Die Rede vom Zeitsinn ist nur ein verworrener Ausdruck für den Bezug des Menschen zur Zeit. Grammatikalisch ausgedrückt ist im Titel ›Zeitsinn‹ die Zeit nicht das Subjekt wie das Gehör, sondern das Objekt, das, wofür wir einen Sinn haben. Im Gebrauch des Titels ›Zeitsinn‹ kommt aber die Erfahrung zum Ausdruck, daß uns die Zeit in einem besonderen ›Sinne‹ angeht.

Durch diese gedankliche Zuordnung der Zeit zu einem *Zeitsinn*, zu einem *Zeitbewußtsein*, zu einem *Zeiterlebnis*, wird aber unbedachterweise bereits so vieles über die Zusammengehörigkeit von Zeit und Menschenwesen präjudiziert, daß wir später noch eigens darauf zurückkommen müssen. Zunächst lassen wir dieses Problem beiseite und beachten nur, daß es offenbar so etwas wie eine notwendige Zusammengehörigkeit von Zeit und Menschenwesen gibt. Nur ist an dieser zunächst alles noch dunkel, sowohl die Natur des Menschen als auch das Wesen der Zeit und vor allem die Zusammengehörigkeit von Mensch und Zeit. Vielleicht ist dem Range nach diese Zusammengehörigkeit das erste und nicht, wie es scheinen möchte, das dritte, das sich erst aus der Zusammenstellung von Mensch und Zeit ergeben könnte.

Um in den Bereich dieser schwierigen Fragen einen gangbaren Weg zu bahnen, halten wir uns an den schon genannten Bezug zur Zeit, der uns durch die Uhr vermittelt wird. Hierfür zunächst eine methodische Zwischenbemerkung: Wir tun gut daran, einmal ganz beiseite zu lassen, was wir bereits über die

Zeit zu wissen glauben, auch die Art und Weise, wie wir gewohnt sind, das Thema ›Zeit‹ abzuhandeln; zum Beispiel die Unterscheidung von subjektiver und objektiver, von Welt- und Ichzeit, von gemessener und erlebter Zeit, von quantitativer und qualitativer Zeit. Alle diese Unterscheidungen wollen wir ausschalten, nicht weil wir behaupten, sie seien durchaus falsch und grundlos, sondern weil sie fragwürdig bleiben. Denn wenn wir zum Beispiel von ›objektiver Zeit‹ sprechen, halten wir uns an eine Vorstellung von Objektivität, hinsichtlich welcher zu fragen bleibt, ob sie nicht als solche Objektivität erst von der zureichend gedachten Zeit her bestimmbar ist. Das gleiche gilt von der subjektiven Zeit.

Sie erwarten gewiß nicht, daß wir das Rätsel der Zeit lösen werden. Es wäre aber schon viel gewonnen, wenn wir uns vor das Rätselhafte der Zeit bringen könnten. Wir beginnen jetzt das Fragen nach der Zeit und deren Verhältnis zum Menschenwesen mit der Besinnung auf die Uhr. An der Uhr lesen wir die Zeit ab. Wir sind der Zeit zugewendet in der Verwendung der Uhr. Die Uhr ist mithin ein Gebrauchsding. Als solches ist es zugänglich, vorhanden, zuhanden, jederzeit verfügbar. Es ist dauernd um uns, also ein stets verweilendes dauerndes Gebrauchsding, das die merkwürdige Eigenschaft hat, daß es geht. Merkwürdig: ein verweilendes, vorhandenes Ding geht und im Gehen vollbringt es eine regelmäßig wiederkehrende Bewegung, das heißt eine periodische Bewegung. Der periodische Charakter der Uhr-Bewegung leitet sich davon her, daß sie auf den Gang der Sonne bezogen ist. Allein, der Bezug der Uhr zur Sonne kann verschieden sein. Demgemäß gibt es verschiedene Uhren. Zu fragen bleibt auch, ob jede Uhr auf die Sonne bezogen sein muß. Wie ist es bei der Sonnenuhr? Dort bewegt sich der Schatten auch regelmäßig, periodisch, wenn auch nicht im Kreise herum, eher wie ein Pendel hin und her. Welchen Charakter hat dieses Gehen der Uhr? Wir bleiben mit dieser Frage zunächst im Bezirk unseres heutigen Uhrgebrauches (Taschenuhr, Armbanduhr). Es bewegt sich ein Zeiger und überstreicht dabei bestimmte Ziffern. Gesetzt der Fall, wir kommen mit einer Uhr in den Urwald zu einem Angehörigen eines Negerstammes, der noch nie eine Uhr gesehen hat, und zeigen ihm dieses Ding. Er wird bei der Bewegung denken, daß dieses Ding lebt. Das Ding ist für ihn keine Uhr, kein Zeitmesser. Dies besagt freilich nicht, dem Mann sei der Bezug zur Zeit fremd. Vermutlich lebt er in einem ursprünglicheren Bezug zur Zeit als wir modernen Europäer, die ihm ihre sonderbaren Erzeugnisse anpreisen. Von einer Uhr ist bei ihm jedoch gar keine Rede.

Wann wird denn dieses technische Ding, das im Gespräch eine Maschine genannt wurde, zur Uhr? Wenn man ›die Uhr‹ stellt, so daß sie gleichlaufend mit anderen Uhren oder übereinstimmend mit dem Radiosignal wird. Der Radiomann redet ganz genau und redet doch nicht genau. Wieso denn nicht? Er sagt: Beim sechsten Ton ist es genau so und soviel Uhr. Diesen sechsten Ton gibt es jedoch noch gar nicht, wenn er solches sagt, er kommt erst. Wenn er sagt: »beim sechsten Ton«, ist zu fragen, aus welchem Verhältnis zum genannten Ton der Radiomann spricht und der Hörer dabei hört. Dies geschieht aus einem *Warten auf* den sechsten Ton. Genau genommen müßte der Radiomann sagen: Beim sechsten Ton wird es so und soviel Uhr sein. Diese Korrektur hört sich zunächst an wie eine ganz harmlose Spitzfindigkeit, sie ist indessen überaus wichtig.

Wenn wir die Uhr beim sechsten Ton einstellen, dann ist die Uhr gebrauchsfertig, vorher nicht; unsere Uhr geht zwar, aber sie ›geht falsch‹. Wenn wir die Zeit auf der Uhr ablesen oder feststellen, wie geht das zu? Wir sagen dabei: »Jetzt ist es genau neun Uhr«. Ich sage: »*jetzt*«. Woher habe ich das Jetzt? Das Jetzt als solches hat mit der Uhr als diesem Ding nicht das geringste gemeinsam. Das Jetzt ist kein Ding. Indes gibt es keine Ablesung der Zeit auf der Uhr ohne ein Jetzt-Sagen, sei dies lautlich ausgesprochen oder nicht, sei dieses ›Sagen‹ von uns eigens beachtet oder nicht. Aber es gibt für uns jederzeit ein Jetzt ohne Uhr. Ich sage zum Beispiel: »Jetzt raucht Dr. H.«. Ist das ›Jetzt‹ nur eine Beigabe, wenn ich auf die Uhr schaue? Können wir auf der Uhr die Zeit ablesen, ohne ›jetzt‹ zu sagen? Die Angabe des Ortes, an dem sich der Zeiger gerade befindet, ist an sich noch kein Ablesen von Zeit. Welches Verhältnis besteht zwischen dem Feststellen der Zeigerstellung und dem Jetzt-Sagen? Das Jetzt-Sagen fundiert die Angabe der Zeigerstellung als einer Feststellung eines Zeitpunktes. Im Jetzt-Sagen sprechen wir den Sachverhalt an, daß uns die Zeit irgendwie schon von vornherein gegeben ist. Allein, dieses Ansprechen der Zeit geschieht nicht nur im Jetzt-Sagen. Auch wenn ich sage: »Soeben war es so und soviel Uhr«, nenne ich die Zeit. Wohin spreche ich mit dem ›soeben‹? Ich spreche in das Vergangene zurück. Und wenn ich sage: »In zwanzig Minuten wird es halb zehn Uhr sein«, spreche ich etwas an, was kommt. Ich spreche in die Zukunft voraus. Wir sagen so, als sei dies selbstverständlich, auch beim Uhrengebrauch nicht nur ›jetzt‹, sondern sprechen mit dem ›soeben‹ und ›sogleich‹ (alsbald) nach verschiedenen ›Richtungen‹ der Zeit. Oder sagen wir nicht, wenn wir feststellen: in fünf Minuten (sogleich) wird es 20.10 sein, ›jetzt‹? – nämlich ›jetzt in fünf Minuten‹? Zeigt sich hier das Jetzt nicht in einem eigentümlichen *Vorrang* beim Nennen der Zeit? Neben den uhr-zeitlich zahlenmäßig bestimmten *Jetzt, Damals, Dann* kann ich auch sagen: *heute, gestern, morgen.* Jetzt und Heute haben mit dem Gegenwärtigen zu tun. Das Soeben und Damals mit dem Gehen-lassen ins Vergangene und mit dem Behalten des Gewesenen. Das Sogleich und Dann haben mit einem Ankommen-lassen, einem Erwarten zu tun. Also gibt es drei verschiedene Weisen, wie ich von der Zeit sprechen, die Zeit nennen kann. Doch hier drängt sich die Frage auf: Beziehen wir uns in den Weisen, wie wir die Zeit auf der Uhr feststellen, wie wir uns dabei zur Zeit verhalten, auch schon auf die Zeit selbst? Wird in den Weisen der Zeit-Feststellung auch schon die Zeit *als* Zeit gegeben? In welchem Charakter ist die Zeit hier angesprochen? Jetzt, soeben, sogleich, heute, gestern, morgen sind Zeitbestimmungen. In welcher Hinsicht wird dabei die Zeit bestimmt? Bestimmt wird nicht die Zeit als Zeit. Gegeben wird nicht die Zeit als solche, sondern es wird nur angegeben, *wieviel* Zeit die Uhr zeigt. Im Uhrgebrauch messen wir die Zeit. Wir ermessen dabei nie, wie es mit der Zeit selbst steht, als was sie selbst zu bestimmen ist. Die Rede von der *Zeitbestimmung* ist mehrdeutig. Die Zeit im Uhrgebrauch feststellen, heißt immer: feststellen, wieviel an Zeit, wieviel Uhr es ist. Beim Auf-die-Uhr-sehen beschäftige ich mich zwar mit der Zeit, aber immer im Hinblick auf ein *Wieviel* an Zeit.

Wie verhält sich nun aber die im Uhr-Gebrauch vollzogene Feststellung des Wieviel an Zeit zur Zeitangabe, die ich ausspreche im Heute, Morgen und Gestern? Bei Heute, Gestern und Morgen meine ich die Abfolge von Tagen, deren Tageszeiten zwar durch Angabe von Stundenzahlen mit Hilfe der Uhr genauer bestimmt werden *können*, aber *nicht* müssen. Also ist das Heute-, Gestern-, Morgen-Sagen ein ursprünglicheres Verhältnis zur Zeit im Vergleich zum Feststellen eines Wieviel der Zeit mit der Uhr. Denn dieses uhrenmäßige Feststellen der Zeit ist nur eine rechnerische Bestimmung des jeweiligen Heute, Gestern, Morgen. Wir können immer nur eine Uhr gebrauchen, weil es für uns zum vorhinein ein Heute, ein Morgen, ein Gestern gibt. Aber auch diese bleiben Zeitangaben, die so wenig wie die Angaben der Uhrzeit es vermögen, uns die Zeit selbst und als solche zu geben.

Beim Feststellen der Zeit mittels der Uhr, wie überhaupt bei jeder Zeitangabe, sprechen wir zwar die Zeit an, erblikken dabei jedoch nicht die Zeit selbst. Wenn wir wissen wollen, was die Zeit selbst ist, so kann uns der in den verschiedenen Zeitangaben liegende Zeitbezug nicht weiterhelfen. Vielmehr müssen wir fragen: Woher nehme ich das Jetzt und das Soeben und das Alsbald? Diese Frage sowohl als auch eine eventuelle Antwort darauf ist nur möglich, weil wir die Zeit schon haben, genauer, weil für uns die Zeit aus Gegenwart, Vergangenheit und Zukunft schon waltet. Denn ich kann immer nur etwas nehmen, wenn es mir geb-bar ist, und dieses Gebbare ist das schon immer *Waltende*. Mit dem Wort ›walten‹ soll nur vorläufig, vorsichtig darauf hingewiesen werden, daß wir überall und stets von der Zeit angegangen und betroffen sind. Hinsichtlich des Bezuges zur Zeit sollen wir nur erst den Unterschied einsehen zwischen Zeit-*An*gabe durch die Uhr, auch der nicht uhrenmäßigen Zeit-*An*gabe, wie heute, gestern, morgen auf der einen Seite und der Zeit-*Gabe* auf der andern. Es gibt keine Zeit-Angabe ohne vorherige Zeit-*Gabe*. Indes bleibt es noch eine Frage, ob uns überhaupt in unserem alltäglichen Verhalten, sei dies ein wissenschaftliches oder vorwissenschaftlich-praktisches oder außerwissenschaftlich-künstlerisches oder religiöses, die Zeit anders gegeben ist als durch eine Art von Zeitangabe.

Zusatz: Das Hinnehmen der all unsere Zeit-Angaben tragenden Zeit-Gabe, das Erblicken dieses Phänomens und der in solcher Gabe gegebenen Zeit als solcher, verlangen offenbar eine Denkweise, die von unserem alltäglichen Bezug zur Zeit grundverschieden ist. Dies besagt jedoch keineswegs, daß dieser andersartige Bezug zur Zeit nicht seinen Ausgang nehmen müßte von einer vorherigen Verdeutlichung unseres alltäglichen Bezugs zur Zeit. In der Tat kommt zunächst auf diese Verdeutlichung alles an. Wir sagen ›kommt‹ und nicht ›kam‹, weil das bisher Besprochene für die nötige Verdeutlichung noch nicht ausreicht.

II. — 18. Januar 1965

In allen quantitativen, mit Hilfe der Uhr-Ablesung vollzogenen Zeitbestimmungen ist uns immer nur das Wieviel an Zeit gegeben. Dieses Messen von Zeit ist jedoch nur möglich, wenn dergleichen wie Zeit schon gegeben ist, wenn wir die Zeit schon haben. Das Zeitmessen setzt das ›*die* Zeit haben‹ stets voraus. Was es aber heißt, ›*die* Zeit haben‹, bleibt noch im Dunkel.

In den alltäglichen Bezügen zur Zeit achten wir nicht darauf, geschweige denn, daß wir uns eigens darauf besinnen. Dagegen ist uns ein Bezug zur Zeit geläufig, den wir in der Redewendung ›Zeit haben‹ nennen. In welchem Sinne ist die Zeit gemeint, wenn ich sage: »Ich habe Zeit« oder: »Ich habe keine Zeit«? Am besten geht man von der Aussage aus: »Ich habe keine Zeit«. Denn hier springt besonders deutlich in die Augen, daß die Zeit bei diesen Redewendungen immer schon verstanden ist als ›Zeit *für* etwas‹.

Wie ist dieser Charakter zu verstehen, den ich im ›für‹ als Charakter der Zeit nenne? Kommt dieses ›für‹ zur Zeit hinzu oder nenne ich im ›für‹ gerade etwas, was der Zeit eignet?

Auch wenn ich ›morgen‹ sage, sage ich dieses ›morgen‹ nicht einfach als ein leeres ›morgen‹, sondern immer als ein ›morgen‹ für das, was ich ›morgen‹ tun werde oder was ›morgen‹ passieren wird. Auch wenn das *Wofür* noch so unbestimmt ist, gehört zur Zeit diese Verweisung auf..., oder das Hindeuten auf ein Tun oder Passieren, für ein solches. Daher nennen wir diesen Charakter der Zeit, nämlich den, daß sie immer Zeit für etwas ist, den Charakter der *Deutsamkeit*.

Dieser Charakter der Deutsamkeit eignet der Zeit selbst. Deshalb hat dieses ›für‹ der Zeit nichts mit einer ›Intentionalität‹ zu tun im Sinne eines Aktes eines Ich-Subjektes, also eines menschlichen Verhaltens zu etwas, eines menschlichen Gerichtetseins auf..., der zu der Zeit erst etwas hinzubringt, wodurch sie auf anderes nachträglich bezogen wird. Die Deutsamkeit gehört zur Zeit selbst und nicht zu einem ›Ich richte mich auf etwas‹ eines Subjektes.

Von diesem Zeit-Charakterzug des ›für‹, der Deutsamkeit, der uns im ›Zeit-haben‹ vernehmbar wird, ist ein anderer Zeitcharakter zu unterscheiden. Wir vernehmen diesen anderen Zeitcharakter, wenn wir sagen: »Jetzt, *da* wir miteinander sprechen«, oder »Damals, *als* Kennedy ermordet wurde«, oder »Dann, *wann* Fasnacht sein wird«. Diesen zweiten Zeitcharakter nennen wir die *Datiertheit* der Zeit. Es ist dabei nicht bloß ein Datum im Sinne des Kalenderdatums gemeint. Es handelt sich hier um eine ursprünglichere Datierung, auf der das kalendarische Datieren erst fundiert ist. Die Datiertheit der Zeit kann unter Umständen ganz unbestimmt sein, nichtsdestoweniger gehört die Datiertheit der Zeit notwendig zur Zeit.

Übrigens wird schon in der griechischen Rede von der Zeit diese immer unausgesprochen auch als Zeit für... verstanden, blieb aber für alle späteren Zeittheorien durch die aristotelische Lehre von der Zeit als einem Nacheinander der Jetzt-Abfolge verdeckt.

Hier erhebt sich die Frage des Rangverhältnisses zwischen der rechnerisch feststellbaren Zeit und der Zeit, von der wir soeben zwei Charaktere vernommen haben. Es ist die Frage, ob jene, die Uhr-Zeit, rangmäßig die erste und diese, die datierte und deutsame Zeit, ein Abgeleitetes ist, oder ob es sich umgekehrt verhält, gesetzt, daß es sich überhaupt um zwei verschiedene ›Zeiten‹ handelt. Wir sind nicht genügend vorbereitet, um diese Rangfrage befriedigend zu stellen und zu beantworten.

So viel läßt sich jedenfalls bereits vermuten, daß sich zum Beispiel der gestörte Zeitbezug der psychisch kranken Menschen nur von dem ursprünglich, natürlich vernommenen, stets deutsamen und datierten Zeitverhältnis des Menschen her verstehen lassen wird, nicht aber im Hinblick auf die gerechnete Zeit, die aus der Vorstellung von Zeit als einer Abfolge an sich leerer, ›charakterloser‹ Jetzt stammt.

Nachdem wir nun das ›Zeit haben‹ nach einigen Charakteren erläutert haben, läßt sich die Frage stellen, auf Grund wovon dieses ›Zeit haben‹ des Menschen möglich ist. Frau Dr. B. frug: »Können wir gerade nur deshalb ›Zeit haben‹, weil wir als Menschen in der Zeit sind«? Mit anderen Worten: Ist es also unser ›in der Zeit-*sein*‹, das unser Zeit-*haben* fundiert? Was aber heißt: in der Zeit sein? Dieses ›in der Zeit sein‹ ist uns von der naturwissenschaftlichen Vorstellungsweise her etwas ganz Geläufiges. In der Naturwissenschaft werden alle Natur-

Vorgänge als ›in der Zeit‹ ablaufende Prozesse berechnet. Allein, auch das alltägliche Vorstellen findet Geschehnisse und Dinge als ›in der Zeit‹ dauernde, ›in der Zeit‹ bestehende und vergehende vor. Alles kommt aber auf die Interpretation des ›in‹ an, wenn wir von einem ›in der Zeit sein‹ reden. Um hier klarer zu sehen, fragen wir einfach: »Ist das Glas vor mir auf dem Tisch *in* der Zeit oder nicht«?

Das Glas ist jedenfalls *schon* vorhanden und bleibt auch dann vorhanden, wenn ich es nicht anschaue. Wie lange es schon da war und noch bleibt, ist dabei gleichgültig. Wenn es aber schon vorhanden ist und in Zukunft vorhanden bleibt, so heißt dies, daß es eine Zeit hindurch, also ›in‹ ihr *dauert*. Jedes Dauern hat es offenbar mit der Zeit zu tun. Frage: Haben wir mit diesem Hinweis auf das Dauern schon das ›in der Zeit sein‹ des Glases zureichend bestimmt? Diese Frage führt zu der nicht weniger wichtigen: Ist das ›in der Zeit sein‹ des Glases das gleiche wie das ›in der Zeit sein‹ des existierenden Menschen?

III. — 21. Januar 1965

Es blieb noch vollkommen ungeklärt, wie die bisher erblickte, mit der Uhr gemessene Zeit und die uns sonst schon gegebene Zeit und deren Charaktere untereinander zusammengehören. Vor allem sind wir weit davon entfernt, auf die Frage antworten zu können, was die Zeit sei. Es muß sogar offen bleiben, ob diese Frage: »Was ist die Zeit«, eine sachgerechte Frage an die Zeit ist und ob wir *so* nach dem Eigentümlichen der Zeit fragen können oder dürfen. Denn die Frage nach dem ›Was etwas sei‹ schließt in sich, daß wir das Befragte immer *als etwas*, und d. h. als ein anderes als es selbst bestimmen wollen. Wenn wir zum Beispiel fragen: Was ist der Tisch?, können wir nicht einfach antworten: Er ist Tisch. Vielmehr sagen wir: Er ist ein Gebrauchsding, als solches ist es überhaupt ein Ding und als dieses Ding hier ist der Tisch etwas Seiendes. Wenn wir fragen: Was ist die Zeit?, entsprechend der Frage nach dem Tisch, fragen wir nach der Zeit, insofern sie das und das sein soll. Wir müssen indessen mit der Möglichkeit rechnen, daß wir so nicht fragen dürfen, daß am Ende die Antwort auf diese Frage, wenn wir sie schon so stellen, lauten muß: Zeit ist Zeit. Aber so weit sind wir noch lange nicht, um zu verstehen, was diese Tautologie rechtmäßig meint. Ebenso offen wie die Was-Frage muß die Frage bleiben, ob die Zeit überhaupt *ist*. Sofern sie keinesfalls *Nichts* ist, aber auch nicht *ist*, erhebt sich die Frage, wie sie hinsichtlich ihres vermeintlichen Seins bestimmt werden soll. Wir sprachen vorläufig von einem Walten. Bisweilen spricht man von der Macht der Zeit. Dies sei vorausgeschickt, damit wir darauf gefaßt bleiben, daß es langsam vorangeht, daß wir immer neue Geduld und Sorgfalt brauchen, um uns die besprochenen Phänomene immer neu vor den Blick zu bringen, d. h. vor allem: die den Phänomenen gemäße Blickrichtung einzuhalten.

Es wurden zuletzt zwei Fragen genannt:

a) die Rangfrage hinsichtlich der Uhr-Zeit und der uns sonst schon gegebenen Zeit. Ist die Uhr-Zeit, bei deren Kennzeichnung wir schließlich auf das Nacheinander einer Jetzt-Folge stoßen, die ursprünglichere Zeit, oder ist sie eine Abwandlung, herkünftig aus der uns sonst schon gegebenen Zeit, von der wir bereits einige Charaktere erkannt haben?

b) Die andere Frage nach dem ›In-der-Zeit-sein‹ enthält zunächst eine besondere Schwierigkeit, insofern durch das ›In‹ supponiert wird, als sei die Zeit so etwas wie ein Behälter, etwas Raumartiges. So sagt zum Beispiel Bergson, die Zeit, mit der wir rechnen, sei eine verräumlichte Zeit, diese Zeit sei Raum. Inwiefern dies ein Irrtum ist, werden wir noch sehen.

Vermutlich gehören diese beiden Fragen nach dem Rang und nach dem ›In-der-Zeit-sein‹ zusammen.

Die Frage nach dem Rangunterschied bezieht sich auf das Verhältnis zwischen der Uhr-Zeit einerseits und der uns sonst schon gegebenen Zeit. Von der uns sonst schon gegebenen Zeit sagen wir: »Wir haben Zeit«. Wir führten uns die Merkwürdigkeit vor Augen, daß das, was in der Rede ›Zeit haben‹ Zeit meint, uns gerade deutlich wird, wenn wir dem nachdenken, was wir in der Redewendung ›keine Zeit haben‹ meinen. Ich habe jetzt oder morgen früh keine Zeit. Welchen Charakter hat die grammatische Form dieser Aussage: Ich habe jetzt keine Zeit? Es ist eine Negation. Wird dabei die Zeit negiert? Ist die Zeit weg? Keineswegs. Es ist zwar eine Verneinung, aber eine solche des Zeit-habens *für etwas Bestimmtes*; es ist somit keine Negation im Sinne einer Verneinung von Zeit *schlechthin*. Ich kann sagen: Ich habe keine Zeit zum Skifahren, weil ich einen Aufsatz schreiben muß. So springt im ›keine Zeit haben‹ der Charakter des Zeithabens für... besonders deutlich in die Augen. Weil aber alles Zeithaben ein Zeithaben für etwas ist, sagen wir: Die Zeit ist deutsam (nicht be-deutsam, weil *be*deuten leicht so etwas wie ein Symbolisieren suggerieren könnte). Die jeweils gemeinte ›Zeit‹ deutet als solche auf ein Wofür.

»Ich habe keine Zeit« ist also eine Negation und ist doch keine. Die Zeit für das Skifahren fehlt mir, ich habe zwar Zeit, habe sie jedoch nicht ›übrig für....‹. Die Zeit dafür steht mir nicht zur Verfügung, ist mir in gewisser Weise genommen. Wenn wir etwas so negieren, daß wir es nicht einfach ausschließen, vielmehr gerade festhalten in dem Sinne, daß ihm etwas fehlt, nennt man diese Negation eine *Privation*.

Das Merkwürdige ist, daß sich Ihr ganzer ärztlicher Beruf im Bereich einer Negation im Sinne einer Privation bewegt. Denn Sie haben es mit der Krankheit zu tun. Der Arzt frägt einen, der zu ihm kommt: Wo fehlt es? Der Kranke ist *nicht gesund*. Das Gesundsein, das Wohlbefinden, das Sichbefinden ist nicht einfach weg, es ist gestört. Krankheit ist nicht die bloße Negation der psycho-somatischen Zuständlichkeit. Krankheit ist ein Privations-Phänomen. In jeder Privation liegt die wesensmäßige Zugehörigkeit zu solchem, dem etwas fehlt, dem etwas abgeht. Dies scheint eine Trivialität zu sein, ist aber ungeheuer wichtig, weil eben Ihr Beruf sich in diesem Bereich bewegt. Sofern Sie es mit der Krankheit zu tun haben, haben Sie es in Wahrheit mit der Gesundheit zu tun, im Sinne von fehlender und wieder zu gewinnender Gesundheit. Der Charakter der Privation wird auch in der Wissenschaft meist verkannt, so zum Beispiel, wenn Physiker von der materiellen Natur als von der toten Natur sprechen. Totsein kann nur, was sterben kann, und sterben kann nur, was lebt. Die materielle Natur ist keine tote Natur, sondern sie ist leblos.

Entsprechend ist der Zustand der Ruhe keine bloße Negation der Bewegung, sondern ihre Privation, das heißt eine Art von Bewegtheit, sonst könnte zum Beispiel aus dem Ausgeruhtsein niemals eine frische Bewegtheit entspringen. Die Zahl 5, die sich nicht bewegen kann, kann auch kein ruhendes Gebilde sein.

Um zu dem Gedanken der Privation zu gelangen, haben die griechischen Denker zweihundert Jahre gebraucht. Erst Plato hat diese Negation als Privation entdeckt und sie in seinem Dialog »Sophistes« erörtert. Dies geschah im Zusammenhang mit der Einsicht, daß nicht jedes Nicht-Seiende einfach nicht ist, daß es vielmehr Nicht-Seiendes gibt, das gerade in gewisser Weise *ist*. Ein solches Nicht-Seiendes im Sinne der Privation ist zum Beispiel der Schatten, insofern er ein Fehlen von Helle ist. So ist auch das Nichtgesundsein, das Kranksein, eine privative Weise des Existierens. Deshalb kann man auch das Wesen des Krankseins nicht ohne zureichende Bestimmung des Gesundseins angemessen fassen. Sie werden gleich sehen, daß dieses merkwürdige Phänomen der Privation, das ein ontologisches Phänomen ist, das heißt eine Möglichkeit des Seins betrifft und nicht das bloß Logische der verneinenden Aussage, uns beim Phänomen der Zeit noch öfters begegnen wird.

Wir verdeutlichen uns jetzt noch einmal, um die Basis für eine ausreichende Erörterung der Rangfrage zu gewinnen, die wesentlichen Charaktere der uns schon gegebenen Zeit. Wir sagten von ihr erstens, daß sie stets eine Zeit für ... sei. Ganz allgemein kann man sie charakterisieren als Zeit übrig für ..., als Zeit aufwendbar für ..., Zeit verwenden auf .... Das Sich-Zeit-nehmen-für... nimmt Zeit, nicht um die Zeit zu behalten, sondern um sie zu verwenden für .... Wenn es besonders schwer fällt, seine Zeit für etwas zu verwenden, spricht man vom Zeit-opfern. Ein anderer wieder verschwendet Zeit, oder wir lassen uns Zeit. Alle diese verschiedenen Phänomene des Zeithabens sind im einzelnen noch gar nicht zureichend beschrieben. Wir nannten diesen Charakter der Zeit, daß sie immer Zeit ist *für* etwas, die *Deutsamkeit* der Zeit.

Außer diesem deutsamen Charakter hat die Zeit auch noch den Charakter der *Datiertheit*. Wir sagen zum Beispiel: Jetzt, da wir miteinander sprechen. Dabei ist das ›Datum‹ im ursprünglichen Sinne des Wortes als das ›Gegebene‹, die ›Gegebenheit‹, worauf sich das Jetzt-sagen bezieht, unser Gespräch. Drittens ist das Jetzt der uns schon gegebenen Zeit nicht punktuell, sondern hat immer eine gewisse *zeitliche Weite*, bezieht sich auf ein Jetzt, zum Beispiel heute Abend, da wir miteinander sprechen. Wir können sogar sagen: Jetzt, in diesem Winter passiert das und das. Dann hat das Jetzt die ganze weite Zeitspanne eines Winters. Im Gegensatz dazu ist das Jetzt nach der üblichen Zeitvorstellung als einer bloßen Abfolge von Jetzten nur ein Jetzt-Punkt. Man spricht sogar von einem Zeitpunkt.

Das datierte, deutsame und geweitete Jetzt ist viertens auch nie zunächst nur ein auf mich bezogenes Jetzt. Diese irrige Meinung könnte sich aufdrängen, sofern jeweils ich es bin, der ›jetzt‹ sagt. Aber gerade das je von mir gesagte Jetzt ist das Jetzt, das *wir* sagen, das heißt, das wir alle unmittelbar gemeinsam verstehen ohne Rückbeziehung auf ein jeweiliges jetztsagendes Ich. Es ist ein Jetzt, das uns allen, die wir hier miteinander sprechen, unmittelbar gemeinsam zugänglich ist. Es bedarf nicht der Vermittlung durch eine Reflexion auf die jeweilig einzelnen Iche, die zunächst je für sich ›jetzt‹ sagen und nachträglich erst miteinander darüber sich einig werden, daß sie das selbe Jetzt meinen. Das Jetzt ist also weder etwas zunächst im Subjekt Vorgefundenes, noch läßt es sich als ein Objekt unter den andern Objekten vorfinden wie zum Beispiel dieser Tisch und dieses Glas. Gleichwohl ist das gesagte Jetzt jeweils von allen Anwesenden unmittelbar gemeinsam vernommen. Diese Zugänglichkeit des Jetzt nennen wir die *Öffentlichkeit* des Jetzt.

Diese Charaktere der Datiertheit, der Deutsamkeit, der Weite und der Öffentlichkeit kommen indessen nicht nur dem Jetzt zu, sondern auch noch jedem Damals und jedem Dann. Mit Damals und Dann sprechen wir aber etwas anderes an als mit dem Jetzt. Mit dem Damals sprechen wir in die Vergangenheit, mit dem Dann in die Zukunft, mit dem Jetzt jedoch in die Gegenwart. Vergangenheit, Zukunft und Gegenwart nennen wir die Dimensionen der Zeit, ohne jetzt schon genauer zu bestimmen, was hier ›Dimension‹ meint. Gewöhnlich spricht man von Dimensionen in bezug auf den dreidimensionalen Raum. Von der Zeit, als Nacheinander der Jetzte gedacht und als Linie vorgestellt, sagt man, sie sei *ein*dimensional und Gegenwart, Vergangenheit und Zukunft seien nicht wie die Dimensionen des Raumes gleichzeitig, sondern immer nur nacheinander. So gesehen mag es zunächst befremden, daß wir von drei, wenn nicht gar vier Dimensionen der Zeit sprechen und sagen, sie seien gleichzeitig und nicht nacheinander. Offenbar aber haben diese Dimensionen mit dem Raum nichts zu tun. Alle drei Dimensionen der Zeit sind gleichursprünglich, denn es gibt keine ohne die andere, alle drei sind für uns *gleichursprünglich* offen, aber sie sind nicht gleich*mäßig* offen. Bald ist die eine, bald die andere Dimension maßgebend, auf die wir uns einlassen, in der wir vielleicht sogar gefangen sind. Dadurch sind die andern beiden Dimensionen jeweilen aber nicht verschwunden, sondern nur modifiziert. Die anderen Dimensionen unterliegen nicht einer bloßen Negation, sondern einer Privation.

Nun lassen wir zunächst die Besinnung auf die Zeit, wie sie uns gewöhnlich gegeben ist, auf sich beruhen. Wir wenden uns noch einmal der Uhr-Zeit zu, die wir nur dem Scheine nach schon hinreichend behandelt haben. Wie steht es mit der Uhr-Zeit? Was ist das für eine Zeit? Ist es auch eine Zeit, die wir haben? Wir haben sie vermittelst der Uhr. Das letzte Mal sagten wir im groben Überschlag: die Uhr-Zeit gibt uns nicht die Zeit selbst, sondern nur das Wieviel an Zeit. Aber welchen Charakter hat dieses Wieviel an Zeit? Die Zeitangabe zum Beispiel: Es ist zehn Uhr, erschöpft ihren Sinn nicht im Nennen einer Zahl auf dem Zifferblatt. Wenn ich sage: »Es ist zehn Uhr«, so interessiert uns nicht die Zahl zehn, sondern daß es zehn Uhr an einem Vormittag ist, an dem das und das passiert oder verabredet ist. Um achtzehn Uhr ist es Abend. Also handelt es sich bei der alltäglich festgestellten Uhr-Zeit nicht bloß um Unterschiede von Zahlen. Auch diese scheinbar bloß ziffernmäßige Zeitangabe hat ›qualitativen‹ Charakter, meint die Zeit als deutsame. Es ist also auch bei der gewöhnlich festgestellten Uhr-Zeit nie an ein bloßes Wieviel, an ein Quantum an Zeit gedacht. Selbst bei einem mit einer Stoppuhr gemessenen Abfahrtsrennen, wo nach Hundertstelsekunden gerechnet wird, meint die Zeitangabe jeweils immer das Schnellersein eines Konkurrenten gegenüber einem anderen. Sie meint eine gebrauchte Zeit im Hinblick auf eine Höchstleistung. Der Schnellste hat den Rekord inne. Im Englischen bedeutet record ursprünglich: Aufzeichnung, und zwar eine amtliche Eintragung. Erst später verengt sich die Wortbedeutung schließlich auf ›Rekord‹, die Notierung der Leistungszahl im Sport. Die Sprachgeschichte zeigt überall eine Tendenz zur Verengung und Verflachung der Bedeutungen der Worte. Als Beispiel diene das Wort ›Plunder‹. Es bedeutet ursprünglich: Kleider, Wäsche, Hausgeräte, Aussteuer, meint gerade das Kostbare; wenn dergleichen geraubt wird, spricht man von plündern, bei dem gewöhnlich gerade nicht der ›Plunder‹ im heutigen Sinne, das wertlose Zeug, weggenommen wird.

Wesentlich ist also auch die alltäglich im Uhr-Gebrauch gemessene Zeit stets eine Zeit für.... So und so viel Zeit für.... Das wird besonders deutlich an dem Wort ›Stunde‹. Bis zum

15. Jahrhundert hieß dies Rast, Weile, Pause, freie Zeit. Erst seither engte es seine Bedeutung mehr und mehr auf eine Zeit von genau sechzig Minuten ein. Aber noch heute spricht im Verb ›stunden‹ das Verständnis der Zeit als Zeit für...; ›stunden‹ heißt: eine Frist geben für.... Das lateinische Wort für Stunde: hora (griechisch ὥρα), bedeutet im Klosterleben die Stunden für das Chorgebet. Denken Sie an Rilkes »Stundenbuch« und an den Gedichtband von Ingeborg Bachmann: »Die gestundete Zeit«.

Noch einmal stellen wir fest: Auch im alltäglichen Rechnen mit der Uhr-Zeit behält diese noch den Charakter der Deutsamkeit. Dann aber werden durch einen ganz bestimmten Uhr-Gebrauch, zum Beispiel durch den Gebrauch für das physikalisch-technische Messen eines bloßen Vorganges, einer Bewegung, die Zeitcharaktere nivelliert, ohne daß sie verschwinden. Nivellierung ist eine Art der Privation. Unser Zeitalter des Fortschrittes ist ein solches der Privation. Wo unterschiedslos allen alles gleichmäßig zugänglich wird, ist ein Abbau der Rangunterschiede am Werk.

Die Uhr-Zeit ist immer eine datierte Zeit. Wenn es keine datierbare Zeit gäbe, gäbe es keine Uhr-Zeit. Dann wäre der Uhr-Gebrauch gar nicht möglich. Wenn bei technischen Versuchen oder bei experimental-psychologischen Untersuchungen im Laboratorium nur noch der Ablauf eines Vorganges gemessen wird, so wird das jeweilige Jetzt nur noch bezogen auf einen bestimmten Ort: Jetzt hier, jetzt dort, des bewegten Objektes. Zuletzt wird in gewissem Sinne auch das noch verdeckt und das Jetzt nur noch in Beziehung auf sich selbst verstanden: Jetzt, soeben, jetzt, sogleich, nur noch die nackte Jetztfolge.

Jetzt erhebt sich erneut die Frage nach dem Rangverhältnis, die man auch durch die Frage formulieren kann: Welches ist die ›wahre‹ Zeit? Nehmen wir einmal an, die Zeit sei uns nur gegeben als das bloße Nacheinander, worin alle genannten Charaktere der Datiertheit, der Deutsamkeit, der Weite, der Öffentlichkeit auf die leere Jetztfolge nivelliert wären, so müßten wir, einzig von der so vorgestellten Zeit betroffen, verrückt werden; schlimmer noch: wir hätten nicht einmal mehr die Möglichkeit, verrückt zu werden. Denn um ›ver-rückt‹ zu werden, müssen wir überhaupt von einem weggerückt und in ein anderes eingerückt werden können. Im Hinblick auf die Zeit gesprochen müssen wir die Möglichkeit haben, aus der uns sonst gegebenen Zeit weggerückt und in einen leeren Zeitablauf gebannt zu werden. Dieser zeigt sich als das gleichförmige Einerlei ohne ein Wofür.

Wie steht es also mit der Rangfrage? Wenn Sie einen Physiker fragen, so sagt er: Die reine Jetzt-Abfolge sei die eigentliche, die wahre Zeit. Das, was wir Datiertheit und Deutsamkeit nennen, sei subjektive Verschwommenheit, wenn nicht gar Gefühlsduselei. Er sagt dies, weil die physikalisch gemessene Zeit jederzeit ›objektiv‹ nachgerechnet werden kann. Diese Rechnung ist ›objektiv‹ verbindlich. (Objektiv heißt hier nur: für jedermann, für den jedermann freilich nur, der sich auf die physikalische Weise des Vorstellens der Natur einlassen kann. Für einen Buschneger wäre solche Zeit absoluter Unsinn.) Die Voraussetzung oder Supposition für eine solche Behauptung eines Physikers wäre, daß die Physik als Wissenschaft die maßgebende Form der Erkenntnis ist, daß nur durch die physikalische Erkenntnis eine streng wissenschaftliche Kenntnis gewonnen werden kann. Es steckt dahinter eine bestimmte Interpretation von Wissenschaft und der Anspruch dieser Wissenschaft, daß diese bestimmte Form der Naturbetrachtung maßgebend sein soll für jede Art von Erkenntnis, ohne daß gefragt wird, worauf diese Idee von Wissenschaft ihrerseits gegründet ist und was sie voraussetzt. Das aber heißt: Wenn wir mit einem dergestalt auf seine Wissenschaft eingeschworenen Physiker zum Beispiel über die Zeit sprechen, dann ist für ein solches Gespräch gar keine Basis da, auf der wir unvoreingenommen über die Phänomene sprechen können. Der Physiker geht von seinem Thron nicht herunter. Er läßt von vornherein seine Position überhaupt nicht in Frage stellen. Solange dies nicht geschieht, ist ein Gespräch mit ihm nicht möglich. Der Physiker ist gebannt in die Vorstellungsweise der Physik, die es mit der Zeit als reiner Jetzt-Folge zu tun hat, und ist deshalb gar nicht imstande, einzusehen, inwiefern der Mensch – ausschließlich gebunden an die Zeit als reine Jetzt-Abfolge – verrückt werden müßte oder nicht einmal verrückt werden könnte. Dieser Sachverhalt des ganz einseitigen Bezuges zur Zeit in der Physik wird für die Menschen, die das physikalische Vorstellen nicht unmittelbar und adäquat nachvollziehen können, dadurch verdeckt, daß auf Grund der physikalischen Denkweise zum Beispiel der Explosionsmotor konstruiert und dadurch Automobile hergestellt werden können. Der Mann von der Straße sieht die Wahrheit der Physik nur in ihrem Effekt, nämlich in der Gestalt des Autos, mit dem er fährt. Das Autofahren wird immer mehr zu einer ›natürlichen‹ Sache und hat ganz und gar nichts Verrücktes – nämlich für die bereits Ver-rückten, die ohne Einsicht ausschließlich in die technisch-wissenschaftliche Denkweise als die allein gültige eingerückt sind.

Doch wir lassen hier die Entscheidung in der Frage nach dem Range immer noch offen. Die Entscheidung in der Rangfrage läßt sich nur vollziehen, wenn zuvor klargestellt ist, ob die Zeit, die wir in unserer alltäglichen, humanen, geschichtlichen Existenz haben, die Zeit also, die uns im Mit- und Füreinandersein geschenkt ist, sich aus der Vorstellung der Jetzt-Abfolge herleiten läßt oder ob umgekehrt die Zeit als Jetzt-Folge auf einer Nivellierung der ›wahren‹ Zeit beruht.

Ein Merkwort für das bisher Gesprochene ist der alte Name für eine Blume: die »Zitelosa«. Wenn man nichts von der Privation weiß und keinen rechten Begriff von der Zeit hat, wäre das eine Blume, die ohne Zeit ist. Aber der Name nennt die Blume, die nicht zur rechten Zeit blüht. Ursprünglich hieß »Zitelosa« der Krokus, der vorzeitig, nicht zur üblichen Blütezeit blühte. In Analogie zur Frühjahrs-Zitelosa sprach man später von der Herbstzeitlose, die nachzeitig blüht: ›zeitlos‹ meint: zur Unzeit.

IV. — 21. Januar 1965

An den Anfang des letzten Teiles unseres Januar-Seminars stellen wir einen Text aus einer Arbeit von Franz Fischer: »Raum-Zeit-Struktur und Denkstörung in der Schizophrenie.« (Zeitschr. f. d. ges. Neur. u. Psych. Nr. 124 (1930), S. 247 ff.)

Der Text stammt, wie der Autor sagt, aus der Krankengeschichte eines jugendlichen Schizophrenen, der im subakuten Stadium untersucht und beobachtet worden sei und dessen Psychose, abgesehen von den Zeit- und Denkstörungen, keine wesentlichen Besonderheiten geboten habe. Wörtlich fährt der Autor fort:

»*Erlebnis 3*. Bei der Betrachtung des Uhrzeigers an einer Wanduhr gab der Kranke Folgendes an:

›Was soll ich mit der Uhr? Ich muß sie immer anschauen. Es treibt mich hin, die Uhr anzuschauen. So viele Zeit gibt es, ich bin immer wieder anders. Wenn die Uhr an der Wand nicht wäre, müßte ich umkommen. Bin ich nicht selbst eine Uhr? Überall an allen Stellen? Aber ich kann es nicht anders, es ändert sich zu sehr.

Jetzt betrachte ich wieder die Uhr, den Zeiger und das Zifferblatt und daß sie geht. Das reißt sich wie von selbst auseinander und ich bin dabei, kann aber nichts ändern.

Ich sage mir immer wieder, daß es eine Uhr ist, aber das paßt nicht recht zusammen: Zeiger, Zifferblatt und daß sie geht. Da ist ein besonderer Eindruck dabei, als ob es sich auseinandergelöst hätte, es ist aber doch beieinander. Aber da ist etwas anderes noch mit dabei. Ich bin ganz erstaunt, ich habe noch nie etwas Ähnliches erlebt. Der Zeiger ist nämlich immer wieder anders, jetzt ist er da, dann springt er gewissermaßen fort und dreht sich so. Ist es immer wieder ein anderer Zeiger? Vielleicht steht jemand hinter der Wand und steckt immer einen neuen Zeiger hinein, jedesmal an einer anderen Stelle. Ich muß schon sagen, das ist keine laufende Uhr, das springt und verändert sich. Man ist hingegeben an die Beobachtung der Uhr und verliert den Faden zu sich selbst – da ich selbst eine Uhr bin, überall in mir; da es so immer durcheinander geht. Dies alles bin ich selbst – es geht mir verloren, wenn ich die Uhr an der Wand betrachte. Es ist ein Weglaufen aus sich selbst, ich bin flüchtig und bin nicht mehr da. Ich weiß nur: die Uhr springt mit vielen Zeigern umher und kann nicht so recht zusammengebracht werden.

Jetzt ist es wieder genug mit der Wanduhr, aber nicht nach meinem Willen, und ich muß wieder auf die andere Stelle, in die andere Art hinein. Wie ich gesagt habe: ich bin die lebendige Uhr, ich bin überall Uhr – es kommt und geht immer so weiter.

Wenn ich mich dann wieder herausreiße, weil alles so durcheinander geht, dann schaue ich wieder nach der Wanduhr hin, sie kann mir helfen, so ähnlich wie der Baum vor dem Fenster. Geräusche sind nicht so gut.‹«

Wie ist nun dieser Text zu interpretieren? Erstens bemerken wir, daß der Verfasser den Patientenbericht mit folgendem Satze einleitet: »Bei der Betrachtung des Uhrzeigers an einer Wanduhr gab der Kranke Folgendes an«. Es wird zu fragen sein, ob es sich in diesem Bericht auch wirklich um den angegebenen Sachverhalt handelt. Zweitens fällt auf, daß der Kranke gar nicht von Zeit und Zeitangabe spricht, sondern von der Uhr. Er spricht zugleich, alternierend von der »Wanduhr« und von der »Uhr«. Er spricht einmal von der Wanduhr, die anzuschauen es ihn *hin*treibt. Dann ist es wieder – nicht nach seinem Willen – »genug mit der Wanduhr, und ich muß wieder auf die andere Stelle, in die andere Art hinein«, nämlich vom Anschauen der Uhr an der Wand weg in das Betrachten, Beobachten einer zerstückelten, nicht mehr zusammenzubringenden, nicht mehr laufenden, springenden, ›bloßen‹ Uhr, die gar nicht mehr ihm gegenüber an der Wand, sondern gleichsam ortlos ist. Hier haben wir die entscheidende Diskrepanz zu suchen, auf die alles ankommt. Das eine Mal handelt es sich um den Bezug des Kranken zur Wanduhr, das zweite Mal, wenn er in die andere Art hineingerissen wird, ist es der Bezug zur bloßen Uhr. ›Bloß‹ meint hier: ohne bestimmten Ort, ohne vertraute Umgebung. Dem Unterschied der beiden Dinge, der Wanduhr und der bloßen Uhr, entspricht der Unterschied des Bezuges zur Wanduhr und zur bloßen Uhr. Der Bezug zur Wanduhr ist ein Hinschauen zu ihr (hinüber). Im Gegeneinander-über ist der Kranke von der vertrauten Wanduhr her zu ihm selbst gebracht und so bei sich selbst. Der Bezug zur bloßen Uhr ist ein Beobachten, ein Betrachten, ein Trachten nach ihr, von der Art, daß dieses Betrachten vom Betrachteten gleichsam aufgesogen wird und so der Betrachter sich nur noch im Betrachteten und als dieses sich vorfinden und daher sagen kann: ich bin selbst Uhr (wohlgemerkt: nicht die Wanduhr). Dies im Sinne von: ich bin selbst uhrenhaft. Deshalb kann er sagen: ich bin Uhr, »überall in mir«. Dabei überträgt er aber nichts Psychisches, nichts ›Subjektives‹, nichts Inneres aus sich heraus auf die Uhr, sondern er ist von dem Beobachteten so benommen, daß er gar keinen Abstand von dem Beobachteten mehr hat, kein Gegenüber mehr und deshalb den ›Faden zu sich selbst verliert‹. »Es geht mir verloren«, das heißt sein Er-selbst-sein geht ihm verloren.

Inwiefern ›hilft‹ ihm aber das Anschauen der Wanduhr, inwiefern gibt ihm die Wanduhr als ein Ding einen Halt? Um dies zu verstehen, müssen wir seinen Bezug zur Wanduhr von seinem Bezug zur bloßen Uhr wohl unterscheiden. Das Entscheidende ist dabei, daß die Wanduhr, gerade weil sie *ihm* gegenüber ist, ihn gewissermaßen anspricht, während die Uhr, in die er hineingerissen wird, gar nicht mehr gegenüber ist. Die bloße Uhr läßt keinen Bezug mehr zu *ihm* selbst aufkommen. In die bloße Uhr ist er so aufgelöst, daß er sagen kann, er sei selber Uhr. Dann muß er aber wieder die Befreiung in das Gegenüber zur Wanduhr versuchen. In diesem Augenblick, da er wieder einem Ding gegenübersteht und sich im Gegenüber aufhalten kann, hat er Welt. Wenn es aber wieder genug ist mit dem Gegenüber, dann ist er wieder auf die beobachtete

Uhr gebannt, das heißt aus der Welt gerissen, weggerückt. Dementsprechend ist auch »der Baum *vor* dem Fenster« für ihn eine Umwelt, die ihn wohnen lassen, die ihm einen gewohnten, natürlichen Aufenthalt geben kann. »Geräusche sind nicht so gut«. Wofür sind sie nicht so gut? Als Hilfe. Das heißt: Ein Mensch kann mit bloßen Geräuschen, die auf nichts verweisen, nicht existieren, sowenig wie mit der Zeit als bloßer Jetzt-Folge.

»Bei der Betrachtung des Uhrzeigers an einer Wanduhr«, so leitet der Verfasser die Geschichte ein. Damit ist der Sachverhalt, um den es sich handelt, im voraus schon mißdeutet. Wir können hier erkennen, daß die Auslegung solcher Berichte sich nicht von selbst ergibt. Es bedarf einer kritischen Besinnung auf die leitenden Vorstellungen und Begriffe, mit denen der Ausleger arbeitet. Die Kunst der Interpretation ist die Kunst des rechten Fragens. Im besprochenen Fall handelt es sich weder um die Zeit noch um die Zeitstruktur, sondern um das verschiedene Verhältnis zur Wanduhr und zur bloßen Uhr, die beide gar nicht als Zeitmesser gemeint sind. Demgemäß ist schon der Titel des Aufsatzes »Raum-Zeit-Struktur und Denkstörung« irreführend. Bei einer Interpretation handelt es sich eben zunächst gar nicht darum, wie etwas zu erklären ist, sondern um das Sehen des phänomenologischen Tatbestandes. Dabei entdeckten wir auch, daß der ganze Text, den wir vorgelesen bekamen, mit dem Zeitproblem unmittelbar gar nichts zu tun hat. Die Erläuterung des Textes war indes nur ein grober Versuch, zu zeigen, wie man bei einer Interpretation ansetzen muß: nicht hinsehen auf ein supponiertes ›inneres Erleben‹, sondern fragen, wie der Dingbezug bestimmt ist, wie das echte Ding eine Verweisung auf Welt ist. Inwiefern hier das Zeitproblem doch hereinspielt, wird auf Grund des Gesagten noch nicht sichtbar. Wesentlich war bei der Interpretation dieses Textes vorerst nur die Entdeckung, daß es sich *nicht* um zwei verschiedene Uhren handelt, sondern um die *selbe* Wanduhr, die ihm, dem Kranken, aber das eine Mal als Wanduhr gegeben ist, das andere Mal ihn nur noch als bloße Uhr bannt und verzehrt. Nur wo ein Selbiges vorliegt, kann etwas in verschiedener ›gespaltener‹ Weise den Menschen angehen.

Hier brechen wir die Interpretation dieses Textes ab und kommen noch einmal zu der anderen Frage, zur Frage des ›In-der-Zeit-seins‹, zurück.

Bei dieser Frage gehen wir von dem Glas auf dem Tisch vor uns aus. Die Wendung ›in der Zeit‹ legt zunächst, wie bereits gesagt, die Vorstellung nahe, die Zeit sei eine Art von Behälter, in dem etwas ist. Wir kamen so weit zu sagen: dieses Glas ist in der Zeit, insofern es *dauert*. Was aber heißt dieses? Ist es ein besonderer Charakter dieses Glases hier? Nein, es ist ein Charakter aller Dinge. Sie alle dauern verschieden lang, verschieden kurz. Machen die Dinge etwas, wenn sie dauern? Wo ist dann die Dauer an dem Glase? Wenn wir nachher weggehen und niemand mehr da ist, was ist dann mit dem Glas? Dauert es dann immer noch? Wenn wir weggegangen sein werden, müßten wir von unserem Zuhause aus sagen: Das Glas ist *dort* auf dem Tische im Hause Boss. Wenn wir nicht mehr ›da‹ sagen dürfen, sondern ›dort‹ sagen müssen, hat dann das Glas den Platz gewechselt oder bezeugt die verschiedene Rede von ›da‹ und ›dort‹, zu der wir auf Grund unseres Ortswechsels genötigt sind, gerade dies, daß das Glas am selben Ort geblieben ist? Wohl können wir auch von einem anderen Ort aus immer noch sagen: Das Glas ist ›da‹. Dann aber meinen wir mit solchem ›Da‹ soviel wie: überhaupt irgendwo vorhanden. Doch jetzt sind wir wieder beim Raum und nicht mehr bei der Zeit. Wir sagten: Alle Dinge dauern. Die Dauer ist ganz verschieden. Das Glas kann zum Beispiel beim Abräumen zerbrechen. Dann haben wir nur noch Scherben. Scherben gibt es, wenn etwas zu Bruch gegangen ist. Scherben sind die Privation des Glases. Wenn die Scherben in die Müllabfuhr gekommen sein werden, was dann? Dann liegen die Scherben nicht mehr nebeneinander, sondern sind zu einzelnen Glasstücken geworden. Als Glasstücke dauern sie noch, aber nicht mehr das Trink-Glas.

Dann hat das Trinkglas also seine eigene Zeit als Trinkglas? Jedes Ding hat seine Zeit. Das Trinkglas hat seine ganz bestimmte Zeit, in der es gebraucht wird, zum Beispiel bei einem Fest. Das ist etwas anderes als die Zeit der Blüte. Die Blütezeit ist eine bestimmte Zeit des Aufgehens und Ankommens des Blühens. Die Zeit des Glases ist bestimmt durch seinen Charakter als dieses Gebrauchsding. Seine Zeit ist nicht die bloße Dauer, sondern eine Zeit zu ...

Wir wissen aber noch gar nicht, was das ›in‹ im ›In-der-Zeitsein‹ heißt. Weshalb können wir das noch nicht genau festlegen? Woher hat denn das Trinkglas seine Zeit? Seine Zeit hängt mit dem Gebrauch zusammen und der Gebrauch mit dem Menschen, und der Mensch ist dadurch ausgezeichnet, daß er Zeit hat. Grob gesprochen wäre es also der Mensch, der dem Glas die Zeit gibt. Ist dem so? Und wenn nun gar kein Mensch existieren würde? Gibt es dann überhaupt kein Glas? Nein, es wäre gar nicht hergestellt worden ohne den Menschen. Es tritt in die Zeit, dadurch daß es hergestellt wird. Wie ist es aber mit den Alpen, die nicht vom Menschen gemacht wurden? Sind die auch in der Zeit? Sie haben auch ihre Zeit. Sie dauern noch. Dauern sie schon länger als der Mensch? Waren sie schon in der Zeit, bevor der Mensch war? Die Zeit, von der *man* redet, wenn *man* sagt: »bevor der Mensch war«, ist in jedem Falle auch auf den Menschen bezogen. Dann kann man eigentlich gar nicht wissen, was zu der Zeit war, bevor der Mensch war? Kann man überhaupt sagen: zu der Zeit, bevor der Mensch war? Es ist nicht einmal entschieden, ob man sagen kann – und zwar ohne Bezug auf den Menschen – die Alpen existierten, bevor der Mensch war. Wir können strenggenommen nicht sagen, was war, als es noch keine Menschen gab. Wir können weder sagen, daß die Alpen existierten, noch, daß es sie nicht gab.

Können wir vom Menschen überhaupt absehen?

Die Geologen rechnen mit der Atomuhr. Denken Sie z. B. an Teilhard de Chardin, bei dem plötzlich einmal der Mensch auftaucht. Sie sehen, wir kommen nicht von der Stelle. Dies offenbar deshalb nicht, weil wir noch nicht wissen, wie der Mensch in der Zeit ist und wie der Mensch sich zur Zeit verhält. Auf keinen Fall kommen wir weiter, wenn wir bloß spekulieren. Wir müssen Schritt für Schritt vorgehen. In unserem Falle müßten wir also fragen: Wie hat der Mensch seine Zeit? Hat der Mensch seine Zeit nur so, daß er eines Tages geboren wird und eines andern Tages stirbt? Es geht hier um die Frage, wie der Mensch als Mensch existiert und sein Dasein ausdauert, wie ihn dabei die Zeit angeht, wie der Bezug zur Zeit seine Existenz wesenhaft mitbestimmt. Damit ist gesagt, daß wir uns von dem geläufigen Sprachgebrauch des ›*In-der-Zeit-seins*‹ lösen müssen. Es gilt sachlich zu interpretieren, was das ›in‹ in einem nicht-räumlichen Sinne in bezug auf das Verhältnis von Mensch und Zeit meint.

Seminar vom 10. und 12. März 1965
im Hause Boss

I. — 10. März 1965

Es gilt heute und in den folgenden Stunden, ein Phänomen in den Blick zu bringen, von dem wir bisher immer schon gesprochen haben, ohne es eigens *als es selbst* zu erblicken und es entsprechend zu benennen: die *Zeit*. Wir gehen dabei, abweichend von der bisherigen Form unseres Gespräches, so vor, daß ich zunächst versuche, in einer geschlossenen Darstellung den Weg vorauszugehen. Daran anschließend versuchen wir dann, den Weg in einzelnen Schritten noch einmal zu durchlaufen, das Gesagte zu überprüfen und durch die Erörterung auftauchender Fragen zu klären.

Am Schluß des vorigen Seminars haben wir die Frage aufgeworfen, was es heiße: etwas ist in der Zeit. Ist ein Ding auf die gleiche Weise in der Zeit wie wir als existierende Menschen? Die Frage nach dem ›In-der-Zeit-sein‹ wurde vorläufig zugelassen. Es ist aber leicht zu sehen, daß wir sie nicht verhandeln können, solange nicht klar geworden ist, was die Zeit ist, solange ungeklärt bleibt, was jeweils im Falle des Dinges und im Falle des existierenden Menschen ›Sein‹ besagt. Die Frage nach dem ›In-der-Zeit-sein‹ ist zwar eine erregende, aber sie ist auch zu früh gestellt. Die Frage ist erregend gerade für die Naturwissenschaft, zumal sich seit dem Aufkommen der Relativitätstheorie Einsteins die Meinung festgesetzt hat, durch die physikalische Theorie sei die bislang geltende Lehre der Philosophie von der Zeit erschüttert worden. Indes ist diese weitverbreitete Meinung ein fundamentaler Irrtum. In der Relativitätstheorie als einer solchen der Physik handelt es sich nicht um die Erörterung dessen, was die Zeit ist, sondern *einzig* darum, wie die Zeit im Sinne des Nacheinanders der Jetztfolge *gemessen* werden kann; ob es eine absolute Zeitmessung gibt, oder ob jede Messung notwendig eine relative, das heißt bedingte sein muß. Die relativitätstheoretische Frage könnte überhaupt nicht erörtert werden, wenn nicht im vorhinein die Zeit als das Nacheinander der Jetztfolge vorausgesetzt wäre. Würde die seit Aristoteles geltende Lehre von der Zeit hinfällig, dann wäre damit die Möglichkeit einer Physik ausgeschlossen. Daß die Physik in ihrem Horizont der Zeitmessung nicht nur irreversible, sondern reversible Vorgänge kennt, daß die Richtung der Zeit umkehrbar ist, damit bezeugt die Physik gerade, daß für sie Zeit nichts anderes ist als das Nacheinander der Jetztfolge. Dies aber so entschieden, daß in diesem Nacheinander sogar der Richtungssinn gleichgültig werden kann. Zu der herrschenden Meinung, die Physik habe die überlieferte Lehre der Metaphysik über die Zeit zu Fall gebracht, gesellt sich die weitere, heute besonders häufig gehörte, die Philosophie hinke hinter den Naturwissenschaften her. Demgegenüber ist zu sagen, daß die heutige Naturwissenschaft im Unterschied zu den Forschern vom Range Galileis und Newtons die lebendige philosophische Besinnung preisgegeben hat und nichts mehr von dem weiß, was die großen Denker über die Zeit gedacht haben. Zu diesen gehört auch zum Beispiel Hegel, von dem man erzählt, er habe von den Naturwissenschaften nicht viel verstanden. Wenn die Physik über die Metaphysik urteilt, was in sich schon ein Widersinn ist, dann muß von ihr verlangt werden, daß sie zuvor die metaphysischen Gedanken, zum Beispiel diejenigen über die Zeit, nach-denkt, was sie freilich nur kann, wenn sie bereit ist, über die ihr, der Physik, zugrundeliegenden Suppositionen zurückzugehen zu dem, was in diesem Bereich als Akzeption maßgebend bleibt, dies unablässig bleibt, auch wenn der Physiker davon keine Kenntnis nimmt. Daß jedoch heute eine in einem strengen Sinne verstandene Selbstkritik der modernen Wissenschaft fehlt, ist kein Zufall, beruht nicht auf einer Nachlässigkeit und Bequemlichkeit der einzelnen Forscher. Es ist eine Verblendung, die durch das Geschick des gegenwärtigen Zeitalters bestimmt wird. Daher kommt es auch, daß die Philosophie selbst, sofern es sie noch gibt, nicht hinter den Wissenschaften, sondern hinter ihrer eigenen Überlieferung herhinkt und nicht mehr vermag, in einem fragenden Gespräch über die Sache des Denkens dieses selbst in Frage zu stellen.

Warum ich dies jetzt sage? Damit wir deutlicher sehen, wie schwer es heute überall geworden ist, die Phänomene selbst sprechen zu lassen, statt der Information nachzujagen, deren Eigentümliches es ist, daß sie uns gerade den Zugang zur forma, zur Gestalt, zum Eigenen des Seins des Seienden von Grund aus versperrt. Die Information ist die Insuffizienz des Blickes für die forma. Warum ich dies sage? Damit wir deutlicher sehen, was es mit dem Vorhaben dieser Seminare auf sich hat, wenn nach den Phänomenen gefragt wird; so vorläufig die Versuche, so geringfügig die glückenden Schritte auch sein mögen. Wir versuchen, das *Phänomen der Zeit* zu erblicken. Das ausführliche Protokoll der beiden letzten Seminare dient als Anhalt für den Nachvollzug eines Versuches, unser Verhältnis zur Zeit zu verdeutlichen. Der Blick auf dieses Verhältnis zur Zeit soll uns auf einen Weg bringen, einiges über die Zeit selbst zu erfahren. Erst wenn wir dahin gelangt sind, können wir etwas darüber ausmachen, in welcher Beziehung der Mensch zur Zeit steht und lebt.

An dieser Frage haben Sie ein besonderes Interesse als Psychotherapeuten, denn für Sie ist die Frage, was, wer und wie der Mensch, und das heißt zugleich der heutige Mensch, *ist*, von grundlegender Bedeutung. Zugleich mit dieser *inhaltlichen* Frage nach dem Verhältnis von Mensch und Zeit bewegt uns eine *methodische*. Als wissenschaftlich ausgebildete Ärzte sind Sie heute weitgehend von der Denkweise der Naturwissenschaften bestimmt. Für diese ist eine besonders ausgeprägte Vorstellung von der Zeit maßgebend. Diese Tatsache löst die Frage aus, ob der für die Naturwissenschaft leitende Zeitbegriff überhaupt geeignet sei, das Verhältnis des existierenden Menschen zur Zeit zu erörtern, oder ob nicht gerade der für die Naturwissenschaften maßgebende Zeitbegriff den Weg zur Erörterung des Verhältnisses von Mensch und Zeit verbaue und so das sachgerechte Fragen nach dem Eigentümlichen der Zeit hindere. Unser Fragen nach der Zeit, das wir in unseren Gesprächen versuchen, wird demnach von zwei Hinsichten bestimmt. Einmal aus der Hinsicht auf Ihren ärztlichen Beruf und dessen Bereich: der existierende Mensch in seiner Not. Zum andern aus der Hinsicht auf Ihre medizinisch-wissenschaftliche Ausbildung: die moderne Naturwissenschaft und deren technische Struktur.

Nun ist aber die Zeit als solche ausschließlich das Thema der Philosophie. Über die Zeit selbst läßt sich weder auf naturwissenschaftlichem noch auf anthropologischem Wege etwas sagen. Wir sind daher in unseren Gesprächen genötigt, philosophisch zu denken, so zwar, daß wir nicht unmittelbar in die philosophische Thematik eintreten, sondern uns von den genannten Hinsichten, Existenz des Menschen und Naturwissenschaft, leiten lassen. Dieser Umstand macht unser Vorgehen besonders schwierig. Wir müssen gleichsam erst unterwegs im Verlauf unserer Gespräche lernen, von der naturwissenschaftlichen und psychologischen Vorstellungsweise abzusehen und auf die *phänomenologische* Denkweise einzugehen. Die letztere verlangt zugleich, daß wir die Überlieferung des philosophischen Denkens über Zeit und Raum im Blick behalten; denn durch sie sind auch die naturwissenschaftlichen und psychologischen Vorstellungen von Zeit und Raum, die als gängige für selbstverständlich gehalten werden, im Grunde geprägt. Hinsichtlich der Überlieferung des Zeitbegriffes bleibt dreierlei zu beachten. Erstens: Zeit ist das Nacheinander der Abfolge von Jetztpunkten. Zweitens: Zeit ist nicht ohne Psyche, Animus, Bewußtsein, Geist, Subjekt. Drittens: Zeit wird hinsichtlich ihres Seins aus dem Verständnis von Sein im Sinne der Präsenz bestimmt. Diese für alles Denken über die Zeit maßgebenden Bestimmungen haben wir mit Absicht nur beiläufig erwähnt. Statt sie eingehend und in ihren geschichtlichen Abwandlungen von Plato bis Nietzsche zu erörtern, haben wir einen andern Weg eingeschlagen, um einen Einblick in das zu gewinnen, was die Zeit ist, und in die Weise, nach der es dergleichen wie Zeit gibt. Wir sind ausgegangen von der alltäglichen Zeiterfahrung, von dem, was wir ansprechen durch die Wendungen ›Zeit haben‹, ›keine Zeit haben‹, ›sich Zeit nehmen‹, ›Zeit verwenden‹, ›Zeit opfern‹, ›Zeit verschwenden‹. In all dem handelt es sich in gewisser Weise um eine Art Umgang mit der Zeit. Ein solcher ist offenbar nur dadurch möglich, daß wir überhaupt die Zeit schon haben, daß sie uns gewährt ist, um sie so oder so zu verwenden. Auch dann und gerade dann, wenn wir keine Zeit haben, sind wir von der uns gewährten Zeit bedrängt. Wir sind von der Zeit betroffen. Zeit geht uns an.

Wir haben die Phänomene ›Zeit haben‹, ›keine Zeit haben‹ in den Blick genommen, um zu erfahren, wie und in welchen Charakteren sich die Zeit dabei zeigt. Zeit ist Zeit *für* etwas. Zeit ist jeweils Zeit, *da* dies und jenes geschieht. Die Zeit ist somit *deutsam auf* etwas, ist *datiert nach* etwas und damit zugleich *geweitet*, kein isolierter Punkt eines Jetzt. Zeit ist jedermann außerdem bekannt, im Mit- und Füreinandersein den Menschen zugänglich, sie ist *öffentlich*. Mit diesen Charakteren zeigt sich uns die Zeit, die wir haben. Es gilt jetzt nur noch, das, was sich so zeigt, genauer zu bestimmen, um zur Einsicht in das zu gelangen, was die Zeit selbst und als solche ist. Wir sind mit dieser Aufgabe an eine entscheidende Stelle unserer Erörterungen gelangt. Entscheidend allerdings, denn an dieser Stelle kommt alles darauf an, wie wir nach den voraufgegangenen Erläuterungen der Zeit und des ›Zeit-habens‹ weiter nach der Zeit selbst fragen. Im Hinblick auf das ›Zeit-haben‹, ›Zeit übrig haben‹, ›keine Zeit übrig haben‹ sprechen wir von einem Umgang mit der Zeit. Denn bei den genannten Phänomenen und ihren Abwandlungen handelt es sich um ein Rechnen mit der Zeit, indem wir sparsam umgehen mit unserer Zeit oder sie verschwenden. Wir berechnen und messen die Zeit nur deshalb, weil wir mit der Zeit rechnen. Zeit ist Geld, heißt es. Sofern wir mit der Zeit rechnen, gehen wir mit der Zeit um. Zum Umgang mit der Zeit gehört auch das Ablesen der

Uhr. Dabei denken wir nicht an die Zeit als solche, wir stellen nur das Wieviel an Zeit fest. Dies geschieht, indem wir, ob ausdrücklich oder nicht, notwendig jedesmal ›jetzt‹ sagen. Das jeweilige Jetzt wird nicht nebenbei gesagt, es wird zum voraus gesagt. Dadurch wird der Bezug zur Zeit bei der Uhrablesung eigens aufgenommen, damit wir ihr Wieviel feststellen können. Der Bezug zur Zeit wird aufgenommen, heißt nicht, der Bezug zur Zeit wird allererst hergestellt, so als ob dieser außerhalb der Zeitablesung nicht bestünde. Der Bezug zur Zeit wird im Ablesen der Uhr aufgenommen, heißt aber auch nicht, daß wir damit schon den Blick auf die Zeit selbst und als solche richten. Der ständig waltende Bezug zur Zeit, das Haben von Zeit, wird nur eigens vollzogen, und zwar im Jetzt-Sagen.

Woher nehmen wir das so gesagte Jetzt? Offenbar aus der Zeit. Wie aber haben wir die Zeit, die wir im Jetzt-Sagen, obzwar unthematisch, ansprechen? Was heißt Umgang mit der Zeit? Was meint hier dieses Haben in bezug auf die Zeit? Wenn wir zum Beispiel fragen: »Hast Du Zeit?«, ist hier die Zeit ein Ding, das wir haben wie die Uhr, etwas, das wir besitzen? Wenn wir feststellen: Wir haben heute schönes Wetter, meint dann dieses Haben ein Besitzen? Offenbar nicht. Das schöne oder schlechte Wetter haben wir in anderer Weise als das Auto, das wir besitzen. Einer sagt von seinem Freund: Er hat einen wunderbaren Cézanne in seinem Zimmer. Damit ist noch nicht gesagt, daß er ihm gehört, daß das Gemälde in seinem Besitz ist. Er kann eine Leihgabe in seinem Zimmer hängen haben.

Jemand sagt: Ich habe Angst. Haben wir Angst, wie wir gerade Wetter und Autos haben? Haben wir vielleicht Angst in dem Sinne, wie wir Zeit haben? Was heißt hier und dort ›haben‹? Die Stadt Zürich hat über 500 000 Einwohner. Existiert diese Stadt und hat sie dazu noch Einwohner oder machen die Einwohner die Stadt aus? Offenbar auch dies nicht. Stadt und Einwohner sind nicht identisch, sondern verschieden. Aber das Verschiedene, die Einwohner und die Stadt, gehören zusammen. Wir haben schönes Wetter. Wir Menschen und das Wetter sind Verschiedenes. Gleichwohl gehört dergleichen wie Wetter zu unserem Dasein. Im Haben wird demnach etwas vom Satzsubjekt Verschiedenes und gleichwohl zu ihm Gehöriges gemeint. Das habende Subjekt ist dabei kein tätiges, und das Gehabte erleidet nichts im Haben. So nennt dieses Verbum ›haben‹ einen eigentümlichen Bezug. Allein, die jetzt versuchte Kennzeichnung reicht offensichtlich nicht aus, um das einzigartige und vermutlich eigentümliche Haben im Zeit-haben zu bestimmen. Denn es bleibt noch unklar, ob und wie die Zeit, die wir haben, etwas von uns Verschiedenes ist; ob und wie sie, als dieses Verschiedene, gleichwohl zu uns gehört. Unser Zeit-haben ist keine Aktion, kein besonderes Tun unsererseits. Dennoch sind wir an diesem Haben beteiligt. Die Zeit, die wir haben, erleidet zwar nichts von uns dadurch, daß wir sie haben; dennoch geschieht etwas mit der Zeit, wenn wir, sie habend oder nichthabend, sie so und so einteilen und auf dem Terminkalender festlegen.

Allein, wie steht es mit dem Jetzt-*sagen*? Darin liegt doch ein spontanes, von uns selbst ausgehendes Tun. Indes, das Sagen tut dem Jetzt nichts an. Aber vielleicht der Zeit, die im Jetzt-sagen genannt wird? Wenn wir spontan und vielleicht mißgelaunt, weil zu beschäftigt, sagen: »Jetzt habe ich keine Zeit«, wird doch der Zeit, die ich anderweitig brauche, davon ich nichts übrig habe – dieser Zeit wird durch das jetzt gesagte Jetzt nichts angetan. Sie wird weder angetastet noch verändert. Die Zeit, die ich nicht für noch Anderweitiges übrig habe, weil sie schon für anderes vergeben ist, wird im Jetzt angesprochen. Daß im Jetzt-sagen die Zeit angesprochen wird, ist nun doch eine offenkundige Trivialität. Denn die Zeit ist ja das Nacheinander der Jetzt. Aus der Abfolge der Jetzt wird jeweils eines aufgegriffen. Trifft diese Feststellung den Sachverhalt? Sehen wir zu. Wenn ich sage: »Jetzt habe ich keine Zeit«, bin ich dabei auf die Zeit als ein Nacheinander von Jetztpunkten bezogen? Keineswegs. In solchem Jetzt-sagen nehmen wir das Jetzt aus der Zeit, die wir haben oder gerade nicht haben. Mit dem Jetzt wird die Zeit, die wir haben und nicht haben, angesprochen. Das so gesagte Jetzt wird nicht einer für sich vorgestellten Abfolge der Jetzt, wird nicht einem bloßen Nacheinander entnommen. Es ist für alle weitere Besinnung wichtig, diesen Sachverhalt im Blick zu behalten. Das im Uhrablesen und auch sonst gewöhnlich gesagte Jetzt ist nicht ein Moment der Jetztfolge, sondern gehört in die Verwandtschaft mit der Zeit, die wir haben, so wie wir sie haben. Wir kennen bereits die Charaktere dieser Zeit: sie ist deutsam, datiert, geweitet und öffentlich. Demnach nennt auch das gesagte Jetzt diese Charaktere und nur sie, ohne daß wir im Jetzt-sagen eigens auf sie achten.

Angesichts dieses Sachverhalts möchte man den Schluß ziehen: also gibt es zwei verschiedene Arten von Zeit: die Zeit, die wir jeweils in diesen Charakteren haben, und die Zeit als bloße Jetztfolge. Was auch immer hierzu bemerkt werden muß, eines dürfte im Verlauf der Seminare deutlich geworden sein: Bei der Erörterung und Erläuterung von Phänomenen dürfen wir keine Schlüsse ziehen. Was die Phänomene, das heißt das, was sich zeigt, von uns verlangen, ist nur, daß wir sie erblicken und nehmen, wie sie sich zeigen. ›Nur‹ dies. Das ist nicht weniger als die Schlußfolgerung, sondern mehr und deshalb schwer. Die soeben gegebenen Hinweise mögen für unsere weitere Besinnung auf die Zeit wichtig sein. In der Frage, die uns vor allem angeht, sind wir, so scheint es, um keinen Schritt vorangekommen. Wir fragen: Was heißt ›Zeit haben‹? Die hierbei genannte Zeit ist kein Ding, wie zum Beispiel ein Haus. Das Haben ist kein Besitzen von der Art jenes Habens, nach der ein Hausbesitzer sein Haus hat, auch wenn er es nicht bewohnt. Die genannte Zeit ist auch nichts dergleichen wie die Angst, die wir haben, denn die Zeit ist kein Gefühl, keine Stimmung, keine Gestimmtheit, wenngleich solche Zustände in einer seltsamen Beziehung zur Zeit stehen mögen. Es sei nur auf die Langeweile hingewiesen, ein Phänomen, das schon in seinem Namen einen – freilich noch kaum aufgehellten – Bezug zur Zeit kundgibt. Darum könnte es für unser ganzes Vorhaben fruchtbar werden, wenn wir uns auf eine phänomenologische Auslegung der Langeweile einlassen möchten. Doch zuvor soll uns ein naheliegender Hinweis weiterhelfen bei dem Versuch, das Haben von Zeit deutlicher zu bestimmen. Immer wieder bleibt zu bedenken, daß uns schon die Redeweise ›ich habe Zeit‹ leicht irreführt, insofern sie uns verleitet, folgendes zu unterstellen: auf der einen Seite gibt es Zeit, auf der andern ein Haben, das als solches mit der Zeit nichts zu tun hat. Denn haben können wir vielerlei, nicht nur Dinge, auch solches, was uns selbst unmittelbar betrifft, insofern es zu uns gehört. Ich habe einen gebrochenen Arm, ich habe Ohrensausen, habe Magenschmerzen, ich habe Angst. Meint hier das Haben überall denselben indifferenten Bezug zu dem, was wir haben, einen Bezug, der sich als derselbe durchhält, so daß nur das jeweils Gehabte ein Verschiedenes ist? Man wird antworten, daß wir beim Haben eines gebrochenen Arms, beim Haben von Ohrensausen, beim Haben von Magenschmerzen, beim Angsthaben uns jeweils anders befinden; die Befindlichkeit ist jeweils eine andere entsprechend dem, was wir haben. Demnach ist das Haben jeweils nur ein anders gefühlsbetontes, sonst jedoch dasselbe Haben, der einfache Bezug zum Gehabten, welcher Bezug, nämlich das Haben, an sich mit dem jeweils Gehabten nichts weiter zu tun hat. Oder verhält sich die Sache ganz anders?

Wählen wir einen Fall, der uns den wahren Sachverhalt sogleich um einiges näherbringt. Ich habe Angst. Ich lebe in der Angst vor Bedrohlichem, von dem ich nicht sagen kann, was es ist. Ich ängstige mich, oder noch genauer, weil nicht ich mir die Angst verschaffe, sondern weil sie über mich kommt, sagen wir, mir ist Angst, es ängstigt mich. Wie steht es mit dem Haben in solchem Angsthaben? Das Haben selbst und gerade dieses ist angstvoll. Die Angst sitzt gerade in diesem Haben. Das Haben ist das Sichbefinden in der Angst. Nein, die Angst ist selber dieses Sichbefinden. Was entnehmen wir dieser vorläufigen Erläuterung im Hinblick auf das genannte Angsthaben? Nichts Geringeres als dies, daß in diesem Fall das Haben nicht ein indifferenter Bezug zu dem ist, was wir haben, sondern daß das hier genannte Gehabte, die Angst, gerade nicht das Gehabte, sondern eigentlich das Haben selbst ist. Es gibt nicht Angst, die man haben kann, sondern es gibt ein Haben, als sich so und so Befinden, welche Befindlichkeit hier Angst heißt. Angst findet sich nur im Bereich des Sichbefindens, hat den Grundzug der *Befindlichkeit*, die als jeweilige *Gestimmtheit* ausgelegt werden kann. Dabei muß noch offen bleiben, wie hier das Stimmen und Bestimmen zu denken ist. Offen bleiben muß auch, wohin das gehört, was wir Befindlichkeit nennen. Offen bleiben muß, ob Befindlichkeit überhaupt das Phänomen richtig trifft.

Unser Leitthema ist die Zeit und zunächst das Zeithaben. Schnell bei der Hand und mit einem gewissen Recht werden wir sagen, was über das Angsthaben vermerkt wurde, läßt sich nicht auf das Zeithaben übertragen; denn die Zeit ist keine Stimmung und Gestimmtheit wie die Angst. Zu sagen, ein Mensch sei zeitlich gestimmt, scheint offenkundig sinnlos zu sein. Nun denken wir auch nicht daran, das, was über das Angsthaben vorläufig vermerkt wurde, einfach auf das Zeithaben zu übertragen, ganz abgesehen davon, daß ein solches Vorgehen, wie schon angedeutet, gegen die Grundregel der phänomenologischen Interpretation verstoßen würde. Die Regel verlangt, jedes Phänomen eigens in seinem Eigentümlichen sichtbar zu machen. Es geht nicht an, deshalb, weil die Redeweise von Angsthaben und Zeithaben die gleiche ist und weil Angst sowohl wie Zeit uns Menschen angehen, aus der Erläuterung des einen Phänomens auf die Verfassung des anderen Schlüsse zu ziehen. In der Phänomenologie werden weder Schlüsse gezogen, noch sind dialektische Vermittlungen erlaubt. Es gilt nur, den denkenden Blick auf das Phänomen offen zu halten. Von dieser grundsätzlichen methodischen Überlegung abgesehen, könnte man überdies geltend machen, daß die

Angst uns nicht überall und jederzeit so befällt, wie die Zeit uns ständig und unausweichlich angeht. Gleichwohl wurde mit Absicht die Erläuterung des Angsthabens der Besinnung auf das Zeithaben vorangestellt. In welcher Absicht? Um sehen zu lassen, wie seltsam und befremdlich es mit dem uns so geläufigen Bezug des Habens zu dem jeweils Gehabten bestellt sein kann. Wir wollen aber jetzt ohne Vorurteil eine Besinnung auf das Haben im Phänomen des Zeithabens versuchen. Haben meint im allgemeinen, daß uns etwas gehört, daß wir es besitzen, darüber auf irgendeine Weise verfügen. Der Freund frägt: Hast Du morgen nachmittag Zeit zu einem Spaziergang? Ich antworte nach kurzer Überlegung: Ja, ich habe Zeit. Wenn wir eine solche Aussage und die Wendung Zeit-haben erläutern, so scheint es, als redeten wir nur von Bedeutungen der Wörter im Sprachgebrauch. Indes meinen wir die Sache, das Phänomen, nicht die Wörter; wenngleich jedes Phänomen nur sich zeigt im Bereich der Sprache.

Damit wir nun nicht Gefahr laufen, bei der Auslegung des Zeit-habens willkürlich zu verfahren, versuchen wir zuvor die Angaben, die das große deutsche Wörterbuch der Brüder Grimm darüber macht, kurz zu erörtern. Hier heißt es in dem umfangreichen Artikel über das Zeitwort »Haben« (Band 4, zweite Abteilung, Spalte 68): »Der Begriff des Zueigenseins, Gehörens, Besitzens, geht in einer Anzahl von Fügungen ganz unter, in denen Haben nicht mehr als das bloße Vorhandensein ausdrückt und das ganz in den Vordergrund tretende Objekt [nämlich das, was wir haben] nur eine leise Beziehung zu dem Subjekte bietet: Wir haben gutes Wetter ist fast gleich mit: es ist gutes Wetter; wir haben Regen; wir hatten grüne Weihnachten und werden dann weiße Ostern haben; dieses Jahr haben wir spät Pfingsten; in diesem Sinne wird auch gesagt, ich habe Zeit, etwas zu tun, d. h. die Zeit dazu ist da, ist vorhanden.« Weiter vermerkt das Wörterbuch am angeführten Orte: »Wir haben eine Viertelstunde zum nächsten Dorf, [das heißt] von unserer Stelle aus ist die Entfernung so weit.«

Die von Grimm angesetzte Aussage: Ich habe Zeit, etwas zu tun, läßt sich gewiß umschreiben in der Form: Die Zeit dazu ist da, ist vorhanden. Der Inhalt dessen, was das Zeithaben meint, ist in gewisser Weise richtig wiedergegeben. Allein, darum handelt es sich nicht, sondern um die sachgerechte Auslegung des Phänomens des Zeit-habens, das heißt des hier waltenden Bezugs zur Zeit. Hierzu sagt Grimm: Das Haben drückt nicht mehr aus als das Vorhandensein. Das ganz in den Vorrang gerückte Objekt bietet nur eine leise Beziehung zu dem Subjekt. Das, was wir in dem genannten Fall haben, die Zeit, stellt Grimm als Objekt vor und sagt von ihm, es träte in den Vordergrund. Die Zeit für etwas ist das, worum es sich handelt. Demgemäß bleibt die Beziehung zum Subjekt, das die Zeit hat, nur eine leise, das heißt eine geringe, das heißt ohne Belang.

Was ist zu dieser Erläuterung zu sagen, falls wir das Phänomen des hier genannten Zeithabens in den Blick fassen? Wenn ich Zeit habe für etwas und dies sage, dann wird in dem genannten Haben die Zeit selbst nicht zum Objekt gemacht und schon gar nicht betrachtet. Wir bleiben vielmehr auf das gerichtet, wofür wir die Zeit haben. Gleichwohl hat die Bemerkung, die Zeit trete in den Vordergrund, etwas für sich, aber in einem ganz anderen, gleichsam entgegengesetzten Sinne. Im Zeit-haben für etwas bin ich auf das Wofür gerichtet, auf das, was zu tun ist, was bevorsteht. Ich bin dessen gewärtig, bin dies jedoch so, daß ich in einem dabei noch bei dem verweile, was mir gerade gegenwärtig ist, was ich gegenwärtige, wobei überdies, ob eigens gemeint oder nicht, ich zugleich behalte, was soeben und vorher mich beschäftigte. Die Zeit, die ich in diesem Fall habe, habe ich in der Weise, daß ich *gewärtigend, gegenwärtigend, behaltend* bin. Diese dreifältige Weise, in der ich bin, ist das Haben der Zeit für das und das. Dieses Haben, nämlich das *Gewärtigen, Gegenwärtigen, Behalten*, ist das eigentlich Zeithafte. Das Haben im Zeit-haben ist kein indifferenter Bezug zur Zeit als einem Objekt. Es ist vielmehr

Martin Heidegger im Zollikoner Seminarraum 1965

das Zeithafte, insofern sich in ihm das zeitigt, was wir den *Aufenthalt* des Menschen nennen. Dieser ist dadurch charakterisiert, daß es in ihm gleichursprünglich, aber nicht gleichmäßig solches gibt, was auf uns zukommt, was gegenwärtig und was schon vergangen ist. Dieses *dreifältige Zeitigen des Aufenthalts* erbringt je und je eine Zeit für etwas, hat eine solche Zeit zu vergeben, zu vergeben das Dann, das Jetzt, das Vormals, womit wir mit der Zeit rechnen. Ich gestehe durchaus, daß diese einfachen Phänomene schwer zu erblicken sind und dies aus dem einzigen Grund, weil wir seit langem und heute sogar mehr als zuvor in der Gewohnheit verharren, die Zeit nur als das feststellbare Nacheinander einer Abfolge von Jetzt vorzustellen. Aber Sie merken jetzt auch, weshalb die kurze Auslegung des Angsthabens vorausgeschickt wurde, nämlich in der Absicht, den fast starren Blick auf die Zeit als Jetztfolge aufzulockern und freizumachen für den Einblick, daß wie im Angsthaben die Angst im Haben sitzt, so auch im Zeithaben, zwar nicht in gleicher, aber in gewisser ähnlicher Weise die Zeit im Haben, im Sinne der gewärtigenden, gegenwärtigenden, behaltenden Zeitigung, spielt. Indes ist durch den nunmehr erlangten Einblick in das Zeit-haben noch keineswegs geklärt, wie das, was hier mit ›Zeit‹ genannt wird, als die gehabte Zeit gekennzeichnet werden muß, das heißt, wie das mit ›Zeit‹ Benannte zur Zeitigung des Aufenthalts gehört. Insgleichen ist, was wir Aufenthalt nennen, noch gar nicht bestimmt. Eines jedoch sollte deutlich geworden sein, daß wir das Phänomen ›ich habe Zeit für . . .‹ keineswegs treffen, wenn wir es nur umschreiben in den Satz: Zeit ist da, Zeit ist vorhanden. Damit übergehen wir gerade das Phänomen des Habens und unterstellen nur die Zeit als etwas Vorhandenes, so als läge die Zeit für etwas vor wie ein Gegenstand, an welchem Vorhandenen wir wie an einem beliebigen Ding vorbeigehen können, um es gelegentlich und beiläufig auch wie ein selbstverständlich Vorhandenes greifbar hinzunehmen. Der Bezug zur Zeit, die wir jeweils haben, ist ganz und gar kein leiser, kein geringer, sondern der unseren

Weltaufenthalt gerade tragende. Zeit, die wir jeweils haben und nicht haben, opfern oder vergeuden, ist solches, worüber wir in gewisser Weise verfügen, was wir uns so und so einteilen oder ordnen können, aber wohlgemerkt als Zeit. Wir bringen also Vergangenes, Gegenwärtiges, Bevorstehendes jeweils so und so zusammen. Fügen heißt: Ineinanderpassendes zusammenbringen und so das jeweilige Zeitgefüge bilden und erbringen und so den Aufenthalt zeitigen. Wir nehmen uns und lassen uns Zeit, indem wir sie im Gewärtigen behalten, gegenwärtigen und durch dieses uns als die jeweilige zur Verfügung halten. Die jeweils verfügbare und verfügte Zeit für etwas bildet sich als solche im Gewärtigen, Behalten, Gegenwärtigen. Dies ist in seiner dreifältigen Einheit die Zeitigung der Zeit, die wir haben und nicht haben. Hierbei hält sich noch ganz im Dunkel, wie die Einheit dieses Dreifältigen der Zeitigung zu bestimmen ist.

II. — 12. März 1965

Beim vorigen Seminar habe ich mehr von Ihnen gelernt als Sie von mir. Das ist auch ganz in Ordnung. (Vergleiche: »Was heißt Denken?«, 2. Aufl., Seite 50).

Was habe ich gelernt? Ich lernte erkennen, wo bei Ihnen das Haupthindernis liegt, das es Ihnen schwer, wenn nicht gar unmöglich macht, ein einfaches Grundphänomen zu sehen, das, wenn es erblickt ist, den Bereich offen legt, in dem mein Denken ansetzt. Daß ich dieses Haupthindernis für ein sachgerechtes Sehen verstehen lernte, verdanke ich im besondern der Tatsache, daß Herr Dr. H. mit der Sprache herausrückte und darlegte, was ihn zögern lasse, mein Denken mitzuvollziehen, statt es doch nur nachzusprechen. Bei der Tragweite des in Frage stehenden Phänomens für alle unsere Erörterungen möchte ich versuchen, das Hindernis auf die Seite zu bringen. Es handelt sich um die Klärung eines hier schon öfter besprochenen Unterschiedes, um den Unterschied zwischen *Erinnerung* und

Vergegenwärtigung; zunächst um die zureichende Auslegung des Phänomens der Vergegenwärtigung. Dieses ist nur eine Abwandlung des Grundphänomens, auf dessen aufgehellten Nachvollzug alles ankommt. Wir versuchten öfters schon, das Phänomen der Vergegenwärtigung an dem Beispiel der Vergegenwärtigung des Freiburger Münsters zu klären. Ich wähle aber jetzt statt dessen einen Fall von Vergegenwärtigung, der allen hier am Gespräch Beteiligten geläufig ist. Wir vergegenwärtigen uns jetzt, das heißt jeder für sich, den Zürcher Hauptbahnhof. Wir stellen zwei Fragen, die auch jeder für sich beantworten soll. Erstens: Worauf bin ich, den Zürcher Hauptbahnhof vergegenwärtigend, gerichtet? Welches ist das Vergegenwärtigte, das ich im Vergegenwärtigen meine? Zweitens: Welchen Charakter hat das Vergegenwärtigen selbst, sofern ich es vollziehe? Wir sollen uns auf diese beiden Fragen ohne Vorurteile, ohne Rücksicht auf erworbene Kenntnisse aus der Psychologie, Physiologie und Erkenntnistheorie einlassen. Wir sollen uns vielmehr an die alltägliche Erfahrung halten, in der wir unser Leben verbringen. Wir sollen einfach das nennen, was sich dem Blick in die Vergegenwärtigung zeigt.

Zur ersten Frage: Worauf bin ich, den Zürcher Hauptbahnhof vergegenwärtigend, gerichtet? Ich antworte: auf den in Zürich vorhandenen Bahnhof *selbst*. Diesen meine ich in der Vergegenwärtigung; nicht ein Bild von ihm, auch nicht eine Vorstellung von ihm, sondern den dort stehenden, beziehungsweise liegenden Hauptbahnhof selbst. Freilich wird jeder von Ihnen den genannten Bahnhof in der Vergegenwärtigung anders sehen, nach verschiedenen Seiten, an verschiedenen Stellen. Darum frage ich jetzt Frau Dr. B.: Was zeigt sich Ihnen, wenn Sie, vergegenwärtigend, auf den Zürcher Hauptbahnhof gerichtet sind? Antwort: Ich habe das Portal gesehen. Und Sie, Herr Dr. W.? Antwort: Die große Uhr über dem Eingang. Und Sie, Herr Dr. R.? Antwort: Das Innere der Halle mit der Lichtreklame. Und Sie, Herr Dr. Sch.? Antwort: Die Mauer von außen vor dem ersten Bahnsteig. Und Sie, Herr Dr. F.?

Antwort: Eine ganze Menge, ein Wirrwarr, eine Menge Leute, Geleise.

Das in der Vergegenwärtigung Gemeinte zeigt sich von verschiedenen Seiten und Stellen aus. Aber jedesmal ist der dort in Zürich stehende Hauptbahnhof gemeint. Daß sich das Gemeinte von verschiedenen Seiten zeigt, also jeweils anders, ist notwendig, aus Gründen, die jetzt nicht näher besprochen werden sollen, weil dieser Sachverhalt nicht nur von dem gilt, was wir in der Vergegenwärtigung meinen, sondern auch und zuvor schon von der alltäglichen Wahrnehmung der leibhaft vorhandenen Dinge. Wir sehen die Dinge, zum Beispiel diese Schale, dieses Buch, ja nur von einer bestimmten Seite und ›sehen‹ und meinen doch diese ganze Schale, dieses ganze Buch. Die Rede vom Sehen ist mehrdeutig: einmal ›Sehen‹, dessen Gesehenes das Gesichtsfeld ausmacht. In diesem Sinne habe ich von dieser Schale den Boden nicht im Gesichtsfeld. Von diesem Buch habe ich den andern Buchdeckel nicht im Gesichtsfeld. Dennoch sehe ich, das heißt: ich meine und vernehme als anwesend diese Schale hier, dieses Buch; nicht etwa ein lädiertes Buch, dem ein Buchdeckel fehlt.

Doch zurück zum Zürcher Hauptbahnhof! Er selbst, dieser dort in Zürich vorhandene Bahnhof, ist in der Vergegenwärtigung gemeint. Er selbst steht vor uns, er selbst stellt sich vor, und die jeweils gesehenen verschiedenen Seiten gehören zu ihm, sind seine. In der Vergegenwärtigung des Zürcher Hauptbahnhofs sind wir nicht auf ein Bild von ihm gerichtet, nicht auf eine Vorstellung, die *wir* uns von ihm machen. Gerichtet sind wir auf den dort vorhandenen Bahnhof. Wenn wir unvoreingenommen nachsehen, worauf wir in der Vergegenwärtigung gerichtet sind, dann finden wir nur dies: auf den dort vorhandenen Bahnhof selbst. Das so Gefundene ist der erste Befund bei dem Versuch, die Vergegenwärtigung aufzuhellen in der Hinsicht auf das, was in ihr gegeben ist. Dieser Befund, daß in der Vergegenwärtigung der vorhandene Zürcher Hauptbahnhof selbst das Vergegenwärtigte ist, läßt sich nicht beweisen. Der Befund ist unbewiesen, nicht deshalb, weil die nötigen Beweise fehlen, sondern weil ein Beweisenwollen und die Forderung von Beweisen hier dem Sachverhalt nicht gemäß ist. Was in der Vergegenwärtigung *für* diese gegenwärtig ist, darüber kann nur die Vergegenwärtigung selbst eine Auskunft geben. Wir müssen uns von *ihr* anweisen lassen, wohin wir blicken sollen, wenn wir finden wollen, was die Vergegenwärtigung vergegenwärtigt. Daß der genannte Befund nicht beweisbar ist, ist kein Mangel. Vielmehr ist dies, daß der Befund keines Beweises bedarf, gerade sein Vorzug. Denn wenn ein Sachverhalt, wenn eine Aussage darüber erst bewiesen werden soll, dann müssen wir zu diesem Zweck jeweils auf anderes, vom Sachverhalt Verschiedenes, zurückgreifen, um ihn von dort her hinsichtlich seines Bestehens abzuleiten. Im Hinblick auf die Phänomene und deren Auslegung kommen alle Beweise, kommt jedes Beweisenwollen zu spät. Im Falle der Vergegenwärtigung gibt diese als solche selber den Hinweis auf das, was sie vergegenwärtigt. Der Anweisung zu folgen, die der Hinweis selber gibt, ist heute besonders schwer, weil der von der Wissenschaft besessene Mensch als Wahrheit nur gelten lassen möchte, was bewiesen ist, das heißt, was aus Voraussetzungen und Schlußfolgerungen hergeleitet ist. Aber kann ein Physiker zum Beispiel beweisen, daß er existiert? Und dennoch treibt er Physik. Es gibt zum Glück Sachen, die der Beweise nicht bedürfen, denen gegenüber das Beweisenwollen nicht nur ein harmloses Mißverständnis bleibt, sondern das Verkennen von Sachverhalten, auf denen die Existenz des Menschen beruht, sogar das Ganze des Seienden und dessen Wahrheit. Sachverhalte, Aussagen, Wahrheiten, die erst der Krücken von Beweisen bedürfen, sind stets solche zweiten und dritten Ranges. Was wir auf die hinsichtlich der Vergegenwärtigung gestellte erste Frage, nämlich was das sei, was sie vergegenwärtigt, antworten, lautet: der dort vorhandene Zürcher Bahnhof selbst.

Zur zweiten Frage: Welchen Charakter hat das Vergegenwärtigen als solches, sofern ich es vollziehe? Dies heißt: Wie stehe ich zu dem, was die Vergegenwärtigung mir entgegenbringt, also zu dem dort vorhandenen Zürcher Hauptbahnhof selbst? Wir antworten, was wir schon öfter sagten: In der Vergegenwärtigung sind wir bei dem Zürcher Hauptbahnhof selbst. Die Vergegenwärtigung hat den Charakter des *Seins bei* ..., genauer: unseres Seins bei dem Bahnhof. Diese Antwort machte und macht Sie stutzig und rebellisch. Sie bestreiten, daß es sich bei der Vergegenwärtigung um ein Sein beim Zürcher Bahnhof handle und überhaupt handeln könne. Und wie beweisen Sie Ihre ablehnende Behauptung? Sie können sie gar nicht beweisen. Sie können nur auf etwas hinweisen, was offenbar jedem einleuchtet, das heißt, was jedem sich zeigt, nämlich dies: während des Vollzugs der Vergegenwärtigung sind wir hier, im Hause Boss. Wir sind doch nicht beim Zürcher Hauptbahnhof. Kein vernünftiger Mensch wird behaupten wollen, daß wir durch die Vergegenwärtigung gleichsam uns selbst zum Bahnhof transportieren, um dort beim Bahnhof so wie dieser neben ihm vorhanden zu sein. Das Vergegenwärtigen selbst zeigt doch eindeutig, daß wir in seinem Vollzug gemütlich hier sitzen bleiben. Den Zürcher Hauptbahnhof vergegenwärtigend, sind wir hier auf unseren Stühlen und bei den Tischen beieinander und nicht beim Bahnhof. Und dennoch sagt unsere Auslegung des Vergegenwärtigens: es ist ein Sein beim Bahnhof. Wir sind wirklich beim Bahnhof selbst. Man entgegnet: Nein, wirklich sind wir doch hier und nur hier. Beide Aussagen sind richtig; denn in beiden Aussagen wird das ›wirklich‹ in verschiedenem Sinne gebraucht. Zunächst folgen wir der Aussage: Beim Bahnhof sind wir höchstens nur in Gedanken. Damit geben wir zu, daß wir doch irgendwie beim Bahnhof sind. Was wir so zugeben, können wir auch nicht wegleugnen; denn in der Vergegenwärtigung, so hat es die Antwort auf die erste Frage gesagt, sind wir auf den Zürcher Bahnhof selbst gerichtet. Was wir aber zugeben müssen, daß wir irgendwie beim Zürcher Bahnhof sind, wenn wir ihn vergegenwärtigen, diesen Sachverhalt interpretieren wir dadurch, daß wir sagen: ›Wir sind nur in Gedanken‹ beim Bahnhof. Diese Interpretation ließe sich vielleicht auf folgende Weise deuten: Was heißt dieses ›in Gedanken‹? Gedanken gibt es nur im Denken. Nach jener Auslegung ist unser Sein beim Bahnhof nur ein Gedachtes. In der Vergegenwärtigung des Zürcher Bahnhofs denken wir uns bloß, wir seien beim Bahnhof. Wenn Sie den Zürcher Hauptbahnhof vergegenwärtigen, denken Sie dabei, daß Sie vor dem Bahnhof stehen? Finden Sie im schlichten Vergegenwärtigen den Zürcher Bahnhof desgleichen, wie daß Sie sich denken, Sie seien dort beim Bahnhof? Nein, Sie denken sich bloß aus, daß Sie sich dies denken. Im Phänomen des schlichten Vergegenwärtigens findet sich nichts von einem solchen Sich-denken in diesem Sinne. Wer solches behauptet, kann sich auf keinen Fund berufen. Er bringt vielmehr nur eine reine Erfindung zur Sprache. Dennoch gibt uns diese Auslegung die Möglichkeit, auf eine wichtige Unterscheidung hinzuweisen. Angenommen, das Vergegenwärtigen des Zürcher Hauptbahnhofs habe den Charakter, daß wir uns denken müßten, wir stünden dort beim Bahnhof. Dann wären wir in dieser Vergegenwärtigung gar nicht auf den Bahnhof gerichtet, sondern darauf, daß wir dort stünden. Wir würden demnach unser Vorhandensein beim Bahnhof vergegenwärtigen, nicht den Bahnhof selbst. Diese Vergegenwärtigung wäre gar nicht die, die wir als Beispiel angesetzt haben. Mehr noch, diese Vergegenwärtigung wäre überhaupt keine Vergegenwärtigung von etwas wirklich Vorhandenem. Was wir jetzt noch Vergegenwärtigung nennen, ist in Wahrheit ein Sich-einbilden. Sich-denken, wir seien beim Bahnhof, ist ein ganz anderes Phänomen als die Vergegenwärtigung des Bahnhofs. Wenn wir diese aber dadurch interpretieren, daß wir sagen, zu ihr gehöre, daß wir uns dächten, wir seien beim Bahnhof, daß zu ihr dies gehöre: in Gedanken beim Bahnhof sein, – dann mißdeuten wir das Phänomen der Vergegenwärtigung so gründlich, daß wir an seine Stelle ein ganz anderes Phänomen setzen. Statt einfach dem Hinweis zu folgen, den die Vergegenwärtigung selbst enthält, setzen wir an ihre Stelle das Phänomen der Einbildung. Statt den Blick offen zu halten, machen wir unversehens eine Unterstellung: Wir denken uns, wir seien faktisch beim Bahnhof. Indes meinen Sie mit der Auslegung des Vergegenwärtigens durch die Wendung ›nur in Gedanken‹ etwas anderes, und sogar etwas Zutreffendes. Das ›nur in Gedanken‹ möchte sagen: an den Bahnhof nur denken, so also, daß dieser in der Vergegenwärtigung zwar selbst gegeben, aber nicht leibhaft vorhanden ist. Das ›nur in Gedanken‹ will ferner sagen, daß wir nicht selber leibhaft beim Bahnhof vorhanden sind, sondern in Wirklichkeit hier in diesem Hause. Mit der recht verstandenen Aussage ›nur in Gedanken‹ kommen wir dem Phänomen in Wahrheit näher. Wenn wir jedoch dem Hinweis folgen, der in der Vergegenwärtigung selbst liegt, dann finden wir nichts von diesem ›nur in Gedanken‹. Das Eigenartige der Vergegenwärtigung ist es gerade, daß sie selbst uns in ihrer Weise beim Bahnhof sein läßt. Sie ist eine Weise des Seins bei Seiendem, welches Sein bei ... des Zusatzes ›nur in Gedanken‹ gar nicht bedarf.

Prüfen wir nun, ob und in welchem Sinne dieses Sein beim Bahnhof wirklich das Vergegenwärtigen als solches charakterisiert! Nehmen wir an, was weder ausgefallen noch abwegig ist, Sie müßten nach diesem Seminar noch jemanden am Zürcher Hauptbahnhof abholen. Sie fahren mit dem Auto zum Bahnhof. Dabei kämen Sie in alle Ewigkeit nie zum Bahnhof, wenn Sie nicht während der Fahrt, ja schon im voraus den Bahnhof vergegenwärtigten; wenn die zur Fahrt unbedingt notwendige, wenngleich nicht ständig aktuell vollzogene Vergegenwärtigung nicht den dort in Zürich vorhandenen Bahnhof selbst meinte. Oder fahren Sie vielleicht zu etwas, was wir nur in Gedanken haben, zu einem bloßen Bild, zu einer bloßen Vorstellung vom Bahnhof in unserem Kopf? Die Antwort erübrigt sich, weil schon die Frage Unmögliches frägt. Denn ich kann mit dem Auto niemals zu einem bloßen Bild oder zu einer solchen Vorstellung vom Bahnhof fahren. Man wird entgegnen

– und gerade aus dem Beispiel der Fahrt zum Bahnhof wird das deutlich –, daß wir in der Vergegenwärtigung nicht beim Bahnhof sind. Aber dieser Hinweis ist übereifrig und übereilt. Wir sind noch nicht beim Bahnhof angekommen, aber dieses ›noch nicht‹ liegt nicht an der Vergegenwärtigung. Denn in ihr und dank ihrer sind wir gerade schon *auf ihre Weise* beim Bahnhof, sonst könnten wir nie auf der Fahrt zu ihm bei ihm ankommen. Was besagt also dieses ›Sein bei‹, das wir als den Charakter des Vergegenwärtigens in diesem vorfinden? Dieses ›Sein bei‹ meint durchaus nicht, während der Vergegenwärtigung stünden wir faktisch oder auch nur in Gedanken vor dem Bahnhof, meint nicht, wir seien bei ihm und neben ihm vorhanden. Während der Vergegenwärtigung des Bahnhofs sind wir eindeutig faktisch hier in diesem Haus. Unser Hiersein bietet uns jedoch verschiedene Möglichkeiten. Wir können am Gespräch teilnehmen, können auf die Uhr sehen, können verfolgen, wie einer der Kollegen die an ihn gerichtete Frage beantwortet. Wir können auch den Zürcher Hauptbahnhof vergegenwärtigen. Dann ist diese Vergegenwärtigung eine mögliche Weise unseres Hiersitzens. In diesem Falle wären wir also nach der behaupteten Auslegung der Vergegenwärtigung als eines Seins beim Bahnhof zugleich hier im Hause Boss und beim Zürcher Hauptbahnhof. Diese Hexerei soll nun einmal einer vorexerzieren: zugleich hier und beim Zürcher Bahnhof sein. Aber das ist mit unserer Auslegung des Vergegenwärtigens gar nicht gemeint. In der Vergegenwärtigung bin ich nicht zugleich hier und außerdem faktisch noch im selben Sinne des Hierseins beim Zürcher Hauptbahnhof. Im Hiersein vollziehe ich die Vergegenwärtigung. Im Hiersein bin ich, den Bahnhof vergegenwärtigend, in der Weise des Vergegenwärtigens allerdings, beim Bahnhof. Mein Hiersein ist als Vollzug der Vergegenwärtigung ein Sein beim Bahnhof. Auf solche seltsame, ja wunderbare Weise geschieht unser Hiersein ständig und notwendig. Unser Hiersein ist seinem Wesen nach ein Sein bei Seiendem, das wir nicht selber sind. Dieses ›Sein bei‹ hat gewöhnlich den Charakter des leibhaften Wahrnehmens von leibhaft vorhandenen Dingen. Unser Hiersein kann sich aber auch einlassen auf das Sein bei nicht leibhaft Anwesendem. Bestünde diese Möglichkeit nicht und würde dieses Mögliche nicht vollzogen, dann kämen Sie zum Beispiel heute abend niemals nach Hause. Aber während wir, den Zürcher Hauptbahnhof vergegenwärtigend, in der Weise der Vergegenwärtigung beim Bahnhof sind, bleiben wir hier bei den Tischen, bei den Gerätschaften, beieinander. Dieses unser Sein bei dem jetzt leibhaft Anwesenden kann ein Sein beim Bahnhof sein, wenn wir, hier im Hause bei den Dingen seiend, von unserer Möglichkeit der Vergegenwärtigung Gebrauch machen. Wir geben dann das Sein bei den Dingen hier nicht preis. Unser Hier-sein bei den Dingen ist als solches ohnehin schon immer ein Dort-sein bei entfernten, nicht leibhaft anwesenden Dingen, wenngleich diese nicht eigens gemeint und betrachtet werden. Der Sinn von Sein in der Rede von ›Sein bei‹ ist ein einzigartiger und grundverschieden von dem Sein, das wir mit dem Namen ›Vorhandensein‹ und ›Vorkommen‹ benennen. Das ›Sein bei‹, das unter anderem das Vergegenwärtigen kennzeichnet, ist grundverschieden von dem Vorhandensein, zum Beispiel der Schuhe, die wir vor die Zimmertür stellen. Wir können zwar sagen, die Schuhe sind bei der Tür. Dieses ›Sein bei‹ besagt hier das räumliche Nebeneinander zweier Dinge. Dagegen hat das ›Sein bei‹ unseres Hierseins bei den Dingen den Grundzug des *Offenstehens für* das Anwesende, wobei es ist. Im Gegensatz dazu sind die Schuhe, die bei der Tür stehen, nicht offenständig für die Tür. Die Tür ist nicht für die Schuhe als Tür, ja überhaupt nicht anwesend. Wir können und dürfen nicht einmal sagen, Tür und Schuhe seien gegeneinander verschlossen. Verschlossenheit gibt es als Privation nur dort, wo Offenständigkeit waltet. Tür und Schuhe sind nur an verschiedenen Orten im Raum vorhanden. Ihre Entfernung ist ein Nahe-beieinander. Die Offenständigkeit für das Anwesende ist der Grundzug des Menschseins. Die Offenständigkeit für das Seiende birgt nun aber verschiedene

Möglichkeiten in sich. Die alle Offenständigkeit durchwaltende Weise ist das unmittelbare Sein bei den uns leibhaft angehenden Dingen. Die bei der Schizophrenie feststellbare Kontaktlosigkeit ist eine Privation der eben genannten Offenständigkeit. Diese Privation besagt aber nicht, daß die Offenständigkeit verschwindet, sondern sie ist nur modifiziert zur ›Kontaktarmut‹. Eine andere Weise des offenständigen Seins bei ist nun die Vergegenwärtigung. Dieses Sein-bei meint also nicht ein Vorhandensein, ein Vorkommen des Menschen, den wir uns irrigerweise so vorstellen, als sei er im Falle der mißdeuteten Vergegenwärtigung beim Bahnhof vorhanden neben einem dort stehenden Taxi. Unser offenständiges Hiersein in diesem Haus bei den Dingen kann als dieses Hiersein, ja sogar nur als dieses in der Weise der Vergegenwärtigung offenständig für ein entferntes Seiendes, zum Beispiel beim Hauptbahnhof sein. Wohlgemerkt: offenständiges *Sein-bei* in der Weise der Vergegenwärtigung des dort vorhandenen Seienden. Dieses unser offenständiges Hiersein bei den Dingen ist dann als solches ein offenständiges Sein-beim-Bahnhof. Wir treffen den hier gegebenen phänomenologischen Sachverhalt schon nicht mehr sachgerecht, wenn wir sagen: Wir können offenständig zugleich hier bei den Dingen sein und beim Bahnhof. Es sind nicht zwei Weisen des Seins-bei, die zugleich geschehen, sondern unser offenständiges Hiersein bei den Dingen ist es, das vergegenwärtigend ein offenständiges Sein beim Zürcher Hauptbahnhof ist. Das Hiersein bei den Dingen fällt dabei nicht weg. Es verschwindet nicht, es modifiziert sich nur in der Weise, daß wir, den Hauptbahnhof vergegenwärtigend, auf die vorhandenen Dinge hier nicht eigens achten. Die Offenständigkeit des Menschen für das Seiende ist so tragend und bestimmend für das Menschsein, daß man es ob seiner Unscheinbarkeit und Schlichtheit ständig übersieht zugunsten selbstgemachter, psychologischer Theorien. Aber selbst wenn wir es sehen, dieses Phänomen, ist noch lange nicht gesagt, daß wir uns bereithalten, dieses Einfache in seiner ganzen Erstaunlichkeit einfach hinzunehmen als das, als welches es sich zeigt. Die phänomenologische Interpretation der Vergegenwärtigung als einer Weise des offenständigen Seins bei dem Zürcher Hauptbahnhof mutet uns nicht zu, daß wir uns von hier aus, aus dem Zimmer heraus, in Gedanken weg versetzen zum Bahnhof, gleich als handle es sich um ein ›Sein-bei‹ von der Art des Vorkommens der Schuhe bei der Tür. Vielmehr verlangt die phänomengerechte Interpretation der Vergegenwärtigung als eines offenständigen Seins beim Bahnhof, daß wir hier sitzen bleiben und uns als die erblicken, die dem Hinweis folgen, der im Phänomen der Vergegenwärtigung selbst liegt; dem Hinweis auf das in der Vergegenwärtigung Gegenwärtige, dem Hinweis, der sich selber als eine Weise des offenständigen Seins bei Anwesendem ausweist. Es gilt nur das eine, das, was sich im Phänomen der Vergegenwärtigung zeigt, einfach hinzunehmen und nichts außerdem.

Wir leben in einem seltsamen, befremdlichen, unheimlichen Zeitalter. Je rasender sich die Menge der Informationen steigert, um so entschiedener breitet sich die Verblendung und Blindheit für die Phänomene aus. Mehr noch, je maßloser die Information, je geringer das Vermögen zur Einsicht, daß das moderne Denken mehr und mehr erblindet und zum blicklosen Rechnen wird, das nur die eine Chance hat, auf den Effekt und möglicherweise die Sensation rechnen zu können. Aber noch sind einige, die zu erfahren vermögen, daß das Denken kein Rechnen ist, sondern ein Danken, insofern das Denken sich dem verdankt, das heißt hinnehmend ausgesetzt bleibt dem Anspruch der Offenbarkeit: Seiendes ist und nicht nichts. In diesem ›ist‹ spricht die ungesprochene Sprache des Seins den Menschen an, dessen Auszeichnung und Gefährdung zugleich darin beruht, offenständig zu sein in mannigfaltigen Weisen für das Seiende als das Seiende.

Seminar vom 11. und 14. Mai 1965
im Hause Boss

I. — 11. Mai 1965

Zuletzt haben wir versucht, das Phänomen der Vergegenwärtigung zu klären. Dabei kam es darauf an, dieses Phänomens als eines einfachen Weltbezugs gewahr zu werden – ohne Rücksicht auf philosophische Theorien, zum Beispiel die Ansetzung des Menschen als Subjekt und der Welt als Objekt, ohne Rücksicht auf Physiologie und Psychologie, ohne Rücksicht auf die Frage, wie eine Vergegenwärtigung möglich sei, ohne Rücksicht darauf, daß das Phänomen somatisch und psychisch bedingt sein dürfte. Aber gesetzt, daß am Vollzug der Vergegenwärtigung Gehirnprozesse beteiligt sind, somatische Prozesse im weitesten Sinne, so kann die Frage, in welcher Beziehung diese Prozesse zum Phänomen stehen, überhaupt als Frage nur gestellt werden, wenn hinreichend geklärt ist, wozu diese Prozesse in Beziehung stehen, wenn also zuvor klar ist, was Vergegenwärtigung als solche ist, in der wir uns aufhalten. In der herrschenden physiologisch-psychologischen Betrachtungsweise wird ein solches Phänomen als selbstverständlich und bekannt vorausgesetzt, und zwar bleibt es nicht nur als Phänomen unbestimmt, sondern es wird vor allem ein entscheidender Sachverhalt nicht beachtet, nämlich, daß die Bekanntschaft mit dem Phänomen vorausgesetzt werden muß, wenn die physisch-psychischen Erklärungen nicht in der Luft hängen sollen. An dieser Stelle hört die sonst von der Wissenschaft beanspruchte Exaktheit plötzlich auf. Die Wissenschaft wird blind für das, was sie voraussetzen muß, blind für das, was sie auf ihre Weise in seiner Genesis erklären möchte. Diese Phänomenblindheit herrscht jedoch nicht nur in den Wissenschaften, sie herrscht auch im nicht-wissenschaftlichen Verhalten. Zum Beispiel: Wir gehen im Wald spazieren und sehen am Weg etwas, was sich bewegt; wir hören es sogar rascheln und vernehmen es als etwas

Lebendiges. Wir sehen genauer hin, es stellt sich heraus, daß wir uns getäuscht haben; denn ein kaum merklicher Windstoß hat am Boden liegende Blätter bewegt. Es war also nichts Lebendiges. Aber, schon damit wir uns täuschen können in der Annahme, es sei etwas Lebendiges, müssen wir zum voraus im Gehalt dessen, worüber wir uns täuschen, dergleichen wie Lebendigkeit, dergleichen wie Wesen von Lebendem erblickt haben. Durch diesen Hinweis soll nur das eine deutlich werden, daß es nicht gleichgültig ist, ob wir die Phänomene in acht nehmen oder nicht. Selbst wenn der Einblick in die Phänomene der Vergegenwärtigung und Erinnerung nichts beiträgt zur Erklärung und Feststellung dessen, worauf es die physiologische Forschung abgesehen hat, so bleibt der phänomenologische Einblick gleichwohl ein, ja sogar *der* fundamentale Beitrag. Er bringt überhaupt das herbei, was zu erklären die Forschung beansprucht. Das Seltsame ist nun aber, daß dieser Beitrag weder in seinem Gehalt noch in seiner Notwendigkeit gebührend beachtet wird. Man begnügt sich aus einer ungewöhnlichen Genügsamkeit der sonst so anspruchsvollen exakten Forschung heraus in allen solchen Fällen mit beliebig aufgelesenen Volksbegriffen. Diese merkwürdige Bedürfnislosigkeit der wissenschaftlichen Forschung hinsichtlich des notwendigsten Beitrags, der für sie geleistet werden muß, ist jedoch kein Zufall. Sie ist begründet in der Geschichte des europäischen Menschen während der letzten drei Jahrhunderte. Diese Bedürfnislosigkeit ist die Folge des Anspruchs einer neuartigen Idee von Wissenschaft. Beachten wir dies auch nur im groben, dann gewinnen die Fragen, um die wir uns in all diesen Seminarstunden bemühen, ein Gewicht, das gar nicht überschätzt werden kann.

Kehren wir zur Klärung der Phänomene Vergegenwärtigung, Erinnerung, Wahrnehmung zurück. Vom Standort Ihrer naturwissenschaftlichen Betrachtungsweise aus geurteilt, bleibt etwas Unbefriedigendes bestehen. Denn es läßt sich doch nicht leugnen, daß Vergegenwärtigung und Erinnerung jeweils auf eine voraufgegangene Wahrnehmung angewiesen sind. Zu dieser aber gehören die Funktionen unserer Sinnesorgane, mit deren Hilfe wir sehen, hören, riechen, schmecken, tasten. Diese Organe gehören in den Bereich des Somatischen. Oder sollen wir mehr sagen: des Psychosomatischen? In jedem Fall haben wir bei der Klärung der phänomenologischen Unterschiede der genannten Phänomene Vergegenwärtigung, Erinnerung, Wahrnehmung den *Leib* außer acht gelassen; wir haben die Sie vor allem beunruhigende Frage des Psychosomatischen, wie es zu bestimmen sei, ausgeschaltet. Ich möchte nun, um diese Beunruhigung zu steigern, nicht um sie zu beheben, heute abend auf das sogenannte *Leibproblem* und damit zugleich auf die Frage der *Psychosomatik* eingehen. Es gilt dabei zu erkennen, worin das in erster Linie Problematische des Leibproblems überhaupt beruht. Um dies einigermaßen zu klären, gehe ich von einem Vortrag aus, den Herr *Hegglin* bei der ersten Tagung der Schweizerischen Psychosomatischen Gesellschaft gehalten hat.[1] Sie alle werden den Vortrag vermutlich kennen. Auch wer nicht vom Fach ist, wird sogleich von der Souveränität dieser Darlegungen beeindruckt. Mit Souveränität meine ich die aus reicher Erfahrung gewonnene Überlegenheit der Bereitschaft für das Fragwürdige. Wenn ich aus dem Text einige Sätze zum Anlaß nehme, das Fragwürdige der Psychosomatik als solches zu entfalten, dann darf das in keinem Fall als eine besserwissenwollende Kritik ausgelegt werden. Kritik leitet sich her vom griechischen Wort κρίνειν, das heißt: unterscheiden, abheben. Echte Kritik ist etwas anderes als Kritisieren im Sinne von Bemängeln, Tadeln und Nörgeln. Kritik als Unterscheiden heißt: das Verschiedene als solches in seiner Verschiedenheit sehen lassen. Was verschieden ist, ist dies nur, sofern es in einer Hinsicht verschieden ist. In dieser Hinsicht erblicken wir zuvor das Selbe, hinsichtlich dessen das Verschiedene zusammengehört. Dieses Selbe muß bei jeder Unterscheidung in den Blick gebracht werden. Mit an-

---

[1] R. Hegglin: Was erwartet der Internist von der Psychosomatik? In: Praxis, 1964, Nr. 30, S. 1017-1020.

dern Worten, echte Kritik ist als dieses Sehenlassen etwas im eminenten Sinne Positives. Deshalb ist echte Kritik selten. Ein grobes Beispiel für die Unterscheidung ist folgendes: grün und rot sind nur unterscheidbar, insofern uns dergleichen wie Farbe vorgegeben ist. Sie ist das Selbe, im Hinblick auf welches das Unterscheiden sich überhaupt vollziehen kann. Damit wir das Psychosomatische überhaupt als Problem entfalten können, bedarf es einer echten und zwar phänomenologischen Kritik. Die kritische Frage muß gefragt werden, um welche *Unterscheidung* es sich bei dem Thema Psychosomatik handelt. Wie ist diese Unterscheidung zu vollziehen? Welches Verschiedene steht hierbei hinsichtlich seiner Verschiedenheit in Frage? Im Hinblick auf welches Selbe und Eine zeigt sich das Unterschiedene als ein Verschiedenes? Ist es schon bestimmt? Wenn nicht, wie ist es überhaupt bestimmbar? Solange wir nicht kritisch klar denken, das heißt in der genannten Weise *fragen*, fahren wir mit einer sehr zerbrechlichen Stange in einem undurchdringlichen Nebel herum. Die Ergebnisse der wissenschaftlichen Forschung mögen noch so richtig und nutzbar sein, damit ist noch keinesfalls erwiesen, daß sie auch wahr sind, wahr in dem Sinne von offenbar machend das Sein des Seienden in seiner Eigenheit, desjenigen Seienden, um das es sich jeweils handelt. In der Psychosomatik handelt es sich um das Menschsein des Menschen. Der folgende Versuch der Kritik, den wir gesprächsweise in einer gemeinsamen Besinnung wagen, betrifft nicht so sehr und zuerst die medizinische Wissenschaft; die Kritik ist eine Selbstkritik der Philosophie und zwar dieser im ganzen ihrer bisherigen Geschichte. Und nun zum Text des Vortrags: »Was erwartet der Internist von der Psychosomatik«. Ich lese vor Seite 3, Spalte B, oben:

»Wenn die Psychiater keine Definition [der Psyche] wagen, müssen wir zum Ursprung des Wortes zurückgehen. Psyche heißt: Anima, Seele. Der nicht auf die Psyche spezialisierte Arzt versteht darunter Lebensäußerungen eines Individuums, die sich in *Gefühlen* und im *Denkprozeß* äußern. Da Störungen des Denkprozesses, wie wir stillschweigend annehmen, offensichtlich nicht zu Krankheitserscheinungen führen, sprechen wir von psychosomatischen Krankheiten, wenn Störungen des Gefühlslebens Krankheitssymptome bedingen. Fassen wir sie somit unter dem Begriff der *emotionellen Krankheiten*, wie er von manchen vorgeschlagen wird, zusammen, schließen wir damit aber eine große Krankheitsgruppe von dem Begriff der psychosomatischen Krankheiten aus, nämlich die *primär körperlichen* Erkrankungen, welche sekundär Rückwirkungen auf die Psyche nach sich ziehen. Diese *somato-psychischen Erkrankungen*, wie sie – wenn ich nicht irre – *Plügge* einmal genannt hat, spielen in der ärztlichen Tätigkeit eine besonders große Rolle.

Wir möchten daher *alle gegenseitigen* Beeinflussungen von *Psyche* und *Soma* unter dem Begriff der Psychosomatik zusammenfassen und diesen Ausdruck nicht nur für die emotionellen Krankheiten beanspruchen. Man hat mir vorgeworfen, wir Internisten würden zwischen Psyche und Soma eine zu scharfe Trennung machen. Die Psyche stehe nicht als etwas Gesondertes neben dem Körper, sondern durchdringe den ganzen Organismus. Das ist durchaus möglich, sogar wahrscheinlich. Wir entheben uns aber aller philosophischen Spekulationen und halten uns an ein einfaches Prinzip, um Soma und Psyche zu unterscheiden: die *psychischen Phänomene sind nicht wäg- und meßbar*, sondern nur intuitiv zu erfühlen, alles Somatische dagegen läßt sich irgendwie durch Zahlen erfassen. Sobald sich Zahlenwerte ändern, zeigen sie eine Änderung *somatischer Strukturen* an, wobei diese Änderung allerdings emotionell bedingt sein kann. Die Trauer läßt sich nicht messen, aber die durch Trauer infolge psychosomatischer Beziehung gebildeten Tränen können zahlenmäßig in verschiedener Richtung untersucht werden. Eine an sich mit naturwissenschaftlichen Methoden nicht meßbare emotionelle Spannung kann möglicherweise auch eine Spannung (Kontraktion) der Arteriolen, welche zur Blutdrucksteigerung führt, nach sich ziehen. Beide

Spannungszustände dürfen natürlich nicht gleichgesetzt werden, denn ein Mensch, der emotionell hochgradig gespannt ist, hat nicht immer auch die Symptome einer arteriellen Spannung (Kontraktion). Hier liegt vielmehr gerade ein wesentliches Problem, das wir näher kennenlernen möchten, nämlich:

a) Welche Art *emotionaler Spannungen* führt zu Krankheiten, bei welchen Spannungszustände der Organe funktionell und objektiv faßbar sind? Ich denke an Kontraktionen der glatten Muskulatur, zum Beispiel der Arteriolen mit Hochdruck, der Bronchien mit Asthma, der glatten Muskulatur des Magen-Darm- und Urogenital-Traktes.

b) Führt diese Art von psychischen Spannungen *immer* zu diesen Krankheiten oder ist eine besondere Kondition des Erfolgsorgans notwendig?

Obwohl in den letzten Jahren über mögliche Zusammenhänge psychischer beziehungsweise emotionaler Störungen mit körperlichen Krankheiten sehr viel diskutiert und geschrieben wurde, fehlen uns doch noch immer die Grundlagen, welche für den naturwissenschaftlich Geschulten als Beweis für diese Zusammenhänge anerkannt werden können.«

Der Verfasser sucht also ein »einfaches Prinzip« zur Unterscheidung von Psyche und Soma. Was heißt Prinzip? Der griechische Name dafür lautet ἀρχή, das heißt das Erste, von wo aus oder von woher etwas hinsichtlich seines Seins, seines Werdens, seiner Erkennbarkeit anfängt, welches ›Von-wo-aus‹ das Anfangende beherrscht, bestimmt und leitet. Das Prinzip der Unterscheidung von Soma und Psyche ist im Falle des Vortrags die Art des verschiedenen Erfassens von Soma und Psyche und es lautet: Die psychischen Phänomene sind nicht wäg- und meßbar, sondern nur intuitiv zu erfühlen, alles Somatische dagegen läßt sich irgendwie durch Zahlen erfassen. Die beiden thematischen Bereiche Psyche und Soma werden also in ihrem Sachgehalt bestimmt relativ auf die Zugangsweise zu ihnen. Die Weise der Erschließung eines Seinsbereiches, des Zugangs zu ihm, betrifft seine Erkennbarkeit. Diese zu erörtern und zu bestimmen ist aber die Sache der Philosophie als ›Erkenntnistheorie‹. Das im Vortrag vorgebrachte »einfache Prinzip« ist offenkundig ein philosophisches. Jede wie immer versuchte Unterscheidung von Soma und Psyche ist auf ein ›einfaches‹, das heißt auf ein philosophisches Prinzip angewiesen. Dies besagt aber: es bedarf der Besinnung darauf, ob das Prinzip selbst sachgerecht und zureichend gedacht, ob und wie es in seiner Tragweite umgrenzt und entsprechend angewendet ist. Im vorliegenden Fall erhebt sich die Frage, ob, von der Zugangsweise zu einem Bereich aus, dessen Sachgehalt in seinem Was- und Wie-Sein bestimmt werden kann. Woher wird denn die Zugangsweise ihrerseits bestimmt? Es wird gesagt: die psychischen Phänomene sind nur intuitiv zu erfühlen und nicht meßbar. Woran liegt es, daß die Zugangsweise zum Psychischen die Intuition ist, die zum Somatischen aber das Messen? Das liegt offenkundig an der Seinsart von Psyche und Soma. Das hier angewandte ›einfache‹ Prinzip besagt demnach: die thematischen Bereiche Psyche und Soma werden durch die jeweilige Zugangsart bestimmt, und die Zugangsart wird umgekehrt von der Sache her, also vom Soma und von der Psyche her bestimmt. Wir drehen uns im Kreise. Dieser Zirkel ist jedoch kein circulus vitiosus, kein ›fehlerhafter‹.

Was man hier ›Zirkel‹ nennt, gehört zur wesenhaften Struktur der menschlichen Erkenntnis (vgl. »Sein und Zeit«, S. 7 f., bes. S. 152 f.). Ein Gemälde von Cézanne, zum Beispiel der Mont St. Victoire, läßt sich nicht rechnerisch erfassen. Wohl kann man ein solches Gemälde auch chemisch untersuchen. Aber wenn man es als Kunstwerk erfassen will, rechnet man nicht, man erschaut es intuitiv. Ist das Gemälde deshalb etwas Psychisches, da wir doch oben hörten, daß das Psychische das sei, was sich intuitiv erfassen lasse? Nein, das Gemälde ist nichts Psychisches. Offenbar ist also das vorgebrachte »einfache Prinzip« zur Unterscheidung von Psyche und Soma gar nicht so einfach. Demgemäß sehen wir uns vor die Frage gestellt, wie es mit der Unterscheidung von Psyche und Soma steht, auf welche Weise sie vollzogen werden muß, welcher Besinnung es bedarf, um hier ins Klare zu kommen. Die Frage nach dem Psychosomatischen ist in erster Linie eine Frage der Methode. Was dieser Titel meint, bedarf allerdings einer besonderen Erörterung.

Im Schlußsatz des Gelesenen aus dem beigezogenen Artikel steht: »Es fehlen uns doch noch immer die Grundlagen, welche für den naturwissenschaftlich Geschulten als *Beweis* für diese Zusammenhänge anerkannt werden können.« Was ist mit Grundlagen für den Zusammenhang von Soma und Psyche hier gemeint? Offensichtlich etwas, für das man einen naturwissenschaftlichen Beweis verlangen darf. Indessen ist ein naturwissenschaftlicher Beweis für diesen Zusammenhang von Psyche und Soma gar nicht möglich, weil nach dem wissenschaftlichen Anspruch diese Grundlagen somatisch sein müßten, weil nur das Somatische meßbar und nur das Meßbare naturwissenschaftlich als ›beweisbar‹ gilt. Deshalb dürfte sich der Beweis nur auf den einen der beiden zusammenhängenden Bereiche, nämlich auf das Somatische stützen. Mit anderen Worten: Was dem Anspruch des Naturwissenschaftlers auf gültige Erkenntnis genügt, muß ausweisbar und ausgewiesen sein auf dem Wege der Messung. Der Verfasser verlangt also, daß die Beziehung zwischen Soma und Psyche meßbar sei. Dies aber ist ein ungerechtfertigtes Verlangen, weil es nicht aus dem in Frage stehenden Sachverhalt gewonnen ist, sondern aus dem naturwissenschaftlichen Anspruch und Dogma: nur das sei wirklich, was meßbar sei.

Sind nun aber die Zusammenhänge zwischen Psyche und Soma etwas Psychisches oder etwas Somatisches oder weder das eine noch das andere? Diese Sackgasse, in die wir so geraten sind, zeigt Ihnen besser als alles andere, wie wesentlich die Methodenfrage ist.

II. — 11. Mai 1965

H. = Heidegger   S. = Seminarteilnehmer

Wir machen jetzt einen Sprung zum *Leibproblem*:
Zunächst zwei Aussagen von Nietzsche. In »Wille zur Macht« lautet Nr. 659 (geschrieben 1885): »der Leib ist ein erstaunlicherer Gedanke als die alte ›Seele‹.« Nr. 489 (geschrieben 1886) lautet: »Das Phänomen des *Leibes* ist das reichere, deutlichere, faßbarere Phänomen: methodisch voranzustellen, ohne etwas auszumachen über seine letzte Bedeutung.«
Der erste Satz enthält eine Wahrheit. Dagegen dürfte nicht zutreffen, was der zweite Satz behauptet, daß nämlich der Leib etwas Faßbareres und Deutlicheres sei. Das Gegenteil trifft zu. Darum steht in »Sein und Zeit« § 23 (S. 108) über »Die Räumlichkeit des In-der-Welt-seins«: »So wie seine Ent-fernungen nimmt das Dasein auch diese Richtungen [unten, oben, rechts und links, vorn und hinten] ständig mit. Die Verräumlichung des Daseins in seiner ›Leiblichkeit‹, die eine eigene, hier nicht zu behandelnde Problematik in sich birgt, ist mit nach diesen Richtungen ausgezeichnet.«
Das *Dasein des Menschen* ist in sich *räumlich* in dem Sinne des *Einräumens von Raum* und der *Verräumlichung des Daseins in seiner Leiblichkeit*. Das Dasein ist nicht räumlich, weil es leiblich ist, sondern die Leiblichkeit ist nur möglich, weil das Dasein räumlich ist im Sinne von einräumend.
Wir wollen jetzt versuchen, etwas in die Nähe des *Leibphänomens* zu kommen. Dabei kann keine Rede von einer Lösung des Leibproblems sein. Es ist schon viel, wenn wir dieses Problem nur zu sehen bekommen. Wir nehmen noch einmal Bezug auf den Text von Prof. Hegglin. Dort heißt es unter anderem: »Die Trauer läßt sich nicht messen, aber die durch Trauer infolge psychosomatischer Beziehungen gebildeten Tränen können zahlenmäßig in verschiedenen Richtungen untersucht werden.« In Wirklichkeit jedoch können Sie nie Tränen messen,

sondern, wenn Sie messen, messen Sie bestenfalls eine Flüssigkeit und deren Tropfen, aber keine Tränen. Tränen kann man nur unmittelbar sehen. Wohin gehören Tränen? Sind sie etwas Somatisches oder etwas Psychisches? Weder das eine noch das andere. Nehmen Sie ein anderes Phänomen: Jemand errötet in Scham und Verlegenheit. Kann man das Erröten messen? Das Schamrot-werden kann auch nicht gemessen werden, wohl aber die Röte, zum Beispiel durch das Messen der Blutzufuhr. Ist das Erröten nun etwas Somatisches oder etwas Psychisches? Weder das eine noch das andere. Phänomenologisch läßt sich das Rotwerden im Gesicht beim Schämen sehr wohl unterscheiden von dem Rotwerden des Gesichtes bei Fieber zum Beispiel oder beim Eintritt aus einer kalten Bergnacht in eine warme Hütte. Alle diese drei Arten des Rotwerdens geschehen im Gesicht, sind aber doch sehr verschieden und werden auch von uns im alltäglichen Mit- und Füreinandersein unmittelbar unterschieden. Wir ›sehen‹ es dem Mitmenschen in der jeweiligen Situation an, ob er zum Beispiel verlegen ist oder aus irgendeinem Grunde erhitzt.

Nehmen Sie das Phänomen des Schmerzes und der Trauer. Leibweh zum Beispiel und Trauer über den Tod eines Angehörigen sind beides ›Schmerzen‹. Wie steht es mit den beiden ›Schmerzen‹? Sind beide somatisch oder beide psychisch oder nur der eine Schmerz somatisch und der andere psychisch, oder sind beide Schmerzen weder das eine noch das andere?

Wie mißt man die Trauer? Man kann sie offensichtlich überhaupt nicht messen. Warum nicht? Wenn man mit einer Meßmethode an eine Trauer heranginge, würde schon dieses Herangehen gegen den Sinn der Trauer verstoßen und man würde die Trauer als Trauer von vornherein ausschalten. Schon der Anspruch, hier zu messen, wäre ein Verstoß gegen das Phänomen als Phänomen. Werden aber nicht im Sprachgebrauch hinsichtlich der Trauer auch quantitative Begriffe verwendet? Man spricht nicht von einer ›intensiven‹ Trauer, aber von einer großen oder einer tiefen Trauer. Man kann auch sagen: er ist ›ein wenig traurig‹. Aber dies meint nicht ein kleines Quantum von Trauer. Das ›ein wenig‹ meint eine Art (Qualität) von Gestimmtheit. Gerade die Tiefe indessen ist überhaupt nicht meßbar, nicht einmal die im In-der-Welt-sein erfahrene Tiefe dieses Zimmers hier. Wenn ich nämlich der Tiefe nachgehe, gegen das Fenster dort drüben hingehe, um sie zu messen, dann bewegt sich mit meinem Hingehen zum Fenster die erfahrene Tiefe mit durch das Fenster hinaus. Ich kann diese Tiefe so wenig gegenständlich fassen und ausmessen, wie ich meine Beziehung in die Tiefe hinein durchqueren kann. Aber ich kann doch die Entfernung von *mir* zum Fenster wenigstens mehr oder minder genau schätzen. Gewiß. Doch in diesem Fall messe ich einen Abstand zweier Körper, aber nicht die mit meinem In-der-Welt-sein jeweils eingeräumte Tiefe. Bei der Tiefe einer Trauer fehlt vollends jeder Anhalt und Anlaß, sie quantitativ zu schätzen oder gar zu messen. Bei einer Trauer läßt sich immer nur zeigen, wie ein Mensch beansprucht und wie sein Welt- und Selbstbezug verwandelt wird.

Ein weiteres Leibphänomen sei durch folgendes Beispiel genannt: Wenn ich das Fensterkreuz dort drüben ›ins Auge‹ fasse und das Glas vor mir auf dem Tisch ›in die Hand‹ nehme, ist dann das Fensterkreuz so in meinem Auge wie das Glas in meiner Hand? Gewiß nicht. Aber wo liegt der Unterschied, den wir mühelos feststellen, ohne ihn doch sogleich bestimmen zu können? Die Hand ist doch ein Organ unseres Leibes und das Auge ist es nicht minder. Wir fragen daher: Wodurch unterscheiden sich diese beiden Organe, die doch beide zum Leib gehören? Zwar läßt sich sagen, auch das Netzhautbild des Fensterkreuzes ist in meinem Auge. Aber ich kann das Netzhautbild doch nicht sehen. Das Netzhautbild ist doch nicht das Fensterkreuz, und die Frage ist doch, ob dieses von mir ins Auge gefaßte Fensterkreuz und nicht ob das Netzhautbild in meinem Auge sei wie das Glas in meiner Hand. Es besteht also offenbar ein Unterschied zwischen der Weise, wie ich ›mit‹ meinem Auge sehe und wie ich ›mit‹ meiner Hand greife. Wie spielt da der

Leib mit? Wenn ich das Glas greife, greife ich nicht nur das Glas, ich kann auch gleichzeitig meine Hand und das Glas sehen. Aber mein Auge und mein Sehen kann ich nicht sehen und schon gar nicht greifen. Beim unmittelbaren der ›Welt‹ zugewendeten Sehen und Hören verschwinden das Auge und das Ohr in eigentümlicher Weise. Wenn ein anderer feststellen will, wie das Auge beim Sehvorgang fungiert, wie es anatomisch beschaffen ist, so muß er mein Auge sehen, wie ich das Fensterkreuz sehe.

Das Auge nennt man Sinnesorgan. Und die Hand? Wir werden sie schwerlich als ein Sinnesorgan bezeichnen können. Aber zu ihr gehört der Tastsinn. Indes ist die Hand doch anders als eine bewegliche Ansammlung bewegbarer Tastfelder – vielleicht ein Greiforgan? Was also ist das Sehen im Unterschied zum Greifen? Einmal wird beim Sehen das Auge selbst nicht gesehen, die Hand dagegen sieht man beim Greifen nicht nur, ich kann sie sogar mit meiner andern Hand greifen. Wenn ich das Glas greife, so spüre ich das Glas und meine Hand. Das ist die sogenannte Doppelempfindung, nämlich das Empfinden des Getasteten und das Spüren meiner Hand. Beim Sehen spüre ich nicht mein Auge in dieser Weise. Das Auge tastet nicht. Andererseits gibt es Druckempfindungen im Auge, wenn mir einer auf das Auge schlägt. Das ist aber ein ganz anderes Phänomen. Aber spüren wir nicht auch die Bewegung des Auges, wenn wir zum Beispiel nach der Seite blicken? Allein, das so Gespürte kann nicht einer ›Doppelempfindung‹ zugeordnet werden, denn ich spüre das gesehene Fenster nicht, wenn ich das Auge ihm mit einem Seitenblick zuwende. Der Unterschied zwischen dem Sehen des Fensterkreuzes und dem Sehen meiner Hand liegt unter anderem darin, daß die Hand meine Hand ist, das Fensterkreuz aber dort drüben steht. Die Hand vernimmt man, weil es meine Hand ist, in ihrer Lage auch ›von innen‹ her. Ist der Leib nun deswegen etwas Inneres? Womit hängt das zusammen, daß ich beim Greifen die Hand sehe und beim Sehen von etwas das Auge nicht sehe?

Beim Greifen ist die Hand in unmittelbarem Kontakt mit dem Ergriffenen. Mein Auge ist nicht in diesem unmittelbaren Kontakt mit dem Gesehenen. Das Gesehene ist in meinem Gesichtskreis, das heißt, es ist vor meinen Augen. Ich kann immer nur nach vorne sehen. Aber das ergriffene Glas steht doch auch vor mir. Allein, greifen kann ich – am Tisch sitzend – das Glas nur, wenn es in einer begrenzten Reich(greif)weite vor mir steht. Das Greifen ist nur möglich, wenn etwas in Griffnähe ist. Das Tasten nennt man deshalb einen Nah-Sinn. Das Sehen einen Fern-Sinn.

Kann der Physiker etwas sagen über das Phänomen des Sehens? Er kann feststellen, daß dabei Lichtquellen im Spiel sind, aber wenn man das Fensterkreuz sieht, ist von alledem nichts da.

Das Auge, wird gesagt, sei dem Greifen ›übergeordnet‹. Man kann das Greifen mit dem Sehen kontrollieren, weil der Blick dem Wesen nach in die Ferne gerichtet ist, wie das Hören. Aber ich kann in einem dunklen Zimmer auch das Sehen durch das Greifen ›kontrollieren‹. Wenn das Sehen weiter reicht als das Greifen, hängen Greifen und Sehen offensichtlich mit dem Raumbezug zusammen. Wie verhält sich dann das noch unbestimmt gelassene Leibliche zum Raum?

S.: Der Leib ist das Nächste im Raum.

H.: Ich würde sagen: er ist das Fernste.

Wenn Sie Rückenschmerzen haben, sind diese etwas Räumliches? Welche Art von Räumlichkeit eignet dem Schmerz, der sich über den Rücken ausbreitet? Läßt sie sich gleichsetzen der Flächenausdehnung eines materiellen Körpers? Die Ausbreitung des Schmerzes zeigt zwar den Charakter des Auseinander, aber dieses ist keine Fläche. Allerdings kann man den Leib auch als einen Körper untersuchen, und weil Sie als anatomisch und physiologisch geschulte Ärzte auf Körper-Untersuchung eingestellt sind, stellen Sie vermutlich die Leibzustände anders vor als der ›Laie‹. Aber vermutlich ist dessen Erfahrung dem

Schmerzphänomen als einem leiblichen näher, wenngleich es mit Hilfe unserer gewohnten Raumanschauung kaum zu beschreiben ist.

Im Zusammenhang mit den gegebenen Hinweisen auf das Leibphänomen wollen wir noch einmal auf das über die *Vergegenwärtigung* Gesagte zurückkommen. Was ließen wir dabei unbeachtet? Wir versuchten nur zu klären, daß wir in der Vergegenwärtigung den Bahnhof selbst meinen, aber den Bahnhof nicht leibhaft sehen wie das Glas vor uns auf dem Tisch. Ist damit das Phänomen der Vergegenwärtigung des Bahnhofes dort erschöpfend bestimmt? Wir sagten: Wir sind in der Vergegenwärtigung des Bahnhofes nicht körperhaft beim Bahnhof vorhanden, vielleicht aber ›leibhaft‹? Aber es hieß doch gerade, der Bahnhof sei nicht leibhaft vorhanden wie das wahrgenommene Glas vor uns auf dem Tisch? Indes ist der Leib doch irgendwie beteiligt bei der Vergegenwärtigung, innerhalb dieses vergegenwärtigenden Verhältnisses zum Bahnhof dort.

Wie ist mein Leib bei der Vergegenwärtigung mit im Spiel? Insofern ich hier bin. Was spielt der Leib für eine Rolle bei diesem Hiersein? Wo ist das Hier? In welchem phänomenalen Bezug steht das Hier zu meinem Leib?

S.: Hier ist, wo mein Leib ist.

H.: Aber mein Leib ist nicht das Hier. Wo ist mein Leib? Wie bestimmen Sie das Hier? Wo bin ich, wo sind Sie? Um welche große, schwierige Frage handelt es sich hier? Offenbar um die Frage, wie der Leib sich zum Raum verhält. Offenbar verhält sich der Leib total anders zum Raum als wie zum Beispiel ein Stuhl im Raume vorhanden (zuhanden) ist. Der Leib nimmt einen Raum ein. Ist er gegen den Raum abgegrenzt? Wo verlaufen die Grenzen des Leibes? Wo hört der Leib auf?

S.: Er hört nirgends auf.

H.: Soll das heißen, er habe eine grenzenlose Ausdehnung? Wenn das nicht gemeint sein kann, woran ist dann bei dieser

Aussage gedacht? Vermutlich an seine Reichweite. Woher aber und wie eignet dem Leib das Reichen? Ist die Reichweite des Leibes von der gleichen Art wie diejenige einer Rakete auf der Abschußrampe? Wenn einer, wie man sagt, in den Sternen lebt, welche Funktion hat dann sein Leib? Als der Philosoph Thales nachdenklich einhergehend in eine Grube fiel und dabei von den Mägden ausgelacht wurde, da war gerade sein Leib nicht in den Sternen, dieser war vielmehr weg. Gerade wenn ich – wie im genannten Falle – mit Leib und Seele in einer Sache aufgehe, ist der Leib weg. Dieses Weg-sein des Leibes ist aber nicht nichts, sondern eines der geheimnisvollsten Phänomene der Privation.

III. — 14. Mai 1965

Das letzte Mal versuchten wir, uns das Leibproblem etwas näher zu bringen. Weit sind wir nicht gekommen. Die erste Aufgabe war und ist: gewisse Phänomene sichtbar zu machen, wie zum Beispiel das Erröten, das Greifen, den Schmerz, die Trauer.

Dabei kommt es darauf an, daß wir diese Phänomene zunächst einfach so, wie wir sie in den Blick bringen, stehen lassen, ohne jeden Versuch, sie auf etwas zurückzuführen. Es gilt mit anderen Worten, von jeder Art von Zurückführungsmöglichkeiten abzusehen. Vielmehr haben wir darauf zu achten, inwieweit diese Phänomene in ihrem eigenen Gehalt schon hinreichend vollständig bestimmt sind und in sich Verweisungen auf andere Phänomene enthalten, denen sie wesenhaft zugehören. Wir sprechen hier von Phänomenen, wobei dieser Begriff freilich noch gar nicht zureichend geklärt ist.

Zum Schluß des letzten Seminars kamen wir zur Frage des Hier-seins des Menschen, bei welchem Hier-sein offenkundig Raum und Leib und das Verhältnis beider eine Rolle spielen. Man kann den Satz wagen: Ich bin jederzeit hier. Der Satz ist allerdings zweideutig. Oder ist er nicht gar von vornherein falsch? Wir sind doch zum Beispiel gar nicht jederzeit hier in diesem Raum. Was hat denn dieser Satz für einen Sinn? Wie ist das ›Hier‹ in diesem Satz gemeint? Das jeweilige Hier ist nicht bestimmt. Nichtsdestoweniger bin ich aber doch jederzeit irgendwo ›hier‹. ›Ich bin jederzeit hier‹ heißt also: ich halte mich stets in einem ›Hier‹ auf; das ›Hier‹ ist jedoch jeweilen *dieses*. Ich bin jederzeit hiesig, bin aber nicht jederzeit hier an diesem bestimmten Ort.

An dem jeweiligen Hier-sein ist der Leib immer beteiligt, aber wie? Ist das Hier-sein durch das Volumen meines Körpers bestimmt? Fallen die Grenzen meines Körpers und des Leibes zusammen? Man kann den belebten Leib als Körper annehmen. Ich sitze hier am Tisch und fülle diesen von meiner Epidermis umspannten Raum aus. Dann ist aber nicht von meinem Hier-sein die Rede, sondern nur von dem Vorhandensein eines Körpers an dieser Stelle. Vielleicht kann man durch ein Unterscheiden der verschiedenen Grenzen von Körper und Leib dem Leibphänomen näherkommen.

Der Körper hört auf an der Haut. Wenn wir hier sind, sind wir immer in Beziehung zu etwas. Also könnte man sagen, wir seien immer über den Körper hinaus. Allein, diese Feststellung ist nur scheinbar richtig. Sie trifft doch nicht das Phänomen. Denn ich kann das Leibphänomen nicht in der Relation zum Körper bestimmen.

Der Unterschied der Grenzen von Körper und Leib bestünde hiernach darin, daß die *Leibgrenze* weiter hinausgeschoben wäre als die *Körpergrenze*, so daß der Unterschied der Grenzen ein quantitativer wäre. Aber wenn wir die Sache so nehmen, so verkennen wir gerade das Leibphänomen und die Leibgrenze. Die Leibgrenze ist gegenüber der Körpergrenze nicht quantitativ, sondern qualitativ verschieden. Der Körper kann als Körper eine solche Grenze wie der Leib gar nicht haben. Man könnte sich nämlich denken, rein als theoretische Möglichkeit, daß mein Leib qua Körper sich ausdehnt bis zum wahrgenommenen Fenster, so daß die Leibgrenze und die Körpergrenze sich decken. Aber gerade dadurch wird die artmäßige Verschiedenheit der beiden Grenzen deutlich. Die Körpergrenze wird dadurch, daß sie sich dem Anschein nach mit der Leibgrenze deckt, niemals selber zu einer Leibgrenze. Beim Zeigen mit dem Finger auf das Fensterkreuz dort drüben höre ich nicht bei den Fingerspitzen auf. Wo ist denn die Grenze des Leibes? »Jeder Leib ist mein Leib.« An sich ist der Satz unsinnig. Genauer müßte es heißen: der Leib ist je mein Leib. Das gehört zum Leibphänomen. Das ›mein‹ ist bezogen auf mich selbst. Mit dem ›mein‹ meine ich mich. Ist der Leib im ›Ich‹ oder ist das ›Ich‹ im Leib? Der Leib ist jedenfalls kein Ding, kein Körper, sondern jeder Leib, das heißt der Leib als Leib ist je mein Leib. Das *Leiben des Leibes* bestimmt sich aus der Weise meines Seins. Das Leiben des Leibes ist somit eine Weise des Da--seins. Aber welche? Wenn der Leib als Leib je mein Leib ist, dann ist diese Seinsweise die meinige, so ist das Leiben mitbestimmt durch mein Menschsein im Sinne des ekstatischen Aufenthaltes inmitten des gelichteten Seienden. Grenze des Leibens (der Leib ist nur insofern er leibt: Leib) ist der Seinshorizont, in dem ich mich aufhalte. Deshalb wandelt sich die Grenze des Leibens ständig durch die Wandlung der Reichweite meines Aufenthaltes. Die Körpergrenze dagegen ändert sich für gewöhnlich nicht, höchstens etwa beim Dickwerden oder beim Abmagern. Aber Magerkeit ist auch kein Körperphänomen, sondern ein Leibphänomen. Der abgemagerte Leib kann freilich wieder als Körper gemessen werden hinsichtlich seines Gewichtes. Das Volumen des Körpers (der Leib hat kein Volumen) ist kleiner geworden.

All dieses zur Leib- und Körpergrenze Gesagte aber ist noch unzureichend bestimmt und muß später noch einmal eigens aufgenommen werden.

Vorläufig wollen wir nur festhalten, daß das ›mein‹ in der Rede von ›mein Leib‹ sich auf mich selbst bezieht. Das *Leiben* hat diesen merkwürdigen Bezug auf das *Selbst*. Kant sagt einmal, der Mensch unterscheidet sich vom Tier dadurch, daß er

›ich‹ sagen kann.[2] Diese Aussage kann man noch radikaler fassen. Der Mensch unterscheidet sich vom Tier, weil er überhaupt ›sagen‹ kann; das heißt: eine Sprache hat. Sind Sagen und Sprache dasselbe? Ist jedes Sagen ein Sprechen? Nein. Wenn Sie eine Aussage machen, zum Beispiel: ›Diese Uhr liegt hier‹, was alles gehört zu dieser Aussage? Warum spricht das Tier nicht? Weil es nichts zu sagen hat. Inwiefern hat es nichts zu sagen? Menschliches Sprechen ist ein Sagen. Nicht jedes Sagen ist ein Sprechen, aber jedes Sprechen ist ein Sagen, auch das ›nichtssagende‹ Sprechen. Sprechen ist immer verlautbar; dagegen kann ich mir auch etwas ohne Verlautbarung, also schweigend sagen.

Ich kann also die Aussage machen: die Uhr liegt auf dem Tisch. Was ich mit dieser Aussage sage, meint einen bestimmten Sachverhalt. Das Sagen macht etwas in seinem Sachverhalt sichtbar. Sagen heißt zeigen, sehen lassen, seiner alten Wortbedeutung nach. Wie ist das möglich? Als ich die Uhr-Aussage machte, stimmten Sie alle zu. Das konnten Sie nur, weil Sie die Uhr hier liegen sahen. Das heißt, sie liegt nicht erst da, seitdem ich die Aussage machte. Für uns hier Sitzende liegt die Uhr offenkundig hier auf dem Tisch. Inwiefern ist der Leib beteiligt bei dieser Aussage? Der Leib ist im Hören und Sehen beteiligt. Sieht denn der Leib? Nein, *ich* sehe. Aber zu diesem Sehen gehören doch meine Augen, also mein Leib. Doch nicht das Auge sieht, sondern *mein* Auge – ich durch *meine* Augen sehe. Der Leib sieht niemals eine Uhr und trotzdem ist er dabei. Wenn ich sage: ›Die Uhr liegt vor mir‹, dann ist das eine Aussage über eine räumliche Beziehung der Uhr zu mir. Die Uhr ist im Raum und ›ich‹ bin im Raum. Doch bin ich so neben der Uhr, wie das auf demselben Tisch liegende Buch neben der Uhr ist? Wir sehen uns auf die schon gestreifte Frage zurückgewiesen: Wie ist der Mensch im Raum, sofern er leibt? Ich nehme die vor mir liegende Uhr in die Hand. Jetzt

[2] Kant, Anthropologie in pragmatischer Hinsicht. In: Werke (Akademie-Ausgabe), Bd. VII. § 1, S. 127.

lege ich sie wieder weg. Was ist geschehen mit der Uhr? mit mir? Ich habe die Uhr aus der Hand gelegt. Wie habe ich das gemacht? Ich vollzog eine Bewegung, und die Uhr wurde bewegt. Mit der Bewegung, die *ich* vollzog, habe ich *mich* selbst und die Uhr bewegt. Ist die Bewegung der Uhr und die meiner Hand dieselbe, oder sind es zwei Bewegungen und sogar ganz verschiedene? Die Uhr wird bewegt, und ich bewege mich. Aber die Uhr bewegt sich doch auch, insofern sie ›geht‹. Doch handelt es sich jetzt nicht um das ›Gehen‹ der Uhr, sondern um die Bewegung der Uhr, sofern sie, die gehende, aus meiner Hand auf den Tisch gelegt wird. Man nennt die Bewegung eines Dinges von einem Ort zum andern den Transport. Ein Ding wird transportiert, griechisch φορά. Wenn Herr Boss meine Koffer zum Bahnhof fährt, werden sie transportiert. Wenn er mich zum Bahnhof fährt, werde ich nicht transportiert, sondern ich fahre mit ihm. Die Bewegung der Uhr aus meiner Hand auf den Tisch ist eine Ortsveränderung der Uhr, das heißt eine Bewegung von da bis da, in einer Kurve, die man messen kann. Wie steht es – im Gegensatz zur Uhrbewegung – mit der Bewegung meiner Hand?

Eben sah ich, wie Herr Dr. K. mit der Hand über seine Stirne ›fährt‹. Allein: ich habe nicht eine Orts- und Lageveränderung einer seiner Hände beobachtet, sondern ich habe ihm unmittelbar angesehen, daß er sich etwas Schwieriges überlegt. Wie sollen wir diese Handbewegung kennzeichnen? Als Ausdrucksbewegung? Zugegeben, es sei eine Bewegung, die etwas Inneres ausdrückt, dann ist mit dieser Kennzeichnung allenfalls festgestellt, was die Bewegung leistet; aber damit ist noch gar nichts über die Art der Bewegung selbst als Handbewegung gesagt. Wir bestimmen die Handbewegung als *Gebärde*. Auch wenn ich die Uhr auf den Tisch lege, bewege ich mich in einer Gebärde. Und die Hand? Wie gehört sie zu mir? Die Hand gehört zu meinem Arm. Das Uhrablegen ist nicht nur eine Bewegung der Hand, sondern auch des Armes, der Schulter. Es ist *meine* Bewegung. Ich bewegte mich.

IV. — 14. Mai 1965

Sie protestierten in der Pause dagegen, daß das Weglegen der Uhr auf den Tisch auch eine Gebärde sei, wie die Bewegung der Hand von Dr. K. über seine Stirne, die ausgedrückt haben soll, daß er sich gerade etwas Schwieriges überlegte. Sie sehen also die Gebärde als Ausdruck. Wonach aber haben wir gefragt? Nach der Art der Bewegung. Nach dem Unterschied der Ortsveränderung der Uhr auf einer räumlichen Bahn und der Bewegung meiner Hand. Wenn ich nun sage, die Handbewegung sei eine Gebärde, so soll dieser Name die Art der Bewegung kennzeichnen und nicht als Ausdruck von etwas anderem gelten. Für Sie ist vielleicht dieser Name Gebärde eine willkürliche Bezeichnung. Wenn Sie aber sagen, Gebärde sei ein Ausdruck, antworten Sie dann auf das, was ich fragte? Nein. Die Antwort ›Ausdruck‹ ist schon eine Interpretation und antwortet nicht auf die Frage nach der Art der Bewegung. ›Ausdruck‹ verweist vielmehr auf etwas, was sich in der Handbewegung ausdrücken soll, auf etwas also, was als hinter ihr liegend und sie bewirkend angenommen wird. Der Name *Gebärde* kennzeichnet die Bewegung als meine Leibesbewegung.

Hier möchte ich etwas dazwischen schalten. Man hört gegen die Unterscheidung von Körper und Leib des öftern den Einwand, da könne doch etwas nicht stimmen, weil zum Beispiel die Franzosen überhaupt kein Wort für Leib hätten, sondern nur einen Namen für den Körper, nämlich: le corps. Was aber heißt das? Es heißt, daß die Franzosen nur vom lateinischen corpus her bestimmt sind in diesem Bereich; dies heißt, daß ihnen sehr erschwert wird, die eigentliche Problematik der Leibesphänomenologie zu sehen. Die Bedeutung des griechischen Wortes σῶμα ist sehr mannigfaltig. Homer gebraucht σῶμα nur für den toten Leib, für den lebenden das Wort δέμας, was soviel besagt wie ›Gestalt‹. Später meint σῶμα sowohl den Leib wie den leblosen stofflichen Körper, dann wieder die Leibeigenen, die Sklaven; dann überhaupt die Menschenmasse. σῶμα hat im Griechischen eine viel weitere Bedeutung als unser heutiges ›somatisch‹. Ganz allgemein kann gesagt werden, daß man das Griechische vom Lateinischen her uminterpretierte. Unsere Vorstellung vom Körper kommt auf uns vom lateinischen corpus. Scholastisch vorgestellt ist der Leib ein beseelter Körper, eine Bestimmung, die in einem gewissen Sinne auf Aristoteles zurückgeht, allerdings nur in einem gewissen Sinne.

(Unser Wort Wirklichkeit zum Beispiel hängt mit wirken zusammen. Wirklichkeit ist die Übersetzung des Wortes actualitas, welches von actus, von agere kommt. Mit actualitas wird von Cicero das griechische ἐνέργεια übersetzt. Dieses mit Wirklichkeit zu übersetzen ist jedoch total ungriechisch. Wenn wir aber die nötige fundamentale Sicht haben, können wir die griechische Sprache wieder zum Hören bringen. Wenn man eine allgemeine Sprache fordern würde, die alle gleichmäßig verstehen, würden wir eine total nivellierte Sprache haben, die überhaupt nichts mehr sagt. Das abendländische Denken wurde überhaupt nur möglich, weil es eine griechische Sprache gab.)

Doch kehren wir zum oben erwähnten Unterschied von Tier und Mensch zurück. Weshalb haben wir als Menschen etwas zu sagen im Unterschied zum Tier, wenn Sagen heißt: sehen lassen, offenbar machen? Worauf gründet das Sagen? Wenn Sie etwas als etwas, zum Beispiel dieses Ding als Glas, als so seiend wahrnehmen, muß Ihnen offenkundig sein, daß etwas *ist*. Der Mensch hat also etwas zu sagen, weil das Sagen als Sehen-lassen ein Sehenlassen von Seiendem als einem so und so Seienden ist. Der Mensch steht also in der Offenbarkeit des Seins, in der Unverborgenheit des Anwesenden. Das ist der Grund für die Möglichkeit, sogar für die Notwendigkeit, für die Wesensnotwendigkeit des Sagens; dafür also, daß der Mensch spricht.

Und jetzt lassen Sie uns zu unserer Erörterung der Gebärde zurückkehren. Was heißt das Wort Gebärde? Es kommt etymologisch von »bären« = tragen, bringen. Auch gebären kommt vom gleichen Ursprung. ›Ge‹ heißt immer: in einer Versammlung stehen, wie zum Beispiel Ge-birge, was eine Versammlung von Bergen ist. Vom Menschen her heißt Gebärde ein gesammeltes Sich-Betragen. In der Philosophie müssen wir den Namen Gebärde nicht auf die Deutung ›Ausdruck‹ beschränken, sondern müssen damit alles Sich-Betragen des Menschen als ein durch das Leiben des Leibes bestimmtes In-der-Welt-sein kennzeichnen. Jede Bewegung meines Leibes geht als eine Gebärde und damit als ein sich so und so Betragen nicht einfach in einen indifferenten Raum hinein. Vielmehr hält sich das Betragen schon immer in einer bestimmten Gegend auf, die offen ist durch das Ding, auf das ich bezogen bin, wenn ich zum Beispiel etwas in die Hand nehme.

Das letzte Mal sprachen wir vom Erröten. Das Erröten nehmen wir gemeinhin als Ausdruck, das heißt, wir nehmen es sofort als ein Zeichen für einen inneren seelischen Zustand. Aber was liegt in dem Phänomen des Errötens selbst? Es ist auch eine Gebärde, insofern der Errötende auf die Mitmenschen bezogen ist. Damit sehen Sie, wie die Leiblichkeit diesen eigentümlichen ekstatischen Sinn hat. Dies betone ich so sehr, um Sie von der Ausdruck-Mißdeutung wegzubringen. Auch die französischen Psychologen mißdeuten alles als Ausdruck von etwas Innerem, statt das Leibphänomen in der mitmenschlichen Bezogenheit zu sehen.

Zum Schluß will ich Ihnen noch ein Rätsel aufgeben: »die Gestalt eines mnestisch-informatorischen Planes, der in Signalgruppen an eine Empfangsstelle gerichtet werden muß«, diese Gestalt: was ist das? Ich weiß, daß es unmöglich ist, dies zu erraten. Es ist aber nach Herrn Zerbe die Idee des Menschen (siehe Zschr. f. psychosomat. Med. 11. Jg, 1. Heft, 1965). Dieser Aussage von Zerbe liegt zugrunde, daß das Modell des Menschen in der Kybernetik des Flakgeschützes gesehen werden muß. Dies erhellt aus dem folgenden Satz des Begründers der Kybernetik, Norbert Wiener, der lautet: Wir können ein Flakgeschütz konstruieren, welches durch seine Bauart den statistischen Ablauf des Zielflugzeuges selbst beobachtet, ihn dann in ein Regelungssystem einarbeitet und schließlich dieses Regelungssystem benützt, um die Geschützstellung rasch in die beobachtete Position zum Flugzeug zu bringen und sich der Bewegung des Flugzeuges anzupassen.

Wieners Definition des Menschen lautet: »Der Mensch – eine Nachricht«.[3] Weiter schreibt Wiener über den Menschen: »Ein Merkmal jedoch unterscheidet den Menschen von den anderen Tieren in einer Weise, die nicht den geringsten Zweifel läßt: Er ist ein Tier, welches spricht... Es geht auch nicht an zu sagen, daß der Mensch ein beseeltes Tier sei; denn leider ist die Existenz der Seele – was man auch darunter verstehen möge – wissenschaftlichen Untersuchungsmethoden nicht zugänglich.« (a.a.O., S. 14).

Als sprechendes Tier muß der Mensch so vorgestellt werden, daß die Sprache wissenschaftlich als etwas Berechenbares erklärt, das heißt beherrscht werden kann.

Sie sehen hier dasselbe, dem wir schon in den Ausführungen von Prof. Hegglin begegneten: von der Methode des Zuganges als einer Naturwissenschaft her wird bestimmt, was der Mensch ist. In der Kybernetik muß die Sprache so aufgefaßt werden, daß sie wissenschaftlich zugänglich wird. In der Grundbestimmung des Menschen stimmt der Begründer der Kybernetik dem Anschein nach mit der alten Überlieferung der metaphysischen Definition des Menschen überein. Die Griechen bestimmten den Menschen als ζῷον λόγον ἔχον, daß heißt als Lebewesen, das die Sprache hat. Wiener sagt: Der Mensch ist dasjenige Tier, das spricht. Soll nun der Mensch wissenschaftlich erfaßbar werden, dann muß dasjenige, was ihn als Menschen vor dem Tier auszeichnet, nämlich die Sprache, so vorgestellt werden, daß sie nach naturwissenschaftlichen Prinzipien erfaßbar wird. Kurz gesagt: die Sprache als Sprache muß als etwas Meßbares vorgestellt werden. Die eingehende Interpretation des Wesens der

[3] N. Wiener, Mensch und Menschmaschine. Kybernetik und Gesellschaft. Frankfurt a. M., Bonn 1964, S. 94.

Kybernetik werden wir aber erst später erörtern können. Ebenso müssen wir die das letzte Mal laut gewordene Frage, wohin die Meßbarkeit von etwas gehöre, ob zum Ding selbst oder nicht, auf später verschieben und im Zusammenhang mit einer Erörterung der Kybernetik neu aufnehmen.

Seminar vom 6. und 8. Juli 1965
im Hause Boss

I. — 6. Juli 1965

Bei meiner Ankunft hat mir Herr Boss einen ganzen Sack voll Fragen übergeben, die das vorige Seminar betreffen. Es sind deren sechzehn, aneinandergereiht ohne ersichtliche Ordnung. Man sieht aber leicht, daß es sich um zwei Gruppen von Fragen handelt. Die eine Gruppe bezieht sich auf die Kennzeichnung und Abhebung des Leibphänomens, die andere Gruppe enthält Fragen zur Bestimmung der Psychosomatik als Wissenschaft: Fragen nach der Unterscheidung von Psyche und Soma, und das heißt zugleich nach dem Verhältnis beider. Offensichtlich gehören beide Fragegruppen zusammen. Ohne die zureichende Kennzeichnung des Leibphänomens läßt sich nicht sagen, was Psychosomatik ist, ob und wie sie sich als einheitliche Wissenschaft aufbauen läßt, wie es überhaupt um die Unterscheidung von Psyche und Soma bestellt ist. Die Frage muß gefragt werden, auf welchem Wege die Unterscheidung von Psyche und Soma sich vollziehen und wie sie sich begründen läßt. Die Frage nach dem Weg ist die Frage nach der Methode. Deshalb heißt es im Protokoll vom 11. Mai 1965 (I. Teil, S. 104): »Die Frage nach dem Psychosomatischen ist in erster Linie eine Frage der Methode.« Zugleich wird der Satz angefügt: »Was dieser Titel [Methode] besagt, bedarf allerdings einer besonderen Erörterung.«

Die eine Gruppe der Fragen kreist um die Frage: Was ist der Leib? Die andere Gruppe der Fragen betrifft die Frage: Was heißt Methode? Ist der Leib etwas Somatisches oder etwas Psychisches? Oder keines von beiden? Sollte dies letztere zutreffen, wie steht es dann mit der Unterscheidung von Soma und Psyche? Wird diese am Ende hinfällig? Erweist sich damit die Psychosomatik als eine unzureichende oder gar als eine unmögliche Fragestellung? Was aber heißt hier Fragestellung? Was ist und welche Rolle spielt in der neuzeitlichen Wissenschaft die *Methode*? Meint dieser Titel nur die Art und Weise der Untersuchung eines Gegenstandsgebietes, die Technik des Verfahrens bei der Forschung? Oder hat das, was der Titel Methode besagt, in der neuzeitlichen Wissenschaft ein ganz anderes Gewicht und Gesicht, ohne daß die Wissenschaft davon die notwendige Einsicht besitzt? Gehören am Ende, oder besser gesagt, von Anfang an das Leibproblem und das Methodenproblem der Wissenschaft als solcher, also nicht nur der Psychosomatik zusammen? Diese Frage stößt auf etwas Fragwürdiges, das sich zugespitzt in folgenden Thesen sagen läßt: Das Problem der Methode der Wissenschaft ist identisch mit dem Leibproblem. Das Leibproblem ist in erster Linie ein Problem der Methode.

Die *Relativitätstheorie* der Physik hat den Standort des Betrachters in die Thematik der Wissenschaft eingeführt, ohne als Physik sagen zu können, was Standort des Beobachters heißt. Er betrifft offensichtlich das, was wir streiften mit dem Satz: Ich bin jederzeit hier. Bei diesem Hiersein ist die Leiblichkeit des Menschen immer mit im Spiel. Die Mikrophysik muß den Meßeingriff des Instrumentariums ihrer Experimente in die Erfassung ihrer Objekte feststellen, das heißt, die Leiblichkeit des Menschen ist bei der Objektivität der physikalischen Erkenntnis im Spiel. Gilt dies nur von der wissenschaftlichen Forschung, oder gilt dies von ihr deshalb, weil überhaupt das Leiben des Leibes alles In-der-Welt-sein des Menschen mitbestimmt? Steht es so, dann läßt sich das Leibphänomen erst dann und nur dann in den Blick bringen, wenn in der kritischen Überwindung der bisher maßgebenden Subjekt-Objekt-Beziehung das In-der-Welt-sein eigens erfahren und als Grundzug des menschlichen Daseins eigens übernommen und ausgehalten wird. Es gilt zu sehen, daß die Wissenschaft als solche, daß theoretisch-wissenschaftliche Erkenntnis als solche ein fundierter Modus des In-der-Welt-seins ist, fundiert im leibenden Haben von Welt.

Es ist notwendig, auf diesen ganzen Bereich der Fragwürdigkeit hinzuweisen, damit wir uns über die Schwierigkeit und

Langwierigkeit der gestellten Fragen des Seminars nicht hinwegtäuschen, sondern zur Einsicht gelangen, daß die Beschreibung einzelner Phänomene und die isolierte Beantwortung einzelner Fragen nicht genügen, wenn nicht zugleich die Besinnung auf die Methode als solche miterweckt und wachgehalten wird. Je mehr sich heute der Effekt und die Nutzbarkeit der Wissenschaft ausweiten, um so mehr schwindet das Vermögen und die Bereitschaft zur Besinnung auf das, was in der Wissenschaft geschieht, insofern sie ihren Anspruch durchsetzt, *die* Wahrheit über das wahrhaft Wirkliche anzubieten und zu verwalten.

Was geschieht mit dem so gearteten und sich selbst überlassenen Gang der Wissenschaft? Nichts Geringeres als die Selbstzerstörung des Menschen. Dieser Prozeß ist bereits zu Beginn der neuzeitlichen Wissenschaft vorgezeichnet. Denn die moderne Wissenschaft gründet mit darin, daß der Mensch sich selbst setzt als das maßgebende Subjekt, für das alles erforschbare Seiende zum Objekt wird. Dem wiederum liegt zu Grunde ein entscheidender Wandel des Wesens der Wahrheit zur Gewißheit, demzufolge das wahrhaft Seiende den Charakter der Objektivität annimmt. Solange wir das jetzt Gesagte und öfters schon Angedeutete nicht eigens in unsern Blick bringen und ständig darin behalten, solange bleiben unsere Bemühungen in diesem Seminar immer auf halbem Wege stehen. Solange es dabei bleibt, sind wir auch außerstande zu erkennen, was zum Beispiel in extremen Positionen innerhalb der modernen Wissenschaft bereits an Implikationen angesetzt, wenngleich nicht durchdacht ist.

Wenn zum Beispiel behauptet wird, die Gehirnforschung sei eine Grundlagenwissenschaft der Erkenntnis des Menschen, so schließt diese Behauptung in sich, daß das wahre und das wirkliche Verhältnis von Mensch zu Mensch ein Wechselbezug von Hirnprozessen sei, daß in der Gehirnforschung selbst als Forschung nichts anderes geschieht, als daß ein Gehirn ein anderes in bestimmter Weise, man sagt jetzt: informiert und nichts außerdem. Dann ist zum Beispiel die Bewertung eines griechischen Götterstandbilds im Akropolismuseum während der Semesterferien, also außerhalb der Forschungsarbeit, in Wirklichkeit und Wahrheit nichts anderes als das Aufeinandertreffen von einem Gehirnprozeß des Betrachters mit dem Produkt eines Gehirnprozesses, dem vorgestellten Standbild. Versichert man jedoch während der Ferien, so sei es natürlich nicht gemeint, dann lebt man mit einer doppelten oder dreifachen Buchführung, die sich freilich mit der sonst beanspruchten Strenge der Wissenschaftlichkeit schlecht zusammenreimt. Das will sagen, man ist hinsichtlich des Denkens und der Besonnenheit so bedürfnislos geworden, daß die mehrfache Buchführung nicht weiter stört und vollends nicht die Besinnungslosigkeit hinsichtlich der so leidenschaftlich verfochtenen Wissenschaft und ihrer notwendigen Grenzen. Mir scheint, es sollte gegenüber der Wissenschaft, die so entscheidendes Gewicht auf Konsequenz legt, erlaubt sein, diese Forderung der Konsequenz auch da und gerade da zu erheben, wo die Existenz des Menschen und deren Sinn auf dem Spiel steht.

Man pflegt den Hinweis auf die drohende Selbstzerstörung des Menschseins innerhalb der absolut gesetzten Wissenschaft als Feindschaft gegen die Wissenschaft auszugeben. Aber es handelt sich nicht um eine Feindschaft gegen die Wissenschaft als solche, sondern um die Kritik der in ihr herrschenden Besinnungslosigkeit hinsichtlich ihrer selbst. Zur Besinnung aber gehört vor allem andern die Einsicht in das, was die *Methode* ist, die den Charakter der neuzeitlichen Wissenschaft bestimmt. Wir versuchen jetzt, das Eigentümliche der Methode zu klären, und zwar im Anschluß an Fragen, die in die Richtung der Methode weisen. Wir werden dabei notwendig auf gewisse Aspekte des *Leibphänomens* treffen und uns schließlich vor die Fragen nach dem Wesen der Wahrheit gestellt sehen. Aus der Erfahrung aller bisherigen Seminare ist mir immer deutlicher geworden, daß die Erörterung einzelner Probleme und die isolierte Auslegung herausgegriffener Phänomene immer wieder ins Stocken gerät, weil die leitenden Perspektiven nicht genügend aufgehellt sind und somit das Denken nicht eigens auf die leitenden Blickbahnen einschwenken kann.

Die Besinnung richtet sich erstens auf das Eigentümliche und Auszeichnende der *modernen Wissenschaft;* zweitens auf die Art des Fragens, Sehens und Sagens der *Phänomenologie* in weitestem Sinne; drittens auf das *Verhältnis* von Wissenschaft und Phänomenologie. Mit dem dritten Problem komme ich auf diejenige Frage zurück, die Dr. H. in einem weiter zurückliegenden Seminar gestellt hat. Die Erörterung der drei genannten Fragen muß auch einen Aufschluß darüber geben, inwiefern die Befürchtung zu Recht besteht, die phänomenologische Besinnung auf die Wissenschaft und ihre Theorien raube den Halt an diesen und versetze ins Haltlose. Die Frage wird dabei nicht zu umgehen sein, inwiefern Wissenschaft als solche überhaupt unserer menschlichen Existenz einen Halt zu geben vermag. Doch wir versuchen, die drei genannten Themen, Wissenschaft, Phänomenologie, Verhältnis beider, im Anschluß an die Fragen zu behandeln, die mit Bezug auf das vorige Seminar gestellt sind. Die eine Gruppe betrifft das Leibphänomen, die andere die Methode. Wenngleich wir uns zunächst an die zweite Gruppe halten, beginne ich mit einer Frage aus der ersten Gruppe.

Ich greife die Frage heraus: Wenn ich ›mit Leib und Seele‹ beim Diskussionsthema bin, sollte dann nicht mein Leib weg sein oder nicht mehr auf dem Stuhl sitzen, wo er vorher war, als ich mich noch nicht dem Thema zugewandt hatte?

Die Beantwortung aller Fragen setzt immer voraus, daß wir *richtig* fragen. Bei unserer Frage nehme ich zuerst den Leib als Körper, der auf dem Stuhl vorhanden ist. In Wirklichkeit aber sitze *ich* auf dem Stuhl. Das ist etwas ganz anderes als das Vorhandensein von einem Körper auf einem anderen.

Wo ist der Leib, wenn ich ›mit Leib und Seele‹ beim Diskussionsthema bin? Wie ist andererseits das Diskussionsthema im Raum? Ich bin hörend beim Thema. ›Ich bin ganz Ohr.‹ Also ist das Hören die Weise des Leibens, der Teilnahme des

Leibens am Gespräch. Ich bin nicht nur hörend, sondern auch sprechend, das Gespräch mitvollziehend. Ich muß also gerade leiblich auf dem Stuhl sitzen bleiben, um ganz Ohr sein zu können. Würde ich herumrennen im Zimmer, könnte ich dies viel weniger gut oder gar nicht sein. Das Hören ist bezogen auf das Lautwerden des Themas im Gespräch. Wir sprechen daher auch von einer Verlautbarung. Etwas verlautet, das heißt: es wird gesagt. Hören und Sprechen gehören im ganzen zur Sprache. Hören und Sprechen und damit Sprache überhaupt ist immer *auch* ein Leibphänomen. Das Hören ist ein Leibend-beim-Thema-sein. Das Hören auf etwas ist in sich der Bezug des Leibens zum Gehörten. Das Leiben gehört immer mit zum In-der-Welt-sein. Es bestimmt das In-der-Welt-sein, das Offensein, das Haben von Welt immer mit.

Auch wenn ich bloß etwas schweigend allein für mich denke und nichts vor mich hin ausspreche, ist solches Denken stets ein Sagen. Darum kann Plato das Denken ein Selbstgespräch der Seele mit sich selbst nennen.

Auch bei solchem schweigend-denkenden Sagen spielt das über das Thema Gehörte und Geschriebene stets mit. Es geschieht beim schweigenden Denken von etwas ein unthematisches Vergegenwärtigen der Laute und der Schriftzeichen. Solches Vergegenwärtigen ist also vom Leiben mitbestimmt. Man kann auch eine Landschaft zum Beispiel nicht vor sich hinträumen, ohne daß man notwendigerweise sich etwas sagt, insofern Sagen ursprünglich immer ein Sich-zeigenlassen des Betreffenden heißt; zum Beispiel ein Sich-zeigenlassen der vor sich hingeträumten Landschaft. Solches Sich-zeigenlassen geht immer durch die Sprache hindurch. Es ist also immer das Sprechen im Sinne einer Verlautbarung streng vom Sagen zu unterscheiden, das auch ohne Verlautbarung geschehen kann. Einer, der stumm ist und nicht sprechen kann, hat doch unter Umständen viel zu sagen.

Mit ›Leib und Seele‹ bei etwas sein, heißt: mein Leib bleibt hier, aber das Hiersein des Leibes, mein Sitzen auf dem Stuhle hier, ist seinem Wesen nach immer schon ein Dortsein bei etwas. Mein Hiersein zum Beispiel heißt: Sie dort sehen und hören.

Eine zweite Frage betrifft Professor Hegglins Unterscheidung des Somatischen und des Psychischen, hinsichtlich der Meßbarkeit und Nichtmeßbarkeit beider ›Bezirke‹. Sie lautet: Ist dem naturwissenschaftlichen Denken überhaupt eine andere Unterscheidung möglich, wenn dessen Grunddogma die Natur aus dem Hinblick auf die durchgängige Meßbarkeit bestimmt?

Die Unterscheidung des Somatischen und Psychischen ist nun aber kein Akt einer naturwissenschaftlichen Feststellung, d. h. kein Messen beider Bezirke. Wenn also Professor Hegglin seine Unterscheidung macht, so philosophiert er notwendig und macht damit einen Schritt über seine Wissenschaft hinaus. Dem naturwissenschaftlichen Denken ist nicht nur keine andere Unterscheidung, es ist ihm überhaupt keine Unterscheidung möglich, die sich auf den Unterschied zweier Seinsbezirke bezieht. Das naturwissenschaftliche Unterscheiden bewegt sich notwendig nur innerhalb des Bezirkes des Meßbaren, es betrifft immer nur ein Wieviel von einem anderen Wieviel von Gemessenem.

Eine dritte Frage lautet: Ist die Meßbarkeit eine Eigenschaft des Dinges, gehört sie zu ihm oder zum messenden Menschen oder wohin sonst?

Die Meßbarkeit der Dinge ist allerdings etwas, worin Sie sich als Naturwissenschaftler ständig bewegen, was Sie immerfort eigens angeht. Die Meßbarkeit ist also für Sie gewiß keine gleichgültige Sache.

Wird ein Ding erst meßbar dadurch, daß Sie es messen? Nein. Also liegt die Meßbarkeit zum mindesten mit am Ding. Worin gründet dann die Meßbarkeit? In der Ausgedehntheit des Dinges. Nehmen Sie wieder unser altes Beispiel, diesen Tisch vor uns. Die Tischplatte ist rund. Sie können ihren Durchmesser messen. Sie können dies nur, weil der Tisch ausgedehnt ist.

Ist aber die Meßbarkeit eine solche Bestimmung des Tisches, wie es seine Härte oder seine braune Farbe ist? Sage ich etwas über den Tisch, wenn ich von ihm behaupte, er sei meßbar?

Ich sage nur etwas über die Beziehung des Tisches zu mir, wobei diese Beziehung mein Messen ist, mein messendes Verhalten zum Tisch.

Einerseits ist die Meßbarkeit fundiert in der Ausgedehntheit des Tisches. Diese läßt sich messen. *Andererseits* nennt die Meßbarkeit zugleich die Möglichkeit des messenden Verhaltens des Menschen zum Tisch. Also ist in der Rede von der Meßbarkeit etwas genannt, das sowohl den Tisch als auch das menschliche Verhalten zu ihm betrifft.

Gibt es etwas, das *beides* in seiner Zusammengehörigkeit nennt? Die Meßbarkeit gehört nicht zum Ding, sie ist auch nicht ausschließlich eine Tätigkeit des Menschen. Die Meßbarkeit gehört zum Ding als *Gegenstand*. Nur wenn das Ding als Gegenstand gedacht, in seiner Gegenständlichkeit vorgestellt wird, ist Messen möglich. Messen ist eine Weise, wie ich mir ein von sich her anwesendes Ding entgegenstehen lassen kann; nämlich im Hinblick auf seine Ausdehnung, besser auf das Wieviel seiner Ausdehnung. Wenn ein Tisch von bestimmter Größe beim Schreiner bestellt wird, dann wird er bei der Herstellung zum Gegenstand eines Ausmessens seiner Breite und Höhe. Aber diese Maßzahlen für sich genommen bestimmen nicht die Wirklichkeit des Tisches als Tisch, d. h. als dieses bestimmte Gebrauchsding. Die Meßbarkeit ist zwar eine notwendige Bedingung der Herstellbarkeit des Tisches, aber niemals die zu seinem Tischsein als solchem hinreichende Bedingung.

Die Meßbarkeit spielt in der Naturwissenschaft aber diese entscheidende Rolle, muß sie sogar spielen, weil das naturwissenschaftliche Denken das Sein der Dinge im Prinzip als durch Meßbarkeit charakterisierte Gegenständlichkeit auffaßt.

II. — 6. Juli 1965

Wohin gehört die *Gegenständlichkeit*, als welche die Naturwissenschaft das Sein der Dinge sieht? Sie gehört in das Phänomen, daß für den Menschen ein Anwesendes als Anwesendes offenbar werden kann. Etwas Anwesendes kann aber auch so erfahren werden, daß es in sich selbst, von sich her aufgehend, erfahren wird. Dies heißt φύσις im griechischen Sinne. Im griechischen und im mittelalterlichen Denken gibt es den Begriff des Gegenstandes und der Gegenständlichkeit noch nicht. Dies ist ein moderner Begriff und ist gleichbedeutend mit Objektivität. *Gegenständlichkeit* ist eine bestimmte *Modifikation* von *Anwesenheit der Dinge*. Das von sich her Anwesen eines Dinges wird dabei auf seine Vorgestelltheit durch ein Subjekt verstanden. Die Anwesenheit wird als Vorgestelltheit verstanden. Jene wird nicht mehr genommen als das von sich her Gegebene, sondern so, wie es sich mir als dem denkenden Subjekt entgegenstellt, in mich hinein ob-jiziert wird. Diese Art der Erfahrung des Seienden gibt es erst seit Descartes, das heißt, seitdem der Aufstand des Menschen zum Subjekt vollzogen wurde.

Aus alledem sehen Sie, daß man dieses ganze Phänomen der Meßbarkeit nicht zureichend verstehen kann, wenn man die Geschichte des Denkens nicht präsent hat.

Der fundamentale Unterschied liegt darin, daß die eine Erfahrung, die frühere, das Seiende als von sich her anwesend versteht. Für die neuzeitliche Erfahrung ist etwas nur seiend, insofern es von mir vorgestellt wird. Die neuzeitliche Wissenschaft beruht auf diesem *Wandel in der Erfahrung der Anwesenheit* des Seienden zur Gegenständlichkeit.

Es wäre indessen verkehrt, diesen Wandel der Erfahrung als eine bloße Machenschaft des Menschen zu interpretieren. Zum Schluß dieses Seminars soll indessen noch einmal auf die *Meßbarkeit* eingegangen werden. Was geschieht, wenn ich etwas messe? Was geschieht, wenn ich den Durchmesser dieses Tisches zum Beispiel messe?

Messen ist immer irgendein Vergleichen und zwar in dem Sinne, daß man den Durchmesser, z. B. den Durchmesser der Tischplatte, mit einem gewählten Maße vergleicht. Das, was man vergleicht, nimmt man in die Hinsicht des ›Wievielmal‹ und nimmt so das Maß.

Ein Vergleichen ist jedoch schon das bloße Schätzen. Das ist etwas anderes als das Messen. Das Schätzen wird zum Messen, wenn ich das Maß wirklich an das zu Messende anlege und zwar so, daß ich mit dem Maß den Durchmesser ›abschreite‹, das Maß so dem Durchmesser entlang führe, daß ich immer wieder den Anfang des Maßes an die Stelle anlege, wo eben zuvor sein Ende war, und dabei zähle, wie oft ich dies tun kann.

Nicht jedes Messen ist hingegen notwendigerweise ein quantitatives Messen. Wenn immer ich etwas *als* etwas zur Kenntnis nehme, dann messe ich mich dem an, was das Ding ist. Dieses Sich-anmessen an das Gegebene ist die Grundstruktur des menschlichen Verhaltens zu den Dingen.

Bei allem Auffassen von etwas als etwas, des Tisches als Tisch zum Beispiel, messe ich mich dem Aufgefaßten an. Darum sagt man auch: das, was wir über den Tisch sagen, sei ein diesem angemessenes Sagen.

Üblicherweise wird auch die Wahrheit über ein Ding als die adaequatio intellectus ad rem definiert. Dies ist auch eine Angleichung; ein ständiges sich Messen des Menschen mit dem Ding. Hier aber geht es um ein Messen in einem ganz fundamentalen Sinne, in dem alles wissenschaftlich-quantitative Messen erst fundiert ist.

Das Verhältnis des Menschen zum Maß wird durch die quantitative Meßbarkeit nicht voll erfaßt, wird durch sie nicht einmal gefragt. Das Verhältnis des Menschen zu einem Maßgebenden ist eine fundamentale Beziehung zu dem, was ist. Es gehört zum Seinsverständnis selbst.

Dies alles sind gewiß nur Andeutungen. Ich sage sie auch nur, um die Rede von der Meßbarkeit im quantitativen Sinne in ihrer Beschränkung sichtbar werden zu lassen. Diese Beschränkung besteht in der Reduktion der Anwesenheit auf ihren Bezug zum vorstellenden Menschen im Sinne der Gegenständlichkeit. In der Kernphysik gibt es zufolge noch weitergehender Beschränkung nicht einmal mehr Gegenstände.

Descartes schreibt in seiner vierten Regel der »Regulae ad directionem ingenii«: Necessaria est methodus ad [rerum] veritatem investigandam: »Um die Wahrheit zu erforschen, ist eine Methode notwendig.«[1]

Sie werden sagen, dies sei eine Trivialität. Allein, dieser Hinweis auf die Notwendigkeit einer Forschungsmethode wurde hier zum ersten Mal ausgesprochen. Diese Aussage wandte sich gegen die Scholastik, die sich in ihren Aussagen nicht von der Sache selbst her, sondern auf das, was Autoritäten über diese schon gesagt hatten, stützte.

III. — 8. Juli 1965

Vermutlich waren Sie sehr verwundert darüber, daß ich so hartnäckig bei der Klärung dessen beharrte, was das Eigene des einfachen alltäglichen Messens ausmacht. Dieses bleibt indessen nur die Vorstufe desjenigen Messens, das im Titel ›Meßbarkeit‹ gemeint, jedoch in keiner Weise ausreichend ausgelegt wird. Von dieser Meßbarkeit war die Rede in der Unterscheidung des Somatischen als des Meßbaren vom Psychischen als dem Nichtmeßbaren. Von diesem wurde in dem angeführten Text gesagt, es sei das intuitiv Erfühlbare. Was hier Intuition und Erfühlen heißen soll, bleibt in gleicher Weise unbestimmt. Wir nahmen hier die Unterscheidung von Soma und Psyche im Hinblick auf Meßbarkeit und Nichtmeßbarkeit als Anlaß dafür, das Leibphänomen und dessen phänomenologische Bestimmung als Problem zu entwickeln. Dieses brachten wir auf die Frage: Ist der Leib und sein Leiben, das heißt das Leib-sein als solches, etwas Somatisches oder etwas Psychisches oder keines von beiden? Diese Fragestellung hat jedoch insofern ihr Fatales, als weder bestimmt ist, was das Somatische als solches ist, noch ob für ausgemacht gilt, worin das Eigentümliche des Psychischen besteht. Wir vermerkten lediglich, die Unterscheidung

---

[1] Descartes, Regulae ad directionem ingenii. Hg. H. Springmeyer, L. Gäbe u. H. G. Zekl. Hamburg 1973 (Philos. Bibl. F. Meiner), S. 22.

von Soma und Psyche, die sich auf den Unterschied von Meßbarkeit und Nicht-Meßbarkeit berufe, sei eine solche im Hinblick auf die Zugangsweise zum Somatischen und zum Psychischen. Die Zugangsweise zu einer Region des Seienden bestimmt sich freilich in irgendeiner Weise von der Seinsart des betreffenden Seienden her. Die Berufung auf die Zugangsweise verbürgt aber noch nicht, daß damit schon das Regionale und Sachhaltige des Somatischen als solchen, des Psychischen als solchen zureichend charakterisiert sind. Die Zugangsweise zum Somatischen, das Messen, und die Zugangsweise zum Psychischen, das nichtmessende intuitive Erfühlen, betreffen offensichtlich das, was man *Methode* nennt. Dieses Wort ›Methode‹ ist zusammengesetzt aus dem Griechischen μετά und ὁδός. ἡ ὁδός heißt der Weg. μετά bedeutet: hinüber, hin zu. Methode ist der Weg, der zu einer Sache, zu einem Sachgebiet hinführt, der Weg, auf dem wir einer Sache nachgehen. Auf welche Weise jeweils die Sache die Art des Weges zu ihr bestimmt, auf welche Weise die Art des Weges zur Sache diese erreichen läßt, kann nicht ohne weiteres zum voraus festgelegt werden. Diese Verhältnisse hängen von der Seinsart des Seienden ab, das Thema werden soll, insgleichen von der Art der möglichen Wege, die in den betreffenden Bereich des Seienden führen sollen. Damit zeigt sich ein unmittelbarer Zusammenhang zwischen der Frage nach der *Meßbarkeit* als solcher und der Frage nach der *Methode*. Beide Fragen und ihr Zusammenhang müssen daher entfaltet werden, wenn wir das *Leibproblem* sachgemäß erörtern wollen. Weil nun aber die Meßbarkeit und das Messen das Thema der Naturwissenschaft und seine Thematisierung in einer maßgebenden Weise auszeichnen, sehen wir uns genötigt, auf die Fragen der Meßbarkeit und des Messens eigens einzugehen. Denn nur mit Hilfe dieser Klärung sind wir imstande zu sehen, inwiefern das Leibphänomen sich der Meßbarkeit widersetzt; welche ganz andere Methode die Bestimmbarkeit und Auslegung des Leibens des Leibes von sich her verlangen. Es erübrigt sich, weitläufig darzulegen, daß die Aufgabe, vor die wir uns gestellt sehen, ungewöhnlich schwierig ist. Sie ist es, weil die Sachverhalte, die es zu erörtern gilt: Meßbarkeit, Methode, Leibphänomen, im Grunde ganz einfach sind, indes unserem gewohnten Vorstellen nur das Komplizierte und die aufwendigen Apparaturen zu seiner Behandlung Eindruck machen. Das Einfache spricht uns in seiner Einfachheit kaum mehr an, weil die gewohnte wissenschaftliche Denkweise das Vermögen zerrüttet hat, über das vermeintlich Selbstverständliche, und gerade über dieses, zu erstaunen. Wäre jedoch dieses Erstaunen bei den griechischen Denkern nie erwacht und ausgehalten worden, dann gäbe es keine europäische Wissenschaft und keine moderne Technik, um die jetzt bis hinein in die sogenannten Massenmedien ein Götzendienst organisiert wird, im Vergleich zu dem der vermeintliche Aberglaube primitiver Völker sich wie ein Kinderspiel ausnimmt. Wer deshalb heute im heutigen Karneval dieses Götzendienstes (siehe den Weltraumfahrtsrummel) noch einige Besonnenheit bewahren will, wer sich gar dem Beruf widmet, heute dem seelisch kranken Menschen zu helfen, der muß wissen, was vor sich geht; muß wissen, wo er geschichtlich steht; muß täglich sich klar machen, daß hier überall ein weit herkommendes Schicksal des europäischen Menschen am Werk ist; er muß geschichtlich denken und ablassen von der bedingungslosen Verabsolutierung des Fortschrittes, in dessen Sog das Menschsein des abendländischen Menschen unterzugehen droht. Die Macht der Weltzivilisation ist bereits so unwiderstehlich geworden, daß die Auguren der Zersetzung des menschlichen Daseins das Wort vom abendländischen Menschen nur noch in einem spöttischen Sinne gebrauchen, daß Filmfestivals als Spitzenleistungen der Kultur angepriesen werden. Dies alles ständig und grundsätzlich bedenkend, werden wir eines Tages überlegen müssen, ob Besinnung über Meßbarkeit und Messen nur eine langweilige Sache ist, mit der wir im ärztlichen Beruf nichts anfangen können. Thure von Uexküll mokiert sich in seinen 1961 als Taschenbuch erschienenen »Grundfragen der psychosomatischen Medizin«

über die »philosophierenden Ärzte«; beruft sich ihnen gegenüber auf das »kritische Bewußtsein« der Wissenschaft. Er sieht nicht, daß die Wissenschaft an allen Ecken und Enden in einem kaum vorstellbaren Maße dogmatisch ist, das heißt mit undurchdachten Vorstellungen und Vorurteilen hantiert. Es ist die höchste Not, daß es *denkende* Ärzte gibt, die nicht gesonnen sind, den wissenschaftlichen Technikern das Feld zu räumen.

Bin ich mit dem soeben Gesagten vom Thema abgekommen? Nein, wir stehen mitten in seinem Bereich. Freilich sind die Aufgaben, die es uns stellt, äußerst schwierig. Sie verlangen eine langwierige und langsame Erörterung. Daran war gedacht, als ich im vorigen Seminar in bezug auf das Thema *Meßbarkeit* mit simplen Hinweisen auf das Phänomen des alltäglichen Messens begonnen habe. Ich möchte nun heute einen *andern Weg* einschlagen, nicht um die Arbeit der Besinnung zu beschleunigen, sondern um Ihnen zu zeigen, worauf der Versuch, der *Meßbarkeit* und der *Methode* im Zusammenhang mit der Auslegung des *Leibphänomens* nachzufragen, hinauswill. Die folgenden Darlegungen müssen sich damit abfinden, Hinweise in groben Zügen zu geben, so daß keine Gewähr besteht, daß Sie alles in der notwendigen Bedachtsamkeit und aus der erforderlichen Nähe zu den Phänomenen sogleich mit- und nachvollziehen können.

Wir gingen aus vom Messen des Durchmessers der Tischplatte des vor uns stehenden Tisches. Wir achteten auf den Unterschied von Schätzen und Messen. Jenes ist ein ungefähres, nicht wirklich vollzogenes Messen; dieses legt den gewählten Maßstab an. Woran? An den eigens in den Blick gefaßten Durchmesser der Tischplatte. Wir ›fahren‹, das heißt: ziehen dem Durchmesser entlang mit dem Maßstab, so zwar, daß wir jeweils am Ende des angelegten Maßstabs seinen Anfangspunkt ansetzen, also jedesmal den Maßstab vor seine zuvor angelegte Stelle setzen. Sofern von alters her der ›Schritt‹ als Maßstab gilt, setzen wir den gewählten Maßstab Schritt für Schritt, das heißt in der alten Redeweise: Schritt vor Schritt entlang dem Durchmesser, und zählen die Schritte. Daher die Rede vom Abschreiten. Diese Redeweise bezieht sich nicht auf das Schreiten im Sinne menschlicher Bewegung der Füße, sondern auf den Schritt gedacht als Maß. Die Maßzahl der Schritte ergibt die Länge des Durchmessers. Diese wird der gewonnenen Maßzahl gleichgesetzt. Das Messen zielt als Vergleichen auf eine Gleichung. Solches Vergleichen ist ein Rechnen. Heute ist das Messen Gegenstand einer eigenen Disziplin, der Meßtechnik, die sowohl in der Technik selbst als auch in der Naturwissenschaft eine entscheidende Funktion hat. In der Meßtechnik bekundet sich das eigentümliche Phänomen, daß die moderne Technik bereits, und zwar notwendig, dabei ist, sich in sich selbst zu verstricken. Rechnen ist ursprünglich: *auf* etwas rechnen, nämlich es in Rechnung stellen und dabei zugleich *mit* etwas rechnen. Rechnen auf etwas und mit etwas heißt: es auf etwas absehen und dabei anderes berücksichtigen. Das Messen ist ein Rechnen in diesem Sinne. Daß dabei gezählt wird, ist nicht das Primäre. Wenn wir zum Beispiel darauf ›zählen‹, daß andere sich an einem bestimmten Vorhaben beteiligen, dann spielt bei diesem Zählen auf etwas und Rechnen mit der Beteiligung die Zahl als Angabe eines Wieviel keine Rolle. Wenn die naturwissenschaftliche Forschung und ihr Thema, die Natur, durch die Meßbarkeit gekennzeichnet wird, dann denken wir diese Meßbarkeit unzureichend, wenn wir meinen, es handle sich nur um eine Beschaffung zahlenmäßig bestimmter Feststellungen. Meßbarkeit meint in Wahrheit *Berechenbarkeit*; das heißt, eine solche Betrachtung der Natur, die gewährleistet zu wissen, worauf wir bei ihren Vorgängen rechnen können, womit wir dabei rechnen müssen. Meßbarkeit heißt Berechenbarkeit im gekennzeichneten Sinne. Berechenbarkeit aber besagt *Vorausberechenbarkeit*. Diese aber ist bestimmend, weil es auf die *Beherrschbarkeit* der Naturvorgänge ankommt. Beherrschbarkeit aber schließt in sich die Verfügbarkeit über die Natur, eine Art von Besitztum. Im sechsten, dem Schlußteil seiner grundlegenden Schrift »Discours de la Méthode« schreibt *Descartes*, es komme in der Wissenschaft darauf an: nous rendre comme maîtres et possesseurs de la nature, »uns zu Meistern über die Natur und zu Besitzern, Inhabern der Natur zu machen«.[2]

Die Methode der neuartigen, das heißt der neuzeitlichen Wissenschaft besteht darin, die Berechenbarkeit der Natur sicherzustellen. Die Methode der Wissenschaft ist nichts anderes als die Sicherstellung der Berechenbarkeit der Natur. Für die neuzeitliche Wissenschaft spielt demnach die Methode eine ausgezeichnete Rolle. Dies bedenkend, können wir wenigstens ahnen, daß die in der vorigen Stunde aus Descartes' »Regulae« angeführte vierte Regel etwas anderes meint als den Gemeinplatz, daß die Wissenschaft als Forschung eine bestimmte Weise ihres Vorgehens bei der Untersuchung braucht. Necessaria est methodus ad [rerum] veritatem investigandam: »Notwendig ist die Methode, um der Wahrheit der Dinge auf die Spur zu kommen.« Zum Verständnis dieses Satzes gehört es freilich, daß wir genau beachten, was hier veritas rerum, ›Wahrheit der Dinge‹ besagt. Das Wort res bedeutet hier nicht einfach Ding im Sinne von etwas irgendwie Vorhandenem. Die Bedeutung des Wortes res ist durch die beiden vorausgehenden Regeln, die zweite und dritte, maßgebend bestimmt.

Die *zweite Regel* lautet: Circa illa tantum objecta oportet versari, ad quorum certam et indubitatam cognitionem nostra ingenia videntur sufficere: »Es ist ratsam, nur im Umkreis jener Objekte, das heißt Gegenstände, zu verweilen, zu deren sicherer, unbezweifelbarer Erkenntnis unsere natürliche Begabung zureicht.« Durch diese Regel werden der Wissenschaft ganz bestimmte Dinge als mögliche Gegenstände vorgesetzt, proponiert. In dieser Regel fällt bereits eine Entscheidung über den Grundcharakter dessen, was allein Thema der Wissenschaft von der Natur sein kann.

Darum spricht die folgende *dritte Regel* bereits von objecta proposita, von den der Wissenschaft zum vorhinein vorgesetz-

[2] Descartes, Discours de la Méthode. Übers. u. Hg. L. Gäbe. Hamburg 1960 (Philos. Bibl. F. Meiner). S. 101.

ten Objekten. Circa objecta proposita non quid alii senserint, vel quid ipsi suspicemur, sed quid clare et evidenter possimus intueri vel certo deducere quaerendum est; non aliter enim scientia acquiritur: »Im Umkreis der so zum voraus angesetzten Gegenstände ist nicht das zu untersuchen, was andere darüber gemeint haben, noch was wir selbst darüber meinen, sondern das, was wir klar und einleuchtend unmittelbar erblicken oder sicher daraus ableiten können. Auf keine andere Weise nämlich wird wissenschaftliche Erkenntnis erlangt.«

In der neuen Wissenschaft spielt diese Proposition der res als objecta, die vorausgehende Ansetzung der Dinge als Gegenstände, dies, daß sie nur als Gegenstände in Betracht genommen werden sollen, die entscheidende Rolle. Diese Proposition des Themas der Wissenschaft als Gegenständlichkeit, und zwar als solche besonderer Art, ist der Grundzug ihrer Methode. In der neuzeitlichen Wissenschaft spielt die Methode nicht nur, wie gesagt, eine besondere Rolle, die Wissenschaft ist nichts anderes als Methode.

Was besagt dann Methode? Methode heißt der Weg, auf dem überhaupt erst der Charakter des zu erfahrenden Bereiches aufgeschlossen und umgrenzt wird. Das will sagen: die Natur wird zum voraus als Gegenstand und nur als Gegenstand einer durchgängigen Berechenbarkeit angesetzt. Die veritas rerum, die Wahrheit der Dinge, ist veritas objectorum, ist Wahrheit im Sinne der Objektivität der Objekte, nicht die Wahrheit als Dinglichkeit der von sich her anwesenden Dinge. Wahrheit heißt hier also nicht Offenbarkeit des unmittelbar Anwesenden; die Wahrheit ist gekennzeichnet als das, was für das vorstellende Ich klar und einleuchtend, unbezweifelbar sicher, das heißt als gewiß festgestellt werden kann. Das Kriterium dieser Wahrheit als *Gewißheit* ist jene Evidenz, die wir erlangen, wenn wir, nachdem alles irgendwie Bezweifelbare ausgeschieden ist, auf jenes Unbezweifelbare stoßen, das als fundamentum absolutum et inconcussum, als absolutes und unerschütterliches Fundament anerkannt werden muß. Wenn ich an allem zweifle, dann bleibt bei allem Zweifel dies Eine unbezweifelbar, daß ich, der ich jeweils zweifle, existiere. Die Grundgewißheit besteht in der Evidenz: ego cogitans sum res cogitans. Ich bin ein denkendes Etwas. Descartes sagt in der Erläuterung zur dritten Regel: At vero haec intuitus evidentia et certitudo non ad solas enuntiationes, sed etiam ad quoslibet discursus requiritur: »Nun aber ist diese Evidenz und Gewißheit des unmittelbaren Einblickes (intuitus) nicht nur bei den einfachen Aussagen, sondern auch bei jedem beliebigen Durchsprechen eines Sachverhalts erforderlich.« (Regula III, 7) Und er fährt fort: denn es sei zum Beispiel die Folgerung gegeben $2 + 2 = 3 + 1$; da muß man dabei nicht nur intuitiv sehen, daß $2 + 2 = 4$ und $3 + 1$ gleichfalls 4 ergibt, sondern man muß auch einsehen, daß aus den beiden ersten Sätzen die obige Gleichung sich notwendig ergibt. Aus dieser Bemerkung wird deutlich, daß die Evidenz mathematischer Sätze und Folgerungen und Sachverhalte in die nächste Nähe zu jener fundamentalen Evidenz und Gewißheit rückt, die in dem Satz liegt: ego cogito sum, ich denke, ich bin. Im unmittelbaren Einblick in das ›ich denke‹ ist unmittelbar mitgegeben, daß ich bin. Von der gleichen Evidenz und Gewißheit ist im Prinzip das Mathematische. Darin liegt es begründet, daß die Ansetzung der Natur als berechenbarer Gegenständlichkeit zugleich die Berechenbarkeit als eine mathematische Bestimmung kennt. In dieser Methode, das heißt in dieser Art der vorgreifenden Ansetzung der Natur als eines berechenbaren Gegenstandsbereiches liegt nun aber schon eine in ihren Folgen fast unabsehbare Entscheidung, nämlich diese: alles, was nicht den Gegenstandscharakter der möglichen mathematischen Bestimmbarkeit zeigt, wird als ungewiß, das heißt als unwahr, das heißt als nicht wahrhaft seiend ausgeschieden. Anders gewendet: Was wahrhaft seiend ist, darüber entscheidet nicht das von sich selbst her offenbare Seiende, darüber entscheidet vielmehr ausschließlich die vom ego cogito sum, das heißt von der Subjektivität des ›ich denke‹ her als maßgebend angesetzte Art von Wahrheit im Sinne der Gewißheit. Noch anders gesagt: Die so angesetzte Wissenschaft, das heißt diese Methode, ist der ungeheuerlichste Angriff des Menschen auf die Natur, geleitet von dem Anspruch, »maître et possesseur de la nature« zu sein. Im Anspruch der so angesetzten neuzeitlichen Wissenschaft spricht eine Diktatur des Geistes, die den Geist selbst zu einem Operator der Berechenbarkeit herabsetzt und sein Denken nur noch als ein Hantieren mit operativen Begriffen und Modellvorstellungen und Vorstellungsmodellen gelten läßt, nicht nur gelten läßt, sondern in einer ungeheuerlichen Verblendung das in dieser Wissenschaft herrschende Bewußtsein sogar als das kritische Bewußtsein auszugeben wagt.

Wenn es sich nun im Weltalter der Herrschaft dieser Wissenschaft darum handelt, den Weg zu ganz anders gearteten Bereichen des Seienden zu öffnen, zu denen die Existenz des Menschen gehört, dann ist vor allem andern nötig, einen Einblick in das Eigentümliche der neuzeitlichen Wissenschaft zu gewinnen und das Erblickte sich unablässig vor Augen zu halten, um in einem echten Sinne kritisch, das heißt unterscheidend, die naturwissenschaftliche Vergegenständlichung der Welt abzuwägen gegen das Sich-Zeigen ganz andersartiger Phänomene, die sich der naturwissenschaftlichen Vergegenständlichung widersetzen. Wie nun aber die von Descartes zum ersten Mal eigens vorgedachte Methode der neuzeitlichen Naturwissenschaft die unmittelbar uns angehende Welt der alltäglich vertrauten Dinge, vom Kunstwerk ganz zu schweigen, abbaut, das heißt hier zerstört, zeigt Descartes selbst an einem Beispiel, das er in seinem 1641 erschienenen Hauptwerk »Meditationes de prima Philosophia« durchspricht und zwar in der zweiten Meditation, die den viel, ja sogar alles sagenden Titel trägt: De natura mentis humanae: Quod ipsa sit notior quam corpus, »Über die Natur des menschlichen Geistes, daß er im vorhinein bekannter ist als der Körper.«[3] Dies heißt nach allem jetzt Dargelegten:

---

[3] Descartes, Meditationes de prima philosophia. Hg. E. Chr. Schröder. Hamburg 1956 (Philos. Bibl. F. Meiner).

die absolute Selbstgewißheit des Menschen als des sich auf sich selbst stellenden Subjekts enthält und gibt vor die Maße für die mögliche Bestimmung der Objektivität der Objekte. Wahrheit, das heißt wahrhaft, das heißt gewiß seiend kann am Körper nur sein, was nach dem Sinn der mathematischen Evidenz an ihm berechenbar ist, nämlich die extensio. Die Objektivität des Objekts Natur bestimmt sich nach der Art der Wißbarkeit, die das erkennende Subjekt hinsichtlich seiner selbst besitzt. Objektivität ist eine Bestimmung von seiten der Subjektivität. Kant formuliert diesen Sachverhalt in dem Satz, den er den obersten Grundsatz aller synthetischen Urteile nennt und der lautet: »die Bedingungen der Möglichkeit der Erfahrung überhaupt sind zugleich Bedingungen der Möglichkeit der Gegenstände der Erfahrung, und haben darum objektive Gültigkeit in einem synthetischen Urteile a priori.«[4]

Ich verweise jetzt auf das, was Descartes über das Sein eines unmittelbar vertrauten Dinges, nämlich einer Wachskerze auf dem Tisch, zu sagen hat. Der lateinische Text ist in einer verhältnismäßig ordentlichen Übersetzung erschienen in: »Meditationes de prima Philosophia«, Ausgabe von Schröder, bei Meiner, Philosophische Bibliothek, 1956, S. 51 ff.

Nun erinnere ich Sie wieder an das bereits Gesagte, daß das Leibproblem ein Problem der Methode sei. Wir wollen uns bei der Erörterung dieses Satzes an die folgenden drei Beispiele halten: 1. Eine Ihrer Fragen lautete: Wo ist der Leib, wenn wir ›mit Leib und Seele‹ in der Betrachtung von etwas verweilen? 2. die Frage nach dem Hiersein des Leibes. Dabei halten wir fest: ›Ich bin ständig hier oder hiesig‹, ein Satz, der in einer Hinsicht völlig unwahr, in einer anderen jedoch sehr wahr ist. 3. Inwieweit ist beim einfachen Messen im alltäglichen Sinne der Leib oder das Leiben mit im Spiele?

Von dieser letzten Frage aus gesehen und im Rückgang auf das über die Meßbarkeit bereits Gesagte, kann man die These

[4] Kant, Kritik der reinen Vernunft. A 158, B 197.

aussprechen: Wenn das Messen selber durch das Leiben mitbestimmt ist, dann ist es etwas, das selber als solches nicht meßbar ist. Das Messen als Messen ist wesensmäßig etwas Unmeßbares. Wir brachten ferner das Leibphänomen oder die Funktion des Leibphänomens in den Blick, als wir darüber nachzudenken versuchten, wie ich dann, wenn ich mit Leib und Seele bei etwas bin, den Ort, wo ich sitze, nicht zu verlassen brauche, ja sogar an ihm gerade sitzend verweilen muß, um leibend, zum Beispiel hörend beim Diskussionsthema oder sehend bei der Betrachtung eines Sonnenunterganges, sein zu können.

Das Hiersein als existierender Mensch ist immer in eins und in sich ein Dortsein mit Ihnen, zum Beispiel bei der brennenden Kerze dort auf dem Tisch, wobei das Leiben als Sehen mit den Augen mitbeteiligt ist. Wenn Sie ein reiner, leibloser Geist wären, könnten Sie die Kerze nicht als gelblich leuchtendes Licht sehen. Auch beim Vernehmen des Bedeutungsgehaltes einer Lampe, wenn ich mir eine solche auch nur vergegenwärtige und nicht leibhaftig vor mir sehe, ist das Leiben mitbeteiligt, insofern zur Lampe als Lampe ihr Leuchten gehört.

Durch welche Methode hat sich Ihnen, sofern es überhaupt schon geschah, die Funktion des Leibens in diesem Beispiel erschlossen? Auf welchem Wege wurden Sie des Phänomens des erörterten Hierseins als Sein bei ... inne?

Sie wurden gewahr, daß Sie in dieser Weise immer schon bei dem Begegnenden waren. Sie mußten sich freimachen von den gewohnten Vorstellungen von einem bloß subjektiven Vorgestelltsein der Dinge im Inneren Ihrer Köpfe und mußten sich einlassen auf die Weise des Existierens, worin Sie schon sind. Es galt, dieses *Sicheinlassen* in die Seinsart, in der Sie immer schon sind, eigens zu vollziehen. Dieses eigens Vollziehen und sich Einlassen ist indessen keineswegs gleichbedeutend mit einem Verstehen dieser Seinsart, insofern Sie unter Verstehen ein ›etwas denken‹, es begreifen können, meinen, ein bloßes Verstehen von etwas als etwas. Man kann sogar das *Sein bei* ... so verstehen, daß man darüber nachdenkt und sich dabei gerade noch nicht auf es eigens eingelassen und es als das Grundverhältnis des Menschen zu dem Begegnenden erfahren hat.

Wie kommt nun aber Descartes, ein so kluger und vernünftiger Mensch, auf eine so sonderbare Theorie, daß der Mensch zunächst nur für sich allein ohne den Bezug zu den Dingen existiere? Auch Husserl, mein verehrter Lehrer, machte diese Theorie noch weitgehend mit, ahnte allerdings schon etwas über sie hinaus. Sonst wären nicht seine »Cartesianischen Meditationen« sein Grundbuch.

Bei Descartes ist das *Ingenium* des Menschen seine natürliche Begabung, das, was der Mensch aus sich selbst vermag. Nur noch darauf soll er vertrauen, nur darauf, was er als evident nachweist. Was ist das Motiv zu solcher Einstellung?

Die Position Descartes' entspringt aus der Notwendigkeit des Menschen, der darauf verzichtet hat, die Bestimmung seines Daseins aus dem Glauben zu empfangen, von der Autorität der Bibel und des kirchlichen Lehramtes, der sich vielmehr ganz auf sich selbst gestellt hat, und der sich deshalb an etwas anderes zuverlässig und zuversichtlich zu halten sucht, also ein anderes Fundamentum absolutum inconcussum braucht.

Bei Descartes' Suche nach einem anderen Unbezweifelbaren kommt ihm gerade zur rechten Zeit die ganz andere Möglichkeit der Naturbetrachtung zu Hilfe, die Galilei mit seinen Experimenten vollzog, nämlich das Sichtbarwerden der Möglichkeit der mathematischen Gewißheit und Evidenz. So kommt Descartes auf die Gewißheit des cogito sum: ich als Denkender bin. Dieser Satz ist nicht als eine Schlußfolgerung zu verstehen, also nicht cogito *ergo* sum, sondern als eine unmittelbare ›*Intuition*‹; Intuition jedoch nicht im Sinne der in der Psychologie üblichen Bedeutung dieses Wortes, sondern im Descartesschen Sinne verstanden.

Descartes gewinnt seine Position aus dem Willen, etwas absolut Sicheres und Gewisses bereitzustellen, also nicht aus einem unmittelbaren Grundverhältnis zu dem, was ist, oder aus der Frage nach dem Sein. Im Gegenteil, daß etwas ist und sein darf, wird umgekehrt bestimmt nach dem Maßstab der mathematischen Evidenz.

Es sei hier zum Beleg nochmals verwiesen auf Descartes' Meditatio II: De natura mentis humanae: Quod ipsa sit notior quam corpus. In dem darin angeführten Beispiel der Wachskerze sind alle deren Qualitäten nicht das schlechthin Bleibende und daher Unbezweifelbare, sondern unbezweifelbar bleibend ist nur die Ausgedehntheit des Wachses. (Leibniz wies später nach, daß von Descartes die Kraft als notwendige Bestimmung eines Naturvorganges noch nicht gesehen wurde.)

Diese Descartessche Position steht im schärfsten Gegensatz zur griechischen Auffassung. Der entsprechende Grundzug der griechischen Methode ist das Bewahren und ›Retten‹ der unangetastet, unversehrt gelassenen Phänomene, die sich zeigen, das reine Anwesend-sein-lassen dessen, was sich zeigt. Descartes ist sicher mitbestimmt durch die Meditationen des Augustinus und dessen Rückgang auf sich selbst, aber die Absicht der Selbstbesinnung ist bei beiden verschieden.

Alle unsere Erörterungen dürfen nun aber keineswegs als wissenschaftsfeindlich aufgefaßt werden. Die Wissenschaft als solche wird in keiner Weise zurückgewiesen. Nur ihr Absolutheitsanspruch, der Maßstab für alle wahren Sätze zu sein, wird als Anmaßung abgewehrt.

Diesem unzulässigen Anspruch gegenüber scheint mir als Kennzeichnung unserer ganz anderen Methode der Name des ›*Eigens Sich-einlassens in unser Verhältnis zu dem Begegnenden*‹, in dem wir schon immer uns aufhalten, notwendig zu sein. Zur Phänomenologie gehört in gewissem Sinne der Willensakt, sich nicht gegen dieses Sich-einlassen zu sperren. Das Sich-einlassen heißt auch bei weitem nicht bloß ein Sich-Bewußtmachen meiner Seinsart. Von Bewußtmachen kann ich nur dann reden, wenn ich versuchen will zu bestimmen, wie dieses unser ursprüngliches Sein bei ... mit anderen Bestimmungen des Daseins zusammenhängt.

Das Sich-einlassen ist ein ganz anderer Weg, eine ganz andere Methode als die wissenschaftliche Methode, wenn wir das Wort Methode in seinem ursprünglichen, echten Sinne zu gebrauchen wissen: μετά-ὁδός, der Weg nach.... Sie müssen dabei vom Begriff der Methode die diesem üblicherweise gegebene Bedeutung einer bloßen Untersuchungstechnik fernhalten.

Wir müssen also den Weg zu uns selbst gehen. Dies aber ist nicht mehr der Weg zu einem isolierten, zunächst allein gegebenen Ich.

IV. — 8. Juli 1965

Wir erinnern uns noch eines weiteren, bereits angeführten Leib-Phänomens: des *Errötens*. Wir sagten, der Errötende ist als Mensch ständig auf die Mitmenschen bezogen. Was heißt hier aber dieses auf die Mitmenschen Bezogen-sein? Wir müssen zuerst Klarheit über den *Bezug zum Mitmenschen* haben, wenn wir den Unterschied erfassen wollen zwischen der besonderen mitmenschlichen Bezugsart des Errötenden gegenüber jener des Nichterrötenden.

Wir haben deshalb vorgängig zu fragen: Wie sind die andern Menschen da? Sind Sie auf die andern Menschen so bezogen, wie Sie auf das Glas auf dem Tisch vor Ihnen bezogen sind?

Die Rede von dem Bezogen-sein, von der mitmenschlichen oder gar zwischenmenschlichen Beziehung ist irreführend, weil sie uns zur Vorstellung von zwei polar vorhandenen Subjekten verführt, die dann zwischen den in ihren Bewußtseinen vorhandenen Vorstellungen Verbindungen herstellen sollen. Dabei versperrt der Begriff der Beziehung das Sich-einlassen auf unser wahres Verhältnis zu den andern.

Wie aber sind wir miteinander? Ist es so, daß da einer und dort einer und dort noch einmal einer von uns in diesem Raum vorhanden ist und daß wir uns dann zusammenzählen? Auf dieser offensichtlich nicht zutreffenden Vorstellung beruht die viel berufene psychologische Einfühlungstheorie. Diese stellt sich rein cartesianisch ein zunächst für sich gegebenes Ich vor, das sich dann in den andern einfühlt und so entdeckt, daß er auch ein Mensch ist und so ist, wie ich bin, ein alter Ego. Das ist indessen eine reine Konstruktion.

Wir fragen daher noch einmal: Wie bin ich im Verhältnis zu den anderen, wie verhalten diese sich zu mir? Welchen Charakter hat unser Miteinandersein? Ist es so, daß wir nur in diesem Raum nebeneinander als Körper vorkommen? Unser Miteinandersein ist auch nicht von dieser Art, daß ich zum Beispiel in meinem Hiersein dort bin bei Dr. W. Denn wäre dies so, würde ich ihn ja als einen Gegenstand, als ein bloß vorhandenes Objekt nehmen.

Wenn man von den vielberufenen Ich-Du- und den Wir-Beziehungen redet, sagt man etwas sehr Unvollständiges. Diese Redewendung hat ihren Ausgang immer noch von einem primär isolierten Ich.

Wir haben zu fragen: Wo, womit bin ich, wenn ich *mit* Ihnen bin? Es ist ein *Mitsein* und das heißt: ein mit Ihnen in der Weise des In-der-Welt-seins Existieren, insbesondere ein Miteinandersein in unserem Bezogensein auf die uns begegnenden Dinge.

Sofern jeder von uns sein Dasein als In-der-Welt-sein ist, kann das Miteinandersein gar nichts anderes heißen als ein Miteinander-in-der-Welt-sein. Dabei bin ich jeweils gerade nicht zunächst thematisch auf einen von Ihnen als auf ein vorhandenes Individuum bezogen, sondern halte mich mit Ihnen im selben Hiersein auf. Das Miteinandersein ist kein Verhältnis von einem Subjekt zu einem andern.

Vergegenwärtigen Sie sich als Beispiel die Situation, daß wir in einer Wirtschaft sitzen und jeder von uns sitzt an einem andern Tisch für sich allein. Sind wir dann nicht miteinander? Doch, nur in einer ganz andern Weise des Miteinanderseins, als wir es hier im jetzigen gemeinsamen Gespräch vollziehen. Jenes in der Wirtschaft für sich allein Sitzen ist eine Privation des Miteinanderseins. Die Existierenden gehen einander nichts an und sind auf *diese* Weise miteinander im selben Raum. Auch wenn ich andererseits jetzt aufstehe und Sie zur Tür hinausbegleite, so bewegen sich nie bloß zwei Körper nebeneinander her auf die Türe zu.

Für das nächste Seminar muß ich mir eine Methode ausdenken, die Sie wirklich auf den Weg zu einem sich eigens Einlassen-können auf das Mitsein in einem gemeinsamen Sein bei dem Begegnenden führt.

Seminar vom 23. und 26. November 1965
im Hause Boss

I. — 23. November 1965

H. = Heidegger S. = Seminarteilnehmer

Diesmal sind fast volle fünf Monate vergangen, seit wir uns das letzte Mal sahen. Daher wollen wir uns zuerst darauf besinnen, was wir in den vergangenen Seminarstunden besprachen. Von dieser Besinnung aus können wir dann überleiten zum Problem der Methode.

Sie werden gemerkt haben, daß ich Sie nicht zu Philosophen machen, sondern Sie nur achtsam werden lassen möchte auf das, was den Menschen unumgänglich angeht und was ihm doch nicht ohne weiteres zugänglich ist.

Die Einübung dieser Achtsamkeit verlangt sowohl von Ihnen wie von mir eine besondere methodische Haltung, über die wir bisher nicht gesprochen haben, weil ich versuchen wollte, zuerst einmal mit Ihnen diesen Sachverhalt einzuüben, um dann erst eigens über die Methode zu sprechen.

Ich möchte dieses Thema durch eine Erörterung der *Einwände* und *Vorwürfe*, die *gegen die Daseinsanalyse* erhoben werden, einleiten, so wie sie mir vor einiger Zeit Herr Boss mitteilte. Es ist dabei zuerst einmal zu fragen, ob mit diesen Vorwürfen die Daseinsanalyse oder die Daseinsanalytik oder beide gemeint sind. Diese beiden Titel verursachen offenbar einen großen Wirbel.

Es sind zunächst die folgenden drei Einwände zu besprechen:
1. die Daseinsanalyse sei wissenschaftsfeindlich,
2. die Daseinsanalyse sei gegenstandsfeindlich,
3. die Daseinsanalyse sei begriffsfeindlich.

Um diese Einwände nun sachgemäß erläutern zu können, müssen wir uns zuerst darüber klar werden, was in diesen Titeln eigentlich Analyse, Analytik und analysieren besagen wollen. Vielleicht greifen wir sogar besser noch ein Stück weiter zurück und fragen: Was versteht Freud darunter, wenn er von Analyse spricht? Diese Aufklärung erwarte ich von Ihnen.

S.: Freud meint damit die Zurückführung der Symptome auf ihren Ursprung.

H.: Warum nennt er dann eine Zurückführung Analyse?

S.: In Analogie zur chemischen Analyse, und diese will ja auch zurückgehen auf die Elemente.

H.: Es würde sich dabei also um eine Zurückführung auf die Elemente in dem Sinne handeln, daß das Gegebene, die Symptome, in Elemente *aufgelöst* wird in der Absicht, durch die so gewonnenen Elemente die Symptome zu erklären. Analyse im Freudschen Sinne wäre also eine Zurückführung im Sinne der Auflösung im Dienste der kausalen Erklärung.

Nun muß aber nicht jede Zurückführung auf ein Woher des Seins und Bestehens eine Analyse in dem soeben angegebenen Sinne sein. Weder in Freuds Schriften noch in Jones Biographie über Freud findet sich irgendeine Stelle, aus der hervorginge, weshalb Freud gerade dieses Wort *Analyse* als Titel seines theoretischen Versuches wählte.

Der älteste Gebrauch des Wortes Analyse findet sich bei Homer und zwar im zweiten Buch der Odyssee. Es wird dort gebraucht für das, was Penelope nächtlich tut, nämlich für ihr Auflösen des Gewebes, das sie tagsüber gewebt hatte. ἀναλύειν meint hier das Auflösen eines Gewebes in seine Bestandteile. Es heißt griechisch auch loslösen, zum Beispiel einem Gefesselten die Fesseln lösen, jemanden aus der Gefangenschaft befreien; ἀναλύειν kann auch bedeuten, die zusammengehörigen Baustücke auseinandernehmen, zum Beispiel die Zelte abbrechen.

Viel später gebrauchte der Philosoph Kant den Ausdruck Analytik in seiner »Kritik der reinen Vernunft«. Von daher übernahm ich das Wort Analytik in den Titel »Daseinsanalytik«.

Das heißt jedoch nicht, daß die Daseinsanalytik in »Sein und Zeit« nur eine Fortsetzung der Kantischen Position wäre (vgl. dazu Heidegger, Kant und das Problem der Metaphysik, 1929). Der erste Teil der Transzendentalen Elementarlehre in Kants ›Kritik der reinen Vernunft‹ ist in die Transzendentale Ästhetik und in die Transzendentale Logik eingeteilt. Der Ausdruck Ästhetik ist bei Kant aber nicht im heute üblichen Sinne als Lehre vom Schönen gemeint, sondern ist bezogen auf die alte Bedeutung von αἴσθησις, also auf Anschauung. Die Transzendentale Ästhetik ist die Lehre von den apriorischen Bedingungen der Möglichkeit der sinnlichen Anschauung eines Gegenstandes. Diese Bedingungen sind Raum und Zeit, durch welche jedes sinnlich Angeschaute als ein solches bestimmt ist. Nun ist aber jede Erkenntnis im Sinne der wissenschaftlichen Erfahrung nicht bloß sinnliche Anschauung, sondern ist immer die durch das *Denken* bestimmte Anschauung oder Wahrnehmung, genauer: Erfahrung. Diese begreift Kant als wissenschaftliche, das heißt auf Mathematik gegründete Erkenntnis der Natur. Wissenschaft ist gleichbedeutend mit mathematischer Naturwissenschaft nach dem Vorbild von Galilei und Newton. Auf die Frage nach den Bedingungen der Möglichkeit dieser anderen Komponente der Erkenntnis, nämlich des Denkens, antwortet die Transzendentale Logik. Sie ist in ihrem ersten Teil Analytik in dem Sinne, daß Kant die Bedingungen der Möglichkeit wissenschaftlicher Erfahrung auf ein einheitliches Ganzes, nämlich auf das Verstandesvermögen zurückführt. (System der Kategorien und der transzendentalen Grundsätze, von denen in einem früheren Seminar einmal der Satz der Kausalität behandelt wurde.) [Siehe dazu: Kant, Kritik der reinen Vernunft. Über die Analytik der Begriffe (A 65 f., B 90 f.): »Ich verstehe unter der Analytik der Begriffe nicht die Analysis derselben, oder das gewöhnliche Verfahren in philosophischen Untersuchungen, Begriffe, die sich darbieten, ihrem Inhalte nach zu zergliedern und zur Deutlichkeit zu bringen, sondern die noch wenig versuchte *Zergliederung des Verstandesvermögens selbst*, um die Möglichkeit der Begriffe a priori dadurch zu erforschen, daß wir sie im Verstande allein, als ihrem Geburtsorte, aufsuchen und dessen reinen Gebrauch überhaupt analysieren; denn dieses ist das eigentümliche Geschäft einer Transzendental-Philosophie.« (›Transzendental‹ besagt für Kant dasselbe wie ›ontologisch‹ im Unterschied zu ›ontisch‹)].

Aus diesem Kantischen Begriff der Analytik geht hervor, daß sie eine Zergliederung des Verstandesvermögens ist. Der Grundcharakter einer Zergliederung ist nicht die Auflösung in Elemente, sondern die Zurückführung auf eine Einheit (Synthesis) der ontologischen Ermöglichung des Seins von Seiendem, im Sinne Kants: der Gegenständlichkeit von Gegenständen der Erfahrung. Darum kann hier auch keine Rede von einer Kausalität sein, die immer nur ein ontisches Verhältnis zwischen einer seienden Ursache und einer seienden Wirkung betrifft. Das Ziel der Analytik ist also, die ursprüngliche Einheit der Funktion des Verstandesvermögens herauszustellen. Es handelt sich bei der Analytik um den Rückgang auf einen »Zusammenhang in einem System«. Die Analytik hat die Aufgabe, das Ganze einer Einheit ontologischer Bedingungen in den Blick zu bringen. Die Analytik ist als ontologische kein Auflösen in Elemente, sondern die Artikulation der Einheit eines Strukturgefüges. Dies ist das Moment, das auch in meinem Begriff »Analytik des Daseins« wesentlich ist. Im Verlaufe dieser Daseinsanalytik in »Sein und Zeit« spreche ich auch von Daseinsanalyse, womit ich jeweils den Vollzug der Analytik meine.

Was ist nun aber der Unterschied von Daseinsanalytik und Daseinsanalyse?

S.: Wenn man unter Daseinsanalyse die »psychiatrische Daseinsanalyse« von Ludwig Binswanger versteht, dann darf man von Binswanger sagen, daß auch er von Gliedern spricht und die Idee von einem Ganzen des Daseins hat.

H.: Dann würde also die »psychiatrische Daseinsanalyse« von Ludwig Binswanger einen Ausschnitt der Daseinsanalytik Heideggers bilden? Aber wie Ludwig Binswanger selbst vor einigen Jahren zugestehen mußte, ist ihm ein Mißverständnis der Daseinsanalytik, wenn auch, wie er es nennt, ein »produktives Mißverständnis« unterlaufen. Dies können Sie schon daran erkennen, daß es in Binswangers großem Buch über die Grundformen des Daseins eine »Ergänzung« zu Heideggers »düsterer Sorge« gibt, nämlich eine Abhandlung über die Liebe, die Heidegger vergessen haben soll.

Was kommt in diesem Versuch einer Ergänzung zum Ausdruck? Was fehlt bei Binswanger im Hinblick auf das Denken in »Sein und Zeit«, wenn er eine solche Ergänzung versucht? In »Sein und Zeit« wird gesagt, daß es dem Dasein wesensmäßig um dieses sein Dasein selbst geht. Gleichzeitig wird dieses Dasein selbst als ein ursprüngliches Miteinandersein bestimmt. Darum geht es dem Dasein immer auch um die Anderen. Die Daseinsanalytik hat also nicht das Geringste mit einem Solipsismus oder Subjektivismus zu tun. Aber das Mißverständnis von Binswanger besteht nicht so sehr darin, daß er ›die Sorge‹ durch die Liebe ergänzen will, sondern darin, daß er nicht sieht, daß die *Sorge* einen existenzialen, das heißt *ontologischen* Sinn hat, daß mithin die *Analytik des Daseins* nach dessen *ontologischer (existenzialer) Grundverfassung* frägt und keine bloße Beschreibung ontischer Daseinsphänomene geben will. Schon der alles bestimmende Entwurf des Menschseins als *Dasein* im ekstatischen Sinne ist ein ontologischer, durch den die Vorstellung des Menschseins als ›Subjektivität des Bewußtseins‹ überwunden wird. Dieser Entwurf macht als die *Grundverfassung des Daseins* das *Seinsverständnis* sichtbar. Der Blick auf dieses ist jedoch notwendig, um überhaupt die Frage erörtern zu können, in welchem Verhältnis der Mensch als existierender zum Sein des Seienden (des nicht daseinsmäßigen und des seienden Daseins selbst) steht. Die soeben genannte Frage aber ergibt sich aus der Fragestellung nach dem *Sinn von Sein überhaupt*.

Wenn Ludwig Binswanger deshalb über »Sein und Zeit« schreibt, es sei eine äußerst konsequente Fortbildung der Lehre von Kant und Husserl, so ist dies so falsch als nur immer möglich. Denn die Frage, die in »Sein und Zeit« gestellt wird, wird weder bei Husserl noch bei Kant gestellt, ist überhaupt noch nie zuvor in der Philosophie gestellt worden.

Aber die Philosophie frägt doch und frug schon lange nach dem Sein. Allerdings, schon bei Parmenides steht der Satz: »Es gibt nämlich Sein«. Auch Aristoteles stellt in seiner »Metaphysik« die Frage nach dem Sein. Die Seinsfrage wird demnach von alters her gefragt. Allein, in diesem heute viel gebrauchten Titel »Seinsfrage« verbirgt sich eine Zweideutigkeit.

In welchem Sinne aber frägt Aristoteles nach dem Sein? In der Weise, daß immer nur nach dem Seienden hinsichtlich *seines* Seins gefragt wird. Wenn ich das Seiende so als Seiendes befrage, dann bedenke ich das Seiende nicht im Hinblick darauf, ob es zum Beispiel als ein Stuhl oder als ein Tisch oder als ein Baum vorhanden ist, sondern ich achte auf das Seiende als das Seiende, beachte es somit hinsichtlich seines Seins. Dies ist die Grundfrage aller Metaphysik. Also wird in der Philosophie doch nach dem Sein gefragt? Was soll dann noch die Frage in »Sein und Zeit«?

Wenn ich nach dem Sein der Dinge als Gegenstände frage, frage ich nach der Gegenständlichkeit. Bei den Griechen gibt es keine Gegenstände. Gegenstände gibt es erst seit Descartes. Die Griechen bezeichnen das Seiende als das Anwesende, als das Vorliegende, als das, was ich immer schon antreffe. Die Griechen haben für diese Art von Sein des Seienden das Wort οὐσία. Es ist das Substantivum, das zum Partizip ὄν gehört. οὐσία übersetzt man gewöhnlich mit Substanz. οὐσία ist jedoch griechisch zunächst gar kein philosophischer Begriff, sondern heißt einfach: das Anwesen, genau in dem Sinne, wie wir auch heute noch im Deutschen für einen Bauernhof ›Anwesen‹ sagen können. Die ganze scholastische Umdeutung von οὐσία in Substanz hat mit dem griechischen Denken nichts mehr zu tun, was indessen nicht heißen soll, daß die Scholastik nicht ihr eigenes Recht besitze.

Für die Griechen ist das Anwesende das Vorliegende. Liegen heißt griechisch κεῖσθαι. Das Vorliegende heißt deshalb ὑποκείμενον. Die Römer übersetzten dann dieses ὑποκείμενον wörtlich mit subiectum, aber dieses subiectum hat zunächst mit dem Subjekt im Sinne eines ›Ich‹ nichts zu tun. Noch im Mittelalter wird der Name subiectum für alles Vorliegende gebraucht. Ein obiectum dagegen ist im Mittelalter ein Entgegengeworfenes, aber wem entgegen? Meinem Vorstellen, meiner repraesentatio. Objekt im mittelalterlichen Sinne ist das bloß Vorgestellte, zum Beispiel ein gedachter goldener Berg, der gar nicht faktisch existieren muß, so wie etwa dieses hier wirklich vorliegende Buch vor mir, das mittelalterlich ein subiectum genannt werden müßte. Ende des Mittelalters wird dann freilich alles auf den Kopf gestellt. Heute versteht man für gewöhnlich unter Subjekt das Ich, während der Name Objekt für die Bezeichnung der nicht ichhaften Dinge oder der Gegenstände vorbehalten wird. Das im mittelalterlichen Sinne Objektive, das heißt das nur in meinem Vorstellen und durch dieses allein mir Entgegengeworfene, ist dagegen nach dem heutigen Sprachgebrauch das ›Subjektive‹, bloß Vorgestellte und Nicht-Wirkliche.

Handelt es sich hier nur um eine Änderung des Sprachgebrauchs? Nein. Ganz anderes ist im Spiel. Nichts Geringeres als eine radikale Wandlung der Stellung des Menschen zum Seienden.

Daß dieser Wandel des Seinsverständnisses geschah, ist die Voraussetzung dafür, daß wir heute in einer wissenschaftlich technisierten Welt existieren. Nietzsche sagte einmal: »Gedanken, die mit Taubenfüssen kommen, lenken die Welt.«[1] Für das, was Nietzsche hier nennt, haben die heutigen Menschen weithin das Gehör verloren. Man hört nur noch, was Lärm macht, so wie man nur noch das für seiend hält, was wirkt und einen Nutzen einbringt.

---

[1] F. Nietzsche, Also sprach Zarathustra. In: Nietzsche's Werke, Bd. VI. Leipzig 1923², S. 217.

Worin besteht nun aber der genannte Wandel des Denkens, mit andern Worten, wie kommt das Ich zur Auszeichnung, daß es das einzige Subjekt, also das einzig Vorliegende ist? Es kommt zu dieser Auszeichnung des Ichs bei Descartes, weil Descartes nach der Gewißheit sucht. Hegel sagt, daß mit Descartes die Philosophie zum ersten Mal sicheren Boden gewinne. Descartes sucht ein fundamentum absolutum inconcussum. Ein solches aber kann nur das eigene Ich sein. Denn nur ich selbst bin überall dabei, ob ich denke, ob ich zweifle, ob ich wünsche oder ob ich eine Stellung zu etwas einnehme. So wird das Ich für ein Denken, das nach einem absolut gewissen Fundament sucht, das in einem ausgezeichneten Sinne Vorliegende, weil es etwas Unbezweifelbares ist. Von da an wird Schritt für Schritt der Name Subjekt zum Titel für das Ich. Objekt wird nun all das, was diesem Ich in dessen Denken entgegensteht, indem es durch dieses Denken nach dessen Prinzipien und Kategorien bestimmbar wird. Solange Sie diesen Zusammenhang nicht verstehen, verstehen Sie gar nicht, was in der neuzeitlichen Wissenschaft vorgeht.

Wenn einer von Wissenschaftsfeindlichkeit spricht, muß man ihn zuerst fragen, ob er wisse, was Wissenschaft heißt.

Wie aber wird nun im Gegensatz zum griechischen Altertum im Mittelalter das Sein des Seienden verstanden? Im Mittelalter ist die Philosophie die ancilla theologiae, das heißt die Philosophie ist von der Theologie her bestimmt, und in dieser wird das Sein des Seienden als creatio, als Geschöpflichkeit verstanden.

In der Geschichte der Bestimmung des Seienden finden wir also die folgenden drei Stadien:

1. das Sein des Seienden als ὑποκείμενον, das besteht aus den φύσει ὄντα, dem von sich aus Aufgehenden, und den θέσει ὄντα, dem von Menschen Hergestellten;

2. das Sein des Seienden als Geschöpflichkeit;

3. das durch das Ich-Subjekt bestimmte Objekt oder der Gegenstand. Als wahrhaft Seiendes gilt das in wissenschaftlicher Ob-

jektivität Festgestellte. Das klingt sehr großartig. Nur vergißt man darüber zu leicht und zu oft, daß diese Objektivität nur möglich ist, insofern sich der Mensch auf eine Subjektivität eingelassen hat, die sich auf keine Weise von selbst versteht. Kant hat dann den Ansatz von Descartes hinsichtlich der Bestimmung der Objektivität des Objektes in seiner »Kritik der reinen Vernunft« zum ersten Mal einer systematischen Analytik unterzogen. Husserl hat diese Position Kants phänomenologisch präzisiert, entfaltet und begründet.

In »Sein und Zeit« wird jedoch im Unterschied zum überlieferten Denken der Metaphysik eine ganz andere Frage gestellt. Bisher wurde das *Seiende* hinsichtlich seines Seins befragt. In »Sein und Zeit« ist nicht mehr die Frage nach dem Seienden als solchem, sondern nach dem *Sein als solchem*, nach dem *Sinn von Sein* überhaupt, nach der möglichen *Offenbarkeit von Sein*.

Der Anstoß meines ganzen Denkens geht auf einen Aristotelischen Satz zurück, in dem es heißt, daß das Seiende in vielfacher Weise ausgesagt werde. Dieser Satz war eigentlich der Blitz, der die Frage auslöste: Welches ist denn die Einheit dieser vielfachen Bedeutungen von Sein, was heißt überhaupt Sein?

Wenn ich diese Frage stelle, ist methodisch der nächste Schritt die Frage: Wie kann ich diese Frage überhaupt entfalten, wo gibt es einen Leitfaden, der mir erlaubt, beim Sein Nachfrage nach ihm selbst zu halten? Da war der nächste Schritt der, daß ich mich bei den Griechen nicht nur darnach umsah, was sie über das Sein des Seienden sagten, sondern vor allem bedachte, wie die Griechen *Sein*, ohne darüber eigens nachzudenken, im vorhinein verstanden haben. Bei diesem Nachsinnen, nämlich dem Sinn von Sein, zeigte sich mir, daß die Griechen ›Sein als solches‹ im Sinne von Anwesenheit, Gegenwart begriffen. In dieser Bestimmung des Seins ist offenbar die Zeit im Spiel. Denn ›Gegenwart‹ ist ein Zeitwort. Doch wie hier *Zeit* zu denken ist, muß erst gefragt werden, insofern die überlieferte Zeitvorstellung nicht zureicht, um auch nur die Seinsfrage als Frage erörtern zu können.

Diese Einsicht führte zur weiteren Frage: Wie verhält sich der Mensch selbst zur Zeit, wie bestimmt die Zeit den Menschen, daß er vom Sein angesprochen werden kann? Auf diesem Weg wird die Erörterung der Seinsfrage vorbereitet durch eine Auslegung des menschlichen Daseins auf die ihm eigentümliche Zeitlichkeit. Die auf diese Weise notwendig gewordene Frage danach, wer oder was und wie der Mensch sei, wird deshalb in »Sein und Zeit« ausschließlich und stets aus dem Hinblick auf die Frage nach dem Sinn von Sein erörtert. Damit ist schon entschieden, daß die Frage nach dem Menschen in »Sein und Zeit« nicht in der Weise einer Anthropologie gestellt wird, die frägt: Was ist der Mensch an und für sich? Die in »Sein und Zeit« beheimatete Frage nach dem Menschen führt zur Analytik des Daseins.

Was ist nun das *Entscheidende* an dieser *Analytik des Daseins*?

Es wird nicht, wie Freud dies tat, das Symptom auf Elemente zurückgeführt. Vielmehr wird nach denjenigen Bestimmungen gefragt, die das Sein des Daseins im Hinblick auf seinen Bezug zum Sein überhaupt charakterisieren. Der Unterschied gegenüber Husserl und seiner Phänomenologie besteht gerade nicht darin, daß nur Seinsstrukturen des Daseins herausgearbeitet werden, sondern daß überhaupt das Menschsein als Da-sein angesetzt ist und dies ausdrücklich im Unterschied zu den Bestimmungen des Menschen als Subjektivität und als transzendentales Ichbewußtsein.

Das Wort ›Dasein‹ bedeutet nach der Überlieferung Vorhandensein, Existenz. In diesem Sinne spricht man zum Beispiel von den Beweisen für das Dasein Gottes. In »Sein und Zeit« wird *Dasein* jedoch anders verstanden. Das haben zunächst auch die französischen Existenzialisten nicht beachtet, weshalb sie Dasein in »Sein und Zeit« mit être-là übersetzten, was bedeutet: da und nicht dort sein. Das *Da* meint in »Sein und Zeit« nicht eine Ortsangabe für ein Seiendes, sondern soll die Offenheit nennen, in der für den Menschen Seiendes anwesend sein kann, auch er selbst für sich selbst. Das *Da* zu sein zeichnet das Menschsein aus. Die Rede vom menschlichen Dasein ist darnach ein – auch in »Sein und Zeit« – nicht überall vermiedener Pleonasmus. Die gemäße französische Übersetzung für *Dasein* müßte lauten: être le là, und die sinngemäße Betonung im Deutschen statt *Da*sein: Da-*sein*.

Wir müssen jedoch zum Schluß dieser ersten Stunde auf die Frage nach dem Unterschied zwischen Daseinsanalytik und Daseinsanalyse zurückkommen. Dabei wollen wir von der »psychiatrischen Daseinsanalyse« Ludwig Binswangers absehen. Die für ihn noch nachwirkende Phänomenologie Husserls, die eine solche des Bewußtseins bleibt, verhindert den klaren Einblick in die phänomenologische Hermeneutik des Daseins. Das Verhältnis von Dasein und Bewußtsein bedarf einer besonderen Erörterung. Sie ist vorgezeichnet durch die Frage nach dem Fundierungsverhältnis zwischen In-der-Welt-sein als Dasein und der Intentionalität des Bewußtseins. Doch diese Frage würde zu weit von unserem eigentlichen Thema wegführen.

II. — 23. November 1965

H. = Heidegger   S. = Seminarteilnehmer

H.: Wir blieben bei der Erläuterung des Daseins, besser gesagt bei der Frage stehen, warum in »Sein und Zeit« vom Dasein die Rede ist und nicht einfach vom Menschsein. Der Grund dafür liegt darin, daß in »Sein und Zeit« die Seinsfrage alles bestimmt, das heißt die Frage, inwiefern Sein (Anwesenheit) seine Offenbarkeit in der Zeit hat.

Weil aber der Mensch nur Mensch sein kann, indem er Sein versteht, das heißt, indem er in der Offenheit von Sein steht, ist das Menschsein als solches dadurch ausgezeichnet, auf seine Weise diese Offenheit selbst zu sein. Die aus dem Hinblick der

Seinsfrage zu bestimmende Zeit läßt sich mit dem überlieferten Zeitbegriff, wie ihn Aristoteles im vierten Buch seiner »Physik« maßgebend entfaltete, nicht verstehen. In der Philosophie wird seit Aristoteles die Zeit vom Sein im Sinne von Anwesenheit des Jetzt her verstanden und nicht das Sein aus der Zeit.

Also ist gefragt: Worin gründet die Möglichkeit, daß der Mensch vom Sein als Sein angesprochen wird, das heißt, woran liegt es, daß Sein selbst offenbar werden kann für den Menschen im Sinne von Anwesenheit? Offenbarkeit des Seins für den Menschen besagt aber keineswegs schon, daß das Sein als solches oder gar seine Offenbarkeit vom Menschen und vom Denken der Philosophie eigens thematisch erfaßt wäre.

Nun erhebt sich die Frage: Wie muß das Menschsein angesetzt werden, damit die Bestimmung des Menschen dem Grundphänomen der Offenbarkeit von Sein entspricht? Woher kommt der Einblick, daß der Mensch selbst in dieser Lichtung des Seins steht, das heißt, daß das Sein des Da ekstatisch ist, daß der Mensch als Da-sein existiert?

Die Interpretation der Hauptstrukturen, die das so angesetzte Sein des *Da* ausmachen, nämlich sein Existieren, ist die existenziale Analytik des Daseins. *Existenzial* ist gebraucht im Unterschied von kategorial. Kategorie meint im heutigen Gebrauch eine Klasse oder eine Gruppe, in die bestimmte Dinge fallen. Man sagt zum Beispiel: Er fällt unter diese oder jene Kategorie. Kategorie kommt vom griechischen Verbum ἀγορεύειν und dies heißt, auf dem Markt (ἀγορά) öffentlich reden, im besonderen in der Gerichtsverhandlung. Die Präposition κατά bedeutet: von oben herab auf etwas zu; sie besagt dasselbe wie unser ›über‹; etwas *über* etwas aussagen; in dem besonderen Fall der öffentlichen Gerichtsverhandlung bei der Anklage dem Angeklagten etwas ›auf den Kopf zu‹ sagen. Demgemäß heißt κατηγορία eigentlich Aussage. Bei Aristoteles bekommt κατηγορία die Bedeutung, daß sie diejenigen Bestimmungen meint, die zur Aussage als solcher gehören. Zur Aussage gehört etwas, worüber ich etwas aussage, das Satzsubjekt. Das, *was* über das ὑποκείμενον ausgesagt wird, ist das Prädikat. In der Aussage sage ich zum Beispiel: etwas ist so und so beschaffen; Beschaffenheit ist die Kategorie der Qualität. Etwas ist so und so hoch oder breit. Das Wieviel als solches nennt die Kategorie der Quantität. Die Angabe der Anzahl der Kategorien schwankt bei Aristoteles. Auf alle Fälle sind diese Kategorien nicht wie bei Kant bloße Bestimmungen des Verstandesvermögens, sondern Charaktere des Seins des Seienden als solchen. Dasselbe gilt freilich auch für Kant, nur daß für Kant die Anwesenheit des Anwesenden den Sinn von Objektivität des Objekts angenommen hat.

In »Sein und Zeit« versuchte ich, die spezifischen Seinscharaktere des Daseins qua Dasein gegenüber den Seinscharakteren des nicht Daseinsmäßigen, der Natur zum Beispiel, herauszustellen, und habe sie deshalb *Existenzialien* genannt. Die Daseinsanalytik des Daseins ist als existenziale, ganz formal gesprochen, eine Art von Ontologie. Sofern es nun diejenige Ontologie ist, die die fundamentale Frage nach dem Sein als Sein vorbereitet, ist es eine Fundamentalontologie. Von hier aus wird aufs neue deutlich, welche Mißdeutung darin liegt, wenn man »Sein und Zeit« als eine Anthropologie versteht.

Nach dieser Klärung dessen, was Analytik des Daseins heißt und woher sie bestimmt wird, nämlich von der Seinsfrage, können wir auf die zuerst genannten Einwände und Vorwürfe gegen die Daseinsanalytik, beziehungsweise gegen die Daseinsanalyse, eingehen.

Wenn man Ihnen sagen würde, Ihr Denken sei wissenschaftsfeindlich, was würden Sie entgegnen? Antwort: Man müßte fragen, was der Vorwerfende unter Wissenschaft versteht.

Hierbei gilt es zu zeigen, daß jede Wissenschaft auf einer unausgesprochenen Ontologie ihres Gegenstandsgebietes gegründet ist. Die Physik zum Beispiel handelt von der Bewegung der Körper als etwas Meßbarem. Das physikalische Denken ist also ein rechnendes Denken. Meßbar aber ist die Bewegung eines Körpers hinsichtlich seiner Ortsveränderung. Also setzt dieses physikalisch-rechnende Denken die Bewegung zum vorhinein als bloße Ortsveränderung an.

Wir haben erläutert, daß die Philosophie in ihren Anfängen die Frage nach dem Seienden als Seiendem stellt. Die Frage: Was ist das Seiende als Seiendes, ist die Frage der Ontologie, die Frage nach der Seinsstruktur des Seienden.

Weil jede Wissenschaft von einem Gebiet des Seienden handelt, ist sie notwendig schon einbezogen und bezogen auf die Offenbarkeit dieses Seienden als Seienden, das heißt auf die Grundbestimmungen seines Seins, die Physik zum Beispiel auf Ursache, Wirkung, Stoff, Kraft, Gesetz. Denken wir zum Beispiel an das Trägheitsgesetz von Newton: jeder Körper beharrt im Zustand der Ruhe oder der gleichförmigen, gradlinigen Bewegung, wenn keine Kräfte auf ihn einwirken. Noch kein Mensch hat aber jemals eine gradlinige gleichförmige Bewegung gesehen. Die Supposition einer solchen Bewegung ist also eine Fiktion. Aber sie gehört zum apriorischen Entwurf der neuzeitlichen Physik. Insofern diese Supposition den Gegenstandsbereich der mathematischen Physik auszeichnet, wird daraus deutlich, daß die Physik auf einer unausgesprochenen Ontologie gegründet ist.

Das Exakte der exakten Wissenschaften läßt sich nicht exakt, das heißt rechnerisch, sondern nur ontologisch bestimmen und so auch die Art der Wahrheit, die der ›Wissenschaft‹ im Sinne der exakten Naturwissenschaft zukommt. Ihre Wahrheit bewährt sich an der Effizienz ihrer Ergebnisse. Wenn diese wissenschaftliche Denkweise die Vorstellung vom Menschen bestimmt und dieser, wie es jetzt in der Kybernetik geschieht, nach dem Modell des Regelkreises ›erforscht‹ wird, ist die Zerstörung des Menschseins perfekt. Deshalb wehre ich mich gegen die Wissenschaft, aber nicht gegen die Wissenschaft als Wissenschaft, sondern nur gegen die Verabsolutierung der Naturwissenschaft.

S.: Die Schwierigkeit für uns liegt darin, daß Prof. Boss das naturwissenschaftliche Denken aus der Psychologie verbannen will, wir aber doch Naturwissenschaftler bleiben wollen.

H.: Sie müßten mir zuerst sagen, was Psychologie ist. Wenn ich jetzt mit Ihnen spreche, so sprechen zwei Menschen miteinander, verstehen einander. Wenn wir jetzt das Menschsein bestimmen als Dasein, müssen wir sagen: Sie existieren und ich existiere, wir sind miteinander da in der Welt. Wenn wir jetzt darüber sprechen, was in der Psychologie fraglich ist oder notwendig, oder wenn wir uns darüber unterhalten, ob es schon so weit ist, daß man in den Bergen Ski fahren kann, dann spreche ich Sie als existierendes Dasein an. Aber wie? Ist das Daseinsanalytik? Jetzt sind wir am entscheidenden Punkt. Wie sehen Sie mich und wie sehe ich Sie, in welcher Hinsicht? Das sind ganz einfache Fragen. Wenn wir beide reden, sind wir beide existierend aufeinander bezogen. Wie sind Sie mir dann von der Daseinsanalytik her gesehen als Mensch gegenwärtig? In »Sein und Zeit« steht: Dasein ist dasjenige Seiende, dem es um das Dasein selbst geht. Es geht Ihnen um mich und mir um Sie. Treiben Sie dabei Daseinsanalytik? Nein. Aber Sie sehen mich und haben mich gegenwärtig im Horizont der daseinsanalytischen Bestimmungen des Daseins. Wir stellten fest, daß die Daseinsanalytik das Sein dieses Seienden interpretiert. Und wenn Sie nun mit mir reden und nicht Daseinsanalytik treiben, so ist das nicht ontologisch, sondern Sie sind auf mich als diesen Existierenden ontisch eingestellt. Die Daseinsanalyse ist ontisch, die Daseinsanalytik ontologisch.

Genauso, wie es möglich ist, daß zum Beispiel der Physiker Heisenberg nicht als Physiker, sondern in gewisser Weise philosophierend nach den Grundstrukturen der Gegenständlichkeit der physikalischen Natur fragt, so kann dementsprechend das Verhältnis von Daseinsanalytiker und Analysand als ein solches von Dasein zu Dasein erfahren und daraufhin befragt werden, was dieses bestimmte Miteinandersein als daseinsmäßiges kennzeichnet, also zum Beispiel nicht nur das Interpretieren von Träumen des Analysanden in bezug auf diesen bestimmten existierenden Menschen, sondern die Besinnung darauf, was Traum überhaupt ist. Mit dieser Frage reicht die Besinnung in den Bereich einer Ontologie des Daseins. Dies thematisch zu entfalten, ist nicht Sache des Daseinsanalytikers, so wenig wie es die Sache Heisenbergs ist, über das Wesen der Kausalität oder über die Subjekt-Objekt-Beziehung eine Erörterung anzustellen.

Das Entscheidende ist, daß die jeweiligen Phänomene, die im Verhältnis von Analysand und Analytiker auftreten, in ihrer Zugehörigkeit zum betreffenden konkreten Patienten von sich her in ihrem phänomenalen Gehalt zur Sprache gebracht und nicht einfach pauschal unter ein Existenzial untergeordnet werden.

III. — 26. November 1965

H. = Heidegger S. = Seminarteilnehmer

H.: Im Seminar vom letzten Dienstag hatten wir uns als Thema die Erörterung von drei Vorwürfen vorgenommen, die gegen die Daseinsanalytik und gegen die Daseinsanalyse erhoben werden. Es ging dabei um die Vorwürfe, 1. der Wissenschaftsfeindlichkeit, 2. der Gegenstandsfeindlichkeit, 3. der Begriffsfeindlichkeit.

Wir versuchten nun zunächst zu klären, wogegen sich diese Vorwürfe richten. Dabei erwies es sich als notwendig, das Verhältnis von Daseinsanalytik und Daseinsanalyse zu klären. Die Daseinsanalytik ist, wie der Name andeuten soll, eine bestimmte ontologische Interpretation des Menschseins als Dasein und zwar im Dienste der Vorbereitung der Seinsfrage. Wenn wir so etwas feststellen, ist eine derartige Aussage richtig. Und wir können das wissen. Aber mit dieser Feststellung ist noch nicht gesagt, daß wir die sachlichen Zusammenhänge zwischen Seinsfrage und Daseinsanalytik auch schon deutlich nachvollziehen konnten. Doch lassen wir dies jetzt für den Augenblick beiseite.

Es ergab sich dann, daß in »Sein und Zeit« selber häufig die Rede von Daseinsanalyse ist. Dabei besagt hier *Daseinsanalyse* nichts anderes als Vollzug des Aufweisens der in der Daseinsanalytik zum Thema gemachten Bestimmungen des Daseins, die, sofern dieses als existierendes bestimmt ist, Existenzialien heißen. Dieser Begriff von Daseinsanalyse gehört also noch in die Daseinsanalytik und damit in eine Ontologie.

Davon ist grundsätzlich ›Daseinsanalyse‹ im Sinne des Nachweisens und Beschreibens jeweils faktisch sich zeigender Phänomene an einem bestimmten existierenden Dasein zu unterscheiden. Diese Analyse ist, weil auf jeweiliges Existierendes gerichtet, notwendig an den Grundbestimmungen des Seins dieses Seienden orientiert, das heißt, an dem, was die Daseinsanalytik als Existenzialien herausstellt. Dabei ist zu beachten, daß das, was in der Daseinsanalytik hinsichtlich des Daseins und seiner existenzialen Struktur herausgestellt ist, begrenzt ist, und zwar begrenzt durch die fundamentale Aufgabe der Frage nach dem Sein. Die Beschränkung ist dadurch gegeben, daß im Hinblick auf den Zeitcharakter des Seins qua Anwesenheit es darauf ankommt, das Dasein als Zeitlichkeit zu interpretieren. Es ist deshalb keine Analytik des Daseins, die der geforderten Vollständigkeit für eine Grundlegung einer philosophischen Anthropologie genügen könnte (siehe »Sein und Zeit«, S. 17).

Hier zeigt sich der notwendige Zirkel aller Hermeneutik: als existenzial-ontologische Analytik setzt die Daseinsanalytik schon gewisse Bestimmtheiten des Seins voraus, dessen vollständige Bestimmung gerade durch die Analytik vorbereitet werden soll.

Neben dieser dritten Bestimmung von Daseinsanalyse kann man eine vierte festlegen. Damit wäre gemeint: das Ganze einer möglichen Disziplin, die sich zur Aufgabe macht, die aufweisbaren existenziellen Phänomene des gesellschaftlich-geschichtlichen und individuellen Daseins in einem Zusammenhang darzustellen im Sinne einer daseinsanalytisch geprägten ontischen Anthropologie. Die dritte Bestimmung ist der Vollzug der vierten Bestimmung, wie die zweite Bestimmung der Vollzug der ersten ist. Diese anthropologische Daseinsanalyse kann man noch einmal gliedern in a) und b), nämlich in eine Normal-Anthropologie und eine darauf bezogene daseinsanalytische Pathologie. Weil es sich um eine anthropologische Analyse des Daseins handelt, kann eine bloße Klassifikation der herausgestellten Phänomene nicht genügen, sondern sie muß orientiert sein auf die konkrete geschichtliche Existenz des heutigen Menschen, das heißt des in der heutigen Industriegesellschaft existierenden Menschen.

Damit haben wir einigermaßen geklärt, *wogegen* sich die drei früher erwähnten Einwände richten. Nun geht es darum, diese Einwürfe selbst zu erörtern.

Es sind deren drei. Diejenigen, die diese Einwürfe und Vorwürfe erheben, müssen Bescheid wissen darüber, was Wissenschaft ist, was Gegenständlichkeit heißt, und drittens, was Begriff bedeutet. Sie müssen vor allem wissen, wie diese drei Bestimmungen zusammenhängen. Wie sollten sie anders eine Feindschaft der Daseinsanalytik und Daseinsanalyse gegen die Wissenschaft behaupten können? Es ist hier leider nicht die Gelegenheit, dies im unmittelbaren Gespräch mit den betreffenden Kritikern selbst zu prüfen. Indessen verrät schon der Umstand, daß die drei Vorwürfe gesondert vorgebracht werden, wie sehr es an der nötigen Klarheit über das fehlt, was diese voreilige Kritik an Behauptungen ins Feld führt.

Im Grunde handelt es sich nämlich gar nicht um drei Vorwürfe, sondern nur um *einen*, weil es keine Wissenschaft ohne Gegenstand und ohne Begriff gibt.

Was heißt in diesen Vorwürfen aber ›Wissenschaft‹? Gemeint ist die Naturwissenschaft. Wie steht es mit dieser Naturwissenschaft? Was ist das Auszeichnende dieser Naturwissenschaft? Haben die Griechen auch schon diese Begriffe von Wissenschaft gehabt? Nein. Wodurch ist dieser neuzeitliche Wissenschaftsbegriff charakterisiert? Husserl definierte Wissenschaft einmal als Begründungszusammenhang wahrer Sätze (Logische Untersuchungen 1900/1901).[2] Ein ›objektiver‹ Gehalt der Naturwissenschaft ist zum Beispiel das Gesetz des freien Falles. Ist dieses Gesetz ›objektiv‹ in dem Sinne, daß es unabhängig vom Menschen wäre? Die Beziehung dieser Wissenschaft auf den Menschen besteht nicht nur darin, daß sie vom Menschen vollzogen wird, sondern der Mensch ist dabei notwendig in der Weise beteiligt, daß er eine Supposition, eine Fiktion machen muß. Was leistet nun eine solche Supposition? Durch sie wird in der klassischen Physik der Gegenstandsbereich, der Natur heißt, durch den gleichförmig gradlinigen Bewegungszusammenhang von Massenpunkten gekennzeichnet. Was geschieht dadurch mit der Natur? Sie wird auf ihre Gesetzmäßigkeit hin vor--gestellt. Dadurch wird sie allererst Gegenstand und zwar Gegenstand für die Berechenbarkeit und Voraussehbarkeit aller Vorgänge. Die so vollzogene Supposition ist nichts anderes als der Grundakt der Vergegenständlichung der Natur. Das Wort ›Gegenstand‹ ist sprachgeschichtlich die Übersetzung von ›Objekt‹. Sobald ich aber Objekt sage, ist auch schon die Beziehung auf ein Subjekt mitgesetzt. Gegenstand ist Entgegenstehen für die Erfahrung des Subjektes. Das ist ein ganz bestimmter Begriff von Gegenstand.

Es gibt davon unterschieden einen ganz natürlichen Begriff von Gegenstand, wenn man sagt: Gebrauchsgegenstand.

Dann gibt es in der Philosophie noch einen Begriff von Gegenstand, der ganz Allgemeines meint, insofern hier Gegenstand jedes mögliche Etwas für ein mögliches Vorstellen bezeichnet. Diese Gegenstandstheorie ist um die Jahrhundertwende zusammen mit der Phänomenologie entstanden. Beide kommen aus der Schule von Brentano. Hier bedeutet Gegenstand nichts anderes als das bloße ›Etwas‹. Jedes Etwas, das Subjekt einer

[2] Husserl, Logische Untersuchungen. Erster Band: Prolegomena zur reinen Logik. Halle 1922³. § 6.

Aussage werden kann, ist hier Gegenstand, zum Beispiel auch ›Identität‹, ›Gleichheit‹, ›Relation‹, aber auch ein Ding, eine Maschine, ein Vorgang, eine Zahl. Alles mögliche, was nicht nichts ist. Im Grunde sogar ist auch das Nichts hier ein Gegenstand, sofern ich davon sprechen kann.

Also gibt es drei Gegenstandsbegriffe: Im *ersten Fall* ist Gegenstand gleichbedeutend mit Objekt der naturwissenschaftlichen Erfahrung. Im *zweiten Fall* besagt Gegenstand die selbständig vorhandenen Dinge für den Gebrauch und die Betrachtung. Im *dritten Falle* ist Gegenstand das Etwas als das Subjekt einer möglichen Aussage darüber.

Bei der Erörterung des Gegenstandsbegriffes unseres ersten Falles, das heißt im Sinne eines Objektes der naturwissenschaftlichen Erfahrung, ist zu fragen: Was geschieht mit diesem Gegenstandsbezirk? Er wird erforscht. Was heißt das?

S.: Es wird mit den Objekten experimentiert.

H.: Wird in der Physik nur experimentiert? Und was ist ein Experiment? Durch das Experiment wird der Gegenstand nach einer bestimmten Hinsicht befragt, abgehört. Nach welcher Hinsicht? Wodurch werden die Hinsichten bestimmt? Durch die die Natur im vorhinein bestimmende Theorie. Wo wird diese Theorie ausgearbeitet? In der theoretischen Physik. Also besteht die physikalische Forschung nicht nur aus Experimenten, sondern zu ihr gehört ebenso notwendig die theoretische Physik. Zwischen beiden besteht eine Wechselbeziehung, insofern je nach dem Ergebnis der Experimente die Theorie modifiziert wird, beziehungsweise hat das Experiment die Aufgabe, die von der Theorie angesetzten Behauptungen empirisch zu beweisen. Dies wiederum heißt, daß durch das faktische Ergebnis des Experimentes die Richtigkeit der theoretischen Aussage belegt wird. Die ›Richtigkeit‹ ist die Gültigkeit der angesetzten Suppositionen eines gesetzmäßigen Ablaufes.

Mit Hilfe des Experimentes wird die theoretische Aussage nachgeprüft an den sogenannten Tatsachen. Das Experiment ist aber keine Handhabung der Natur. Gehandhabt kann nur ein Werkzeug werden. Im Unterschied dazu *bedient* man eine Maschine, handhabt sie nicht. Die neueste Maschine (die Automatik) ›wartet‹ man.

Das Experiment und die theoretische Konstruktion sind also wechselweise zusammengehörige Verfahrensweisen der Erforschung der Natur, und diese beiden Erforschungsweisen nennt man Methode. Methode ist in der Forschung die Art des Verfahrens, die Weise, wie eine Forschung verfährt bei der Untersuchung ihres Gegenstandsgebietes. Diesen Begriff der Methode als einer Verfahrensweise nennen wir die *instrumentale Vorstellung von Methode*. Welches ist der eigentliche Sinn der Methode? Ist die Methode nur ein Instrument der Forschung in der Naturwissenschaft oder ist sie hier mehr? Ist die Methode nur ein Mittel der Forschung, das der Wissenschaft zu ihrer Durchführung dienlich ist, oder ist die Methode mehr?

Bei Nietzsche findet sich der Satz: »Nicht der Sieg der *Wissenschaft* ist das, was unser 19. Jahrhundert auszeichnet, sondern der Sieg der wissenschaftlichen *Methode* über die Wissenschaft« (Wille zur Macht, Nr. 466, im letzten Jahr vor Nietzsches Zusammenbruch 1888 geschrieben).

Was ist mit diesem Satz gesagt? Daß die Methode nicht nur im Dienste der Wissenschaft steht, sondern in gewisser Weise über ihr. Die Wissenschaft wird von der Methode beherrscht. Was ist damit gemeint? Nichts anderes, als daß die Methode allererst bestimmt, was Gegenstand der Wissenschaft sein soll und auf welche Weise er allein zugänglich, das heißt in seiner Gegenständlichkeit bestimmt sei. Mit seinem Satz hat Nietzsche, ohne ihn näher zu interpretieren, das ausgesprochen, was in der neuzeitlichen Naturwissenschaft eigentlich vor sich geht. Das Primäre ist nicht die Natur, wie sie von sich her den Menschen anspricht, sondern maßgebend ist, wie der Mensch aus der Absicht auf die Beherrschung der Natur die Natur sich vorstellen soll.

Zur Erläuterung des in der Naturwissenschaft und auch von Kant gebrauchten Gegenstandsbegriffes kann ein Wort von Goethe angeführt werden. Goethe sagt in seinen »Maximen und Reflexionen« (1025, 1027): »Mit den Ansichten, wenn sie aus der Welt verschwinden, gehen oft die Gegenstände selbst verloren. Kann man doch im höheren Sinne sagen, daß die Ansicht der Gegenstand sei. (...) Da die Gegenstände durch die Ansichten der Menschen erst aus dem Nichts hervorgehoben werden, so kehren sie, wenn sich die Ansichten verlieren, auch wieder ins Nichts zurück«.[3]

Damit ist nichts anderes gesagt, als daß die Objektivität der Objekte durch die Vorstellungsweise (Ansichten) des Subjektes bestimmt wird. (Die transzendentale Ermöglichung des Gegenstandes durch die Subjektivität.)

Die Natur zeigt sich für den Physiker nur im Sinne von Gegenständen, wie er sie durch seine Methode erforscht, wenn der Seinscharakter der Natur zum vorhinein als Gegenständlichkeit bestimmt ist. Das heißt aber, daß es keine wissenschaftliche Erforschung eines Gegenstandsgebietes ohne eine ausgesprochene oder unausgesprochene Ontologie gibt. Dies hat uns schon Kant gelehrt. Wir müssen nur wissen, daß bei Kant der Name transzendental bloß ein anderes Wort für ontologisch ist; ontologisch freilich im Sinne einer Ontologie, für die das Anwesende sich zum Gegenstand gewandelt hat.

Zur Wissenschaft und Wissenschaftlichkeit gehört nicht nur die Methode als Verfahren, sondern zugleich die Bestimmung der Gegenständlichkeit ihres Gegenstandes. Methode hat in der neuzeitlichen Bedeutung nicht nur den Sinn eines Verfahrens

---

[3] Goethe, Maximen und Reflexionen. Neu geordnet, eingeleitet und erläutert von Günther Müller. Alfred Kröner Verlag (Kröners Taschenbuchausgabe 186), Stuttgart 1943. (Die Zählung Müllers weicht von der der großen Goethe-Ausgabe ab. Die hier zitierten Maximen und Reflexionen werden üblicherweise als Nr. 1147 u. 1148 gezählt. Vgl. Goethe, Maximen und Reflexionen. Text der Ausgabe von 1907 mit den Erläuterungen und der Einleitung Max Heckers. Nachwort von Isabella Kuhn. Insel Verlag, Frankfurt a. M. 1980).

der Bearbeitung der Gegenstände, sondern der transzendentalen Supposition der Gegenständlichkeit der Gegenstände. Dieser Sinn von Methode ist mit Nietzsches Wort »Sieg der *Methode* über die Wissenschaft« gemeint.

Wie steht es nun mit den drei Vorwürfen der Wissenschafts-, Gegenstands- und Begriffsfeindlichkeit? Es bleibt noch die Erörterung des dritten Vorwurfes, des Vorwurfes der Begriffsfeindlichkeit. Was heißt nun Begriff? Das lateinische Wort für Begriff ist conceptus. Darin liegt das Verbum capere = zugreifen, zusammengreifen. Die Griechen, die offenbar nicht so ganz unvermögend im Denken waren, kennen den ›Begriff‹ noch nicht. Es ist also gar keine Schande, falls man begriffsfeindlich wäre. Wie ist es bei den Griechen? Wodurch wird ein Begriff als Begriff festgelegt? Durch eine Definition. Was ist eine Definition? Der Tisch zum Beispiel wird definiert als ein Gebrauchsding. Gebrauchsding ist dann eine allgemeine Bestimmung. Auch Glas und Bleistift sind Gebrauchsdinge. Eine Definition gibt also zunächst die nächst höhere allgemeinere Bestimmung, die Gattung. Um den Tisch als den Gebrauchsgegenstand, der er ist, zu bestimmen, muß angegeben werden, zu welchem Gebrauch er dient. Die Angabe dieses besonderen Gebrauches im Unterschied zur Dienlichkeit von Bleistift und Glas nennt man die spezifische Differenz. Definitio fit per genus proximum (Gebrauchsgegenstand) et differentiam specificam (Tisch). In der Definition wird über das Seiende, beziehungsweise über den Gegenstand etwas Allgemeines und etwas Besonderes ausgesagt. Diese Aussage ist eine Weise, wie der Gegenstand beziehungsweise das Seiende gegenüber anderem Seienden ein- und ausgegrenzt wird, der Tisch gegen Glas und Bleistift zum Beispiel.

Definition heißt auf griechisch ὁρισμός. Es ist dasselbe Wort wie unser Horizont, das heißt: die Grenze des Gesichtsfeldes, Eingrenzung, Umgrenzung schlechthin. Das, was später Begriff genannt wird, heißt im Griechischen einfach λόγος, das, was dem jeweiligen Seienden als ein so und so Aussehendes zugesagt werden muß als sein εἶδος, sein Aussehen. Dieses Zusagen ist ein Sehenlassen (ἀποφαίνεσθαι), kein vorstellungsmäßiges Zugreifen und Umgreifen.

Im Gegensatz zum λόγος liegt im lateinischen Wort conceptus immer ein Vorgehen des Menschen gegen das Seiende.

Die Logik unterscheidet nun verschiedene Arten von Begriffen. Sie kennt Begriffe, die wir aus der Erfahrung schöpfen, zum Beispiel den Begriff Tisch. Das ist ein empirischer Begriff. Kausalität ist, Kantisch gesprochen, kein aposteriorischer, kein empirischer Begriff, sondern ein apriorischer Begriff. Das heißt, er ist nicht aus der Erfahrung gewonnen, sondern aus der Subjektivität geschöpft. Näher zu zeigen, auf welchem Wege Kant seine Kategorientafel gewinnt und die Gültigkeit der Kategorien rechtfertigt, wäre beim Stand unserer Besinnung zu schwierig. Goethe sagt in den »Maximen und Reflexionen« (1106), daß Ursache und Wirkung der »eingeborenste Begriff« ist.[4] Jede Begriffsbildung ist eine Art von Vorstellen, ein Vor--sich-bringen.

Wenn ich ›Baum‹ sage, wird mir etwas gegenwärtig, wird mir etwas re-präsentiert. Ich meine mit ›Baum‹ keine Eiche, keine Buche, keine Fichte, sondern ›Baum‹. Was zeigt sich darin? Man sagt, die Begriffsbildung geschehe durch Abstraktion. Gewinnt man durch eine Abstraktion wirklich das Auszeichnende eines Begriffes? Abstraktion heißt doch Abziehung. Was wird abgezogen? Die besonderen Eigenschaften werden abgezogen, das Spezifische, was eine Eiche zu einer Eiche, eine Fichte zu einer Fichte macht. Aber wie kommt man durch das bloße Abziehen zu einem Begriff?

S.: Es wird das Gemeinsame genommen und das Einzelne weggelassen.

H.: Ja, aber auf welche Weise gewinnen Sie das Allgemeine? Offenbar kann dieses nicht durch bloße Abstraktionen erreicht

---

[4] Nach der Zählung der Ausgabe von Günther Müller; nach der üblichen Zählung Nr. 1236. Vgl. Anm. 3, S. 168.

werden. Ich kann doch etwas von etwas nur abziehen, wenn ich das, wovon abstrahiert, etwas abgezogen werden soll, schon habe und es schon festliegt.

S.: Man muß alle Bäume erst einmal miteinander vergleichen.

H.: Das Vergleichen reicht auch nicht aus, abgesehen davon, daß kein Mensch es vermag, alle Bäume wahrzunehmen. Denn wenn ich etwas mit etwas vergleiche, zum Beispiel eine Linde mit einer Eiche, so vergleiche ich sie immer im Hinblick darauf, daß sie Bäume sind. Aber den Charakter ›Baum‹ gewinne ich nicht durch Vergleichen, sondern durch das Erfaßthaben des Allgemeinen ›Baum‹. Das Erfaßthaben dessen, was ›Baum‹ ist, ist im Vergleichen einzelner Bäume miteinander schon immer vorausgesetzt. Es ist vorausgesetzt als das, worauf hinblickend ich Linde und Eiche überhaupt erst miteinander, nämlich als Bäume, vergleichen kann. Sie haben doch alle schon als Knaben gewußt, was ein Baum ist, haben davon ein Vorverständnis gehabt. Das Allgemeine ›Baum‹ ist das identisch Selbe, was bei jedem Baum im vorhinein vorgestellt wird, aufgrund welcher Vorstellung ich überhaupt nur etwas als Baum erkennen kann. Dieses Selbe wird nach der Lehre der Logik durch die Reflexion erfaßt, in dem Sinne, daß das Identische expliziert wird. In Wahrheit lerne ich das identisch Selbe – zunächst nicht reflektiv expliziert – durch die Sprache vernehmen. Der Blick auf das identisch Selbe ermöglicht erst die Wahrnehmung der verschiedenen Bäume als Bäume. Im Nennen der Dinge, im Ansprechen des Seienden als das und jenes, das heißt in der Sprache ist alle Begriffsbildung schon vorgezeichnet.

Nach dieser nur andeutenden Erörterung der Begrifflichkeit des Begriffes erhebt sich indessen die Frage, ob denn überhaupt alles begrifflich zu fassen sei oder ob es nicht eine Grenze für das begriffliche Erfassen gebe. Bei der Erläuterung der Begriffsbildung sagten wir eben, es sei das Vergleichen der mannigfaltig gegebenen Fälle, Beispiele mitbeteiligt. Dann sei an der Begriffsbildung das Absehen von Einzelheiten – der einzelnen

Bäume zum Beispiel – mitbeteiligt, maßgebend jedoch sei bei der Begriffsbildung das Festhalten des identisch Selben.

Wie steht es nun mit dieser Identität? Identisch ist etwas, was mit sich selbst das Selbe ist. Es gibt so merkwürdige Sachen, die man nur erfaßt, wenn man sie sich selbst als solche geben läßt. Von der Identität kann ich nur negative Aussagen machen. Ich kann zum Beispiel von ihr sagen, sie sei nicht Gleichheit. Positiv kann ich nur sagen: Identität ist Identität. Dies ist in einem echten Sinne eine Tautologie. Es gibt also Sachen im Denken, wo der Begriff nicht nur versagt, sondern wo er gar nicht hingehört. Darum ist der Vorwurf von der Begriffsfeindlichkeit ein für den Kritiker gefährlicher Vorwurf. Es könnte sein, daß ich gerade dann sachgerecht denke, wenn ich mich auf Sachen einlasse, die eine begriffliche Bestimmung nicht zulassen; wenn ich mich also mit Sachen abgebe, die jedem begrifflichen Begreifen, jedem Zugreifen, jedem Auf-sie--losgehen und sie Umgreifen-wollen widerstreben, Sachen, auf die ich nur hindeuten kann. Solche Sachen kann man nur in einem ›übertragenen‹ Sinne ›sehen‹ oder nicht ›sehen‹. Wir können ›nur‹ auf sie hinweisen, hindeuten. Dieses ›nur‹ meint keinen Mangel. Vielmehr hat das so geartete Gewahrwerden den Vorrang und den Vorzug *vor* aller Begriffsbildung, insofern diese zuletzt stets auf einem solchen Gewahrwerden beruht. Es ist also eine ganz oberflächliche Alternative, wenn man behauptet, es gebe nur entweder ein begriffliches Denken oder ein gefühlsmäßiges verschwommenes Erleben. Es gibt noch etwas anderes, was vor allem Begreifen und vor allem Erleben liegt. Mit diesem anderen, vor allem Begreifen und Erleben Liegenden, hat es die Phänomenologie zu tun. Wir müssen freilich das Eigentümliche der Phänomenologie recht verstehen und uns hüten, sie als eine unter anderen ›Richtungen‹ und Schulen der Philosophie zu mißdeuten.

Wir können jetzt nur noch kurz auf die Frage zurückkommen: Ist die Daseinsanalyse wissenschaftsfeindlich oder nicht? Auch nach den versuchten Erläuterungen läßt sich noch keine zureichende Antwort geben, weil wir einen entscheidenden Punkt noch nicht beachtet haben. Das Entscheidende einer Wissenschaft ist immer, daß ihre Art der Untersuchung ihrer Sache entspricht. Es gibt auch Sachen, die ich gar nicht erfasse, wenn ich sie zum Gegenstand eines begrifflichen Vorstellens mache. Eine Angst oder eine Furcht ist kein Gegenstand. Ich kann sie höchstens zum Thema machen. Also gehört zur Strenge einer Wissenschaft, daß sie in ihren Entwürfen und in ihrer Methode der Sache angemessen ist. Aber nicht jede strenge Wissenschaft ist notwendig exakte Wissenschaft. Exaktheit ist nur eine bestimmte Form der Strenge einer Wissenschaft, weil es Exaktheit nur da gibt, wo der Gegenstand im vorhinein als etwas Berechenbares angesetzt ist. Wenn es aber Sachen gibt, die ihrer Natur nach der Berechenbarkeit widerstreben, dann ist jeder Versuch, deren Bestimmung an der Methode einer exakten Wissenschaft zu messen, unsachlich.

Seminar vom 1. und 3. März 1966
im Hause Boss

I. — 1. März 1966

H. = Heidegger S. = Seminarteilnehmer

Zu Beginn des Seminars verglich Prof. Boss die Seminarabende mit einer Art Gruppentherapie, die eine freiere Sicht, ein angemesseneres Sehen-lassen der menschlichen Verfassung ermöglichen soll. Im Verlaufe einer solchen Gruppentherapie komme es, wie in einer Freudschen Analyse, zu Widerständen, die sich gegen das Freiwerden in der Kur richten. Die Widerstände gegen die Heideggersche Kur würden sich im wesentlichen in zwei Punkten zusammenfassen lassen:

Erstens wird gesagt, die Wesensbestimmung der Naturwissenschaft, wie wir sie in den vorangegangenen Seminaren entwickelt haben, gelte nur für die klassische Physik, nicht aber für die Atomphysik.

Zweitens wird eingewendet, die Psychotherapie sei weder ein klassisch-physikalisches noch ein atomar-physikalisches Vorgehen.

Zu diesem Thema möchte ich ein Buch von Friedrich Wagner, das im Beck-Verlag, München, 1964, erschienen ist, empfehlen. Sein Titel: »Die Wissenschaft und die gefährdete Welt«. Darin wird auf Grund sehr vieler Zitate der führenden Atomphysiker mit aller Deutlichkeit dargestellt, daß das in unseren bisherigen Seminaren bestimmte Wesen der Physik nicht nur auch noch für die Atomphysik seine volle Gültigkeit hat, sondern für letztere erst recht.

Heidegger fragt nun, ob die Seminare eine Kur seien und fährt fort: Semen heißt lateinisch der Same. Vielleicht gelingt es in diesen Abenden, ein Samenkorn des Nachdenkens auszustreuen, das da und dort einmal aufgeht. Das philosophische Seminar befindet sich noch immer in der Lage des Sokrates, der sagte, das allerschwerste sei, vom Selben immer das Selbe zu sagen.

Es wird gesagt, die gegebene Definition der Physik sei antiquiert und zweitens für die Psychotherapie ohne Belang. Welchen Charakter haben diese beiden Aussagen? Die geäußerte Kritik besagt, das Dargelegte sei nicht mehr gültig, sei unwesentlich.

Was heißt *Kritik*? Das Wort kommt vom griechischen κρίνειν, das heißt unterscheiden. Etwas gegen etwas abheben, meist etwas Niederes gegen etwas Höheres. In der Logik heißt dieses Vorgehen ein Urteil, eine Beurteilung. Beide Aussagen beinhalten eine negative Kritik. Eine positive Kritik hat das Ziel, die Sache, um die es geht, zu fördern. Sie ist immer ein Hinweis auf neue sachliche Möglichkeiten. Eine negative Kritik sagt, etwas am Thema sei nicht in Ordnung.

Um recht zu verstehen, was im vorigen Seminar über die Physik gesagt wurde, ist es nötig, daran zu erinnern, was Thema der Stunde war. Wir handelten von der Methode, genauer von dem, was die Methode der neuzeitlichen Naturwissenschaft kennzeichnet. Methode meint hier nicht einfach unbestimmt: ›Verfahren‹. Methode ist die Art und Weise, wie das Seiende, im vorliegenden Fall die Natur, zum Thema gemacht wird. Dies geschieht dadurch, daß sie als Gegen-stand, als Objekt vorgestellt wird. Weder die Antike noch das Mittelalter haben das Seiende als Gegen-stand vorgestellt. Das neuzeitliche Vorstellen der Natur, die Vergegenständlichung derselben, ist nun aber geleitet von der Absicht, die Naturvorgänge in der Weise vorzustellen, daß sie in ihrem Verlauf vorausberechenbar und so kontrollierbar werden.

Die dergestalt bestimmte Vergegenständlichung der Natur ist demnach der Entwurf der Natur als eines beherrschbaren gegenständlichen Bezirks. Die entscheidenden Schritte zur Entfaltung dieses Entwurfs der Natur auf die durchgängige Beherrschbarkeit haben Galilei und Newton vollzogen. Maßgebend wird das *Wie*, in dem die Natur vorgestellt wird, nicht das *Was*. Die Entwicklung der so angesetzten Wissenschaft führt dazu, daß die Weise des Vorgehens gegen die Natur immer eindeutiger die Wissenschaft bestimmt. So kann dann Nietzsche sagen: »Nicht der Sieg der *Wissenschaft* ist das, was unser 19. Jahrhundert auszeichnet, sondern der Sieg der wissenschaftlichen *Methode* über die Wissenschaft« (Der Wille zur Macht, n. 466, 1888). Aber diesem »Sieg der Methode« geht ein langer Kampf voraus, in dem die gekennzeichnete Methode zum allesbestimmenden Vorrang in der Wissenschaft drängt.

Wenn im vorigen Seminar von der klassischen Physik die Rede war, so geschah das nicht in der Absicht, diese *als klassische* zu kennzeichnen, sondern als *Physik*, das heißt im Hinblick auf das, was auch von der modernen Kern*physik* als Physik gilt.

Erst dann, wenn zuvor der durchgängige Grundzug der klassischen und der Atomphysik hinreichend klar herausgestellt ist, kann überhaupt die Frage erörtert werden, nach welcher Hinsicht beide, unbeschadet ihrer Selbigkeit, als Physik sich unterscheiden. Wenn sich aber ein ins Gewicht fallender Unterschied zeigen sollte, dann kann dieser wiederum nur in dem liegen, was beide in gleicher Weise auszeichnet, in der Methode, das heißt in der Vorausberechenbarkeit der Naturvorgänge und ihrer Abläufe.

Die gegenständliche Vorstellung dieser Abläufe ist geleitet vom Prinzip der Kausalität, das Kant in seiner »Kritik der reinen Vernunft« A 189 durch den Satz bestimmt: »Alles, was geschieht (anhebt zu sein) setzt etwas voraus, worauf es *nach einer Regel* folgt.« Im Hinblick auf die Methode der Vorausberechnung heißt dies: Aus dem Zustand eines Systems zu einer bestimmten Zeit (Gegenwart) ist der zukünftige Zustand eindeutig festlegbar.

Heisenberg formulierte dieses Prinzip (Zeitschrift für Physik, Bd. 43 [1927], S. 197) so: »Wenn wir die Gegenwart genau kennen, können wir die Zukunft berechnen.« Heisenberg sagt nun, »nicht der Nachsatz, sondern die Voraussetzung [ist] falsch. Wir *können* die Gegenwart in allen Bestimmungsstükken prinzipiell *nicht* kennenlernen«. Diese Unkenntnis ist in der Unbestimmtheitsrelation der Quantenmechanik begründet, die besagt: wir können stets nur den Ort oder den Impuls eines Teilchens genau messen, nicht aber beides zugleich. Heisenberg hat damals aus diesem Tatbestand gefolgert, daß hierdurch »die Ungültigkeit des Kausalgesetzes definitiv festgestellt« sei.[1] Auf diese These stützt sich zum Teil heute noch die Rede von der ›Akausalität‹.

Aber durch die Unbestimmtheitsrelation wird nicht das Kausalgesetz und mit ihm die Vorausberechenbarkeit ungültig. Wäre dem so, dann hätte es niemals zur Konstruktion und zum Bau der Atombombe, überhaupt zu keiner Atomtechnik kommen können. Ungültig wird nicht das Kausalprinzip, mit dessen Gültigkeit die Physik *als solche* steht und fällt, unmöglich wird nur eine eindeutig und vollständig genaue Vorausberechnung. So ist bei der Atombombe nur eine obere und untere Grenze der Stärke der Explosion vorausberechenbar, aber die Vorausberechenbarkeit bleibt prinzipiell bestehen, denn ohne sie wäre jede technische Konstruktion unmöglich. Heisenberg hat später die verwirrende Rede von der Akausalität aufgegeben. Es gibt kein ›akausales Weltbild‹. Es genügt zum Beleg auf die im Gang befindlichen Forschungen zur Gen-Mutationstechnik in bezug auf den Menschen hinzuweisen (vgl. jetzt: Friedrich Wagner, Die Wissenschaft und die gefährdete Welt, S. 225 ff. und 462 ff.).

In der Kernphysik bleibt das erhalten, was sie *als Physik* kennzeichnet, was sie demgemäß mit der klassischen Physik als Physik gemeinsam hat. Hierauf allein, auf die Kennzeichnung ›der Wissenschaft‹ (science) als solcher, kam es bei der Erörterung der klassischen Physik im vorigen Seminar an. Diese

---

[1] W. Heisenberg, Über den anschaulichen Inhalt der quantentheoretischen Kinematik und Mechanik (1927). Wiederabgedruckt in: W. Heisenberg, N. Bohr, Die Kopenhagener Deutung der Quantentheorie (= Dokumente der Naturwissenschaft. Abt. Physik Bd. 4). Hg. A. Hermann. Stuttgart 1963, S. 34.

Erörterung war veranlaßt durch die These, die psychiatrische Daseinsanalyse sei ›wissenschaftsfeindlich‹. Die Stellungnahme zu dieser These setzt voraus, daß geklärt ist, was hier ›Wissenschaft‹ heißen soll, das heißt, wodurch das wissenschaftliche Verhältnis zum thematischen Gegenstand ausgezeichnet ist.

Thema der Physik ist die leblose Natur. Thema der Psychiatrie und der Psychotherapie ist der Mensch. Wie soll der Wissenschaftscharakter der Psychiatrie und der theoretischen Fundamente der psychotherapeutischen Praxis bestimmt werden?

Wenn der Daseinsanalyse Wissenschaftsfeindlichkeit vorgeworfen wird, dann setzt dieser Vorwurf voraus: Wissenschaft besagt Wissenschaft im Sinne der Physik. Soll demnach die Wissenschaft vom Menschen den Grundforderungen der modernen Wissenschaft genügen, dann muß sie das Prinzip des Vorrangs der Methode befolgen im Sinne des Entwurfs auf Vorausberechenbarkeit. Das unausweichliche Ergebnis dieser Wissenschaft vom Menschen wäre die technische Konstruktion der Menschenmaschine. Viele Zeichen deuten darauf, daß die so geartete wissenschaftliche Erforschung und Herstellung des Menschen wirklich schon betrieben wird unter dem Zwang des erörterten »*Sieges der Methode* über die Wissenschaft« und mit dem Fanatismus des unbedingten Willens zum Fortschritt um des Fortschrittes willen.

Gesetzt freilich, die Wissenschaftlichkeit einer Wissenschaft dürfe nicht dogmatisch einseitig am Wissenschaftscharakter der neuzeitlichen Physik gemessen werden, dann erhebt sich die Frage, in welchem Sinne und auf welche Weise das Wesen von Wissenschaft überhaupt bestimmbar sei. Sodann wäre zu fragen, auf welchem Wege sich eine Wissenschaft vom Menschen gründen und aufbauen lasse, die einer Psychiatrie und einer theoretischen Begründung der psychotherapeutischen Praxis als zureichendes Fundament dienen könnte.

Beachten wir zugleich, daß die Wissenschaft als solche ein Handeln und ein Werk des Menschen ist, dann zeigt sich eine eigentümliche Verschränkung der Frage nach einer Wissenschaft vom Menschen mit der Frage nach dem Menschen, durch dessen Menschsein Wissenschaft erst möglich wird. Schließlich dürfte aus den jetzt versuchten Klärungen deutlich geworden sein, daß diejenigen, die gegen die ›Daseinsanalyse‹ den Vorwurf der Wissenschaftsfeindlichkeit geltend machen, weder über den auszeichnenden Charakter der neuzeitlichen Wissenschaft im Sinne der Physik hinreichend unterrichtet sind, noch gar imstande sind, den Wissenschaftscharakter einer Wissenschaft vom Menschen, im besonderen der Psychiatrie, so zu bestimmen, daß die klare Abgrenzung gegenüber der wissenschaftlichen Methode der Physik deutlich zum Vorschein kommt.

Die Erläuterung der Physik als Wissenschaft sollte jedoch nicht nur und nicht in erster Linie dazu dienen, die Vorwürfe gegen die ›Daseinsanalyse‹ zurückzuweisen. Es galt vielmehr, die heute maßgebende Wissenschaft so vor den Blick zu bringen, daß ihr gegenüber die Möglichkeit einer anders gearteten Wissenschaft, nämlich derjenigen vom Menschen, sichtbar werde.

Darum wurde im Übergang zur Bestimmung der Wissenschaft vom Menschen die Frage gestellt: Welches ist der Grundzug von Wissenschaft überhaupt, das heißt, welches ist der Grundzug, der noch bleibt, wenn wir von dem absehen, was die Physik als Physik auszeichnet?

Wir haben die unmittelbare Beantwortung dieser Frage zurückgestellt. Vordem gilt es zu prüfen, wie die heute bestehende Wissenschaft vom Menschen das Menschsein erfährt und seine Möglichkeiten beschreibt und bestimmt. Wir wählen dazu eine Besprechung charakteristischer Antworten auf eine Umfrage über den Streß (Zeitschrift f. Psychosomatische Med. 11. Jg., Heft 4, Dez. 65, von Dührssen, Jores und Schwidder): Was sagen Sie zu dieser »Umfrage«?

S.: Die ganze Umfrage ist unglücklich aufgezogen. Das Wort Streßreiz ist unklar, der Streßbegriff ist unscharf, nicht genau definiert, vieldeutig.

H.: Gewiß, was Sie sagen, trifft zu, es bleibt jedoch bei einer negativen Kritik. Wie würde eine positive Kritik lauten? Sie müßte zunächst dem nachfragen, was mit Streß gemeint ist. Hierbei kommt es zunächst nicht darauf an, vorschnell einen Begriff zu gewinnen; vielmehr gilt es, erst einmal die Sache in den Blick zu bringen, die sich dann vielleicht in einem Begriff festlegen läßt. Angestrebt wird dabei »eine eindeutige Verständigung«. Dies besagt jedoch nicht, daß die Sache, worüber eine Verständigung erzielt werden soll, selbst eindeutig bestimmbar sein muß. Sie kann in sich mehrdeutig sein. Demgemäß ist dann auch die Vieldeutigkeit des gewonnenen Begriffes kein Mangel. In der auf Berechenbarkeit ausgerichteten Wissenschaft wird die Eindeutigkeit angestrebt, weil sonst keine Berechenbarkeit möglich ist. Ob der so gewonnene ›eindeutige‹ Begriff dann noch der Sache entspricht, wird in der Naturwissenschaft nicht gefragt.

Wie muß man nun vorgehen, um die Mannigfaltigkeit der Bedeutungen von ›Streß‹ zugänglich zu machen? Streß heißt Beanspruchung, Belastung, auch die Entlastung kann eine Belastung sein. Worin liegt der Sachverhalt begründet, daß ein gewisses Maß an Belastung lebenserhaltend wirkt? Dies gründet im ekstatischen Bezug. Er ist eine fundamentale Struktur des Menschseins. In ihr gründet jene Offenheit, der gemäß der Mensch immer schon von Seiendem, das er nicht selbst ist, angesprochen wird. Ohne dieses Angesprochensein könnte der Mensch nicht existieren. Im Sinne dieses notwendigen Angesprochenseins ist die ›Belastung‹ solches, was das ›Leben‹ erhält. Solange wir den Menschen als ein weltloses Ich vorstellen, kann die Lebensnotwendigkeit der Belastung nicht einsichtig gemacht werden. Die so verstandene Belastung, das heißt der Streß, gehört zur Wesensverfassung des ek-sistierenden Menschen. Er ist nach der Terminologie von »Sein und Zeit« ein Existenzial und gehört in den Zusammenhang mit dem Phänomen, das dort in § 38 unter dem Titel *Verfallen* ausgelegt wird.

Im Text der Umfrage ist die Rede vom »Streßreiz«. Versteht man den Reiz im Sinne von ›Affektion‹, durch die der Mensch von etwas angegangen und beansprucht ist, dann wird deutlich, daß im Wort »Streßreiz« zweimal dasselbe gesagt wird. Das Reizende kann freilich in verschiedenem Sinne verstanden werden, je nach dem Bezirk, in dem es spielt. In der abstrakten Dimension der isolierten Sinnesempfindung besagt Reizen (zum Beispiel ein abstrakter Schallreiz) etwas anderes als im Bereich des alltäglichen Sichaufhaltens des Menschen in seiner Welt, aus der ihn zum Beispiel eine reizende Gegend reizt, das heißt zum Verweilen einlädt. Ein Reizen findet sich auch im Bereich des Miteinanderseins, wo ein Mensch den andern herausfordert und in Wut zu versetzen sucht.

In diesen Weisen des Reizes zeigen sich verschiedene Weisen der Beanspruchung, das heißt des ›Streß‹. Dieser bleibt stets orientiert auf die jeweilige Situation, das heißt das jeweilige faktische In-der-Welt-sein, in das der existierende Mensch nicht erst von Fall zu Fall gerät, worin er vielmehr wesensmäßig und deshalb *stets immer schon* ist.

Das In-der-Welt-sein erfahren wir als einen Grundzug des Menschseins; es wird nicht hypothetisch nur angenommen zum Zweck der Auslegung des Menschseins, dieses Auszulegende ist gerade von ihm selbst her schon stets vernehmbar als In-der-Welt-sein.

Wollte man die Situation als solche so vorstellen, daß sie durch drei Komponenten ›Ich, Körper, Welt‹ bestimmt sei, dann wäre allererst zu fragen, im Hinblick auf welche *Einheit* des Menschseins diese *Kom*ponenten denn als solche figurieren können? Diese Einheit ist gerade das In-der-Welt-sein selbst, das nicht aus Komponenten zusammengesetzt ist, das allerdings in seiner Einheit nach verschiedenen Hinsichten in den auslegenden Blick gebracht werden kann.

Wenn im Text der »Umfrage« (S. 237 b) vermerkt wird, daß der Mensch »von seiner Welt nicht zu trennen ist«, dann liegt auch dieser Aussage die Vorstellung einer ›Komposition‹ von

Mensch und Welt zugrunde, die den phänomenologisch-existenzialen Sachverhalt verfehlt. Der Mensch ist nicht nur nicht von seiner Welt zu trennen, sondern die Vorstellung von Trennbarkeit und Untrennbarkeit hat hier überhaupt kein Fundament im Sachverhalt des In-der-Welt-seins.

Die hier und im folgenden eingestreuten ›kritischen‹ Bemerkungen dienen nur als Anlaß, auf die Vielfalt der Phänomene hinzuweisen, die mit dem Titel ›Streß‹ belegt sind. Eine zureichende kritische Stellungnahme zu den Forschungen der Autoren der ausgewählten Texte kann nicht beansprucht werden.

Indes bieten die Texte fruchtbare Ansätze zu einer klärenden phänomenologischen Besinnung. Dies gilt zum Beispiel schon allein vom Titel des Buches von *H. Plügge*, »Wohlbefinden und Mißbefinden«, Tübingen 1962.

Es handelt von dem Befinden, das wir meinen, wenn wir den anderen fragen: Wie befinden Sie sich?, das heißt: Wie geht es Ihnen? Diese Frage braucht sich nicht notwendig nur auf das ›körperliche Befinden‹ zu beziehen. Die Frage kann sich nach der gerade faktischen Situation des anderen erkundigen. Ein solches Befinden ist jedoch zu unterscheiden von dem, was in »Sein und Zeit« als die *Befindlichkeit* ausgelegt wird. Sie ist die das Dasein be-stimmende Gestimmtheit seines jeweiligen Bezugs zur Welt, zum Mitdasein der Mitmenschen und zu sich selbst. Die Befindlichkeit fundiert das jeweilige Wohl- und Mißbefinden, ist jedoch ihrerseits wiederum fundiert in der Ausgesetztheit des Menschen an das Seiende im Ganzen. Damit ist schon gesagt, daß zu dieser Ausgesetztheit *(Geworfenheit)* das Verstehen des Seienden als eines Seienden gehört; insgleichen gibt es aber auch kein Verstehen, das nicht schon ein geworfenes ist.

Geworfenheit und *Verstehen* gehören wechselweise zusammen in einer Zusammengehörigkeit, deren Einheit durch die *Sprache* bestimmt ist. Sprache ist hier zu denken als Sagen, in dem Seiendes als Seiendes, das heißt aus dem Hinblick auf

Sein sich zeigt. Erst auf dem Grunde der Zusammengehörigkeit von Geworfenheit und Verstehen durch die Sprache als Sage ist der Mensch von Seiendem ansprechbar (vgl. S. 185). Ansprechbarkeit aber ist die Bedingung der Möglichkeit von Beanspruchung, sei dies eine Belastung oder eine Entlastung.

Damit ist, wenngleich nur erst in groben Zügen, der Bereich gezeigt, in den so etwas wie der Streß mit all seinen möglichen Abwandlungen gehört. *Streß* hat den Grundcharakter der Beanspruchung eines *Angesprochenwerdens*. Dergleichen ist nur auf dem Grund von Sprache möglich. Sprache wird hier nicht als ein Vermögen der Mitteilung verstanden, sondern als die ursprüngliche und vom Menschen in verschiedenen Weisen bewahrte Offenbarkeit von solchem, das ist. Insofern der Mensch Mitsein ist, auf den Mitmenschen wesenhaft bezogen bleibt, ist die Sprache als solche Gespräch. Hölderlin sagt: »Seit ein Gespräch wir sind« (Friedensfeier). Deutlicher ist zu sagen: Insofern wir Gespräch sind, gehört zum Menschsein das Mitsein.

Wie oben gesagt wurde, gehört der Streß in den Wesenszusammenhang von Beanspruchung und Entsprechen, das heißt in die Dimension des Gesprächs in dem weiten Sinne, der auch ein ›Sprechen‹ mit den Dingen einschließt. Das Gespräch wiederum bildet den fundamentalen Bereich, innerhalb dessen eine Auslegung möglich wird. So ist der ›hermeneutische Zirkel‹ kein circulus vitiosus, sondern eine wesenhafte Verfassung des Menschseins; er charakterisiert die Endlichkeit des Menschen. Der Mensch ist in seinem höchsten Sein in sich gerade durch seine Offenheit für das Sein begrenzt. Dieser Satz kann freilich auf Grund des bislang Erörterten noch nicht verstanden werden.

II. — 3. März 1966

Wir haben von der Wissenschaft im Hinblick auf die Frage gesprochen, wie es mit der daseinsanalytischen Psychiatrie steht. Unsere Besinnung auf die Wissenschaft war orientiert auf die Frage, in welcher Weise und in welchem Sinne auch von einer Wissenschaft über den Menschen gesprochen werden kann. Wenn die Natur im Hinblick auf die Berechenbarkeit raumzeitlicher Vorgänge angesetzt wird, so steht die Natur in einem Entwurf, der nicht erlaubt, sie als in sich ruhend Anwesendes zu sehen, sie wird vielmehr als Gegenstand vor-gestellt, in den das forschende Fragen in der Weise der Vorausberechnung und Kontrolle eingreift. Es ist eine durchaus neuzeitliche Vorstellung, das Seiende sich als Gegenstand vor-zu--stellen. Dieses Sich-Entgegensetzen, zum Gegenstand machen, diese Vergegenständlichung liegt im Wesen des naturwissenschaftlichen Entwurfes. Die Vorstellung von etwas in der Hinsicht auf solches, was in ihm für vieles gilt und deshalb ein Allgemeines ist, nennt man einen Begriff. Darum sind Begriffe innerhalb einer auf Berechenbarkeit ausgerichteten Haltung dem Seienden gegenüber für diese notwendige Vorstellungen.

Wenn etwas vorgestellt wird hinsichtlich dessen, was es im allgemeinen ist, wenn ich zum Beispiel den Tisch auf sein allgemein Gültiges hin vorstelle, so sage ich von ihm, er sei ein Gebrauchsding. Die Vorstellung von etwas als dieses Einzelne nennt man eine Wahrnehmung oder eine sinnliche Anschauung.

Die leitende Frage der zweiten Stunde des vorigen Seminars lautete: Wohin gehört so etwas wie Streß? Wir antworteten: Der Streß gehört in die durch Geworfenheit, Verstehen und Sprache bestimmte Verfassung der menschlichen Existenz. Die Vieldeutigkeit des Namens ›Streß‹ deutet auf die Vielfältigkeit der Sache hin, so daß wir die notwendige Vieldeutigkeit der Aussagen beachten müssen und nicht als einen Mangel bewerten dürfen, wenn wir sachgemäß bleiben wollen. Worte und Begriffe haben in dem jetzt zu bedenkenden Bereich einen anderen Charakter als diejenigen, die in der exakten Wissenschaft gebraucht werden.

Daß die Sprache einer Wissenschaft vom Menschen, wie auch zum Beispiel die der Dichtung, ihrem Wesen nach vieldeutig sein muß, ist für einen Physiker ein Greuel. Er meint, die Eindeutigkeit der Begriffe sei eine Forderung, der jede Wissenschaft genügen müsse. Diese Meinung ist aber nur dann im Recht, wenn man an das Dogma glaubt, die Welt sei völlig berechenbar und die berechenbare Welt sei die wahre Wirklichkeit. Diese Auffassung drängt uns in die heute sich abzeichnende, unheimliche Entwicklung, der zufolge nicht mehr gefragt wird, wer und wie ist der Mensch, er wird vielmehr statt dessen zum vorhinein aus der technischen Manipulierbarkeit der Welt heraus vorgestellt.

Streß meint *Beanspruchung* und zwar zunächst eine übermäßige. Beanspruchung überhaupt verlangt jeweils ein irgendwie geartetes Entsprechen, wozu auch das Nichtentsprechen und das Nichtentsprechenkönnen als Privationen gehören. Wenn wir statt von Streß von Beanspruchung sprechen, so ist das nicht nur ein anderer Titel, sondern das Wort Beanspruchung bringt die Sache sofort in den Bereich des ekstatischen Menschseins, das heißt in den Bereich, wo von dem, was uns anspricht, gesagt werden kann, daß es so und so sei. Etwas als etwas so und so sagen, ist ein ἀποφαίνεσθαι, ein Sich-zum-zeigen-bringen der Sache. Das eigentliche Wesen der Sprache ist solches Sagen oder Zeigen.

Hier gilt es nun vor allem zu beachten und eingehender zu bedenken, wovon der existierende Mensch in erster Linie angesprochen wird – nämlich von der Welt, in der er sich alltäglich aufhält.

Wird jedoch der Mensch im Sinne Descartes' angesetzt als ego cogito, als Bewußtsein, und frägt man gemäß diesem Ansatz nach der primären Gegebenheit für das Bewußtsein, dann ist diese nach der Lehre des englischen Empirismus, die auch im 19. Jahrhundert noch herrschte und von der auch Husserl lange Zeit bestimmt war, die Empfindung. Husserl bestimmt diese Gegebenheit genauer als die hyletischen Daten (vgl. Husserl, Ideen zu einer reinen Phänomenologie und phänomenologischen Philosophie, 1913, § 97). ὕλη heißt griechisch der Stoff, die Materie, ursprünglich das Holz. Plügge spricht auf S. 238, zweite Spalte, von »objektiven Sachverhalten«; diese kann es nur da geben, wo vergegenständlicht wird, dort, wo ich den akustischen Reiz als Phon messen kann. Dies leistet ein Apparat, der die Schallwellen mißt. Ein solcher kann jedoch nicht das Geräusch des Preßluftbohrers als ein Preßluftgeräusch hören. Ist das Wahrnehmen eines lärmenden Motorrades zunächst ein Hören von Phonen und nachträglich ein Hinzufügen der Bedeutung eines Motorrades? Verhält sich die Sache nicht umgekehrt? Zuerst und alltäglich immer höre ich das Motorrad, den Vogelruf, die Kirchenglocke. Es bedarf einer sehr gekünstelten Betrachtungsweise, um aus dem so Gehörten so etwas wie ein reines Empfindungsdatum herauszudestillieren. Die Auffassung von Plügge geht auf die Position Husserls zurück, für den sich die Dinge als Gegenstände auf dem Grund der hyletischen Daten konstituieren, indem diese durch die noetischen Bewußtseinsakte einen Sinn erhalten. Phonstärke dagegen wird nicht unmittelbar wahrgenommen, sie wird als physikalischer Gegenstand mit einer Maschine gemessen.

Welche Struktur hat die *Wahrnehmung*? Diese Frage läßt sich nur entfalten und beantworten, wenn wir das Wahrnehmen dort aufsuchen, wohin es gehört, in den alltäglichen Umgang mit den Dingen. Sie hat mit meinem Umweltverhältnis zu tun. Worauf bin ich bezogen bei der Wahrnehmung: auf eine bedeutungsbehaftete Empfindung oder auf die Kinder und die Zementmischmaschine (Beispiel von Plügge)? Plügge hört die lärmenden Kinder, sie stören ihn nicht, weil er sie *seine* Kinder sein läßt, weil er mit ihnen als den seinen in seiner häuslichen Welt ist. Dagegen stören ihn die ›Gören‹ des Nachbars, weil er diesen das lärmende Spielen nicht zugesteht. Ließe er die Gören auch spielende Kinder sein, könnten sie ihn nicht stören und ärgern. Weil er ihrem Kindersein nicht entspricht, wird er von ihnen beansprucht. Hieraus wird deutlich, daß die Beanspruchung (der recht verstandene Streß) mit ganz anderen Maßen gemessen werden muß, nämlich an der Art und Weise, wie wir im vorhinein einer Beanspruchung entsprechen und zu entsprechen vermögen, das heißt, wie unser existierender Bezug zur Welt, zum Nebenmenschen, zu uns selbst bestimmt ist. Die physikalisch-physiologische Reduktion des Streß auf Sinnesreize ist dem Anschein nach eine wissenschaftlich konkrete Erforschung des Streß, in Wahrheit jedoch eine willkürliche und gewaltsame Abstraktion, die den existierenden Menschen ganz aus dem Blick verliert. Husserl hat übrigens seine cartesianische Position nach dem Erscheinen von »Sein und Zeit« (1927) in gewisser Weise aufgegeben. Seit 1930 taucht in den Manuskripten der Titel »Lebenswelt« auf.

Betrachten wir jetzt das Phänomen der *Entlastung*. Wir wissen, daß eine Entlastung eine Belastung sein oder werden kann (Heimkehrer, bestandenes Examen etc.). Wir sind immer in irgendeiner Weise beansprucht, angesprochen. Die Entlastung ist nicht eine bloße Negation des In-Anspruch-genommen-seins in dem Sinne, daß jeder Anspruch wegfällt, sie ist vielmehr eine andere und sogar ausgezeichnete Art des Angesprochenseins. Innerhalb und auf Grund des Immer-in-Anspruch--genommen-seins gibt es Entlastung. Ent- und Belastung ist nur durch das ekstatische Ausgespanntsein des Menschen möglich; es sind verschiedene Modifikationen des In-Anspruch--genommen-seins. Der Pensionierte zum Beispiel ist zwar nicht mehr von seiner Berufsarbeit beansprucht, aber als der weiterhin existierende Mensch bleibt er auf eine Beanspruchung angewiesen, die ihn in ihren Anspruch nehmen muß. Bleibt dieser nach dem Wegfall der Berufspflicht aus, dann fällt die Angewiesenheit auf Beanspruchung damit nicht fort, sondern sie bleibt gerade bestehen und zwar als unerfüllte, leere, und als diese wird sie zu einer ungewöhnlichen und so übermäßigen Beanspruchung (»Entlastungsdepression«).

Die am Schluß dieses Seminars noch kurz angedeuteten Phänomene der Langeweile und des Miteinanderseins hinsichtlich ihres Zusammenhangs mit dem Streß sollen im nächsten Seminar eingehender besprochen werden und zwar anhand des Textes der »Umfrage«.

Seminar vom 18. und 21. März 1969
im Hause Boss

I. — 18. März 1969

Das Buch zum Beispiel liegt hier neben dem Glas. Wie aber sind zwei beieinander stehende Menschen beieinander? Warum kann sich das Glas nicht auf den Tisch, auf dem es steht, beziehen? Weil es den Tisch nicht als Tisch vernehmen kann.

Man kann wohl sagen, das Glas ist oben offen, sonst könnte man nichts einschenken. Aber dies ist eine durchaus andere Offenheit als es die *Offenheit* ist, die dem Menschen eigen ist. Die Art und Weise, wie das Glas offen ist, heißt nichts anderes, als daß es für mein handelndes Greifen offen im Raum ist.

Ist der Mensch im Raum wie das Glas? Da-sein heißt in »Sein und Zeit: da-*sein*. Wie ist das *Da* dort bestimmt als das Offene? Diese Offenheit hat auch den Charakter des Raumes. Räumlichkeit gehört zur *Lichtung*, gehört zum Offenen, in dem wir uns als Existierende aufhalten und zwar so, daß wir gar nicht eigens auf den Raum *als* Raum bezogen sind.

Das Im-Raum-sein eines Gebrauchsgegenstandes ist nicht auf das Räumlich-sein des Da-seins zurückzuführen. Aber auch umgekehrt geht es nicht. Räumlichkeit und Zeitlichkeit gehört beides zur Lichtung. Raum und Zeit gehören zusammen, aber man weiß nicht wie.

Wie ist es nun mit dem *Bewußtsein*? In der Lichtung stehen heißt nicht, daß der Mensch im Lichte steht wie eine Stange, sondern das menschliche Da-sein *hält sich auf* in der Lichtung und ›beschäftigt sich‹ mit den Dingen.

II. — 18. März 1969

Wir hängen noch der Frage nach, welches wohl der Unterschied sei zwischen dem Im-Raume-sein eines Glases und dem Offen- -sein des Menschen ›für‹ das Glas. Was heißt: offen sein für?

Das Offen-sein für das Glas, geschieht dies dadurch, daß ich es vernehme, oder ist umgekehrt mein Offen-sein für das Glas die Voraussetzung für das Vernehmen-können?

Glas *als* Glas. Das ›als‹ ist ein Grundwort der Metaphysik. ›Als‹ kann man nur denken von etwas als etwas. Das ›Was‹ ist ›etwas‹, nicht nichts. Was ist mit dem ›nichts‹? Im ›als‹-Sagen handelt es sich immer um eine Aussage von etwas über etwas. Offensein ist nur möglich, wenn für uns schon gelichtet ist, daß etwas anwesend und abwesend sein kann. Im ›für‹ liegt Offenbarkeit von Anwesenheit. Ohne diese gäbe es keinen Bezug.

Entscheidend ist die Frage: Wie verhält sich dieses *Sich-aufhaltende-in-der-Lichtung-sein*, ohne daß Sein thematisch beachtet ist, zu dem, was wir unter *Bewußtsein* verstehen?

Rein sprachlich genommen braucht es im Bewußtsein das Wissen, und Wissen heißt, etwas gesehen haben, etwas als etwas offenbar haben. ›Bewissen‹ und jemand ›bewißt‹; wissen heißt: jemand findet sich zurecht. Dieser Terminus ist so alt wie das Wort ›Dasein‹ und kommt erst im 18. Jahrhundert vor. Die Schwierigkeit, Bewußtsein zu erfahren, liegt in der Bedeutung, die die Zeit der Entstehung diesem Wort gab. Wo fängt das Bewußtsein in der Philosophie an? Bei Descartes. Jedes Bewußtsein von etwas ist gleichzeitig Selbstbewußtsein, wobei das Selbst, das eines Gegenstandes bewußt ist, nicht notwendigerweise seiner selbst sich bewußt ist. Ob dieses Sich-zurechtfinden in den vorhandenen Dingen die Voraussetzung ist für das Da-sein, oder ob das Da-sein, d. h. sich im Offenen Aufhalten, allererst die Möglichkeit gibt für ein Verhalten im Sinne des Sich-zurecht-findens?

Das altgriechische Wort τόπος wird fälschlicherweise mit dem Wort ›Ort‹ übersetzt. Es bezeichnet aber etwas, was wir ›Raum‹ zu nennen pflegen.

III. — 21. März 1969

Aristoteles entwickelt in seiner »Physik« das Wesen des τόπος. Er schreibt im IV. Buch, 4. Kapitel: Er scheint etwas Großmächtiges und schwer zu Bestimmendes zu sein, der Raum. An anderer Stelle lesen wir bei Aristoteles: Der τόπος ist wie ein Gefäß; so wie dieses ein Ort und zwar ein versetzbarer Ort ist, so ist gewissermaßen umgekehrt der Ort ein nicht versetzbares Gefäß (a.a.O., 2. Kapitel).

Der Grundzug der griechischen Raumerfahrung ist also: der Charakter des Umfassenden, eines Gefäßes. τόπος als Gefäß, ein freies, umgebendes Gefäß. Spatium – στάδιον: das Räumen.

Welches ist das Verhältnis von diesen drei Raumvorstellungen? Die beiden ersten gründen der Sache nach in dem, was im Raum und im Sinne von Räumen erfahren werden kann. Diese beiden vorhergehenden setzen ein Freies, Offenes voraus. Die Auffassung von spatium verdeckt das freie Offene durch den geometrischen Raum.

›Bewißt‹ heißt: sich zurechtfinden; aber wo? In der Umwelt, zwischen den Dingen, das heißt zugleich: das Sich-zurechtfinden ist ein Bezogen-sein auf das Gegebene als Gegenstände. Dann bekommt das Wort ›bewußt‹ und ›Bewußtsein‹ im 18. Jahrhundert den theoretischen Sinn als die Beziehung auf die erfahrbaren Gegenstände, für Kant auf die Natur als sinnlich erfahrbaren Bereich. Dann geht es noch einen Schritt weiter: dieses sogenannte empirische Bewußtsein, das Sich-zurechtfinden, nehmen die Naturwissenschaften als die Möglichkeit der Berechenbarkeit der physikalischen Vorgänge.

Man spricht auch vom ›reinen‹ Bewußtsein. Dieses ist dasjenige Wissen, das sich nicht nur auf das sinnlich Wahrnehmbare, auf empirische Gegenstände bezieht, sondern auch darauf, was die Erfahrbarkeit der Gegenstände, nämlich ihre Gegenständlichkeit ermöglicht. Die Gegenständlichkeit der Gegenstände, d. h. das Sein des Seienden, ist auf das Bewußtsein orientiert. Bis und mit Husserl nennt man dies den neuzeitlichen Idealismus.

IV. — 21. März 1969

So ist der Titel *Bewußtsein* zu einer Grundvorstellung der neuzeitlichen Philosophie geworden. Auch Husserls Phänomenologie gehört dazu. Sie ist die Deskription des Bewußtseins. Husserl hat nur als Neues die *Intentionalität* hinzugebracht. In gewisser Hinsicht war die Intentionalität schon bei Husserls Lehrer Brentano gesehen worden.

Intentionalität heißt: jedes Bewußtsein ist Bewußtsein von etwas, ist gerichtet auf etwas. Man hat keine Vorstellung, sondern man stellt vor. Repräsentieren = gegenwärtig machen; das ›re‹ = zurück auf mich. Repraesentatio = das auf mich zurück, mir zu Präsentieren, wobei ich mich selbst allerdings nicht eigens mit vorstelle.

Darin liegt die Möglichkeit, daß dieses ›re-‹ (= mir zurück präsentieren) eigens zum Thema wird, der Bezug auf mich, der ich dann als Vorstellender bestimmt werde. Selbstbewußtsein, wobei das Selbst nicht eigens thematisch werden muß. Das ist die allgemeinste Grundstruktur der Vorstellung oder – im Husserlschen Sinne – das Bewußtsein von etwas.

II

ZWIEGESPRÄCHE MIT MEDARD BOSS
(1961-1972)

Mitstenographierte Aussagen Martin Heideggers in seinen Zwiegesprächen mit Medard Boss anläßlich seiner Hausbesuche in Zollikon und während gemeinsamer Ferien.

*29. November 1961,
am Tage nach dem Seminar über Halluzinationen*

Boss: Zu Beginn des gestrigen Seminars stellte Dr. F. einen seiner schizophrenen Patienten vor. Es handelte sich um einen einfachen Fabrikarbeiter. Dieser hatte sich nie anders empfunden denn als homosexuellen Menschen. Kürzlich aber hatte ihn sein langjähriger Freund im Stiche gelassen. Kurz darauf erkrankte dieser Patient akut. Er war eines Nachts erwacht und sah – völlig wach geworden – an der gegenüberliegenden Zimmerwand die Sonne aufgehen. Unter diesem Gestirn lag ein schlafender Mann. Die Frage war: Wie ist diese Halluzination phänomenologisch zu verstehen?

Heidegger: Vor allem ist es für Sie als Psychiater wichtig, einzusehen, daß es vielerlei Anwesenheitsmodi dessen gibt, was sich dem Da-sein aus dem Offenen seiner Welt her zuspricht. Außer dem Modus einer sinnenhaft wahrnehmbaren, gegenwärtigen Anwesenheit gibt es zum Beispiel auch noch den Anwesenheitsmodus der nicht sinnenhaft wahrnehmbaren Vergegenwärtigungen, ferner den des Erinnerten an etwas dann und dann Geschehenes, weiter den Anwesenheitsmodus eben eines unkorrigierbaren Halluzinierten, ferner des kontrollierbaren Illusionierten, des Imaginierten, den Anwesenheitsmodus der Abwesenheit. Ein abwesender Verstorbener kann zum Beispiel in seiner Abwesenheit den Hinterbliebenen anwesender werden in seiner Abwesenheit, als er es je war, solange er noch lebte.

Der Halluzinierende kann seine Welt nur in einem sinnenhaft wahrnehmbaren, gegenwärtigen Anwesend-sein aller Gegebenheiten sehen, weil er anwesend und abwesend nicht vollziehen kann, weil er in seiner Welt sich nicht frei bewegen kann.

Steigerung der Anwesenheit bis zur Sichtbarkeit: Aristoteles: das Sichtbare ist anwesender als das Hörbare. Das Sichtbare ist die höchste Form der Anwesenheit. Auffallend ist der Andrangscharakter der halluzinierten Sonne des Patienten.

Der Kranke kann das Weggehen des Freundes nur als Anwesenheit von Bedrängendem erfahren. Die Abwesenheit läßt er nicht zu. Das Sein ist nur in und durch die Anwesenheit eines Seienden zu erfahren.

Boss: Warum erscheint eigentlich nicht der Freund selber in einem erotischen Andrang in der Halluzination, sondern eine Sonne?

Heidegger: Es soll der behandelnde Arzt weiter gefragt werden:

a) wie der Patient heute sich zur halluzinierten Sonne und dem Sonnenmann verhält,

b) wie der Sonnenmann, der unter der halluzinierten Sonne schlafende Mann, in der Nacht erschien, wirklich schlafend und doch bedrängend? Ob dieser Sonnenmann irgendwie erkennbar war als der schlafende Freund, oder ob der Sonnenmann die Bannung des Freundes, dessen Abwehr übernehmen mußte?

c) wie jetzt die Beziehung zu dem ihn verlassen habenden Freund ist.

Daß bei operativen Hirnreizungen nur ›Elementarempfindungen‹ auftreten, zeigt gerade, wie wenig das Gehirn beim Sehen eigentlich zu tun hat.

Beim Verstehen des Halluzinierens darf nicht von der Unterscheidung ›Wirkliches‹ und ›Unwirkliches‹ ausgegangen werden, vielmehr von der Untersuchung des Charakters des Weltverhältnisses, in dem der Patient jeweils gerade steht. Ist es dessen ›Intensität‹, ist es die Gebanntheit in dieser, die Unfreiheit in diesem, die dem Halluzinierten den Charakter des Sinnlich-wahrnehmbaren verleiht, es als solches erscheinen läßt?

Vom 24. April bis 4. Mai 1963
während der gemeinsamen Ferien in Taormina, Sizilien

Die bisherige Psychologie, Anthropologie, Psychopathologie betrachtet den Menschen als einen Gegenstand in einem weiten Sinne, als etwas Vorhandenes, als einen Bezirk des Seienden, als das Gesamt des erfahrungsmäßig Feststellbaren am Menschen.

Versäumt wird dabei die Frage, was der Mensch und wie der Mensch als Mensch ist; daß er sich nämlich grundsätzlich, seinem Wesen nach, zu anderem Seienden und zu sich selbst verhält und daß dies seinerseits nur möglich ist, weil er Sein versteht. (›Sich-Verhalten‹ heißt hier: eine durch Seinsverständnis fundierte Beziehung).

Der Amerikaner Sullivan und seine ähnlich orientierten Kollegen machen mit der Aussage, der Mensch werde bestimmt als ein in mitmenschlicher Beziehung stehendes Seiendes, eine Wesensaussage, deren Fundamente gar nicht gefragt werden. (Wesensmäßig = Entwurf, ein a priori, eine im vorhinein gesetzte Bestimmung.) Sie nehmen das menschliche mitmenschliche Verhalten als eine Feststellung *am* Menschen und nicht als eine Wesensaussage, die den Menschen als Menschen erst bestimmt.

Beziehung zu..., das In-Beziehung-sein-zu... kennzeichnet das Wesen des Menschen. (›Kennzeichnen‹ ist hier am Platze und nicht ›ausmachen‹, weil dies besagen würde, daß das In-Beziehung-sein-zu... bereits eine erschöpfende Bestimmung des Menschen sei, während die Beziehung auf das Seinsverständnis, auf die noch ›tiefere‹ Wesensbestimmung des Menschen verweist.)

Eine ›Feststellung‹ läßt grundsätzlich die Möglichkeit offen, daß das Festgestellte bei anderen Menschen auch einmal nicht festgestellt werden könnte. Das ›immer‹ ist eine Folge des Wesens, nicht aber ergibt sich das Wesen aus dem ›immer‹; denn das ›immer‹ kann man gar nicht feststellen, weil man gar nie alle Menschen untersuchen kann.

Galilei-Newtonscher Naturbegriff: Natur ist ein raumzeitlicher Bewegungszusammenhang von Massenpunkten. Nur auf Grund dieser Wesensaussage kann Galileo Galilei ein Experiment ansetzen. Dieser Entwurf ist schon bestimmt von der Berechenbarkeit her. Die Grundfrage von allem war: Wie muß ich die Natur sehen, damit ich sie jederzeit vorausbestimmen kann? Galilei hat etwas gesehen, was man bisher nicht gesehen hatte, aber dies zwang ihn, von allem anderen abzusehen, nämlich von den Qualitäten, davon zum Beispiel, daß ein Apfel ein Apfel ist, jenes ein Baum, dies eine Wiese.

Eine Tatsache ist etwas Wirkliches, aber sie ist nicht die Wirklichkeit. Die Wirklichkeit ist keine Tatsache, sonst müßte sie etwas Feststellbares sein wie eine Maus neben etwas anderem.

Die Experimentalphysik ist nicht das Fundament der theoretischen Physik, sondern umgekehrt.

Die heutige Psychologie und Soziologie und die »Behavioral Sciences«, die den Menschen ferngesteuert manipulieren, gehören in den Galilei-Newtonschen Naturbegriff. Der Mensch wird auch zu einem raum-zeitlichen Massenpunkt in Bewegung.

Der Galileische Naturbegriff und -entwurf ist aus der Auseinandersetzung mit der Aristotelischen Ontologie der Natur erwachsen, und zwar am Leitfaden des Anspruchs auf Berechenbarkeit der Natur.

Weil in der Aristotelischen Ontologie keine Berechenbarkeit möglich ist, konnte es keine neuzeitliche Naturwissenschaft geben. Bei den Griechen war die eigentliche Wissenschaft die Philosophie, die Ontologie, die Frage nach dem Wesen des Menschen und seiner Welt.

Theorie im modernen Sinne ist eine konstruktive Annahme zum Zwecke einer widerspruchslosen Einordnung eines Faktums in einen größeren Zusammenhang, in den schon bestehenden Naturzusammenhang im Newtonschen Sinne.

Dahinter steckt schon die Theorie im alten Sinne als Wesensbestimmung der Natur. Aber darauf geht die moderne Wissenschaft nicht ein.

Humanitas: freier Bezug des Menschen zu dem, was ihm begegnet, daß er sich diese Bezüge aneignet und daß er sich dafür in Anspruch nehmen läßt.

Wie sind die Harvard-Vorlesungen zu beginnen? [Bezieht sich auf das Sommersemester, für das Medard Boss, als Visiting Faculty Member an die Harvard University in Cambridge, Mass. USA, eingeladen worden war.]

Wir betreiben Psychologie, Soziologie, Psychotherapie, um den Menschen zu helfen, daß der Mensch das Ziel der Anpassung und der Freiheit im weitesten Sinne gewinnt. Das geht Mediziner und Soziologen gemeinsam an, weil alle soziologischen und alle krankhaften Störungen des Einzelmenschen Störungen der Anpassung und der Freiheit sind.

Hier wäre der konkrete Fall der Frau Zürcher und ihrer Begegnung mit dem Bräutigam und ihrer früheren hysterischen Lähmungen und organ-neurotischen Magen-Darmstörungen anzubringen. [Bezieht sich auf die Frau Zürcher im Grundriß-Buch von Medard Boss.[1]]

Diskussion der physiologischen Erklärungen

Das Physiologische ist eine notwendige Bedingung für die Möglichkeit eines menschlichen Bezuges zum anderen. Aber allein schon das Faktum, daß die Patientin eigentlich ein ›Du‹ sieht als Mitmenschen, das ist doch keine Sinnesempfindung. Es gibt doch kein Sinnesorgan für das, was heißt: ›der andere‹. Das Physiologische ist keine hinreichende Bedingung im wörtlichen Sinne von hin-zu-reichen, daß sie nicht zum anderen hinüberreicht und den Bezug ausmachen kann.

---

[1] Medard Boss, Grundriß der Medizin und der Psychologie. Ansätze zu einer phänomenologischen Physiologie, Psychologie, Pathologie, Therapie und zu einer daseinsgemäßen Präventiv-Medizin in der modernen Industrie-Gesellschaft. Zweite ergänzte Auflage. Bern, Stuttgart, Wien 1975.

Das Physiologische ist eine auf einer Extratour erfolgte Vergegenständlichung von etwas am Menschen, welche Vergegenständlichung nicht mehr ins Menschliche zurückgenommen werden kann.

Das, was physiologisch umgedeutet wird als chemisch-physikalischer Prozeß, erscheint im unmittelbaren mitmenschlichen Bezug phänomenal ganz anders.

Aus dem Faktum, daß durch chemische Eingriffe in das als etwas Chemisches umgedeutete Leibliche etwas bewirkt werden kann, wird geschlossen, daß der Chemismus des Physiologischen der Grund und die Ursache des menschlich Psychischen sei. Dies ist ein Fehlschluß; denn etwas, was Bedingung ist, d. h. solches, ohne das der existenzielle Bezug nicht vollziehbar ist, ist nicht die Ursache, nicht die hervorbringende Ursache und deshalb auch nicht der Grund. Der existenzielle Bezug besteht nicht aus Molekülen, wird nicht durch sie hervorgebracht, aber ist nicht ohne das, was in ein physiologisch-molekulares Geschehen umgedeutet werden kann.

Wäre das Physiologische der Grund des Menschlichen, müßte es z. B. ›Abschiedsmoleküle‹ geben.

Die chemisch-physikalische Wissenschaft ist nichts Chemisches. Die Leute nehmen also etwas Nicht-chemisches in Anspruch für ihre Theorien. Sie benötigen für die Aufstellung ihrer Behauptung, daß das Seelische etwas Chemisches sei, etwas Nicht-Chemisches, nämlich einen bestimmten Weltbezug, ein bestimmtes Weltverhältnis im Sinne der Vergegenständlichung ins Berechenbare.

In Prof. Praders Antrittsvorlesung über Molekularbiologie liegt der Schwindel darin, daß der Begriff ›Individuelles‹ und ›Individualität‹ einfach vom menschlichen Selbst auf die Moleküle übertragen wird.

Gegenüber Frau Prof. Fritz-Nigglis Aufsatz über »Gedächtnis«[2] ist einzuwenden: Woher weiß sie das, daß die Würmer

[2] Fritz-Niggli, Vom Gedächtnis. Zuerst erschienen in: Neue Zürcher Zeitung, Nr. 1157 (29), 1963, Blatt 5.

Gedächtnis haben? Hier kann man doch nicht von Gedächtnis sprechen. Das kann man nur, wo Bewußtsein ist.

Nachtrag:
Aristoteles kannte vier verschiedene Arten von Bewegung:
1. γένεσις, φθορά: entstehen, aufgehen und vergehen, entschwinden.
2. αὔξησις, φθίσις: Vermehrung, Wachstum und Verfall.
3. ἀλλοίωσις: Veränderung, z. B. das Braunwerden eines grünen Blattes.
4. φορά: Tragen, Befördern von einem Ort zum anderen.

Galilei hat nur die Bewegung als φορά genommen, alle anderen Arten von Aristotelischer Bewegung ausgeschieden, Bewegung nur noch als Ortsveränderung in der Zeit.

Griechisch ist der Grund zu aller Bewegung die μεταβολή = Umschlag von etwas in etwas anderes. Dies ist die ›formalste‹ Bestimmung der Bewegung.

Wenn man im Falle des Begegnens unserer Patientin mit ihrem Bräutigam von ›Wiedererinnern‹ spricht, liegt der Fehler darin, daß man alles auf die Wahrnehmung reduziert und daß man sich vorstellt, wenn sie ihn nicht mehr wahrnimmt, sei er weg. Dies ist ein Fehler. Er ist eben nicht weg, sondern ist nur nicht mehr leibhaftig gegenwärtig, aber er ist noch da. Er braucht dabei gar nicht eigens beachtet zu werden. (Wenn dagegen gefragt wird: Wo ist er denn, wenn er nicht mehr leibhaftig gesehen wird?, ist zu antworten: Dort, wo er ist, auch wenn die Braut nicht genau weiß, wo der Ort ist und wie er aussieht. Er ist doch nicht in ihr Gehirn hineingesprungen.) Darum kann sie ihn in irgendeiner Weise vergegenwärtigen.

Wenn man etwas *damals* Gewesenes und von mir als damals Erfahrenes vergegenwärtigt, dann ist es eine Erinnerung.

In der Psychologie wird gar nicht die Anwesenheit des Betreffenden in die Wahrnehmung aufgenommen, sondern die

Wahrnehmung wird als ein innerpsychisches Vorkommnis aufgefaßt. Wenn dieses aufhört, soll dann auch der Anwesende weg sein.

Wenn Jean Paul Sartre Martin Heidegger vorwirft, er hätte den Leib schlecht behandelt, so hat diese ›schlechte Behandlung‹ zwei Gründe:
1. Die Behandlung der Leibphänomene ist gar nicht möglich ohne zureichende Ausarbeitung der Grundzüge des existenzialen In-der-Welt-seins.
2. Es gibt noch gar keine zureichend verwendbare Beschreibung des Leibphänomens, nämlich eine solche, die vom In-der-Welt--sein aus gesehen wird.

Es gibt bei solcher ›Leibphänomenologie‹ *nur* Beschreibung. Alles ›Erklären‹, d. h. alles Ableiten aus etwas anderem hat keinen Sinn. Denn mit dem Erklären und Ableiten kommt man nicht zum Wesentlichen dieser Sache. Es ist also im Grunde unsachlich.

Alle Anpassung ist nur möglich und hat nur Sinn auf Grund des Mitseins.

Bei ärztlichem Helfen-wollen: Zu beachten, daß es immer um das Existieren geht und nicht um das Funktionieren von etwas. Wenn man nur das Letztere beabsichtigt, hilft man gar nicht zum Dasein. Dies gehört zum Ziel.

Der Mensch ist wesensmäßig hilfsbedürftig, weil er immer in der Gefahr ist, sich zu verlieren, mit sich nicht fertig zu werden. Diese Gefahr hängt mit der Freiheit des Menschen zusammen. Die ganze Frage des Krankseinkönnens hängt mit der Unvollkommenheit seines Wesens zusammen. Jede Krankheit ist ein Verlust an Freiheit, eine Einschränkung der Lebensmöglichkeit.

Die »psychoanalytische Lebensgeschichte« ist gar keine Geschichte, sondern eine naturalistische Kausalkette, eine Kette von Ursache und Wirkung, und zudem noch eine konstruierte. Siehe dazu »Sein und Zeit« S. 374 oben und S. 376 (Geschichtlichkeit).

Möglichkeiten, Daseinsmöglichkeiten sind nicht Tendenzen oder Vermögen in einem Subjekt. Sie ergeben sich sozusagen immer erst von ›draußen‹ her aus der jeweiligen geschichtlichen Situation des Sich-verhalten-könnens und Wählens, des Verhaltens zu dem Begegnenden.

Siehe zu Lichtung und Zeitlichkeit: »Sein und Zeit« S. 408.

Zeitigung als Sich-zeitigen ist Sich-entfalten, aufgehen und so erscheinen.

Natura (lateinisch) kommt von nasci = geboren werden. φύσις → φύειν (griechisch) = aufgehen im Sinne des aus der Verborgenheit ins Unverborgene Kommen. Weder bei natura noch bei φύσις besteht dem Worte nach ein Zusammenhang mit *Zeit.*

Wissen hängt mit ›wit‹ → videa (Sanskrit vydia) zusammen. Dabei ist im Griechischen bei der ἰδέα das ›v‹ verschwunden. Immer heißt es: etwas ins Licht stellen. Das Zurechtfinden ist erst eine Folge des Sehens, ›Bewissens‹, darin gleiche Form wie ›beschreiben‹ = mit einem Licht umgeben. (Vgl. M. Bleulers Aufsatz über Bewußtseinsstörungen.) Bewußtsein setzt Lichtung und Dasein voraus und nicht umgekehrt.

Besser als von Möglichkeiten als den Konstituentien des Daseins zu sprechen, sagt man *Sein-können,* immer im Sinne von In-der-Welt-sein-können. Das jeweilige Sein-können wird erblickt aus dem jeweiligen, geschichtlichen gerade so und so Dasein in der Welt. Geschichtlich ist die Art und Weise, wie ich zu dem, was auf mich zukommt und was gegenwärtig ist, und zu dem Gewesenen mich verhalte. Jedes Sein-können zu etwas ist eine bestimmte Auseinandersetzung mit dem Gewesenen im Hinblick auf etwas auf mich Zukommendes, zu dem ich mich entschließe.

›Möglichkeiten‹ im modalen Sinne der Metaphysik, d. h. in Abhebung der beiden anderen ›Seinsmodi‹: Notwendigsein und Wirklichsein, bezieht sich immer auf ein Herstellen durch den Menschen oder durch den Schöpfer-Gott. *Möglichkeiten* im existenzialen Sinne sind immer ein geschichtliches In-der-Welt--sein-können. Aus der Art, wie ich das auf mich Zukommende anspreche, sehe ich Gegenwart und Gewesenes. Aus der möglichen Bedrohung durch die zukünftige Atombombenexplosion wird die gegenwärtige Welt eingerichtet, organisiert und wird dementsprechend das Gewesene als ›unfähig‹, sich damit auseinanderzusetzen, als die diese Auseinandersetzung noch nicht könnende Welt oder die Welt, in der das alles vorbereitet wird, gesehen. Erst von der zukünftigen Bedrohung durch die Atombombe her kann man auch die Tragweite z. B. des Schrittes von Galilei sehen. *Alles fängt mit der Zukunft an!*

Boss: Was heißt eigentlich der zentrale Satz in »Sein und Zeit«, der verschiedentlich, wenn auch in leicht abgewandelter Form, wiederholt wird: *Dasein ist jenes Seiende, dem es in seinem Sein um dieses selbst geht?*

HEIDEGGER: Das Dasein ist immer als In-der-Welt-sein, als das Besorgen von Dingen und das Sorgen für Mitseiende, als das Mitsein mit den begegnenden Menschen zu sehen, nie als ein für sich bestehendes Subjekt. Das Dasein ist ferner immer als ein Inne-stehen in der Lichtung, als Aufenthalt bei dem Begegnenden, d. h. als Erschlossenheit für das darin angehende Begegnende zu sehen. *Aufenthalt* ist immer zugleich ein Verhalten zu .... Das ›Sich‹ im *Sichverhalten* und das ›mein‹ in ›meinem Dasein‹ darf nie als ein Bezogensein auf ein Subjekt oder eine Substanz verstanden werden. Vielmehr ist das ›Sich‹ rein phänomenal zu sehen, d. h. so wie ich mich jetzt verhalte. Das *Wer* erschöpft sich jeweils gerade in den Verhaltensweisen, in denen ich jetzt eben bin.

Das Nützlichste ist das Nutzlose. Aber das Nutzlose zu erfahren, das ist das Schwerste für den heutigen Menschen. Dabei ist das ›Nützliche‹ verstanden als das praktisch Verwendbare, unmittelbar für technische Zwecke, dafür, was irgendeinen Effekt bewirkt, mit dem ich wirtschaften und produzieren kann. Man muß das Nützliche im Sinne des *Heilsamen* sehen, d. h. als das, was den Menschen zu ihm selbst bringt.

Im Griechischen ist θεωρία die *reine Ruhe*, die höchste ἐνέργεια, die höchste Weise des Sich-ins-Werk-setzens, abgesehen von allen praktischen Machenschaften: das Anwesenlassen des Anwesens selbst.

Boss: Wir werden von unseren Patienten gezwungen, den Menschen in seinem Wesensgrunde zu sehen, weil sich die moderne ›Langweiligkeits- und Sinnlosigkeits-Neurose‹ nicht mehr übertönen läßt durch Vertuschung oder durch Verdeckung mit einzelnen Krankheitssymptomen. Behandelt man nur diese, dann tritt immer nur wieder ein anderes Symptom auf. Immer öfter kommen heute Menschen zum Psychotherapeuten, die überhaupt keine ›Symptome‹ im Sinne lokalisierter Funktionsstörungen psychischer oder physischer Art haben, sondern einfach, weil sie keinen Sinn mehr im Leben sehen, weil es ihnen unerträglich langweilig geworden ist.

Heidegger: Das ›Verhalten‹, die ›Verhältnisse‹ meinen die zusammengehörigen Weisen des Bezuges zum Seienden im Ganzen, wobei das meiste jeweilen nicht eigens beachtet wird. Dasselbe ist der *Aufenthalt bei* ... und zugleich das Anwesenlassen von Seiendem. Mein Dasein ist jeweils in der gegenwärtigen Situation dadurch konstituiert. Mehr läßt sich gar nicht darüber sagen. Man kann nicht nach einem ›Träger‹ des Verhaltens fragen, sondern das Verhalten trägt sich selbst. Das ist gerade das Wunderbare daran. Das ›Wer‹ ich jetzt bin, läßt sich nur sagen durch diesen Aufenthalt, und in dem Aufenthalt liegt immer zugleich auch das, wobei ich mich aufhalte und mit wem und wie ich mich dazu verhalte. ›Aufgehen‹ bei ... heißt nicht ›Sich-auflösen‹, wie sich der Zucker im Wasser auflöst, sondern ›benommen werden von etwas‹, wie z. B. wenn man sagt: er geht ganz in seiner Sache auf. Dann existiert er eigentlich als der, der er ist, d. h. in seiner Aufgabe.

Sokrates pflegte die Schuhmacher zu fragen, was sie da machen, bis die sahen, daß sie gar nicht Schuhmacher sein könnten, wenn sie nicht zuvor schon das εἶδος, die οὐσία, das Wesen des Schuhes, d. h. das eigentlich Anwesende vor dem einzelnen Seienden, dem einzelnen Schuh, gesehen hätten. Daraufhin haben sie ihm den Giftbecher gegeben. Diese Wesenssicht, diesen Wesensblick zu wissen ist offenbar für die meisten unerträglich.

Dasein = das Aufgehen bei dem, wozu ich mich verhalte, aufgehen im Bezug zum Anwesenden, Aufgehen in dem, was mich gerade angeht. Ein Sich-einlassen darauf, was mich angeht.

Das Mit-einander-teilen derselben Welt in diesem Bezug des Aufgehens-bei ... ermöglicht erst eine *Mitteilung*.

Wenn ich sage: das Dasein, dem es in diesem Sein um dieses selbst geht, so darf man ›sein Sein‹ nicht als Subjektivität mißverstehen, sondern dieses sein In-der-Welt-sein ist es, *um* das es dem In-der-Welt-sein geht.

Der Ausdruck ›Entsprechen‹ heißt: dem Anspruch antworten, ihm gemäß sich verhalten. *Ent*-sprechen → *Ant*-worten.

Das Aufgehen im Anschauen der Palme vor unserem Fenster ist das Anwesenlassen der Palme. Das Anwesenlassen der Palme, ihres Schwingens im Winde ist das Aufgehen meines In--der-Welt-seins, meines Verhaltens *in der* Palme.

Zum Begriff der Vorstellung
Man kann die Leute nur fragen, ob sie wirklich, wenn sie die Wandtafel sehen, eine ›mentale‹ *Vorstellung* haben und wahrnehmen. Wenn sie die Theorie von den Sinnesreizen vorbringen, ist zu fragen, wann kommt die Tafel als die Tafel, die dort ist, auf der ich schreibe, zum Vorschein dabei? Die Theorie von der Entstehung einer ›Vorstellung‹ aus Sinnesreizen ist eine reine Mystifizierung, d. h. es wird von Sachen geredet, die gar nicht ausgewiesen sind, die reine Erfindungen sind, Konstruktionen aus einer berechnenden, kausaltheoretischen, erklärenden Haltung gegenüber dem Seienden heraus. Es ist eine Umdeutung der Welt.

Wenn man anfängt, die Tafelwahrnehmung aus Reizen auf die Sinne zu erklären, hat man doch die Tafel bereits gesehen. Wo bleibt bei dieser Sinnesreiz-Theorie auch nur das ›ist‹? Auch die größtmögliche Anhäufung und Intensität von Reizen bringt niemals das ›ist‹ hervor. Dieses bleibt in jedem Gereizt*sein* schon vorgegeben.

Auch das Phantasieren kann nur in eine Welt hinein gesehen werden und in eine Welt hinein geschehen. Das Phantasieren eines goldenen Berges geschieht doch immer nur so, daß auch der irgendwie in einer Welt ruht. Es ist auch bei einem solchen Phantasieren nicht nur der isolierte goldene Berg da. Ich bilde mir auch einen goldenen Berg nicht in mein Bewußtsein oder ins Gehirn hinein ein, sondern in eine Welt hinein, in eine Landschaft hinein, die ihrerseits wieder auf die Welt, in der ich leibhaftig existiere, bezogen ist. Der goldene Berg ist *als* Eingebildetes vorhanden, was ein bestimmter Modus der Anwesenheit ist und Weltcharakter hat. Er ist auf Menschen, Erde, Himmel und Götter bezogen.

Der ganze Ansatz im Innerpsychischen und der Ausgang von einem Bewußtsein aus ist *abstrakt*, ist eine *nicht ausweisbare Konstruktion*. Die Umweltsbezüge eines Dinges bedürfen keiner Erklärung, sie müssen nur gesehen werden.

Zur Wahrnehmung des anderen Menschen

Die übliche psychologische Theorie, daß man einen anderen Menschen durch ›Einfühlung‹, durch ›Projektion‹ seiner selbst in den anderen hinein wahrnimmt, ist nichtssagend, weil die Vorstellung einer Einfühlung und einer Projektion immer schon das Mitsein mit dem anderen und das Mitsein des anderen mit mir voraussetzt. Beides setzt das Verstandenhaben des anderen als anderen Menschen schon voraus, sonst würde ich ja ins Leere hinein projizieren.

Zur Introjektion
Beim Nachahmen der Mutter durch ihr Kind richtet sich das Kind *nach* der Mutter aus. Es vollzieht das In-der-Welt-sein der Mutter. Das kann es nur, insofern es selber ein In-der-Welt--sein ist. Das Kind geht im Verhalten der Mutter auf. Es geht auf in den Weisen des In-der-Welt-seins der Mutter. Es ist genau das Gegenteil eines Introjiziert-habens der Mutter. Es ist ›draußen‹ noch verhaftet in die Weisen des In-der-Welt-seins eines anderen Menschen, seiner Mutter.

Zur Projektion
Psychologisch sagt man, man projiziere seine eigene böse Wesensseite in den Feind, hasse ihn dann als den Bösen und vermeide so, das Böse bei sich selbst zu sehen und es bei sich selbst wahrnehmen zu müssen. Es stimmt, daß man das Böse, das schon aus der Welt bekannt sein muß, dem anderen zuschreibt, den anderen als einen Bösen interpretiert. Aber das braucht noch lange keine Projektion zu sein, kann auch gar keine Projektion sein. Denn in der Zuschreibung des Bösen auf einen anderen wehrt man lediglich das Anerkennen ab, daß auch ich zum Bösen gehöre wie alle Menschen. Wäre es so, daß es sich dabei faktisch um ein Projizieren handeln würde, dann wäre ich ja nach der Projektion, nach dem wirklichen Hinauswerfen und Hinüberwerfen meines Bösen auf den anderen plötzlich selbst ein guter Mensch. Das bin ich jedoch gerade dann nicht, wenn ich das Böse nur dem anderen zuschreibe. Denn dann sitzt das Böse gerade und erst recht noch in mir, d. h. mein Verhalten hat noch den Charakter des Bösen, nur will ich es nicht wahrhaben. Das Nicht-wahr-haben-wollen heißt gerade, daß ich in diesem bösartigen Verhalten drin stecke.

Bei solcher Projektionstheorie übersieht man wieder das Mitsein, das ein ursprünglicher, wesensmäßiger Zug des Daseins ist. Jedes Dasein steht in der Möglichkeit des Sich-böse-verhaltens. Zu jedem Dasein gehört als Wesenszug auch schon immer das Böse-sein-können im Verhältnis zu dem Begegnenden, ob es nun immer und eigens vollzogen wird oder nicht. Der Vollzug eines Sein-könnens ist etwas ganz anderes als die Aktualisierung im Sinne einer Verwirklichung von etwas metaphysisch Möglichem. Der Unterschied ist, daß es sich beim Vollzug im existenziellen Sinne nicht um das Herstellen von Bösem handelt. Das Böse liegt nicht zunächst vor als eine abstrakte Möglichkeit, die dann irgendwie ›aktualisierend‹ hergestellt wird, sondern das Böse-sein-können gehört zu meinem Sein-können, d. h. zu meinem Dasein schon ganz ursprünglich. Das heißt, ich bin mein Böse-sein-können immer schon und von allem Anfang an auch unter anderen Weisen des Sein-könnens. Es ist immer schon anwesend, konkret, als ein meinem Dasein zugehöriges Sein--können, das dann noch unter Umständen im leibhaftigen oder geistigen Verhalten zu dem mir Begegnenden vollzogen werden kann.

Das Sein-können ist gerade das ›*Wesen*‹ des Daseins. Ich bin ständig mein Sein-können als *Können*. Mein Sein-können ist nicht eine Möglichkeit als etwas Vorhandenes, die dann von der Möglichkeit übergeführt werden könnte in etwas anderes, in eine Handlung zum Beispiel.

Im Bereiche des Vorhandenen ist das Entsprechende zum Beispiel das ›Balken-sein-können‹ eines Baumstammes. Dieses Balkenseinkönnen gehört als Vorhandenes wesensmäßig zum Baumstamm. Wenn ich dann aber einen Baumstamm zu einem Balken gemacht habe, ist er kein Baumstamm mehr. Er wurde dabei als Baumstamm aufgebraucht. Ganz anders beim Vollzug eines Sein-könnens des Daseins im Gegensatz zu der Aktualisierung der vorhandenen Möglichkeit des Balkenseins eines Baumstammes.

Das ek-statische In-der-Welt-sein hat immer den Charakter des Sein-könnens. Wenn ich jetzt hier sitze, kann ich jederzeit aufstehen und zur Türe hinausgehen. Dieses Zur-Türe-hinausgehen-können bin ich als solches, auch wenn ich es nicht vollziehe. Wenn ich es aber vollziehe und faktisch zur Türe hinaus gehe, so ist dennoch dieses So-sein-können immer weiter als Sein-können da, anwesend, mein Dasein weiter mitkonstituierend und ist nicht etwas Aufgebrauchtes wie der ehemalige Baumstamm, dessen mögliches Balkenwerdenkönnen aktualisiert wurde und der dann als Baumstamm verschwunden ist und bleibt. Im Gegenteil wird das ekstatische Seinkönnen des Daseins bei seinem Vollzug und in seinem Vollzogenwerden gesteigert als Sein-können, es wird leichter, reicher, wenn ich ein Sein-können öfters wiederhole und übe. Das Sein-können ist das eigentliche Phänomen, als was sich mein Dasein zeigt.

Die sog. Projektion ist nur ein Ablenkungsmanöver, mit dem man die Anerkennung des Böse-sein-könnens von einem ablenkt und abwehrt. In der üblichen, psychologischen Vorstellung einer Projektion ist alles verdinglicht.

Zur Übertragung

Das Wesentliche ist, daß ein im psychologischen Sinne ›übertragender‹ Mensch in einer bestimmten Gestimmtheit festgehalten ist, und aus dieser heraus kann er gar nicht anders, als einen Mann, der mit ihm zu tun hat, dem er begegnet, als einen Gehaßten begegnen zu lassen. Dieses Gar-nicht-anders--können ist auch ein Sein-können, also ein Konstituens meines Daseins.

Die Befindlichkeit oder Gestimmtheit ist ein Grundcharakter des Daseins und gehört zu jedem Verhalten. Jedes Verhalten ist schon zum vornherein immer gestimmt, und deshalb hat es gar keinen Sinn, von ›Übertragung‹ zu reden. Es braucht gar nichts übertragen zu werden, weil die jeweilige Gestimmtheit, aus der heraus und der entsprechend sich alles Begegnende nur zu zeigen vermag, immer schon da ist. Innerhalb der jeweiligen Gestimmtheit zeigt sich einem auch ein begegnender Mensch dieser ›Entschlossenheit‹ (Gestimmtheit) entsprechend.

Zur Bezeichnung »Projektionstest«

Was ereignete sich wirklich, wenn z. B. einer zu einer Rorschach-Tafel sagte: ich sehe da eine Tänzerin? Er sieht dann da eine Tänzerin, weil eine Tänzerin schon zum vorhinein seine Welt bestimmte. Woher fällt ihm dieses oder jenes ein? Sicher nicht vom Klecks der Rorschach-Tafel her. Die Einfälle kommen immer aus einer bestimmten Welt, aus einem so und so gestimmten Weltbezug her, in dem einer sich gerade aufhält. Es fällt ihm deshalb nicht ein, eher fällt etwas heraus und zwar aus einem bestimmten, auf eine je besondere Weise gestimmten Weltbezug heraus.

Zu den Affekten

Beispiel der *freudigen* Begegnung der jungen Frau mit ihrem Bräutigam: Die Freude, der sog. freudige Affekt, wird nicht ausgelöst durch die Begegnung. Sie kann sich nur freuen, wenn sie ihn sieht, weil sie schon in der Bereitschaft für die freudige Gestimmtheit des Daseins war und ist. Der begegnende Mann verursacht nicht die freudige Gestimmtheit, während er ihr vorher, zu kranken Zeiten, Angst ausgelöst hätte. Er, der Mann, hat sich ja nicht geändert, sondern sie, die Frau. Und zwar ist ihr ganzes Weltverhältnis ein anderes geworden, in dem ihr die Menschen und zumal dieser Mann anders, das heißt dieser neuen Erschlossenheit entsprechend begegnen. Sie ist frei geworden für ein freudiges Gestimmtsein-können. Das freudige Gestimmtsein wird nicht durch den Mann bewirkt, sondern durch ihn erfüllt. Das freudige Gestimmtsein-können wird durch seine Anwesenheit (des Mannes) vollziehbar und vollzogen.

Schon der Name Affekt ist verheerend. Af-ficere – antun. Freude wird mir nicht angetan, sondern diese Gestimmtheit gehört zu meinem ekstatischen Bezug, zu meinem In-der-Welt--sein.

Zur Zeit der hysterischen Unfreiheit dieser Patientin war die Grundgestimmtheit dieser Frau doch die Angst, die das ganze

Dasein der Kranken durchwaltete; auch wenn sie in bezug auf ihre jungen weiblichen Gespielinnen noch freudig sein konnte. Denn diese Gespielinnen gingen sie als Frauenwesen nicht so zentral an. Die mitmenschlichen Bezüge zu den Gespielinnen waren nicht der eigentliche und wesentliche Weltbezug der Kranken als Frau, waren nicht der ihr eigentliches Frauenwesen bestimmende und es kennzeichnende Weltbezug. Dies war schon immer der Bezug zum Mann.

Zur Therapie
Boss: Was bedeutet therapeutisch meine Frage: ›Wieso kann Ihnen das männliche Wesen immer nur als etwas Gefährliches begegnen?‹

HEIDEGGER: Durch solches Fragen eröffne ich der Kranken den Blick für die Mannheit, für das Wesen des Mannes im Ganzen. Ich stimme die Frau auf das Mann-Wesen um. Man eröffnet ihr den vollen Wesensblick für den Mann, die Mannheit. Dadurch kann sie freier werden für einen Mann, für das Mann-Wesen, das für sie ihr Frau-Wesen erfüllt. Das Frei-sein für etwas ist an sich eine gelöste und freudige Stimmung.

Boss: Warum ist es noch allen Psychologen, Freud inbegriffen, so unmöglich gewesen, das Wesen der Männlichkeit und der Weiblichkeit zu bestimmen?

HEIDEGGER: Das kommt von der angeborenen Wesensblindheit des Menschen.

Zum Vergessen
Notwendig zu dessen Verstehen ist der Blick fürs In-der--Welt-sein. Wenn man in Subjekt-Objekt-Vorstellungen verhaftet ist, wird das Vergessen als ein nicht mehr faßbares Residuum im Gehirn aufgefaßt: gerade nicht als etwas, das sich verbirgt.

Nietzsche sagt in der »Morgenröte« (Nr. 126): »Dass es ein Vergessen giebt, ist noch nicht bewiesen; was wir wissen, ist al-

lein, daß die Wiedererinnerung nicht in unserer Macht steht. Vorläufig haben wir in diese Lücke unserer Macht jenes Wort ›Vergessen‹ gesetzt: gleich als ob es ein Vermögen mehr im Register sei. Aber was steht zuletzt in unserer Macht!«[3]
Verschiedene Weisen des Vergessens:

1. Die verschiedenen Arten von ›Vergessen‹ sind Weisen und Arten, wie sich einem etwas entzieht, verbirgt. Wenn ich den Schirm beim Coiffeur vergesse mitzunehmen, was ist das? Vergessen tue ich das *Mitnehmen* des Schirmes, nicht den Schirm. Ich habe es versäumt, nicht daran gedacht. Ich war eben mit anderem beschäftigt. Hier ist also das Vergessen eine Privation des Andenkens an etwas. Hier Gedächtnis als Andenken.

2. Ich habe den Namen eines mir bekannten Menschen vergessen. Ich komme nicht mehr auf den Namen. Er fällt mir nicht mehr ein. Er ist mir entfallen. Es ist mir entfallen, wie er heißt. Entfallen ist eine Privation. Woraus ist er mir entfallen? Aus dem Behalten, aus dem Gedächtnis. Dieses Vergessen ist also die Privation des Behaltens. Das Behalten seinerseits ist eine eigene Form des Bezuges zu dem, zu dem ich mich verhalte. Es ist nicht ein Modus des Andenkens, denn ich brauche nicht ständig an einen Namen zu denken, den ich behalte. Hier Gedächtnis als Behalten.

Boss: Laut psychoanalytischer Theorie drückt sich aber beim Liegenlassen z. B. einer Tasche beim Weggehen aus dem Zimmer eines Bekannten der unbewußte Wunsch aus, dorthin zurückkehren zu können. Wie ist ein solches Liegenlassen phänomenologisch zu beschreiben?

HEIDEGGER: Beim Liegenlassen der Tasche gibt es keine unbewußte Absicht. Vielmehr ist das Weggehen ein ganz anderes, als es das Weggehen vom Coiffeur war. Gerade weil ihr der Mann, bei dem sie zu Besuch war, nicht gleichgültig ist, ist ihr

---

[3] F. Nietzsche, Morgenröte. In: Nietzsche's Werke. Bd. IV. Leipzig 1923, S. 126.

Weggehen ein solches, daß sie im Weggehen noch und erst recht noch und immer mehr da ist. Weil sie im Weggehen so sehr noch bei dem Mann ist, ist die Tasche gar nicht da. Bei solchem Weggehen bleibt die Tasche liegen, weil sie schon beim noch im Zimmer sein so sehr bei ihrem Freund war, daß schon dann die Tasche gar nicht da war. Hier ist das Wohin-gehen gar nicht da.

Wenn dieselbe Frau von jemandem Gleichgültigen weggehen würde, um in der Stadt einzukaufen, dann würde sie die Tasche nicht vergessen, sondern mitnehmen, weil die Tasche zum Einkaufen gehört, in welchem Bezug die Frau dann wirklich drin wäre. Hier ist das Weggehen ein Weggehen in die Stadt. Hier ist nur das Weggehen in die Stadt da. Das beim gleichgültigen Bekannten Gewesen-sein ist erledigt.

Die Sache mit der unbewußten Absicht ist eine Erklärung gegenüber der phänomenologischen Interpretation. Diese Erklärung ist eine reine Hypothese, fördert das Verständnis des Phänomens des Liegenlassens selbst und als solches in keiner Weise.

In der Freudschen Hypothese wird das Liegenlassen herausgehoben als ein Faktum und das muß nun erklärt werden. Solches Liegenlassenfaktum stellen wir von außen fest. Die Frau selbst läßt sie nicht unbewußt liegen, weil die Tasche gar nicht da ist, und man nur etwas liegenlassen kann, was da ist.

Boss: Wie steht es mit dem Vergessen von etwas Peinlichem, das nach Freuds Theorie *verdrängt* wurde ins Unbewußte?

HEIDEGGER: Beim Schirm-Stehen-lassen beim Coiffeur denke ich nicht an das Mitnehmen. Beim Vergessen von etwas Peinlichem will ich nicht daran denken. Hier entfällt *es* mir nicht, sondern *ich* lasse es mir entfallen. Dieses Entfallen-lassen geschieht so, daß ich mich mehr und mehr auf anderes einlasse, damit jenes Unangenehme entfällt. Die Peinlichkeit ist doch schon der Index dafür, daß sie von dem peinlichen Ereignis in der Jugend angegangen wurde und wird. Aber sie läßt sich nicht darauf ein, auf diese Peinlichkeit. Sie weiß auch um diese Peinlichkeit, sonst könnte es gar keine Peinlichkeit für sie sein. Es ist ein Ausweichen vor sich selber als dem Selbst, das ständig von dem Peinlichen angegangen ist. In diesem Ausweichen vor sich selbst ist sie sich unthematisch gegeben, und je mehr sie dieses Ausweichen betreibt, um so weniger weiß sie das Ausweichen, sondern geht darin auf in dem Ausweichen, unreflektiert.

Die wissenschaftlich-theoretische Vorstellung, es müsse beim Vergessen und Verdrängen ein physisches oder psychisches *Behältnis* geben, in das hinein das Vergessene geworfen werden könne, hat nur einen Sinn von einem Behalten aus. Die Vorstellung eines Behältnisses kann nur von einem Behaltenkönnen aus motiviert sein. Man kann nicht umgekehrt das Behalten von einem Behältnis ableiten. Ein ›Engramm‹ ist nie ein Behalten von etwas als etwas. Ein Engramm ist eine physiologische Veränderung, aber ein Behalten ist ein Bezug zu etwas, dazu gehört Seinsverständnis. Ein Engramm dagegen ist eine rein dinghafte Veränderung. Das Behalten selbst als solches ist nichts Physiologisches.

Das Leibliche des Menschen kann nie, grundsätzlich nie als etwas bloß Vorhandenes betrachtet werden, wenn man es sachgemäß betrachten will; wenn ich das Leibliche des Menschen als etwas Vorhandenes ansetze, habe ich es zum vorhinein schon als Leib zerstört.

Zum Erinnern

Erinnern ist das Vergegenwärtigen eines Gewesenen als eines damals zu einer bestimmten Zeit von mir Erfahrenen. Wenn mir ein entfallener Name einfällt, ist dies keine Erinnerung. Es wäre nur eine Erinnerung, wenn mir der Name als etwas einfiele, was ich damals gehört oder gelernt habe. Wenn mir aber bloß ein Name wieder einfällt, als der Name an und für sich, so ist dies nur ein Wieder-Vergegenwärtigen.

Wenn man das Vergessen auf dem Grunde eines Verbergens sieht, eines Verschleierns, so ist dieses Vergegenwärtigen ein aus der Verborgenheit Hervorkommen. Wenn ich jetzt an das Freiburger Münster denke, so ist es ein aus der Verhüllung Hervorholen.

Die geläufige Korrelation von Erinnern und Vergessen stimmt nicht.

1. Im Griechischen ist alles Vergessen ein mir Verborgenbleiben in meinem Bezug zu etwas.

2. Im Lateinischen ist es oblivisci – auslöschen, wie etwas, das auf eine Tafel aufgeschrieben war, ausgelöscht werden kann.

3. Im Deutschen hängt das Vergessen mit to get = halten zusammen, und zwar so, daß es durch das ›ver-‹ ins Negative gewendet wird, d. h. dann das Nicht-halten.

Im Griechischen ist Vergessen: etwas, das sich in die Verborgenheit entzieht, während das oblivisci und das Vergessen schon von einem Ich ausgeht, also subjektivistisch gedacht ist. Griechisch: ἀλήθεια – [λάθω = ich bleibe verborgen].

Das Andenken an etwas schlechthin ist *kein* Erinnern. Nur dann ist ein Vergegenwärtigen ein Erinnern zu nennen, wenn ich mir etwas als etwas von mir damals Erfahrenes vergegenwärtige.

Das Behalten gehört in die Verborgenheit. Das Geheimnis ist die sich entbergende Verborgenheit als solche. Der Sog des Vergessens ist die sich entziehende Entborgenheit, wenn man sagt: der Mensch als Behalten-können ist gebraucht als das Bergen in die Unverborgenheit und damit als Wahrnis gegen den Sog in die Verborgenheit.

Antwort von Beaufret auf die Frage nach der französischen Übersetzung von »zeitigen« und »Zeitigung« in »Sein und Zeit«: »Sein und Zeit« oppose ce »saisonnement« dans lequel une présence ne cesse d'affluer, au temps qui, au contraire, ne cesse de s'écouler. (Ein Noch-nicht-Jetzt wird zum Jetzt – die ›Jetzte‹ vergehen) Dans »Sein und Zeit« le temps est »saisonnant«, sans saisonner. (Unterschied von Ankommen und

Vergehen). (Frage bleibt: wird in Beaufrets Satz »une présence« aber nicht als etwas Vorhandenes mißverständlich gesagt?)

Zum Wollen, Wünschen, Hängen, Drang

Gegenüber der üblichen Psychologie ist darauf zu achten, daß das Wollen usw. nicht als Psychismen isoliert werden. Die gewöhnliche Psychologie faßt das Wollen, Wünschen, Hängen, und Drängen als Formen der psychischen Tätigkeit auf, als psychische Akte und Triebe, wobei die ›Psyche‹ als ein für sich bestehender, innerer Bezirk gedacht wird. Von solchen Psychismen gelangt man indessen nie zur *Sorge-Struktur*, zum In--der-Welt-sein. Man kann wohl sagen: das Wollen ist ein emotionaler Akt des Bewußtseins. Solche Aussage bleibt aber ohne Hinblick auf das In-der-Welt-sein. Umgekehrt sind die Phänomene von der Art: ›ich wünsche mir etwas‹ in der Sorge-Struktur begründet.

Die adäquate Rede ist deshalb: das Wollen, Wünschen, Hängen und Drängen sind Vollzugsweisen des In-der-Welt-seins.

Wenn man das Wollen, Wünschen, den Hang und den Drang auf ›Triebe‹ zurückführen will, so ist zunächst immer die Gegenfrage zu stellen: Ist der Mensch in der ganzen Konstruktion der Freudschen Libido-Theorie überhaupt da?

Trieb ist immer ein Erklärungsversuch. Es geht aber zunächst gar nie um einen Erklärungsversuch, sondern es gilt zunächst doch darauf zu achten, was das Phänomen, das man erklären will, überhaupt ist, und wie es ist. Es wird mit Trieben immer etwas zu erklären versucht, das man sich zunächst gar nicht angesehen hat. Die Erklärungsversuche menschlicher Phänomene aus Trieben haben den methodischen Charakter einer Wissenschaft, deren Sachgebiet gar nicht der Mensch ist, sondern die Mechanik. Deshalb ist es grundsätzlich fraglich, ob eine so von einer nicht-menschlichen Gegenständlichkeit bestimmte Methode überhaupt geeignet sein kann, über den Menschen etwas auszusagen qua Mensch.

Exemplifizierung des eben Gesagten an diesem Gespräch:
1. Zunächst ist zu fragen: Was ist dieses Gespräch als mitmenschliche Begegnung?
2. Die Beantwortung dieser Frage kann grundsätzlich nicht dadurch erreicht werden, daß ich frage und sage, *wodurch* dieses Gespräch verursacht wurde. Denn wenn ich sage, dieses Gespräch ist verursacht durch . . ., dann setze ich doch das Gespräch als solches schon immer voraus.

Boss: Aber Herr Heidegger, Sie haben sich doch zu unserem Gespräch gedrängt und getrieben gefühlt. Also ist ein Trieb da, der Sie dazu getrieben hat, also ist das Gespräch seinem Grundwesen nach triebhaften Charakters. Sonst könnte man doch nicht und würde auch nicht sagen: es drängt, es treibt mich zu diesem Gespräch, nicht wahr?

HEIDEGGER: Das Verlangen nach diesem Gespräch ist bestimmt durch die Aufgabe, die ich vor mir habe. Dies ist der Beweggrund, das ›Weswegen‹. Das Bestimmende ist nicht ein Drang oder ein Trieb, der mich von hinten her zu etwas treibt und drängt, sondern etwas, was mir bevorsteht, eine Aufgabe, in der ich stehe, etwas, das mir aufgegeben ist. Dieses wiederum, dieser Bezug zu etwas, was mir aufgegeben ist, ist nur möglich, wenn ich mir selbst *vorweg* bin, wie Sie z. B. in bezug auf die Harvard-Vorlesungen, zu denen Sie eingeladen sind. Ihr zukünftiges Seinkönnen an der Harvard Universität in Amerika geht Sie jetzt dauernd an und kommt auf Sie zu. Wenn man dazu sagt: es drängt mich, so ist dies schon eine Umdeutung und Verdinglichung in einen Vorgang, eine unangemessene Interpretation. Es handelt sich nicht um einen unbestimmten psychischen Vorgang, um kein »mythologisches Triebwesen« (Freud), das mich treibt, sondern es handelt sich bei unserem Gespräch um etwas sehr Bestimmtes in unserem Dasein, nämlich um ein bestimmtes In-der-Welt-sein-können, für das wir uns *entschlossen* haben, im Sinne des uns dafür Geöffnet-

-habens. Diesem Offen-sein haben wir zugestimmt, haben es angenommen.

Aus einem Wollen, Wünschen, Drängen und Hängen als psychische Akte kann man kein In-der-Welt-sein zusammensetzen, sondern dieses ist immer schon vorausgesetzt. Dabei ist immer die dreifache Grundstruktur des In-der-Welt-seins zu bedenken: »Das Sein des Daseins besagt: Sich-*vorweg*-schon--sein-in-(der-Welt-) als Sein-bei (innerweltlich begegnendem Seienden).« (Sein und Zeit, S. 192) Diese Dreifältigkeit ist in sich *gleich-ursprünglich*. Darum handelt es sich auch beim sog. Wünschen, Wollen, bei Hang und Drang immer um Modifikationen aller drei Strukturmomente der Sorge, d. h. des Sich--vorweg-seins, des Immer-schon-seins, des Seins-bei.... Es geht dabei nie eines der drei Strukturelemente verloren. Sie sind auch da im Modus des Nicht-angehens, der Gleichgültigkeit oder gar der Abwehr.

Der Hang: gewissermaßen ein Gezogenwerden, ein Sich--ziehen-lassen von solchem, dem der Hang nachhängt.

Der Drang: Das Drängende ist das Dasein. Das Drängende ist das In-der-Welt-sein selbst. Der Manische, der vom Hundertsten zum Tausendsten sprunghaft gedrängt wird, will alles fressen. Das Dasein existiert nur in diesem An-sich-reißen. Es ist nicht ein Sich-ziehen-lassen, sondern ein An-sich-raffen und -reißen. Der Manische überrennt auch das Sich-vorweg-sein, indem er sich nicht besinnt auf das, was er eigentlich sein kann. Darum ist das Sich-vorweg-sein ein uneigentliches. Das Uneigentliche hat immer den Anschein des Eigentlichen. Darum meint der Manische, jetzt sei er eigentlich er oder sich selbst.

Die Psychoanalyse sieht vom Dasein nur seine Modifikation des Verfallens an und in den Drang. Sie setzt diese Verfassung als das eigentlich Menschliche und verdinglicht ihn zur ›Triebhaftigkeit‹.

Zu den »psychischen Instanzen«: Ich, Es, Über-Ich

Diese Unterteilung scheint eine andere Benennung für Sinnlichkeit, Verstand und Vernunft oder das moralische Gesetz oder den kategorischen Imperativ zu sein.

Wenn ein Mensch ›Ich‹ sagt, ist dies immer das Nennen für das von ihm jeweils beachtete Selbst. ›Du‹ ist immer die Benennung für das von mir beachtete Selbst meines Partners. ›Das Selbst‹ ist das, was im ganzen geschichtlichen Gang meines Daseins als dasselbe sich ständig durchhält, das eben in der Weise des In-der-Welt-seins ist, des In-der-Welt-sein-könnens. Das Selbst ist nie vorhanden als Substanz. Die Ständigkeit des Selbst ist eine eigene, in dem Sinne, daß das Selbst immer auf sich selbst zurückkommen kann und sich in seinem Aufenthalt immer als dasselbe findet.

Die Ständigkeit einer Substanz besteht nur darin, daß sie innerhalb des Zeitverlaufes immer vorhanden ist, hat aber mit der Zeit selbst gar nichts zu tun. Die Ständigkeit des Selbst ist in sich ›zeitlich‹, d. h. zeitigt sich. Diese Selbigkeit des Daseins ist nur in der Weise der Zeitigung.

›Ich‹ ist immer das Nennen des Selbst als meines und zwar meines Selbstseins im Augenblick des Nennens. Das ganze Selbst kann ja nie in einem Augenblick vollzogen sein. Dabei, bei der Nennung meines Selbst als Ich, brauche ich meine Möglichkeiten nicht eigens vorzustellen. Wenn ich dies nämlich täte, nämlich mir alle meine Weisen des Sein-könnens eigens vorstellte, könnte ich gar nicht existieren (vgl. Sein und Zeit, S. 318).

In der üblichen psychologischen Ich-Vorstellung ist der Weltbezug nicht da. Darum ist die Vorstellung des ego cogito abstrakt, während das ›Ich-bin-in-der-Welt‹ das ›Ich‹ mit der Welt zusammengewachsen sein läßt, d. h. ur-konkret ist.

Zu: Wesen und Wesensbegriff

Es gilt auseinanderzuhalten: Wesen und Wesensbegriff. Man sieht immer etwas *als* etwas. Freilich kann man dabei etwas als etwas Unbekanntes, Fremdes, Unvertrautes usw. sehen, auch dann aber doch *als* Etwas.

Die Logik sagt: Der Begriff wird gewonnen durch die Vergleichung vieler einzelner Exemplare von Bäumen zum Beispiel. Diese Logik übersieht jedoch, daß schon das Aufsuchen einzelner Bäume eine Wesenserkenntnis von Baum voraussetzt, sonst hätte ich ja gar kein Kriterium dafür, daß das, was ich aufsuchte, überhaupt ein einzelner Baum ist.

Die Behauptung, daß aus der Wahrnehmung und Untersuchung einzelner Bäume logisch, gedanklich auf das ›Wesen‹ Baum geschlossen werde, ist eine reine Erfindung. Wenn ich einem Kind sage: dies ist ein Tisch, so wird es wach für die Wesenseinsicht, für den Wesensblick ›Tisch‹ und wird beim nächsten Tisch diesen sofort *als* Tisch erkennen.

Das *Phänomen* ist das Wesen dessen, was sich zeigt. Das Phänomen als das Sich-zeigende meint immer das Sein des Seienden, nicht ein seiendes Vereinzeltes.

Die *Weltlichkeit* der Welt konstituiert sich aus den Verweisungszusammenhängen des Sich-zeigenden; und zu diesen Verweisungszusammenhängen gehört auch die Räumlichkeit, der eingeräumte Raum.

Zu: Sein und Dasein

Sein, Offenbarkeit des Seins, gibt es immer nur als Anwesenheit von Seiendem. Damit Seiendes anwesen kann und es mithin überhaupt Sein, Offenbarkeit des Seins geben kann, braucht es das Innestehen des Menschen ins *Da*, in die Lichtung, die Gelichtetheit des Seins, als welche der Mensch existiert. Also kann es Sein von Seiendem *ohne* den Menschen gar nicht geben.

Diese Aussage steht in krassem Widerspruch zur naturwissenschaftlichen Feststellung: Dank dem absolut gleichmäßigen Atom-Zerfall in den in der Erdkruste vorhandenen radioaktiven Substanzen läßt es sich berechnen und damit beweisen, daß die Erde schon gut zwei Milliarden Jahre vorhanden ist, der erste Mensch jedoch erst vor etwa 50 000 Jahren auftrat. Zum mindesten dasjenige Seiende, das wir Erde nennen, war schon längst *vor* dem Menschen da. Also kann es Seiendes und damit Offenbarkeit von Sein, also Sein auch ganz *unabhängig* vom Menschen geben.

Also kann zufolge dieses Widerspruchs der zentrale Satz in »Sein und Zeit« vom Bezug des Menschen zum Sein als dem alles tragenden Bezug nicht der Wirklichkeit entsprechen.

Diesem sogenannten Widerspruch gegenüber ist folgendes einzuwenden: Wir können nur sagen, entsprechend der ›Atomuhr‹, die die in festes Gestein eingeschlossenen, Atomzerfall aufweisenden radioaktiven Substanzen darstellt, war die Erde vor dem Menschen vorhanden. Wir können das damals Anwesende, die Erde, verrechnen, indirekt erschließen. Das können wir jedoch nur, insofern *wir* in der Lichtung des Seins stehen und zum Sein das Gewesen-sein, das ›Früher-sein‹ gehört. Die Atomuhr ist ein Meßinstrument zur Berechnung des Alters der Erde. Daß die Erde *ist*, daß sie früher schon *war*, wird einfach vorausgesetzt.

Die übliche Aussage lautet doch: Die Erde ist schon zu einer Zeit, als der Mensch noch nicht existierte. Dann bleibt aber das ›ist‹ dieses Satzes und damit das Sein der Erde, das Sein als solches unbestimmt. Woher kommt da die Zeit?

Man kann von der Zeit absehen und sagen: Die Erde ist ohne den Menschen, unabhängig vom Menschen gewesen. Ganz abgesehen davon, ob sie also vor dem Menschen schon war oder ob sie nach dem Menschen immer noch sein wird, ist das Entscheidende, daß man zum mindesten sagen kann, die Erde kann wenigstens einen Augenblick lang ohne den Menschen sein. Das genügte schon, um den Satz vom alles tragenden Bezug des Menschen zum Sein als Irrtum erkennen zu lassen.

So oder so bleibt jedoch das ›ist‹, das Sein unbestimmt. Damit wird und kann nie klar werden, was alle diese Sätze vom Sein der Erde vor oder ohne den Menschen sagen sollen. Der Satz meint offenbar bloß: Die Erde kann existieren unabhängig vom Menschen, d. h. das Sein gibt es auch ohne, unabhängig vom Menschen. Das heißt: Es gibt Anwesen, das den Menschen nicht braucht.

Anwesen ist seit alters her die Bestimmung des Seins des Seienden. Nicht nur seit alters her, sondern auch die moderne Objektivität, Gegenständigkeit, Vorhandenheit, Präsenz sind alles nur Modifikationen von Anwesen.

Anwesen gibt es nicht ohne ein ›wohin‹ Anwesen und Verweilen, An-weilen; d. h. ein Weilen, das solches angeht, was sich angehen lassen kann. Wenn es nicht solches gibt, das sich angehen läßt, kann nichts anwesen.

Der Mensch ist der Hüter der Lichtung, des Ereignisses. Er ist nicht die Lichtung selber, ist nicht die ganze Lichtung, ist nicht identisch mit der ganzen Lichtung als solcher. Aber als ekstatisch in die Lichtung Hinausstehender ist er wesensmäßig selbst gelichtet und als so ausgezeichnet Gelichtetes der Lichtung als ganzer und als solcher angehörig, zugehörig, ihr vereignet. Das Gebrauchtsein des Daseins als Hirt der Lichtung ist eine ausgezeichnete Weise der Zugehörigkeit zur Lichtung.

Boss: Das indische Denken bedarf keines Hüters der Lichtung. Es gibt Gelichtetheit an und für sich. Es gibt im Grunde und in Wirklichkeit überhaupt nichts als Gelichtetheit an und für sich. Menschliches Dasein ist nur ein Bezirk der Gelichtetheit selbst, der sich selbst seines eigentlichen Wesens, nämlich der absoluten Gelichtetheit, nur nicht in voller Weise inne wird, dessen Blick etwas verdunkelt ist. Der ganze Sinn des menschlichen Daseins liegt dementsprechend in der Wiedergewinnung der vollen Wesenserkenntnis seiner selbst als der Gelichtetheit selbst. Alles andere Seiende ist wesensmäßig dasselbe, ist nur der Einsicht in dieses sein Grundwesen noch mehr als der Mensch verlustig gegangen und hat sich wieder zu ihr durch alle Wiedergeburten hindurch hinaufzuarbeiten.

HEIDEGGER: Mir kommt es demgegenüber gerade darauf an, daß der Mensch *Mensch* ist. Beim indischen Denken geht es um eine ›Entmenschlichung‹ im Sinne des Sich-einverwandelns des Daseins in die reine Helle.

Auch die Erde ›vor‹ dem Menschen west an in die Gelichtetheit, die der Mensch hütet, als solche.

Das Schon-gewesen-sein der Erde ist ein Anwesen der Erde, dessen Offenbarkeit, dessen Lichtung gar nicht einen *damals* schon gegenwärtigenden Menschen braucht, wohl aber dem Wesen nach den Menschen braucht als den in der Lichtung des vollen Anwesens Stehenden, und damit auch in der Lichtung des Gewesenseins Stehenden.

Das Innestehen in der Lichtung des Seins heißt u. a. auch das Zulassen des Schon-gewesen-seins der Erde vor dem Menschen, d. h. das Zulassen *dieses* Modus der Anwesenheit. Nur darum kann der alltägliche Mensch sagen: die Erde war schon vor dem Menschen. Er denkt nur nicht eigens über das ›es war‹ nach.

Alles Anwesen ist abhängig vom Menschen, aber diese Abhängigkeit vom Menschen besteht gerade darin, daß der Mensch qua Dasein und In-der-Welt-sein Seiendes in seinem Schon-gewesen-sein zulassen kann.

Das *Gestell* stellt auch wiederum den Menschen selbst, und dies ist eine verschleierte Form des Gebrauchtseins des Menschen.

Die Endlichkeit des Menschen besteht darin, daß er die Anwesenheit des Seienden im Ganzen, des Schon-gewesenen und Noch-kommenden, nicht in einer unmittelbar gegenwärtigen Anwesenheit als Sein in einem nunc stans erfahren kann. Solches ist Gott vorbehalten im Christlichen. Auch die christliche Mystik wollte nichts anderes. (Auch alles indische ›Meditieren‹ will nichts anderes als diese Erfahrung des nunc stans erreichen, als den Aufstieg in dieses nunc stans vollziehen, in dem Vergangenheit und Zukunft aufgehoben sind in einer einzigen unwandelbaren Gegenwart.)

Die Endlichkeit ist noch besser umgekehrt zu sagen: Sie ist die Erfahrung der Anwesenheit des Seienden in den drei Modi der Gewesenheit, Gegenwart und Zukunft.

Jetzt spreche ich nicht mehr von Endlichkeit, sondern sage: Es macht gerade den Reichtum des Menschen aus, daß er nicht auf die bloße gegenwärtige Anwesenheit von Jetzt- zu Jetzt-Ablauf angewiesen ist, wodurch ich das Ganze des Seins nicht verstehen kann, wobei es verschlossen bleibt, daß das Dasein seinem Wesen nach in die Fülle dieser Modi entfaltet ist.

Das Sterben-müssen des Menschen folgt nicht aus dem Gebrauchtwerden des Menschen in das Ereignis hinein. Es ist einfach so, daß er sterben muß.

Boss: Inwiefern ist nun Heideggers Auffassung der Sache des Seins adäquater als das indische Denken, das keinen Hüter der Gelichtetheit braucht, weil es ihm gemäß das Aufgehen (Brahman) von Gelichtetheit an sich gibt, die sich selbst und alles, was in sie hervorkommen mag, lichtet und unabhängig von irgendeinem Seienden ist, das noch eigens als Hüter und Aussteher dieser Gelichtetheit gebraucht würde?

Heidegger: Meine Auffassung ist insofern adäquater, als ich vom Dasein und Seinsverständnis ausgehe und mich auf dieses *unmittelbar Erfahrbare* beschränke. Ich brauche so nichts über eine Gelichtetheit an sich auszusagen, brauche auch nicht den Menschen als eine Erscheinungsform der Gelichtetheit zu interpretieren, wodurch das In-der-Welt-sein und das Stehen in der Lichtung des Seins als eine Auszeichnung, als *die* Auszeichnung des Menschen *un*wesentlich wird. Vor allem ist meinem Denken die zitierte indische Einsicht nicht vollziehbar.

Boss: Die im Meditieren erfahrenen Inder behaupten indessen, daß es ebensolcher unmittelbarer Erfahrung entspreche, das Grundwesen des Menschen, aber auch alles anderen Seienden, als der Gelichtetheit an sich unmittelbar zugehörig, diese selbst mitausmachend zu erkennen, nicht zu ›interpretieren‹.

HEIDEGGER: ›Hellen‹ – ›hell‹ ist dasselbe wie ›Hallen‹ im Sinne von Tönen. Das ›Hellen‹ im Sinne des Sich-ereignens von Offenbarwerden von Sein ereignet sich im Grunde als ›Hallen‹, als Ton: alles Seiende sonst fällt aus dem Grundton heraus. Wie nahe dies den indischen Einsichten in die letzten Wahrheiten kommt, zeigt sich am klarsten in meiner Aussage: »Sprache ist das Haus des Seins«.

5. Mai 1963, im Flugzeug Rom – Zürich

1. Die Uhr und die Messung mit der Uhr kann niemals die Anwesenheit von etwas beweisen, sondern setzt die Anwesenheit voraus. Das Messen beweist niemals das ›Früher‹ der Erde z. B. als einer ›Eigenschaft‹ der Erde.

2. Der Naturforscher, der mißt, kann als solcher nichts über die Anwesenheit aussagen; mithin auch nichts über das Gewesen-sein.

Dagegen wird man argumentieren: das ›Früher-sein‹ gehört doch zur Erde. Dann kann man nur dagegen fragen: wie gehört das ›Früher-sein‹ zur Erde? Das ›Früher-sein‹ gehört zum Menschen, d. h. es zeigt sich in der Lichtung, in die er hinaussteht. Wenn man nicht schon das Anwesen der Erde und zwar ein unbestimmt altes Anwesen der Erde voraussetzt, kommt niemand auf den Gedanken, das Alter zu messen.

Entscheidend für das Verständnis des Gesagten ist es, das ›Gewesen-sein‹ nicht als bloßen Schatten des Gegenwärtigen zu begreifen, sondern als ein Gerade-Anwesen, als einen vollen Modus der Anwesenheit, ebenso Anwesenheit wie die Gegenwart. Sonst bleibt man im Zeitverständnis der ablaufenden Jetzt-Punkte.

7. September 1963, Zollikon

Solange man das Sein als Anwesen versteht, wie dies üblich war und ist, kann man die Technik nicht verstehen, und schon gar nicht das *Ereignis*.

Die Bestimmung dessen, was in der Metaphysik als das Anwesende, die res, bezeichnet wird, wird in der neuen Interpretation des Dinges, wie sie im Ding-Vortrag geschah, aus dem Ereignis her gedacht. In dieser Interpretation des Dinges wird das Anwesen als Seinsbestimmung verabschiedet.

Der Ursprung des Begriffes des Selbst ist ganz jungen Datums. Er liegt im Pietismus, um 1700 herum, wo vom sündigen und bösen Selbst gesprochen und wo dadurch der Mensch verdinglicht wurde.

Im Abschnitt über das ›Vergessen‹ in den Sizilianischen Gesprächen auf S. 214 ist zu korrigieren: Weil sie im Weggehen nur noch beim Mann ist, ist die Tasche als solche für sie gar nicht anwesend. Dann soll gestrichen werden: »und darum läßt sie sie liegen«. Denn sie kann sie gar nicht liegenlassen, wenn sie nicht anwesend ist.

Wenn ich das Verhalten der Frau von außen betrachte, betrachte ich die Frau als ein Objekt, das sich von da nach da bewegt, und beachte sie nicht in ihrem In-der-Welt-sein. Das Nach-Hause-gehen zu den Eltern ist kein nach Hause gehen, sondern ein Bleiben bei dem Mann.

Der ekstatische Bezug und das heißt das ganze Dasein des Menschen ist nicht vorstellbar. Sobald ich es vorstelle, nehme ich zwei Gegenstände und bin aus dem ekstatischen Bezug heraus.

Die Verbergung ist nicht die Antithese zu einem Bewußtsein, sondern die Verbergung gehört zur Lichtung. Diese Lichtung hat Freud gerade nicht gesehen, sonst wäre er mit dem Bewußtsein der Kinder fertig geworden.[1]

[1] Bezieht sich auf die Stelle in Freuds Schriften, an der er der Erkenntnis Ausdruck gibt, daß zum Bewußtsein das Wort oder die Sprache gehöre,

Es gibt einen gelichteten Bezug, der aber kein ›bewußter‹ im Sinne Freuds zu sein braucht, kein reflektierter. Das Gelichtetsein ist auch die Voraussetzung der Reflexion. Schon das Wort ›Reflexion‹ sagt, daß die Lichtung vorausgesetzt wird, weil es das zurückgeworfene Licht bedeutet. Die Verbergung ist kein Verstecken, was Freuds Verdrängung ist, denn das Verstecken ist eine besondere Art und Weise des Gelichtetseins.

Daß kleine Kinder und Greise rein noch präsentisch leben, heißt nicht, daß beides dasselbe sei. Im Gegenteil. Man darf das Ekstatische nicht abschneiden. Im Gegensatz zum Kleinkind ist beim Greis ein Gewesensein da, nur verbirgt sich dieses.

Auch bei allen pathologischen Phänomenen sind immer die drei zeitlichen Ekstasen zu berücksichtigen und deren jeweilige Modifikationen.

Bei der Verdrängung von Freud handelt es sich um das Verstecken einer Vorstellung. Beim Entzug handelt es sich um das Phänomen selbst. Das Phänomen selbst entzieht sich aus dem Lichtungsbereich und ist unzugänglich, aber so unzugänglich, daß auch die Unzugänglichkeit als solche nicht mehr erfahrbar ist. Das Sich-verbergende bleibt, was es ist, sonst könnte ich ja nicht mehr auf es zurückkommen.

Lichtung ist nie bloße Lichtung, sondern immer Lichtung des Sich-Verbergens. Lichtung des Sich-Verbergens heißt im eigentlichen Sinn: daß sich Unzugängliches als solches Unzugängliches zeigt, offenbar wird. Und das kann wieder heißen: schlechthin unzugänglich oder als momentan mir Unzugängliches. Das als Unzugängliches Sich-offenbaren ist das Geheimnis. Die Unzugänglichkeit ist gelichtet, deren bin ich gewahr, sonst könnte ich gar nicht fragen. Das Ganze der Modifikationen der Anwesenheit ist selber nichts Anwesendes mehr, kann nicht als Anwesendes bezeichnet werden.

zugleich aber zugibt, daß man von kleinen Kindern, die noch nicht sprechen können, dennoch mit Zeug zu spielen vermögen, nicht sagen dürfe, sie seien noch ohne Bewußtsein. Freud beschließt die Schilderung dieses Sachverhaltes mit den resignierenden Worten, hier sei noch alles dunkel.

8. September 1963, Zollikon

Historie kommt von ἱστορεῖν = erkunden, im ganz weiten Sinne, z. B. Reisen eines Geographen, erkunden im Sinne der gerichtlichen Tatbestandsaufnahme. Kein Bezug zum Geschehen und Gewesenen.

In »Sein und Zeit« ist die *Geschichtlichkeit* nur auf das Dasein bezogen und nicht auf das Seinsgeschick. Dieses kann man nicht von der Geschichtlichkeit des Daseins her erklären. Umgekehrt gehört die menschliche Geschichtlichkeit in das Seinsgeschick.

Der Mensch ist *endlich,* weil er den Bezug zum Sein hat und weil er somit nicht selbst das Sein ist, sondern weil er nur gebraucht wird vom Sein. Das ist nicht ein Mangel, sondern gerade die Bestimmung seines Wesens. *Endlich* muß dabei im griechischen Sinne von πέρας = Grenze verstanden werden, als dasjenige, was ein Ding vollendet in dem, was es ist, in sein Wesen eingrenzt und so hervortreten läßt.

Zum *Seinsbezug* gehört die Differenz vom Sein zum Seienden, und diese Differenz erfahren heißt solches erfahren, was nicht das Seiende ist. Die Grunderfahrung dieses ›Nicht-das-Seiende‹ ist die Erfahrung des Nichts, und die Erfahrung dieses ›Nicht-das-Seiende‹ ist im Bezug zum Tode gegeben, in der Sterblichkeit, weil der Tod der Abschied vom Seienden ist.

Wo es im östlichen Denken mit der Zurücknahme beim Sterben in die Grundnatur alles Seienden, in das ›Nichts‹ aufhört, fängt es bei Heidegger erst an, weil das östliche Denken der Grundnatur immer noch ein »Mayaschleier« ist und das Sein als Anwesen noch nicht in das Ereignis zurückgenommen wird.

Nähe meint immer die Weise des Angehens des Seinkönnens im Sinne der Betroffenheit, das heißt der Beanspruchung vom Sein, des Gebrauchtseins vom Sein. Näher ist das, was ins eigentliche Sein-können bringt. Aber der Komparativ ist nicht quantitativ zu verstehen, sondern qualitativ. Näher meint nicht einen Grad mehr von Nähe, sondern verschiedene Weisen, Modi der Nähe, meint einfach ›anders nahe‹.

Eine Phänomenologie des Leibes gibt es eigentlich gar nicht, weil der Leib kein Körper ist. Mit solchem Thema hat man die Sache schon verfehlt.

Das Sein-können ohne Ding gibt es nicht. Die Abwesenheit ist eine Privation der Anwesenheit. Das Vernehmen und Verstehen von Bedeutsamkeiten ist angewiesen auf das Erscheinen der Dinge.

Die ›anthropologische Differenz‹ ist ein Holzweg, gehört in die Metaphysik.

29. Januar 1964, Zollikon

Die *Beziehung* zu etwas oder zu jemandem, in der ich jeweilen stehe, bin ich. ›Beziehung‹ ist hier jedoch nicht im modernen, mathematischen Relationssinne, nicht gegenständlich zu verstehen. Die existenziale Beziehung läßt sich nicht vergegenständlichen. Ihr Grundwesen ist das Angegangensein und Sichangehenlassen, ein Entsprechen, ein Anspruch, ein Antworten, ein Verantworten auf Grund des in sich Gelichtetseins des Bezuges. ›Verhalten‹ = die Weise, wie ich jeweils in meinem Bezug zum mich Angehenden stehe, die Weise, wie man dem Seienden entspricht.

Das *Wort* ist *keine* Beziehung; das Wort erschließt, öffnet. Das Entscheidende der *Sprache* ist die Bedeutung. Das Lautliche gehört auch zur Sprache, ist aber nicht das Fundamentale. Ich kann in verschiedenen Sprachen sprachlich dasselbe meinen. Das Wesentliche der Sprache ist das Sagen, daß ein Wort etwas sagt, nicht daß es lautet. Daß ein Wort etwas zeigt. Sagen = zeigen. Die Sprache ist das Zeigende.

Innestehen im Sein heißt Innestehen in der *Lichtung des Sich-Verbergens*. Das Sich-Verbergen lichtet sich als solches und damit verbirgt es und zeigt damit in das in ihm Verborgene. Das Sich-Verbergen lichtet sich als in Verborgenes zeigend. Der Mensch steht *offenständig* in der Lichtung. Er ist ein offenständiges Innestehen, während der Tisch vor mir ganz anders in der Lichtung steht. Er nämlich steht in der Lichtung als etwas bloß Vorhandenes. Nur als offenständiges Innestehen kann der Mensch sehen.

Das *Leibliche* ist fundiert in dem Entsprechen. Das Leibliche ist *nicht* zunächst für sich da und dann wird ein Bezugsstrom durch es, zum Beispiel durch die Hand, durchgeschickt. Der Leib ist die notwendige, aber nicht zureichende Bedingung für den Bezug.

Das Leibphänomen als solches ist für die Mediziner am stärksten zugedeckt, weil sie sich nur mit dem Leib-Körper beschäftigen, ihn als körperliche Funktion uminterpretieren. Das Leibphänomen ist ganz einzigartig, unreduzierbar auf etwas anderes, zum Beispiel unreduzierbar auf Mechanismen. Man muß das Leibphänomen als solches unversehrt akzeptieren können. Nur etwas Kausales kann ich nicht verstehen. Das heißt, ich kann nicht einsehen, wie etwas *aus* etwas anderem folgt, das heißt aus ihm entstehe. Etwas folgt nur *auf* etwas in rein zeitlichem Sinne.

Verstehen darf man nur eine Einsicht in einen Motivationszusammenhang nennen. Einsicht, wie etwas mit etwas zusammenhängt, wenn ich einsehen kann, wie jemand etwas über etwas von ihm Gemeintes sagt, wie etwas Gesagtes mit der gemeinten Sache übereinstimmt.

Beweggrund = Grund für das so und so Handeln, das heißt für das so oder so Sich-Bewegen. Grund meint hier nicht eine bewirkende Ursache, sondern meint das Weshalb, das Weswegen. Ein Unbewußtes kann nicht ein Weswegen sein, weil solches Weswegen eine Bewußtheit voraussetzt. Darum ist das Unbewußte unverstehbar.

Griechisch heißt ἐναργής = evident, das heißt das von sich her Leuchtende, das in sich Leuchtende.

Freud *unterstellt* den wahrgenommenen Phänomenen Kräfte und macht so seine Psychodynamik. Jede Supposition setzt eine Akzeption voraus. Acceptio = Annahme im Sinne von Hinnehmen, wie zum Beispiel bei der Gepäckannahme im Bahnhof.

Sich versprechen: sich Akkusativ oder Dativ genommen, zum Beispiel: ich verspreche mir nichts von diesem Auto. Über das Phänomen ›Versprechen‹ ist nichts auszumachen, bevor man sich nicht über den Bereich der Sprache klar geworden ist.

Acceptio: sie weist sich von sich aus aus, beweist sich selbst. *Suppositio*: kann nicht ausgewiesen werden, aber es wird *bewiesen*.

Freud glaubt durch die Unterstellungen das Phänomen zu verstehen, zum Beispiel das Versprechen.

Bei der Hinnahme (acceptio) weist sich das Ding selbst aus als das, was ich von ihm sage. Bei der Unterstellung (suppositio) liegt ein Beweis durch Rückgang auf einen Kausalzusammenhang vor. Wenn einer den Unterschied weiß von Ausweisen und kausalem Beweisen, so ist er erzogen, wenn nicht, ist er unerzogen nach Aristoteles (Metaphysik, IV, 4, 1006 a 6 ff.).

Ich sehe zunächst den existierenden Tisch, aber ich sehe nicht das Existieren als solches. Es gibt zweierlei Phänomene: ontische und ontologische. Das Phänomen *Sein* ist die Bedingung der Möglichkeit für das Erscheinen von Ontischem, Seiendem als Seiendes.

Es gibt nicht-wahrnehmbare Phänomene. Sofern wir diesen hier existierenden Tisch als diesen existierenden Tisch nur dann wahrnehmen können, wenn uns Existieren als solches irgendwie offenkundig ist, ohne daß es eigens erfaßt zu werden braucht, so ist uns das nicht-wahrnehmbare Phänomen ›Existieren‹ aufgegangen. Dieses offenkundige Sich-zeigen des Existierens selbst ist nicht wahrnehmbar wie der Tisch. Das Existieren als solches ist also ein nicht wahrnehmbares Phänomen, und das sind die fundamentalen Phänomene. Es sind die erstrangigen. Plato entdeckte und Aristoteles wußte es, daß das Seiende das für das gewöhnliche Erfahren zunächst Gegebene ist und daß die Existenz erst das später Gesehene ist.

Nach Kant ist der Begriff eine Vorstellung von etwas im Allgemeinen. Was zu jedem möglichen Tisch gehört, wird gedacht im Begriff. Diese Vorstellung von einem Begriff setzt indessen eine subjektivistische Vorstellung voraus.

Der Raum ist das Offene, das Freie, das Durchlässige. Dieses Offene ist aber selber nichts Räumliches. Der Raum ist etwas Freigebendes.

Wir meinen zwar, ein Seiendes werde dadurch zugänglich, daß ein Ich als Subjekt ein Objekt vorstelle. Als ob hierzu nicht vorher schon ein Offenes walten müßte, innerhalb von dessen Offenheit etwas *als* Objekt *für* ein Subjekt zugänglich und die Zugänglichkeit selbst noch als Erfahrbares durchfahren werden kann. Durch die Zugehörigkeit in diesen Umkreis (des Anwesenden) ist zugleich eine Grenze gegenüber dem Nicht-anwesenden übernommen. Hier wird also das Selbst des Menschen zum jeweiligen ›Ich‹ durch die Beschränkung auf das umgebende Unverborgene bestimmt.

Die beschränkte Zugehörigkeit in den Umkreis des Unverborgenen macht das Selbstsein des Menschen mit aus. Durch die Beschränkung wird der Mensch zum ego, nicht aber durch eine Entschränkung der Art, daß zuvor das sich selbst vorstellende Ich zum Maß- und Mittelpunkt alles Vorstellbaren sich aufspreizt. ›Ich‹ ist für die Griechen der Name für den Menschen, der sich in diese Beschränkung fügt und so bei sich selbst *Er* selbst ist.

8. März 1965, Zollikon[1]

Die »psychiatrische Daseinsanalyse« [Binswanger] hat aus der fundamental-ontologischen Analytik des Daseins diejenige Grundverfassung herausgegriffen und als einzige ihrer Wissenschaft zugrunde gelegt, die in »Sein und Zeit« das *In-der-Welt-sein* heißt. Dieses ist aber nur diejenige Struktur, die im *ersten Ansatz* der Fundamentalontologie sichtbar gemacht werden soll – nicht aber die einzige und vor allem nicht diejenige, auf die *allein* die Fundamentalontologie vorblickt, weil sie für das Dasein und sein Wesen die tragende ist. Sie [diese tragende Struktur] wird in der Einleitung deutlich und oft genug genannt: das *Seinsverständnis*. Inwiefern dieses das Dasein als solches auszeichnet und worin es selber gründet, worauf es in sich bezogen bleibt, dies ist das einzige Anliegen von »Sein und Zeit«.

Achtet man zum voraus auf diesen Grundzug des Daseins, dann wird ein Doppeltes klar:

1. Alles, was die Analytik an Aufhellung des Daseins beibringt, dient der Bestimmung des Seinsverständnisses (In-der-Welt-sein, Sorge, Zeitlichkeit, Sein zum Tode).

2. Weil das Seinsverständnis als ekstatisch-entwerfendes Innestehen (erwerfendes Innestehen) in der Lichtung des Da das Da-sein eigentlich ausmacht, erweist sich das Da-sein als solches, was in sich selbst als Sein des Da der Bezug zum Sein ist.

Dieser Bezug zum Sein kann so wenig aus der maßgebenden und alles leitenden Bestimmung des Daseins ausgelassen werden, daß eine Verkennung gerade dieses Bezuges [wie es in der »psychiatrischen Daseinsanalyse« geschieht] uns daran hindert, jemals das Dasein als Dasein sachgemäß zu denken. Das Seinsverständnis ist nicht eine Bestimmung, die nur die Thematik der Fundamentalontologie angeht, sondern das Seinsverständnis ist *die* Grundbestimmung des Daseins als solchen. Eine *Analyse* des Daseins also, die diesen im Seinsverständnis wesenden Bezug zum Sein ausläßt, ist keine Analyse des *Daseins*.

[1] Handschriftlicher Text Martin Heideggers.

Die Folge dieser Ausschaltung der eigentlichen fundamentalontologischen Bestimmung des Daseins aus der psychiatrischen ›Daseinsanalyse‹ ist dann die *unzureichende Auslegung* des *In-der-Welt-seins* und der *Transzendenz*. Man nimmt diese Phänomene zwar als Grundphänomene, aber als solche eines Daseins, das man für sich isoliert als anthropologische Vorstellung vom Menschen als *Subjekt*. Die »psychiatrische Daseinsanalyse« arbeitet mit einem beschnittenen Dasein, aus dem der Grundzug heraus- und von dem es abgeschnitten wird.

So kommt es dann leicht dahin, in der fundamentalontologischen Auslegung des Daseins nur eine erweiterte und brauchbarere Kennzeichnung der Subjektivität des Subjektes zu sehen. Während die bisherige Lehre vom Subjekt sich auf eine Subjekt-Objekt-*Spaltung* stützt, erlaubt der Blick auf das In-der-Welt-sein [in dem beschnittenen Sinne der psychiatrischen Daseinsanalyse] eine Beseitigung der Spaltung im Sinne einer unmittelbaren Überbrückung. [Vom recht verstandenen Seinsverständnis aus kommt es jedoch gar nicht erst zu einer Vorstellung von Subjekt und Objekt, so daß auch keine Spaltung zwischen ihnen überhaupt überbrückt werden müßte.]

Und weil man die Sorge lediglich als Grundverfassung des zum Subjekt isolierten Daseins sieht und sie als eine lediglich anthropologische Bestimmung des Daseins auffaßt, erweist sie sich mit guten Gründen als eine einseitige, weil trübsinnige Auslegung des Daseins, die einer Ergänzung durch die ›Liebe‹ bedarf.

Aber *Sorge* ist recht, d. h. fundamentalontologisch verstanden, niemals unterscheidbar gegen die ›Liebe‹, sondern ist der Name für die ekstatisch-zeitliche Verfassung des Grundzuges des Daseins, nämlich als Seinsverständnis.

Die Liebe gründet ebenso entschieden im Seinsverständnis wie die anthropologisch gemeinte Sorge. Es steht sogar zu erwarten, daß die Wesensbestimmung der Liebe, die in der fundamentalontologischen Bestimmung des Daseins einen Leitfaden sucht, eine wesentlich tiefere und weittragendere wird als jene Kennzeichnung der Liebe, die in ihr lediglich das Höhere im Vergleich zur Sorge sieht.

Die auf den ersten Anschein hin berechtigte Ausscheidung der Fundamentalontologie aus der »psychiatrischen Daseinsanalyse« [die Binswanger vornimmt] ist in Wahrheit eine Verkennung des Verhältnisses von Fundamentalontologie und regionaler Ontologie, welch letztere in jeder Wissenschaft, auch in der Psychiatrie, vorausgesetzt wird.

Die Fundamentalontologie ist nicht bloß das Allgemeine zu den regionalen Ontologien, gleichsam eine darüber schwebende höhere Sphäre [oder ein darunter befindliches Kellergeschoß], gegen die [oder das] sich die regionalen Ontologien abschirmen können. *Fundamentalontologie* ist jenes Denken, das sich im Grunde jeder Ontologie bewegt. Keine dieser [regionalen Ontologien] kann den Grund preisgeben – am allerwenigsten die regionale Ontologie der Psychiatrie als einer Forschung, die sich im Wesensbereich des Menschen bewegt.

*

Was heißt »Rezeption von ›Sein und Zeit‹« für die Psychiatrie?[2] [Binswanger sieht] hier (in »Sein und Zeit«) den eigentlichen Nutzen: das Fundament »für die wissenschaftliche Bewältigung des Problems der Subjektivität«. [Dagegen ist zu sagen:] »Sein und Zeit« kann nur bedeuten, daß es kein Problem der Subjektivität mehr gibt. Erst wenn dies eingesehen ist, hat man die Tragweite der Daseinsanalytik erkannt.

Was soll bei Binswanger und Szilasi ›Subjektivität‹ besagen? Geschichtlich: Ichheit des ego cogito; kantisch Subjektivität das Ganze der Subjekt-Objekt-Beziehung – statt »Spaltung«, Trennung Psyche – Physis.

Wo aber »Subjekt«, »Bewußtseinssubjekt«; Binswanger, Ausgewählte Vorträge und Aufsätze I. [Bern (Francke) 1947],

---

[2] Die folgende Kritik an Binswangers Auffassung des *In-der-Welt-seins* und der *Transzendenz* hat Martin Heidegger auf kleinen Zetteln – zumeist stichwortartig – notiert.

S. 26, 27 [im Aufsatz] »Über Phänomenologie« S. 29! [Husserl]: »rein deskriptive Wesenslehre der immanenten Bewußtseinsgestaltungen« (a. a. O., S. 28). Was heißt »Deskription«? Jede Deskription ist Auslegung! Was heißt »Wesen«? »Gattung«, »Idee«. Was heißt Bewußtsein? Ego cogito – Descartes, Kant!

Binswanger unterscheidet nicht klar:
1. deskriptive Psychologie, eidetische – eidetische Psychologie;
2. reine Phänomenologie: transzendentale Phänomenologie als Philosophie der Subjektivität;
3. psychopathologische Phänomenologie; } zwei For-
4. deskriptive, »subjektive« Psychopathologie; } schungszweige

So wie die eidetische Psychologie Husserls isoliert angewendet, so wird diese Bewußtseinspsychologie ersetzt durch eine isolierte Daseinsanalyse. Die Isolierung hier jedoch noch weit verhängnisvoller!

»Die These« vom Dasein als In-der-Welt-sein als »Fortbildung« und »Erweiterung« von Kant und Husserl (Binswanger, Über Sprache und Denken. Basel 1946. S. 211). Nein, sondern Da-sein als Zeitlichkeit aus dem Sinn von Sein; ausgezeichnet durch das ekstatische Innestehen in der Lichtung des Da als der Offenheit, in die herein Anwesendes anwest. Dieses Innestehen ist das ekstatische Verstehen von Sein, das *Seinsverständnis*!

Binswanger übersieht das eigentlich Tragende und Bestimmende, das *Seinsverständnis*, die Erschlossenheit (Sein und Zeit, S. 143), das Innestehen in der Lichtung des Seins und damit »die reine Problematik des Seins« (a.a.O., S. 94).

»Der rechte Ansatz der Analytik« besteht in der Auslegung des In-der-Welt-seins (a.a.O., S. 53; vgl. S. 334 und 351); [dieses ist] zwar [eine] notwendige Verfassung des Daseins, aber längst nicht ausreichend... (a.a.O., S. 53). In-der-Welt-sein ist *nicht* Bedingung der Möglichkeit des Daseins (Binswanger, Über Sprache und Denken. S. 209), sondern umgekehrt.

»Transzendenz« als In-der-Welt-sein wird als Grundverfassung isoliert und als so isolierte in das Subjekt verlegt als

Charakter der Subjektivität. Auf diese Weise ist alles in Verwirrung gebracht.

Transzendenz des Daseins bleibt bestimmt aus dem *transcendens* qua Sein (Unterschied). In welchem Sinne ist die »Gleichsetzung« von In-der-Welt-sein und Transzendenz, »Überstieg«, zu verstehen? (Binswanger, a.a.O., S. 211 f.) Als Innestehen, Verweilen im *transcendens, im Sein als dem Unterschied.*

Inwiefern soll dadurch das Krebsübel beseitigt werden, »die Subjekt-Objekt-Spaltung«? (a.a.O., S. 212) Nicht die Spaltung nur als Irrmeinung, sondern die Subjekt-Objekt-Beziehung *als solche*, als nicht primär und maßgebend! Keineswegs »die Struktur der Subjektivität« als Transzendenz (ebd.) aufgehellt; das ist gerade Kants Fassung und Husserls Fortbildung.

»Das Dasein transzendiert«, d. h. als Ausstehen des Da als der Lichtung von Sein läßt es »Welt« geschehen. Es geht aber nicht *aus sich* erst heraus und hinaus zu anderem. Es ist als Sein des »Da« die Ortschaft alles Begegnenden.

Dasein ist nicht »Subjekt«. Es gibt keine Frage mehr nach Subjektivität. Transzendenz ist nicht »Struktur der Subjektivität«, sondern ihre *Beseitigung!*

»Dasein transzendiert« (vgl. »Vom Wesen des Grundes«), d. h. ist weltbildend, Sein – als Anwesen – in den Anblick gelangen lassend; im Unterschied von Sein und Seiendem, ihn wahrend, stehen. Überstieg *als Unterschied*, in ihm »verweilend«, wohnend. Die *Versammlung des Verweilens ist das »Selbst«.* Nicht Subjekt – Objekt, Dasein – Welt, sondern Da--sein als Sein.

Was sagt die in »Vom Wesen des Grundes« genannte »ausgezeichnete Transzendenz«? Antwort in »Was ist Metaphysik?«, Einleitung S. 15/16.

Transzendenz – Name für das *Sein* qua *transcendens*; vom Seienden her erschaut *auf* es zu – *An-wesen* von *An-wesendem.* Transzendenz als Sein *in sich die Differenz* zu Seiendem! Transzendenz nicht Eigenschaft des Subjekts und Beziehung zu Objekt als »Welt«, sondern Sein – als Bezug zum Sein, somit des Daseins zu ihm selbst. Transcendens: »hinüber«, μετά, zu sich als zurück, als *Austrag*. Hin- als *Überkommendes* das ganz Andere zu jedem Seienden und doch ganz und gar nicht getrennt, sondern *Austrag*.

1. »transcendens« (vgl. »Sein und Zeit«) im Unterschied zur Ontik vom Anwesenden zum Anwesen als Walten des Anwesens von Anwesendem.

2. »Transzendenz« im Sinne des idealistisch-subjektivistischen Transzendentalen Kants im Unterschied zur »Immanenz« bzw. immanenten Transzendenz.

3. »Transzendenz« als das übersinnliche Transzendente, das absolut und unendlich Seiende gegen das endliche, »zeitliche«.

4. *Transzendenz* gründend im In-der-Welt-sein; Grund der Differenz. (unzureichend)

»Transzendenz«:

1. Von transcendens – qua Anwesen von Anwesendem.

2. Ausstehen den Unterschied; dieses Transzendens ist als Menschsein Da-sein, ekstatisch, d. h. In-der-Welt-sein.

3. In-der-Welt-sein kann niemals aus der metaphysischen Transzendenz gleich dem Transzendentalen der Subjektivität bestimmt werden, vielmehr bestimmt sich die Transzendenz des *Daseins* als ekstatische aus dem In-der-Welt-sein. Transzendenz besagt dann nur: sich aufhalten bei, »In-Sein«.

Transzendenz (vgl. »Sein und Zeit«, S. 38) im Sinne des transcendens schlechthin. (Vgl. a.a.O., § 69, besonders S. 350, 366). Transzendenz nicht im Sinne des Transzendentalen bei Kant und Husserl und im Idealismus, sondern: zurückgenommen auf den Unterschied von Seiendem und Sein: das Lichtende im Unterschied. Dabei steht jedoch der Unterschied noch im Gesichtskreis des metaphysischen Vorstellens: vom Seienden zum Sein.

In der (in »Sein und Zeit« und »Vom Wesen des Grundes«) genannten *Transzendenz* liegt einzig der »Bezug zu« Sein, Sein als Be-zug (Ereignis).

»Welt« nicht das Gegenüber zum Subjekt; subjektiver als »Subjekt«, objektiver als Objekt. Subjekt und Objekt auch nicht umgriffen, sondern Walten von Welt und Dasein, Walten als Wesen des »Seins«. Transzendentale und ontologische, d. h. fundamentalontologische [Untersuchung]; Anklang an Kant und zugleich abgründig anders.

Transzendenz der Name für das *Sein* von Seiendem. Die Auszeichnung der Transzendenz als Da-sein: Seiendes, das transzendiert, als Sorge *seiend* das Seiende ist.

Transcendens (»Sein und Zeit«, S. 38): Die Höhe seiner höheren Universalität ist die Lichtung des Seins. An-wesen, Unverborgenheit von Seiendem: der Unterschied als Lichtung, als *Ereignis*.

Das »Hinaus über« jegliches Seiende ist niemals ein Jenseitiges, nämlich »Seiendes«, Übersinnliches. Über-stieg das ganz Andere! »Überstieg« nicht »hinaus« aus einer Immanenz, nicht »hinauf« zu einem übersinnlichen Seienden, sondern der Bezug zum Sein als der Gewähr von Seiendem als solchem. Überstieg über Dasein als je geschichtliches Seiendes, insofern zu Da-sein Seinsverständnis gehört und aus diesem allein es »selbst« sein kann. Da-sein als ekstatischer Überstieg *über sich*, Lichtung seiner selbst.

»Transzendenz« als Bezirk für die Abhebung des Wesens von Grund. »Transzendenz« wird dadurch selber ursprünglicher bestimmt. Wie kommt es zur Ansetzung der »Transzendenz«: ens – esse – ratio – ἀρχή? Frage nach dem *Wesen der Wahrheit*.

12. bis 17. Mai 1965, Zollikon

Erkenntnistheorien: a) die idealistische, b) die realistische.

Im Idealismus ist die Wirklichkeit nur eine Vorstellung des Subjekts, ohne daß sie eigentlich existiert. Bei *Hegel* ist alles Sein Bewußtsein. Bei *Marx* ist alles Bewußtsein Sein, wobei Sein die materielle Natur ist.

Zu: *Grundlagen*.

›Grundlagen‹ müßte man als Wesensherkunft verstehen, als das, worin alles Feststellbare beruht. In der Naturwissenschaft wird demgegenüber jede Grundlage dinglich verstanden, als das, wodurch etwas verursacht wird, wird kausalgenetisch verstanden, statt nach Wesensbestimmung zu forschen. Beispiel: Zum Wesen der Farbe gehört Ausgedehntheit. Aber die Ausgedehntheit ist nicht die Ursache dafür, daß eine Farbe entsteht.

Die Wesensmöglichkeit des Menschseins zu suchen, täte Not in der Medizin. Wenn man nach Grundlagen im kausalgenetischen Sinne forscht, gibt man den Menschen zum vorhinein preis, verpaßt die Frage, was der Mensch sei.

›Grundlage‹ ist etwas Verfestigtes, etwas Schichtenartiges, Vorhandenes, worauf aufgebaut wird im Sinne des kausalgenetischen Entstehens.

In der Physik ist Grundlagenforschung wieder etwas anderes. Hier ist es die Ausarbeitung der Theorie, der theoretischen Voraussetzungen, mit denen dann das Experimentieren arbeiten kann. Ja, diese exakten Leute sind so unexakt. Der Effekt ist kein Argument für das, was die Sache selbst ist.

Zweierlei Arten von ›Grundlagen‹:

a) Die unterste Schicht, aus der alles abgeleitet wird.
b) Die vorausgesetzte Theorie, in deren Horizont das Experimentieren vollzogen wird, welches Experimentieren die vorausgesetzte Theorie immer nur bestätigen soll. Bestätigt das Experiment die jeweilige Theorie nicht, muß man eine andere Theorie suchen. Diese Theorien beruhen indessen alle ihrerseits

gleicherweise immer schon auf der Voraussetzung der durchgängigen Berechenbarkeit und Meßbarkeit der Wirklichkeit.

Wenn die elektrischen Impulse Stimmungen wirklich *bewirken* könnten, müßte doch eine Maschine allein und aus sich selbst heraus Stimmungen produzieren können. Man kann nur sagen: Wenn elektrische Impulse gegeben werden, dann erscheint diese oder jene Gestimmtheit. Deshalb ist noch lange nicht gesagt, daß ein elektrischer Reiz eine Stimmung hervorbringen kann. Die Gestimmtheit wird nur *ausgelöst*. Je einer Gestimmtheit ist ein bestimmter Gehirnzustand zugeordnet. Der Gehirnvorgang ist jedoch nie hin-reichend für das Verstehen einer Gestimmtheit, nicht hin- und zu-reichend sogar im wörtlichsten Sinne, weil er nie in die Stimmung als solche hineinreichen kann.

Das Weg-sein des Leibes, von dem man sprechen kann, wenn man mit ›Leib und Seele‹ bei einer Sache ist, meint das Nichtachten auf den Leib. Es ist eine phänomenologische Aussage. Es heißt nicht, daß der Körper, der von jemandem Dritten von außen beobachtet werden kann, von seiner Stelle wegtransportiert worden wäre.

Zu studieren: Descartes »Regulae ad directionem ingenii«.

Das *Leiben* gehört als solches zum In-der-Welt-sein. Aber das In-der-Welt-sein erschöpft sich nicht im Leiben. Zum Beispiel gehört zum In-der-Welt-sein auch das Seins-verständnis, das Verstehen dessen, daß ich in der Lichtung des Seins stehe, und das jeweilige Verständnis des Seins, dessen, wie Sein im Verständnis bestimmt ist. Diese Begrenzung ist der Horizont des Seins-Verständnisses. Hierbei geschieht kein Leiben.

Beim Zeigen des Fensterkreuzes geht der Horizont des Leibens zum Wahrnehmbaren, Sichtbaren. Aber durch das Leiben selber und allein kann ich kein Fensterkreuz als solches, in seiner Bedeutsamkeit erfahren. Daß ich überhaupt ›Fensterkreuz‹ sagen kann, darin liegt schon ein Seinsverständnis. Leiben ist dabei die Gebärde des Hinzeigens auf das von mir Wahrgenommene, im Sehen durch mich Erreichbare. Leiben ist über-

Martin Heidegger und Medard Boss
im Zollikoner Seminarraum 1965

all, wo die Sinnlichkeit beteiligt ist, aber da ist immer auch schon das primäre Seinsverständnis. Wenn Dr. H. sagt, die Grenzen meines Leibens seien in Afrika, wenn ich mir meinen Aufenthalt in Afrika einbilde, so ist die Grenze des Leibens in Afrika, aber diese Grenzen des Leibens sind dann in einem ganz anderen Bereich, als wenn ich etwas leibhaftig sehe. Sie sind dann im Bereiche des Einbildungsvermögens. Darum ist der Bereich ›Afrika‹ nicht eine Erweiterung des Bereiches des leibhaftig gesehenen Fensterkreuzes. Aber auch bei der Einbildung, in Afrika zu sein, ereignet sich ein Leiben, weil die afrikanischen eingebildeten Berge oder Wüsten oder deren Vergegenwärtigung sinnlich gegeben sind. Wenn wir uns in der Einbildung nach Afrika versetzen, können wir nicht sagen: so und so ist es dort, sondern nur: so und so könnte es dort sein, während beim leibhaftigen Sehen des Fensterkreuzes vor mir ich sagen kann: so und so ist es.

Auch im Entwurf eines Gemäldes durch einen Künstler in seiner Einbildung ist das Leiben dabei, weil es ein sinnenhafter Entwurf ist.

Beim bloßen Sich-einbilden von Dingen ist es eine ganz andere Weise des Verhaltens als beim leibhaftigen Sehen von sinnenhaft unmittelbar Gegebenem. Wenn man sagt, auch beim Haben von Seinsverständnis sei das Leiben dabei, und wenn man damit meint, daß auch beim Verstehen von so etwas physiologische Prozesse im Gehirn beteiligt seien, so setzt man statt Leib: Körper. Wir haben gar keine Möglichkeit zu erkennen, wie das Gehirn beim Denken leibt. Das, was wir beim EEG sehen, hat mit dem Leiben des Gehirns nichts zu tun, sondern damit, daß der Leib auch als Körper und dieser chemisch-physikalisch gedacht werden kann.

Ich kann nur sagen, *daß* am Leiben auch das Gehirn beteiligt ist, aber nicht, *wie*. Die Naturwissenschaft kann grundsätzlich nicht das *Wie* des Leibens erfassen.

Daß man nicht sagen kann, wie das Gehirn beim Denken beteiligt ist, ist ein Abgrund. Es ist derselbe Abgrund, zu dem die Naturwissenschaften kommen, wenn sie das Wahrnehmen von einem gesehenen Ding herleiten von dem durch die Lichtstrahlen ausgelösten Nervenreiz, der sich in der Gehirnrinde in ein ›Wahrnehmen‹ umwandeln soll. ›Umwandeln‹ ist schon zu viel gesagt, ist schon eine Theorie. Die Phänomenologie versteht das Verstehbare, die Naturwissenschaften kümmern sich nicht um dieses Verstehbare.

Phänomenologisch, daseinsanalytisch kann man nur sagen, *daß* chemisch-physikalisch zum Beispiel Blutzellenveränderungen so und so auftreten innerhalb eines bestimmten Weltbezuges. Aber von diesem aus ist nicht das *Was* der chemisch-physikalischen Veränderungen zu erklären. Zum Beispiel darf nie gesagt werden, daß die Vermehrung der weißen Blutkörperchen ein vermehrtes ›Fressenwollen‹ dieser Blutkörperchen bedeutet. Damit würde man etwas Chemisch-Physikalisches anthropomorphisieren.

Wissenschaftlich ist immer nur das Wor*auf*, nicht das Wor*aus* feststellbar. Dieses Worauf nannte man früher Kausal-Verknüpfung, heute: Information. Jeder naturwissenschaftliche Induktionsschluß ist hypothetisch. Es kann immer auch anders sein.

Die Existenz jedes Naturwissenschaftlers wie die jedes Menschen überhaupt spricht immer gegen ihre eigene Theorie.

Die Vorhandenheit selbst ist kein Objekt der Naturwissenschaft. Wenn es die Vorhandenheit als solche nicht gibt, kann man gar nicht mit ›beweisen‹ davon anfangen, *daß* es etwas gibt. Streng naturwissenschaftlich gedacht, müßte man erst beweisen, daß es Vorhandenheit gibt; das jedoch kann man sicher nicht. Nach dem methodischen Prinzip der Naturwissenschaft ist etwas nur, wenn es bewiesen ist. Also müßte allem voraus die Vorhandenheit bewiesen werden, sonst kann man gar nicht mit dem Beweisen anfangen, daß etwas Bestimmtes, Einzelnes vorhanden ist.

Verhalten (daseinsanalytisch verstanden) = Sich-halten in und bei etwas, Aushalten der Offenbarkeit des Seienden, Aushalten der Offenständigkeit. Das Heideggersche *Verhalten* darf unter keinen Umständen als eine Beziehung von einem Pol zu einem anderen, von etwas zu etwas mißverstanden werden.

*

[Martin Heideggers Kommentar zum Bericht der Weltgesundheits-Organisation über psychosomatische Störungen, ref. von Schwidder, in Zschr. f. psychosomatische Medizin, 11. Jg., 2. Heft, 1965, p. 146 ff. Der Text lautet:]

»Das Individuum werde als ein komplexes dynamisches System in einem unstabilen Gleichgewichtszustand aufgefaßt, das handelt und auf Veränderungen in der Umgebung und in seinem eigenen System reagiert...

Wenn psychologische und physiologische Prozesse unterschieden werden, spreche man von verschiedenen Seiten *eines* Phänomens...

... doppelten Bedeutung des Adjektivs ›psychosomatisch‹, ... Auf der einen Seite wird darunter die erwähnte medizinische Grundauffassung verstanden, daß ein Zusammenwirken von Seele und Körper grundlegend für das Studium aller Krankheiten ist. Andererseits wird mit dem gleichen Adjektiv beschrieben, daß bei gewissen krankhaften Störungen der Einfluß psychologischer Faktoren vorherrschend ist.

›Streß‹ ... Belastung durch Umweltereignisse ... entscheidend [ist] immer *die Beziehung, die zwischen der Belastung und der inneren Verarbeitungsmöglichkeit des Individuums besteht.*«

HEIDEGGER: Das Menschsein ist in solcher Auffassung gar nicht da. Alles ist umgeschaltet auf ein System von Vorgängen, auf einen Gleichgewichtszustand von solchen Vorgängen, der von der Umwelt und vom sog. Inneren bestimmt ist. Die Beziehung zwischen Umwelt und eigenem System wird nicht bedacht.

8. Juli 1965, Zollikon

Der Naturwissenschaftler kann nicht nur nicht als solcher die Unterscheidung in Psychisches und Somatisches in bezug auf deren Meßbarkeit oder Nicht-Meßbarkeit hin machen, er kann *überhaupt keine* Unterscheidungen dieser Art treffen. Er kann nur Gegenstände unterscheiden, deren Maße verschieden groß sind. Denn er kann nur messen und setzt dabei die Meßbarkeit immer schon voraus.

Das Sitzen auf einem Stuhl ist nicht so geartet, daß sich zwei Körper im Raume berühren. Der Stuhl ist ursprünglich auch kein Körper. Er ist ein Ding und als ein solches aus sich heraus schon auf den Tisch und den Raum, in dem ich mich aufhalte, bezogen. Andererseits ist mein Sitzen auf ihm ein offenständiges Hiersein. Das Sitzen ist ein Gebrauchen eines Zeuges.

Der Titel »psychosomatische Medizin« bemüht sich um eine Synthese von zwei Sachen, die es gar nicht gibt.

Das In-der-Welt-sein als solches ist ein Leiben, aber nicht *nur* ein Leiben. Es gibt nicht, wie Kant es vermeinte, eine sinnliche Affektion, zu der dann noch der Verstand mit einem Begriff hinzukommen müßte. Von Kant wurde hier der Leib gar nicht gesehen, nur ein Stück von ihm als Sinnlichkeit.

Das Leiben gehört zum In-der-Welt-sein, das primär Seinsverständnis ist. Dieses kommt daher nicht erst noch zum Leiben hinzu.

In der Erfahrung des Anwesenden ist immer ein Leiben mitbeteiligt. Das Anwesen selbst dagegen ist kein Leiben. Beim Vernehmen von Anwesendem als still vor sich hin Angesprochenes, auch dabei ist ein Leiben mitbeteiligt.

Die Diagnose ›Aphasie‹ bedient sich eines falschen Namens. Denn ein Aphasiker kann wohl sagen, was er meint, es nur nicht lautlich aussprechen. Sprache heißt glossa gleich Zunge.

Es ist kein Überdehnen des Begriffes Sprache, wie die Phänomenologie ihn gebraucht, sondern die üblichen Bedeutungen, die man der Sprache gibt, sind Verengungen. Beim verengten

Sprachbegriff im Sinne von Verlautbarung kann ich gar nichts verstehen.

Das Ding spricht mich an. Wenn man die Sprache vom Sagen im Sinne des sich als etwas zeigen lassen versteht, ist Vernehmen immer Sprache und ineins ein Wortsagen.

Zum Buche von Uexküll über Grundfragen der psychosomatischen Medizin: Der Autor rennt offene Türen ein. Motiv ist ein Beweggrund und dazu gehört, daß er als solcher gewußt, vorgestellt wird, im Gegensatz zu einer Ursache, die rein für sich wirkt.

Bei Uexküll wird das Motiv als Ursache verstanden, das alles bewirkt. Motiv läßt sich seinem Wesen nach nicht loslösen vom Verstehen. Es gehört zum Wesen des Motivs, daß es als solches verstanden ist, um ihm zu folgen. Es ist ein Unsinn, zu behaupten, daß zuerst ein Motiv vorhanden sei, dann komme noch ein Ich dazu. Dies ist eine Hypostasierung des Motivs.

Die Wissenschaft kann niemals die Philosophie kritisieren, weil sie selbst auf Philosophie beruht.

Bei von Weizsäcker geschieht die sogenannte Einführung des Subjektes in die Medizin so, daß das Subjekt dann wieder naturwissenschaftlich interpretiert wird.

Jede Synthese geschieht nur immer so, daß man bereits eine Einheit im Vorblick hat, im Hinblick auf welche man Dinge zusammenfügt. Es ist nicht so, daß das Zusammenstücken von separaten Dingen je eine Synthese ergeben könnte. Solches Zusammenstücken ohne Vorblicke auf eine Einheit ergäbe immer nur eine Summation. Es wird nie eine Einheit sichtbar aus dem bloßen Zusammensehen von Stücken.

Es ist genau wie bei der Unterscheidung von rot und grün zum Beispiel. Ich kann rot und grün nicht unterscheiden, wenn ich nicht Farbe sehe. Wenn ich rot und schwer voneinander unterscheiden will, so kommt nichts Vernünftiges dabei heraus. Soma und Psyche verhalten sich zum Menschsein *nicht* wie rot und grün zur Farbe, weil Psyche und Soma nicht zwei verschiedene Arten sind des einen Allgemeinen ›Mensch‹. Rot und grün sind Abwandlungen von Farbe; aber Psyche und Soma sind nicht Abwandlungen vom Menschen.

Wenn ich von verschiedenen Erscheinungsformen bei der Verwendung der Begriffe von Psyche und Soma rede, rede ich dinglich, und auch dann noch rede ich dinglich, wenn ich von Psyche und Soma als von zwei verschiedenen Medien spreche, in denen sich Menschsein austrage. Solche Unterscheidung ist schon ontologisch falsch, weil Psyche und Soma nicht zwei Arten einer Gattung sind.

Bei Aristoteles ist die Psyche die Entelechie des Leibes oder des Somas. In seinem Buche »De Anima« heißt es (412 a): Die Psyche ist die Weise des Seins eines Lebendigen.

Die Entelechie des Menschen ist der Logos.

Christlich ist der Leib das Böse, das Sinnliche, und die Seele muß gerettet werden. Die Psyche wird dann von einer Weise des Seins des Lebendigen her verdinglicht zu einem Etwas, zu einer Seelensubstanz. Dies wurde notwendig, als die Idee von der Ewigkeit des Seelenfünkleins aufkam.

Die ganze Terminologie, mit der die Ärzte über naturwissenschaftliche Sachen sprechen, ist einem Bereiche entnommen, der weder elektrisch noch chemisch bestimmt ist. Zum Beispiel Sprache, Schrift, Buchstaben, Worte, Information.

Was man zum Beispiel unter Sprache versteht, ist gewiß nicht aus den chemischen Vorgängen gewonnen.

Das alles ist feststellbar, was die Naturwissenschaftler an chemisch-physikalischen Prozessen im Gehirn nachweisen können. Dagegen ist gar nichts einzuwenden. Indessen ist nicht zu vergessen, daß alle diese Resultate nur wahrscheinlich, hypothetisch sind; denn es könnte jederzeit ein Gegenbeweis zum Vorschein kommen.

Mit allen diesen Feststellungen ist indessen das Phänomen des Gedächtnisses und der Erinnerung nicht berührt. Alles sind nur *Bedingungen* für das Erscheinen des Phänomens, nicht *Ursache* und nicht Gedächtnis selbst.

*

[Anmerkungen zu dem Referat von Professor Akeret über das Gedächtnis im Burghölzli am 10. Juli 1965:]
Gedächtnis hat eine Doppelbedeutung: ›zum Gedächtnis‹ gleich Andenken an etwas als Behalten. Das Behalten wird als Speicherung interpretiert, ganz dinghaft.
Gedächtnis ist Behalten von etwas Gewesenem in der Welt, in der Offenständigkeit der menschlichen Existenz. Wenn ich ein Portemonnaie in den Kasten lege, ist das doch kein Behalten und kein Gedächtnisvorgang. Daß dabei, sofern der Mensch leibt, etwas im Gehirn vor sich geht, das im Leibkörper feststellbar ist, ist nicht zu leugnen.

Das Phänomen Erinnerung kann man nicht naturwissenschaftlich fassen, nur die leib-körperhaften Bedingungen des Vollzuges sind feststellbar, was zwei ganz verschiedene Sachen sind.

Man kann das Messen von etwas nicht messen. Das Denken in Berechenbarkeit ist loszulassen, sonst kann man die Phänomene nicht sehen.

Jede Variation der Bedingungen ergibt eine Veränderung des Bedingten.

*

[Zu Martin Heideggers Erörterungen über *Affekte* in seinem Nietzsche-Buch:]
Der ›Zustand‹ betrifft das In-der-Welt-sein als Selbstsein.

Wenn ich traurig gestimmt bin, dann sprechen mich die Dinge ganz anders an oder gar nicht. Es ist nicht gemeint Gefühl im subjektiven Sinne, daß ich das Gefühl habe. Gefühl betrifft mein ganzes In-der-Welt-sein als mein Selbstsein. Die Gestimmtheit ist nicht etwas für sich Bestehendes, sondern gehört in das In-der-Welt-sein, als ein Angesprochensein von den Dingen. Gestimmtheit und Bezogensein sind in sich eines. Jedes neue Gestimmtsein ist immer nur eine Umstimmung der in jedem Verhalten immer schon wesenden Gestimmtheit.

Es ist zu sehen, daß da, wo ich weder heiter noch traurig noch sonst in betonter Weise gestimmt bin, auch eine Stimmung vorwaltet. Das rein theoretische Verhalten, das Beobachten bei Untersuchungen im Laboratorium, ist auch in eigentümlicher Weise gestimmt. Dieses Gestimmtsein ist dann nicht Gleichgültigkeit, sondern eine Gleichmütigkeit, wobei mich nichts anderes ansprechen kann als die untersuchte Sache.

(›Einstellung‹ ist ein zu mechanistischer Titel, wie Einstellung eines Fernrohres).

28. November 1965, Zollikon

Als Kritik von Häfners Buch über Psychopathen ist zu sagen: Wenn Häfner behauptet, die psychiatrische Daseinsanalyse nehme von Heidegger die Methode, so behauptet er etwas Unmögliches, weil Heideggers Fundamentalontologie eine ontologische Methode ist, die psychiatrische Daseinsanalyse aber keine Ontologie ist.

Kontinuität, Materialität, Konsistenz sind keine Bestimmungen eines Weltentwurfes, sondern diese Sachen können sich nur an den innerhalb des durch den Weltentwurf erschlossenen Seienden in verschiedener Weise zeigen. Binswanger meint hier das durch den Weltentwurf zugängliche so und so erscheinende Seiende. Dieses so und so Erscheinende ist nicht ein verschiedener Weltentwurf. Binswanger verwechselt das Ontologische des Weltentwurfes mit dem im Weltentwurf erschlossenen, möglichen so und so erscheinenden Seienden, d. h. mit dem Ontischen.

Weltentwurf ist zweideutig: Welt entwerfen und das auf Grund dieses Entwerfens Erscheinende. Dieses kann man als das Entworfene bezeichnen. Binswanger nennt dieses Entworfene fälschlicherweise Weltentwurf.

29. November 1965, Zollikon
Bemerkungen zur Kritik von Blankenburg[1]

Die Lichtung des Seins ist im unmittelbar ontisch Gegebenen des Alltages gar nicht gegeben, sondern wir sehen sie nur im Denken.

›Vermittlung‹, damit meint Blankenburg den Übergang vom Ontologischen zum Ontischen. Es ist gar kein Übergang möglich und darum auch keine Vermittlung. Blankenburg meint, daß das in der Lichtung Erscheinende vermittelt werden müsse. Dabei ist es doch gerade die Lichtung des Seins, die das Erscheinen des Seienden ermöglicht. Also ist gar kein Platz für eine Vermittlung da.

»Ausgangspunkt«, »Ansatz«, wenn Blankenburg diese Worte gebraucht, so nimmt er die ontologische Bestimmung der *Lichtung des Seins* als ein konkretes Seiendes, als etwas Ontisches, das für sich besteht, mit dem man dann das empirisch Erscheinende vermitteln muß, während doch der Sinn der Lichtung ist, das Erscheinen des ontisch Gegebenen zu ermöglichen. Da braucht es doch keine Vermittlung.

Blankenburg sieht zwar die ontologische Differenz im Gegensatz zu Binswanger, aber er interpretiert diese verkehrt, weil er das Sein auch als etwas Seiendes nimmt, das dann mit dem andern vermittelt werden muß. Binswangers Satz vom »Weg zwischen Daseinsanalytik und den einzelnen Gegenstandsgebieten der Psychiatrie« kann an sich nur einer verkehrten Vorstellung entstammen. Es entstammt einer Vorstellung, daß die Ontologie wie etwa die Sonne oben sei, und unten seien dann die konkreten Gegenstandsgebiete. Dann will er ständig zwischen oben und unten, zwischen den beiden Gebieten hin- und herlaufen. In Wirklichkeit gibt es aber gar kein hinauf und

---

[1] Bezieht sich auf die Arbeit von W. Blankenburg: Psychologie und Wesenserkenntnis. Zur daseinsanalytischen Kritik der Schule von Boss. Jb. f. Psychologie, Psychotherapie und med. Anthropolog. 12. Jg. H. 4, S. 300.

hinab, weil es nichts Getrenntes ist. Denn die ontologische Differenz ist doch keine Trennung, sie ist genau das Gegenteil.

Wenn Blankenburg ferner von »Anstößen« spricht, so liegt darin dasselbe Mißverständnis wie im »Denkansatz«, nämlich jenes, das Ontologische sei eine Sache für sich.

Wenn ferner Blankenburg davon spricht, daß zwischen »Wissenschaft und ontologischer Besinnung ein äußerstes Spannungsverhältnis« bestehe, so kann auch von einem solchen äußersten Spannungsverhältnis in Wirklichkeit keine Rede sein. Denn jede ontologische Besinnung bezieht sich auf etwas, das immanent zur Wissenschaft gehört, nämlich auf das für die Wissenschaft Unumgängliche. Wenn ich sage, es sei für die Wissenschaft unzugänglich, bleibt es für die Wissenschaft doch unumgänglich. Also kann hier nicht von einem Spannungsverhältnis die Rede sein.

Die Existenzialien sind also keine Anstöße für das daseinsanalytische Sehen in der Psychiatrie. Sie sind vielmehr gerade *Inhalt*, sie bestimmen gerade mit die konkrete Beschreibung eines Angstzustandes bei einem bestimmten Menschen. *Angst* ist z. B. nicht ein Anstoß, sondern ich sehe eine Angst im vorhinein in der Weise, wie das Existenzial Gestimmtheit sie charakterisiert als eine ausgezeichnete Weise des Gestimmtseins.

Was hat denn das Fachgebiet Psychiatrie für eine Wissenschaftsstruktur? Binswanger hat nirgends etwas über die Wissenschaftsstruktur seiner Daseinsanalyse gesagt.

Wenn Blankenburg von einer »Wahrung der prinzipiellen Grenze von Wissenschaft und Ontologie« spricht, so meint er damit, daß das Ontologische in einer ontisch wissenschaftlichen Betrachtungsweise nicht zugänglich sei. Diese Grenze hat aber Binswanger gerade nicht gewahrt, sondern hat das Ontologische ontisch umgedeutet.

Man könnte deutlicher machen: Die Wissenschaft hat die Möglichkeit, von sich aus auf ontologische Strukturen zu blicken, aber nicht, sie als solche zu erfassen und zu bedenken.

Aber wenn das geschieht, nämlich das eigentliche Thematischwerden für eine ontologische Besinnung, heißt das nicht, daß sie isoliert werde als besonderer Bereich, so daß eine Kluft entsteht zwischen ihr und dem sogenannten Faktischen, sondern dabei bleibt das Ontologische das Bestimmende des Faktischen selbst, und dieses wird gerade durch die ontologische Besinnung als solche erst eigens gesehen.

*

In bezug auf Binswangers Artikel über eine »Absatz-Phobie«[2]: Wieso kommt Binswanger überhaupt auf die »Kontinuität«? In Wirklichkeit ist diese Kategorie eine Weise des Verfallens und des Verfallenen. Verfallen ist immer ein Verfallen an das nicht daseinsmäßig Seiende. An diesem Nicht-Daseinsmäßigen der Dinge könnte man so etwas wie Kontinuität feststellen. Es wäre also eine Verdinglichung des Verfallens.

Die Angst des Mädchens vor dem Kontinuitätsbruch heißt, daß das Mädchen schon im Verfallen lebt bei den Dingen und die Dinge in ihrem Zusammenhangscharakter und in ihrer Stabilität erfährt. Es ist eine Frage des ungebrochenen Selbstseins, Versammeltseins. Angst hängt mit Geborgenheit bei der Mutter zusammen. Diese ist ein bestimmtes Mitsein, nicht eine formale Einheit.

Man muß untersuchen, wie das Weltverhältnis der Kranken durch die Störung des Zeugzusammenhanges gestört wird. Die Zuhandenheit ist angetastet. Das Dasein ist aufgehend in einer bestimmten Alltagswelt. Das ist doch kein Weltentwurf auf Kontinuität hin.

Die Fixierung an den Schuh ist eine Frage für sich. Das Mädchen hat zum Beispiel keine Angst beim Zerbrechen eines Stuhlbeines. Der Stuhl hat nicht dieselbe Nähe zum Leib des Mäd-

---

[2] Binswanger, Über die daseinsanalytische Forschungsrichtung in der Psychiatrie. In: Schweizer Archiv für Neurologie und Psychiatrie. Bd. LVII. 1946. S. 209-239. Wieder abgedruckt in: Vorträge und Aufsätze I, S. 190-217.

chens wie der Absatz, der zum Leiben gehört, fast so wie ein Knopf an einem Kleidungsstück. Man muß also genau untersuchen, wie die einzelnen Dinge wie Absatz, Stuhlbein, Knopf oder Speichel das Mädchen in Anspruch nehmen. Hier von Kontinuitäts-Bruch oder von einer Charakterisierung des Weltentwurfes durch die Kategorie Kontinuität zu sprechen, wie Binswanger das tut, ist eine Formalisierung des Existierens, die das Existieren jedes faktischen Gehaltes entleert.

29. November 1965, Zollikon
Bemerkungen zu den 1966 in Aussicht stehenden argentinischen Vorlesungen von Medard Boss

Die Offenständigkeit ist gestimmt, sie ist immer eine Offenständigkeit zur jeweiligen Umwelt. *Lichtung* ist kein Existenzial. Offenständigsein des Daseins steht hinaus in die Lichtung.

Alles Existieren, unser Verhalten ist notwendig leiblich, aber nicht nur. Es ist in sich leiblich. Nur muß man vorher das Existieren als Weltbezug bestimmen.

Das Reden vom Leiblichen *als* Bedingung ist keine phänomenologische Interpretation, sondern ist eher von außen her gesprochen. Wenn ich von Bedingung spreche, vergegenständliche ich beides, das Leibliche und das Existieren. Wenn ich von Bedingung spreche, bin ich schon draußen, aus dem Existieren eigentlich herausgefallen.

30. November 1965, Zollikon

Das *Bewußtsein* setzt immer Dasein voraus, nicht umgekehrt. Wissen und Bewußtsein bewegt sich immer schon in der *Offenheit des Da*, ist ohne diese gar nicht möglich.

Die »Daseinsanalyse« Binswangers ist ihrem Grundcharakter nach eine ontische Interpretation, das heißt eine existenzielle Interpretation des jeweiligen faktischen Daseins.

Das Verhältnis von ontischer Interpretation und Ontologie ist geschichtlich gesehen immer ein korrelatives, insofern als aus der ontischen Erfahrung neue Existenzialien entdeckt werden.

Aus dieser Interpretation ergibt sich: Daseinsanalyse als ontische Wissenschaft wäre eine ganz neue Wissenschaft. Wissenschaft heißt die systematische Ordnung von Erfahrungsinterpretationen. Jede Wissenschaft ist streng an ihr Sachgebiet gebunden, aber nicht jede Strenge ist Exaktheit im Sinne von Rechnen.

Der Einheitspol in der psychotherapeutischen Wissenschaft ist der existierende Mensch.

1965, Zollikon

Freuds Metapsychologie ist die Übertragung der neukantianischen Philosophie auf den Menschen. Auf der einen Seite hat er die Naturwissenschaften und auf der anderen Seite die kantische Theorie von der Gegenständlichkeit.

Er postuliert auch für die bewußten menschlichen Phänomene die Lückenlosigkeit in der Erklärbarkeit, d. h. die Kontinuität von Kausalzusammenhängen. Weil es solches ›im Bewußtsein‹ nicht gibt, muß er »das Unbewußte« erfinden, in dem es die Lückenlosigkeit von Kausalzusammenhängen geben muß. Das Postulat ist die durchgängige Erklärbarkeit des Seelischen, wobei erklären und verstehen identifiziert werden. Dieses Postulat ist nicht aus den seelischen Erscheinungen selbst genommen, sondern ist das Postulat der neuzeitlichen Naturwissenschaft.

Was bei Kant das über die Wahrnehmung Hinausgehende ist, z. B. der Sachverhalt, daß der Stein warm wird, *weil* die Sonne scheint, ist bei Freud »das Unbewußte«.

Ich spreche von Denken und Erfahren und nicht von Wissen, weil Wissen bezogen ist auf ein Wissen im Sinne des unbezweifelbaren Gewissen.

Meine These ist: daß das Menschenwesen Seinsverständnis ist. Ich kann das Menschenwesen vom Seinsverständnis her erfahren. Diese Erfahrung wird erst zur Hypothese in dem Augenblick, wo ich mir die Aufgabe stelle, den Menschen in bestimmter Hinsicht zu erfassen und zu beobachten.

6. bis 9. März 1966, Zollikon

Husserl spricht in seinen 1900/01 erschienenen »Logischen Untersuchungen« von Bedeutung verleihenden Akten. Die Konstitution eines Gegenstandes des Bewußtseins vollzieht sich nach ihm so, daß primär die hyletischen Daten, reine Sinnesempfindungen, gegeben sind und daß diese Daten dann noematisch, das heißt durch das Denken, eine Bedeutung bekommen. Dem Reiz wird mit anderen Worten eine Bedeutung zugesprochen durch einen psychischen Akt. Das Ganze ist indessen eine reine Konstruktion.

In der echten Langeweile ist einem nicht nur ein bestimmtes Ding langweilig, sondern es ist einem überhaupt langweilig. Das heißt: es spricht einen alles gleich wenig an. In der Langeweile spielt die Zeit eine Rolle, wie das Wort sagt. Es gibt keine Zukunft, keine Vergangenheit und keine Gegenwart mehr. In der Langeweile ereignet sich der unerfaßte Anspruch des Seins.

Zur Wahrnehmung siehe: Kant: Antizipationen der Wahrnehmung. In: Kritik der reinen Vernunft, A 166 ff., B 207 ff.

Wenn ich versehentlich eine heiße Platte berühre und dann zurückzucke, ehe ich etwas davon vernommen habe, so ist hier tatsächlich ein reiner bedeutungsloser, stumpfer Reiz. Dieser ist nur eine Intensität, keine Qualität, eine intensive Größe. Diese Reduktion des In-der-Welt-seins bis auf die Intensität eines Reizes gibt es und spielt zum Beispiel beim Schmerz eine große Rolle.

Wenn die Belastung wegfällt, ist nicht einfach nur eine Nicht-Belastung da, nicht einfach nur das Negativ der Belastung. Denn wie soll ein bloßes Negatives belasten können? Das Belastende bei der Entlastung ist vielmehr das, daß das ständige Angesprochensein nicht mehr anspricht. Das Welthafte hat sich dann entzogen, und ich habe keinen Halt mehr daran, werde ratlos. Rat ist das, woran ich mich halten kann. So spricht man von Vorrat, was schon zur Verfügung steht. Es ist der Wesenszug des wesenhaften Angesprochenseins in der Entlastung bedroht. Es handelt sich um eine Privation des Angesprochenseins. In der Langeweile geschieht ein Sich-Entziehen von allem Seienden, aber nicht wie in der Angst dessen Verschwinden.

Der hermeneutische Zirkel ist kein Mangel, sondern das eigentlich Positive im Dasein des Menschen.

Motiv: ›Bewegung‹, das, was mich anspricht, bewirkt nicht.

Beim Maler Cézanne hätte man sagen können: er geht zu seinem Motiv. Der Berg, den er malt, ist nicht die Ursache seines Gemäldes. Sondern das Gesehene als solches bestimmt die Art und Weise des Handelns, seines Vorgehens beim Malen. Der Berg ist qua so und so von ihm Gesehenes der Bestimmungsgrund, das, wovon her der Maler zu einem so oder so sich Verhalten bestimmt wird.

Gegenstand – Wissenschaft – Begrifflichkeit – allgemeingültige Berechenbarkeit: das all dies Gründende ist das Weltverhältnis des Stellens, des Herausforderns. Die Kausalität spielt in dem Rechnen auf das gesetzmäßige Abfolgen eines Zustandes auf einen andern. Weil man in der phänomenologischen Betrachtung überhaupt nicht rechnet, hat auch die Kausalität keinen Sinn. Das Manipulieren mit der Natur und die operative Einstellung zu ihr sind nur andere Titel für den selben Sachverhalt des Stellens der Natur.

Wenn man vor einem Examen steht, so bewirkt, verursacht das Examen die Spannung, die Belastung. Fällt die Ursache weg, hört auch der Effekt auf. Man sagt auch, das Examen ist das Motiv für die Belastung. Hier ist aber Motiv mit Ursache gleichgesetzt.

Wenn man so redet, wird Belastung und Entlastung einfach zu einem Vorgang, zu einem Ablauf. Dabei wird mein Dabeisein gar nicht mehr in Betracht gezogen. Die Phänomene der Belastung und Entlastung werden einfach vergegenständlicht und nicht mehr als zum Menschsein gehörend gesehen. Das ist nicht sachgerecht, weil meine Art, dabei zu sein, gar nicht mehr in Betracht gezogen wird. Denn ich bin doch kein Ablauf von Vorgängen, das ist unmenschlich.

Daß zum Beispiel ein Examen stattfindet, ist nicht einfach ein Vorgang, wie es zum Beispiel regnet, sondern etwas Geschichtliches innerhalb einer menschlichen Situation einer menschlichen Lebensgeschichte.

Statt immer nur von einem sogenannten Ich-Du-Verhältnis zu sprechen, sollte man eher von einer Du-Du-Beziehung sprechen, weil Ich-Du immer nur von mir aus gesprochen ist, während es doch in Wirklichkeit eine gegenseitige Beziehung ist.

Anlaß gleich Auslösen, meint das, daß die Ursache effizient wird? Wenn ich zum Beispiel einem Malariakranken Chinin gebe, bin ich nur der Anlaß dafür, daß das Chinin die Amöbe abtötet. Der Leib des Patienten heilt ihn dann. Wenn der Arzt weiß um sein bloßes Anlaß-sein, kann das Mitsein bei einer solchen Therapie durchaus noch bestehen; wenn der Arzt aber sich selbst so auffaßt, als würde er die Heilung bewirken an einem Objekt, dann ist das Menschsein und Mitsein weg.

Man muß sich als Arzt gleichsam zurücknehmen und den andern Mensch sein lassen. Das sind ganz verschiedene Verhaltensweisen, die von außen her gar nicht zu unterscheiden sind. Der existenziale Unterschied zwischen einem Hausarzt und einem klinischen Oberarzt liegt darin begründet. Daß die Hausärzte absterben, ist charakteristisch.

Gestimmtheit ist nicht nur bezogen auf die Stimmung, auf das so und so Gestimmtseinkönnen. Vielmehr enthält diese Gestimmtheit im Sinne der Stimmungen zugleich den Bezug auf die Art und Weise der Ansprechbarkeit, des Zuspruches des Seins. Jede Befindlichkeit ist verstehend, und jedes Verstehen ist befindliches, also ist gleichursprünglich Befindlichkeit und Verstehen. Dazu gleichursprünglich ist drittens die Rede. Das befindliche Verstehen ist in sich ein Sagen, ein Zeigen.

Hegels »Vermittlung«: Vermittlung des verstehbaren Vorstellens mit dem Ich.

Jedes physikalische Experiment ist rückbezogen auf den Bereich des Sinnlichen, weil es davon ausgehen und zurückgehen muß. Darum bleibt auch die Atomphysik auf Körperliches angewiesen, ungeachtet der Umwandelbarkeit von Korpuskeln in Energie.

7. Juli 1966, Zollikon

Die Phänomenologie ist eine wissenschaftlichere Wissenschaft als die Naturwissenschaft, insbesondere wenn man Wissenschaft im Sinne des ursprünglichen Wissens im Sinne des sanskritischen Wortes »wit« = sehen faßt. Wenn die Naturwissenschaft auf ihre Naturwissenschaftlichkeit pocht, hat sie das Entscheidende schon mehrere Jahrhunderte hinter sich. Dieses Entscheidende passierte bereits bei Galilei. Die heutigen Naturwissenschaftler sind nur noch hinterherlaufende Handwerker innerhalb des Bereiches, der ihnen schon längst erschlossen ist. Während seinerzeit Galilei den Naturentwurf schuf, demgemäß die Natur der lückenlose Bewegungszusammenhang von Massenpunkten ist, gilt es heute, den Aufwurf des Erwurfes des In--der-Welt-seins zu leisten. Dieses aber ist unendlich schwieriger als Galileis Naturentwurf, weil es sich jetzt nicht mehr bloß um leblose Natur, sondern um den Menschen handelt und er sich gegen die traditionelle anthropologische Vorstellung, die nur unklar gegeben ist, durchsetzen muß.

Das Maßgebende für den Naturentwurf von Galilei war die Berechenbarkeit. Für die Daseinsanalytik ist das Maßgebende die Fragwürdigkeit des Menschen und sein Existierenkönnen in der heutigen Welt. Das, was man psychologisch Strebungen nennt, spielt sich daseinsmäßig gesehen im Bereiche der Sorge, ontisch im Bereiche des Arbeitens ab, arbeiten im weitesten Sinne genommen.

13. November 1966, Zollikon[1]

Zur Rolle der genetischen Betrachtungsweise
Es sieht so aus, als sei der Nachweis der Vorgänge, durch die etwas (z. B. ein Krankheitszustand) geworden, entstanden ist, der einzig mögliche Weg zur Bestimmung dessen, was dieser Zustand ist.

Die Bedeutung, wenn nicht gar die Notwendigkeit der *genetischen Betrachtungsweise* leuchtet sogleich jedermann ein. Sie gilt als selbstverständlich. Aber sie krankt an einem Mangel, den man allzuleicht und daher meistens übersieht.

Damit wir instand gesetzt sind, genetisch zu erklären, wie ein Krankheitszustand entstanden ist, bedarf es doch zuvor der Klärung dessen, was dieser Krankheitszustand in sich selbst ist. Solange dies ungeklärt bleibt, hat alles Erklärenwollen durch Genese überhaupt nicht das in der thematischen Sicht, *was* erklärt werden soll. Alles Erklären setzt die Klärung des Wesens dessen voraus, was erklärt werden soll.

Die Einsicht in diesen Sachverhalt erschüttert bereits die Selbstverständlichkeit der Rolle der genetischen Betrachtungsweise. Aber dabei hat es nicht sein Bewenden. Es könnte doch sein, daß eine sachgerechte Klärung des Wesens eines Krankheitszustandes dazu führt, daß dieses sein Wesen die Möglichkeit verbietet, es kausalgenetisch erklären zu wollen.

Wer sich auf das genetische Erklärenwollen versteift, ohne einer notwendig voraufgehenden *Klärung des Wesens* des zu Erklärenden zu genügen, gleicht einem Menschen, der ein Ziel erreichen will, ohne dieses Ziel zuvor sich in den Blick gebracht zu haben. Alles Erklären reicht nur so weit – falls es sachgerecht ist –, wie weit das zu Erklärende zuvor in seinem Wesen geklärt ist.

Was soll alles Erklären, wenn das zu Erklärende in der Unklarheit bleibt? Oder huldigt man gar der Irrmeinung, das Ungeklärte könnte jemals durch ein Erklären geklärt werden?

[1] Handschriftlicher Text Martin Heideggers.

6. Juli 1967, Zollikon

Wenn wir Menschen über etwas sprechen, machen wir eine allgemeine Voraussetzung, an die wir meistens gar nicht denken, weil sie so einfach ist, nämlich: daß etwas als das etwas durchgehalten wird, daß etwas dasselbe bleibt. Das ist der Satz der Identität, den wir voraussetzen. Die Wissenschaft hat den Ehrgeiz, ihre Sachen zu beweisen, dann aber muß sie wissen, was beweisen heißt. Was heißt beweisen? Was heißt, einen Satz beweisen? Beweisen ist ein Begründen. Alle Wissenschaften setzen voraus den Satz vom Grunde. Nichts ist ohne Grund. Bis heute ist aber dieser Satz vom Grunde noch nicht zureichend erörtert worden. Die Wissenschaft setzt Natur voraus als einen bestimmten Bereich von Seiendem, der meßbar ist. Ihre Voraussetzung ist Meßbarkeit, und deren Voraussetzung ist die Homogenität von Raum und Zeit.

Den Newtonschen Raum kann man noch anschauen, das heißt unmittelbar gegenwärtig haben. Dagegen ist in der Kernphysik in neuester Zeit etwas passiert, etwas Fundamentales: Das Experiment, die Maschinerie des Experimentes beteiligt sich am Experiment so, daß das Ergebnis beeinflußt wird vom Experiment selbst, so daß der Gegenstand selbst nicht mehr anschaulich zugänglich ist. Wie wollen sie da noch experimentieren?

Hier springt ein: das Modell, zum Beispiel das Nils Bohrsche Atommodell. Da wird das Modell notwendig. Das Bohrsche Modell ist vom Planetensystem hergenommen. Dieses Modell gibt Anweisungen für das Fragen. Das ist jetzt schon überholt. Es gibt andere Modelle: der Atomkern, umgeben von Schwingungen. Nach einem Modell kann man den Ort, nach einem anderen den Impuls berechnen. Wo Gegenstände unanschaulich geworden sind und wo gleichwohl die Notwendigkeit der Berechenbarkeit aufrecht erhalten wird, kommt das Modell ins Spiel. Wenn die Experiment-Maschinerie notwendig die Gegenstände verändert, hat man nur noch die Veränderung in der

Hand, nicht mehr den Gegenstand. Ist dieser unanschaulich geworden? Nur in der Physik ist der Begriff eines Modells sinnvoll. Wo ein Modell auftritt, hat der Entwurf nur noch einen instrumentalen Charakter, nicht mehr ontologischen Charakter.

Dies alles ist gesagt nur als ein Beispiel, was eine Voraussetzung ist.

Im Unterschied zur Kernphysik ist ein mitmenschliches Gespräch das, was wir selbst sind. Unmittelbar und ständig erfahrbar, aber nichts Gegenständliches. Aber diese Ungegenständlichkeit des menschlichen Gesprächs ist etwas total anderes als der ungegenständlich gewordene Entwurf der Physik. Eine Voraussetzung des Gesprächs ist die Sprache.

Arnold Gehlen orientiert den Menschen unter Berufung auf Herder am Tier. Im Verhältnis zu diesem sei der Mensch ein Mangelwesen. Den Menschen fehle die Sicherheit der Eingepaßtheit des Tieres in die Umwelt. Er nannte dies die Weltoffenheit, was mit der Offenheit im Sinne unserer Lichtung nichts zu tun hat.

Es ist ein Prozeß im Gange, der bewirkt, daß die Vorstellung von der Sprache nicht von ihr selbst her, vom Miteinandersprechen her, bestimmt wird, sondern von der Art und Weise, wie dies der Computer spricht und rechnet. Die Angleichung der Sprache an den Computer. Dieses Schicksal der Physik, die jetzt in der Kernphysik angekommen ist, beunruhigt die Nachdenklichen unter den Physikern, insofern sie sehen, daß der Mensch, der in diese Welt gesetzt ist, wie sie die Kernphysik aufbaute, keinen Zugang mehr zur Welt hat. Zugänglich sind nur noch die Berechenbarkeit und der Effekt. In dieser Lage sucht man sich damit zu helfen, daß Heisenberg zum Beispiel einen Vortrag hielt über Goethe und die neuzeitliche Naturwissenschaft. Dort versuchte er etwas völlig Unhaltbares, nämlich zu zeigen, daß das, worauf die Physik hinaussteuert, nämlich die Weltformel, die Zurückführung in einen einfachen Satz, dem Urphänomen Goethes oder den platonischen Ideen entspreche. Daß eine mathematische Formel, auch wenn sie noch so einfach ist, etwas grundsätzlich anderes ist als Goethes Urphänomen, wurde von Heisenberg übersehen. Aber Heisenbergs Not ist noch größer, er kann seine Physik nicht in Lebensbezug zum Menschen bringen. Andere Physiker koppeln die Wissenschaft mit dem Glauben.

Sprechen ist sagen = zeigen = sehen lassen = mitteilen und entsprechend hören, sich einem Anspruch, einem zugesagten Anspruch, unterstellen und fügen, entsprechen.

8. Juli 1967, Zollikon

Beweis: durch Schlußfolgerungen aus vorausgesetzten Axiomen oder vorausgesetzten Sachverhalten, zum Beispiel aus der Grundannahme über die Verfassung des Menschen. Aber die Grundannahme kann man nicht beweisen, es gibt hypothetische, in sich evidente Grundannahmen.

Man kann aber daraus, daß eine Grundannahme nicht bewiesen werden kann, schließen, daß deswegen alle vorausgesetzten Grundannahmen gleichviel wert sind.

Die Menschen heute lehnen das Gewicht der unmittelbar erfahrenen Dinge ab, es zählt nicht. Dabei beruhen die meisten Beweise auf bloßen Hypothesen.

Man kann nicht beweisen, daß man existiert.

Man kann nur etwas naturwissenschaftlich Stoffwechselmäßiges feststellen, wenn man schon voraussetzt, daß der festzustellende Sachverhalt existiert, nämlich sowohl der existierende Mensch als auch sein Stoffwechsel. Den findet man vor, dessen Vorhandensein kann man nicht beweisen.

Wenn Dr. M. behauptet, man könne nur Psychotherapie treiben, wenn man den Menschen zuvor vergegenständlicht, weil dabei die Therapie maßgeblich sei und nicht die Existenz des Menschen, und weil man nur Therapie treiben könne, die ein handelndes Umgehen mit Gegenständen ist, etwas rein Technisches also, so kann aus solcher Therapie nie ein gesünderer Mensch hervorgehen. In solcher Therapie ist der Mensch endgültig ausgeschieden, es könnte daraus höchstens ein polierterer Gegenstand werden.

Ist das Miteinander-sein ein Begegnen, oder setzt das Begegnen-können das Miteinander-sein voraus? Dies letztere ist der Fall.

22. November 1967, Zollikon

Unter dem Druck der Tradition entstehen die psychologischen Theorien, weil die Tradition nichts anderes kennt als den Seinscharakter der Substanzialität und die Vergegenständlichung und Verdinglichung, was nicht immer so grob sein muß wie in der Scholastik mit ihrer Ansetzung einer ewigen Seelensubstanz.

Psyche und Psychologie = Versuche der Vergegenständlichung des Menschen.

Es wird etwas Nicht-körperliches anerkannt, gleichzeitig wird es nach der Methode der körperlichen Vergegenständlichung bestimmt. Die Methode seiner Bestimmung ist nicht aus dem ›Psychischen‹, aus dem Nicht-körperlichen selbst geschöpft, sondern ohne Bestimmung im Horizonte der allein als wissenschaftlich geltenden Naturforschung geschehend. Die Berechtigung der Psychologie besteht darin, daß sie etwas Nicht-körperliches anerkannte, und ihre Begrenztheit besteht darin, daß sie dieses mit der Methode der Körperforschung, der Naturwissenschaft, bestimmen wollte.

Die Berechtigung der Psychologie besteht nur in ihrem Ansatz und im Ernstnehmen des Nicht-körperlichen, aber dann hört ihre Berechtigung schon auf, weil sie dann dieses Nicht-körperliche mit nicht gemäßen Methoden erforscht. Es ist eine ins Unberechtigte verkehrte Berechtigung.

8. bis 16. März 1968, Lenzerheide

Die Offenständigkeit, als welche der Mensch existiert, ist nicht mißzuverstehen als das Vorhandensein einer Art von leerem geistigem Sack, in den hinein gelegentlich etwas fallen könnte. Vielmehr ist der Mensch als Offenständigkeit ein Offenständigsein für das Vernehmen von Anwesenheit und von Anwesendem, ist Offenheit für die Dingheit. Ohne solche Offenständigkeit könnte kein Ding erscheinen von sich her, nicht einmal dieser Tisch hier. Die Offenheit, als welche der Mensch existiert, ist immer Offenheit für den Anspruch der Anwesenheit von etwas.

Der Determinismus leugnet die Freiheit, und wenn er sie leugnet, muß er eine bestimmte Vorstellung von Freiheit haben. Freiheit war in der naturwissenschaftlichen Vorstellung immer nur ein nichtkausales, ein a-kausales Geschehen. Also steht der Determinismus von vornherein außerhalb der Freiheit. Freiheit hat nichts mit Kausalität zu tun. Freiheit ist Frei- und Offen-sein für einen Anspruch. Dieser Anspruch ist dann der Beweggrund, das Motiv. Es hat mit Kausalketten überhaupt nichts zu tun. Der Anspruch ist der Beweggrund für das Entsprechen des Menschen. Das Offensein für einen Anspruch liegt außerhalb der Dimension von kausaler Verursachung. Deshalb reicht der Determinismus gar nicht bis an den Bereich der Freiheit heran, kann darüber überhaupt nichts sagen. Darum ist es gleichgültig in bezug auf die Freiheit, ob wir alle oder keine oder wieviele Ursachen wir für eine Sache kennen.

Grundbestimmung des Daseins: offen für den Anspruch der Anwesenheit. Eine Pflanze ist auch bezogen auf das Licht, aber sie ist nicht offen für das Licht als Licht. Das Licht oder die Sonne ist ihr nicht qua Sonne oder Licht gegeben.

Die Verlautbarung ist damit gegeben, daß das Existieren ein leibliches ist.

Die Anwesenheit des Tisches ist etwas, das mich anspricht, wenn unter Umständen auch bloß unthematisch, ohne welchen

Anspruch jedoch der Tisch niemals als Anwesendes sich zeigen könnte. Ich kann gar nicht existieren, ohne ständig unthematisch oder thematisch diesem oder jenem Anspruch zu entsprechen. Sonst könnte ich auch keinen Schritt machen und keinen Blick auf etwas tun.

In diesem Bereich kann man nichts beweisen. Man muß auf die Meinung verzichten, daß nur das Beweisbare das Wahre sei. Es gibt Sachen wie Anwesenheit oder die Freiheit, die jeden Anspruch auf Meßbarkeit von sich weisen. Es handelt sich nicht um eine Theorie, sondern um den Einblick in das, was wir schon immer selber sind.

Eine Theorie ist demgegenüber eine Supposition, die die Berechnung einer Sache möglich macht. Das unter dem Anspruch der Anwesenheit Stehen ist der größte Anspruch des Menschen, ist ›die Ethik‹.

Wenn ich ein Zimmer einräume, ist dies etwas ganz anderes, als wenn sich ein Mensch einräumt. Wie zu Anfang des zweiten Teiles des »Grundrisses«[1] ist die Vorbemerkung zu machen, daß das jetzt kommende ›Philosophieren‹ ständig im Blick behalten werden muß, um dann die späteren Kapitel über Pathologie und Therapie zu verstehen. Das Kommende ist also alles andere als ein für Ärzte überflüssiges Philosophieren. Der Mensch hält sich bei dem auf, was ihn angeht. Er ist bezogen auf die Dinge und die Mitmenschen. Die leblosen Dinge werden von alters her als in Raum und Zeit seiend vorgestellt. Der Mensch ist aber ganz anders in Raum und Zeit als die Dinge, insofern als der Mensch selber räumlich und zeitlich ist. Wenn ich ek-sistieren mit hinaus-stehen übersetze, so sage ich dies aus der Gegenposition zu Descartes heraus, gegen dessen Vorstellung von einer res cogitans im Sinne einer Immanenz. Aber durch dieses Gegenponieren mache ich das alte mit. Wahrer ist

---

[1] Medard Boss, Grundriß der Medizin und der Psychologie. Zweite ergänzte Auflage. Bern, Stuttgart, Wien (Verlag Hans Huber) 1975. Die im Folgenden genannten Überschriften beziehen sich auf das Manuskript dieses damals im Werden begriffenen Buches.

›existieren‹ mit ›aus-stehen eines Offenheitsbereiches‹ zu übersetzen.

Jedes Wollen ist ein Streben, aber nicht jedes Streben ist ein Wollen. Wollen gehört zur Freiheit, zum Frei-sein für einen Anspruch, dem ich entspreche, und der Anspruch ist dann der Beweggrund für das Wollen. Ich will nur, wenn ich mich einlasse auf den Beweggrund, diesen als solchen übernehme, ihn annehme. Lateinisch: nemo vult nisi videns.

Wollen kann man nur, was man selber ausführen und verwirklichen kann. Darum kann man nicht wollen, daß es schneit. Man kann auch Unmögliches wollen, aber nur, wenn man das Unmögliche für möglich hält.

Neigung und Abwehr sind auch Beziehungsarten zum Anwesenden. Psychische Vermögen sind zu verstehen als Modi des Angesprochenseins und des Entsprechens.

Beim Wünschen führt man nichts aus. Es ist aber auch keine Gleichgültigkeit, wenn ich wünsche, daß einer gesund wird oder daß einer zum Teufel geht.

Ein Entsprechen gibt es nur, wo man nein oder ja sagen kann. Wenn man von Entsprechen auch dort spricht, wo es sich um ein Gedrängtsein handelt, wird das Entsprechen abgewertet im Sinne einer bloßen Relation. Man muß beim Messerstech-Drang sagen: ausgeliefert, verfallen sein an das sich so oder so Zusprechende. Im Drang ist das ›als‹ im Erfahren von etwas *als* etwas nicht explizit.

Je ausschließlicher die Patientin[2] in der Liebe zu ihrem Kind aufgeht, je näher sie ihm in dieser einzigen Liebe ist, um so mehr gewinnt diese Nähe auch den Charakter der Enge und des Erwürgenden. Um sich selbst zu retten aus der Verstrickung und Enge, muß das Kind weg und erwürgt werden. Die Würgestimmung ist ja nicht weg beim Baden des Kindes. Weil die Nähe des Kindes in der allgemeinen Sphäre der Verstrickung und Beengung einen ausgezeichneten Charakter hat qua ihr

---

[2] Bezieht sich auf Symptome einer im Buch »Grundriß der Medizin« erwähnten Patientin. (Vgl. Anm. 1).

Kind. Dann gerät das mit ins Beengende, wird das Beengende; das Würgende überfällt die Kranke vollständig und gerade das, was gewissermaßen nahe war, bekommt nun den ausgezeichneten Charakter, wodurch dieses Würgende durchbrochen werden kann.

In bezug auf die Titel würde ich vorschlagen: »Einige Grundzüge eines störungsfreien menschlichen Da-seins«. In der Vorbemerkung zu diesem Kapitel wäre anzumerken, daß es nur einige Grundzüge sind und zwar ausgewählt im Hinblick auf die Thematik der Medizin.

In bezug auf das Kapitel über das *Gedächtnis* ist zu vermerken, daß das Gedächtnis nicht nur ein Behalten ist. Wenn wir eine Widmung schreiben zum Gedächtnis an . . ., dann ist das durch das Behalten nicht charakterisiert, was hier Gedächtnis heißt. Wenn ich eine Feier ansetze zum Gedächtnis an jemanden, auch nicht. Es geht dabei nicht nur darum, daß man den, dem man etwas gewidmet hat, nicht vergißt, sondern daß dieser ständig gegenwärtig bleibt als der, der mein Da-sein mitbestimmt, auch wenn er nicht mehr lebt. Das ist kein bloßes Behalten. Das geht ins große Betroffen-sein von der gesamten Überlieferung, in der das Da-sein steht, z. B. daß die Herren Mediziner daran denken müßten, daß es einen Newton gegeben hat, daß er noch da ist in ihrer ganzen Anwendung der Physik. Sie leben einfach in den Tag hinein. Unterschied von Vergangenem und Gewesenem kommt hier heraus. Das Andenken an das Gewesene als das noch Wesende und noch die Gegenwart und die Zukunft Bestimmende, das ist kein bloßes Behalten. Behalten ist zu primitiv. Die Erfahrung, daß ich in einer Überlieferung stehe und daß jeder sogenannte Fortschritt eine Auseinandersetzung mit der Überlieferung ist, dazu reicht das bloße Behalten nicht aus. In dieser Weise ist der Mensch geschichtlich, ob die Menschen es bedenken oder nicht, alles ist Auseinandersetzung mit Geschichte, mit Gewesenem. Die Gegenwart setzt sich auseinander mit dem Gewesenen in bezug auf das Künftige. Die psychologische Gedächtnistheorie bezieht sich nur auf das nicht gerade Präsent-Haben, im jeweiligen Augenblick nicht gegenwärtig Haben. Auch die Vorstellung vom Gedächtnis als einem Behälter ist eine vollkommen geschichts- und zeitlose Apparatur.

Im Kapitel über das *Bewußtsein* muß noch schärfer herauskommen der Unterschied des Verhältnisses von ekstatischem Da-sein und Bewußtsein und das Verhältnis von Psyche und Bewußtsein.

14. Mai 1968, Zollikon

Die Sprache ist identisch mit Seinsverständnis, und ohne dieses kann man den Tod nicht als Tod erfahren, nicht als die äußerste Möglichkeit, die dem Da-sein bevorsteht.

Die Wesensbestimmung irgendeiner Sache setzt sich aus drei Bestimmungen zusammen:

Erstens ist notwendig die Bestimmung dessen, *als was* etwas ist. Bezogen auf das menschliche Da-sein lautet die Antwort darauf: als In-der-Welt-sein, als das Sich-verhalten zum Anwesenden. Unter diesem Titel geht die Beschreibung, damit man überhaupt weiß, worum es sich handelt.

Die zweite Unterbestimmung bezieht sich auf die Bedingung der Möglichkeit, so zu sein. Angewendet auf das Da-sein ist diese Bedingung der Möglichkeit, als Da-sein zu sein: das Seins-verständnis.

Die dritte Unterbestimmung bezieht sich darauf, worin diese Bedingung der Möglichkeit ihrerseits gründet: in bezug auf das menschliche Da-sein: im Seinsgeschick. Wenn dem Da-sein nicht Sein geschickt würde, dann gäbe es auch kein Seinsverständnis. Der Hauptirrtum von Sartre besteht darin, daß er das Sein als ein im subjektiven Entwurf des Menschen Gesetztes ansieht.

*

Boss:
1. Wie ist daseinsanalytisch zu verstehen, daß irgendwelche Reizungen an einem Nerv irgendwo in seinem Verlauf immer an dessen Endorgan empfunden wird?
2. Die Phantomschmerzen.
3. Die Schmerzunempfindlichkeit bei starker Aufmerksamkeitsablenkung.

Heidegger:

Problem 1: Die Schmerzempfindung ist gar nicht lokalisiert am Ende eines Nervs, sondern dieses ist der Bezug zum Schlagen oder Gereiztwerden.

Problem 2: Zu den Phantomschmerzen ist zu sagen: diese sind gerade die Bezeugung der ekstatischen Leiblichkeit. Das Verhältnis zu meinen Zehen ist ein leibendes und kein körperliches. Das Spüren von etwas mit den Zehen wurde früher als das bloße Vorhandensein eines bloßen Zehes verstanden. Dieses Verständnis greift aber zu kurz. Die Schmerzempfindung geht über den Zehen hinaus.

Problem 3: Zur Schmerzunempfindlichkeit ist zuerst zu fragen: Was heißt eigentlich Aufmerksamkeit? Wenn man diese wie einen Scheinwerfer vorstellt, so beruht auch das Merken und Sehen von Scheinen im Seinsverständnis.

27. September 1968, Lenzerheide[1]

Versteht man »Phänomenologie« und »phänomenologisch« als Titel für eine Methode der Philosophie und erkennt man als die Grundaufgabe dieser den Entwurf des Seienden als eines solchen auf das Sein, d. h. als Ontologie, dann ist die Gegenüberstellung der beiden Überschriften »Der Grundcharakter der naturwissenschaftlichen Forschungsmethode« (S. 8-20) und »Der Grundcharakter der phänomenologischen Untersuchungsmethode« (S. 249-261) von vornherein schief und irreführend.[2] Denn in beiden Fällen handelt es sich um ein Vorgehen der Medizin als Wissenschaft von einem Seienden, nämlich vom Menschen. Die gegenüber der naturwissenschaftlichen Forschungsmethode »ganz andere« ist keine philosophische, ontologische; sie betrifft in *gleicher* Weise wie die naturwissenschaftliche den seienden Menschen in seinen so und so seienden Zuständen (vgl. S. 250: »die ungeheure Vielfalt der Verhaltensweisen...«). Der Titel »phänomenologisch« ist dann in einem ontischen Sinne gebraucht, ebenso der Titel »Phänomen«, d. h. ›das jeweils so und so sich zeigende Seiende‹ – *dieses* wird in der Medizin untersucht und behandelt. Aber die entscheidende Frage ist: im Lichte *welchen Seins* wird dieses Seiende (der Mensch) erfahren? Der Titel S. 249 spricht von einer »daseinsgemäßen Anthropologie«.

Ist nun die Medizin eine Anthropologie oder beruht sie notwendig auf einer solchen? Wenn dies letztere der Fall ist, was heißt dann ›daseinsgemäß‹? Dies kann nach dem Vorigen nur heißen: die Medizin als ontische Wissenschaft vom so und so seienden Menschen erfährt dieses So-und-So-Seiende im Lichte eines Menschseins, dessen Grundcharakter ontologisch als *Da--sein* bestimmt ist.

---

[1] Handschriftlicher Text Martin Heideggers.
[2] Die Überschriften und die Seitenzahlen beziehen sich auf das im Entstehen begriffene Grundriß-Buch von Medard Boss (vgl. Anm. 1, S. 273).

Aber damit ist der Titel »daseinsgemäß« immer noch nicht zureichend geklärt. »Daseinsgemäß« kann heißen: alle Aussagen über das Menschsein als solches müssen (den) Daseinscharakter betreffen im Sinne »der Grundzüge des ungestörten Daseins« (269 ff.). Diese Grundzüge kennzeichnen das Menschsein als Dasein, als Sein, sind also ontologische Aussagen. »Daseinsgemäß« kann aber auch heißen: Der in diesem Sinne von Sein (Da-sein) seiende, so und so seiende, gesunde und kranke Mensch wird in den jeweils einzelnen Fällen im Lichte des Entwurfs des Menschseins als Da-sein erfahren, betrachtet und behandelt. Dieses So-und-So-als-Dasein-Seiende in seinem So--sein sein-zulassen ist nur möglich, wenn vom Entwurf des Seienden (hier des Menschen) als vernünftiges Lebewesen, als Subjekt in der Subjekt-Objekt-Beziehung, als sich selbst produzierendes Lebewesen (Marx) abgesehen wird und allem zuvor der Entwurf des Menschseins als Da-sein vollzogen und ständig durchgehalten wird – nur im Lichte dieses Entwurfs kann das Seiende (Mensch) daseins-mäßig untersucht werden.

Vom Untersucher wird gerade dieses Schwerste verlangt, der Übergang vom Entwurf des Menschen als vernünftigem Lebewesen zum Menschsein als Dasein. Es trifft somit in keiner Weise zu, daß der Weg zum Thema des untersuchenden Mediziners »ein äußerst einfacher« sein könnte (S. 250). Das Sein-lassen des Seienden (Mensch) im Lichte des Da-seins ist für den heutigen Wissenschaftler, aber auch für den, der im Entwurf auf Da-sein heimisch geworden ist, äußerst schwer und ungewohnt und immer neu zu überprüfen. Das ›Lassen‹, d. h. Zulassen des Seienden, so wie es sich zeigt, wird nur dann ein *gemäßes Sein*-lassen, wenn zuvor und ständig dieses Sein, das Da-sein, im Blick steht, d. h. wenn der Untersucher selbst sich als Da-sein, als Ek-sistierenden erfahren hat und erfährt und alle menschliche Wirklichkeit von *daher* sich bestimmt. Das Ausschalten und Fernhalten ungemäßer Vorstellungen über dieses Seiende, den Menschen, ist nur dann möglich, wenn die Einübung in die Erfahrung des Menschseins als Da-sein geglückt ist und allem Untersuchen des gesunden und kranken Menschen voranleuchtet.

Das unmittelbare Seinlassen des Seienden ist nur dann und nur so lange möglich, als es jederzeit zuvor vermittelt, d. h. ermöglicht und gewährt wird durch den Mit- und Nachvollzug des Entwurfes des Menschseins im Sinne des Da-seins. Wie schwer dies aber ist, wird seit Jahrzehnten bezeugt durch die Mißdeutung des In-der-Welt-seins als eines Vorkommens des seienden Menschen inmitten des übrigen Seienden im Ganzen, der ›Welt‹.

Die in dem genannten Sein-lassen sich zeigenden Erscheinungen sind solche des so und so seienden Menschen, sind aber nicht ›Phänomene‹ im Sinne der Phänomenologie als Ontologie. Diese ›Phänomene‹ (vgl. die Grundzüge) geben das Licht, um überhaupt den seienden Menschen als daseinsmäßigen in den Blick zu bekommen und nun, von diesem Blick geleitet, die jeweiligen Erscheinungen zu beschreiben. Die ›daseinsmäßige‹ Untersuchungsmethode ist selbst nicht phänomenologisch, sondern auf Phänomenologie im Sinne der Hermeneutik des Daseins angewiesen und von ihr geleitet.

Das Sicheinlassen auf das Sein-lassen des seienden Menschen im Sinne des Daseins setzt bereits voraus das Hin-nehmen des im ontologisch-phänomenologischen Entwurf entborgenen *Seins* als Da-sein.

Die ontologischen (eigentlichen) Phänomene sind nicht in der gleichen Weise unmittelbar zu ›sehen‹ wie die ontischen Erscheinungen. Auch diese – Farbe, Gewicht usf. – sind ontologisch vorbestimmt als ›Eigenschaft‹. Farbe ist eine Beschaffenheit; diese jedoch ist weder farbig noch schwer, noch dick oder lang; ist keine ontische Bestimmung, sondern eine ontologische.

Sein-lassen das Seiende in seinem jeweiligen So-und-So-Sein ist grundverschieden vom Sein-lassen, d. h. Sein als solches zulassen, sich zeigen lassen in einer Blickrichtung, für die das jeweilige Seiende unthematisch sich zeigt als in seinem Sein gewährt von dem eigens ontologisch Erblickten.

Das Wassein des Tisches ist im selben Sinne eine ontologische Bestimmung wie sein Vorhandensein. Freilich ist das Verhältnis beider und ihre Herkunft seit zweieinhalb Jahrtausenden ungeklärt, weil überhaupt nicht zureichend erfragt.

Freuds Grundregel ist weit entfernt von einer phänomenologischen Anweisung. Sie unterläßt es gerade, den Seinscharakter des Menschseins des rücksichtslos sich aussprechenden Menschen zu bestimmen.

Wäre nur eine Spur phänomenologisch-ontologischer Bestimmung in dieser Grundregel enthalten, dann hätte sie Freud vor der Abirrung in seine »Theorie« bewahren müssen.

18. März 1969, Zollikon

Der Grundcharakter des Seins ist Anwesenheit. Der traditionelle Sinn von Anwesenheit reicht nicht aus zur Bestimmung des Menschen. Ein Buch liegt neben dem Glas. Wie sind zwei nebeneinander stehende Menschen beieinander? Warum kann sich das Glas nicht auf das Buch und auf den darunter stehenden Tisch beziehen? Weil es den Tisch und das Buch nicht vernehmen kann als Tisch und Buch.

›Im Offenen sein‹, wie das Glas im Offenen ist, ist durchaus verschieden von meinem Offen-sein für das Glas, von der Art und Weise, wie das Glas für mich offenbar ist. Es ist so offen für mich, daß es für mein handelndes Greifen im Raum ist. Ist der Mensch im Raum wie das Glas?

Da-sein heißt in »Sein und Zeit« Da-*sein*. Das Da ist hier bestimmt als das Offene. Diese Offenheit hat den Charakter des Raumes. Räumlichkeit gehört zur Lichtung, gehört zum Offenen, in dem wir uns als Existierende aufhalten und zwar so, daß wir gar nicht eigens auf den Raum als Raum bezogen sind.

Raum und Zeit gehören zusammen, aber man weiß nicht wie. Räumlichkeit und Zeitlichkeit gehören beide zur Lichtung. Wie ist es nun mit dem Bewußtsein?

In der Lichtung stehen, aber nicht stehen wie eine Stange, sondern sich in der Lichtung aufhalten und sich beschäftigen mit den Dingen.

Die entscheidende Frage ist: Wie verhält sich dieses Sich-Aufhalten in der Lichtung von Sein, ohne daß Sein thematisch beachtet ist, zu dem, was wir unter Bewußtsein verstehen?

Rein sprachlich genommen spricht im Wort Bewußtsein das Wissen; und Wissen heißt: etwas gesehen haben, etwas als etwas offenbar haben. »Bewissen« heißt: jemand ist bewißt, und dies heißt, jemand findet sich zurecht. Der Terminus ist so alt wie das Wort Da-sein und kommt erst im 18. Jahrhundert vor. Die Schwierigkeit, Bewußtsein zu erfahren, liegt in der Bedeutung, die die Zeit der Entstehung diesem Worte gab. Wo fängt das Bewußtsein an in der Philosophie? Bei Descartes. Jedes Bewußtsein von etwas ist gleichzeitig Selbstbewußtsein, wobei das Selbst, das eines Gegenstandes bewußt ist, nicht notwendigerweise seiner selbst bewußt ist. Ob dieses sich Zurechtfinden in den vorhandenen Sachen, ob dieses Bewußtsein die Voraussetzung ist für das Da-sein, oder ob das Da-sein, das heißt im Offenen sich aufhalten, allererst die Möglichkeit gibt für ein Verhalten im Sinne des sich Zurechtfindens, also des Bewußtseins? Offensichtlich ist das zweite der Fall. Kommen wir noch einmal auf das Wort ›bewißt‹ zurück: es heißt sich zurechtfinden, aber wo? In einer Umwelt, zwischen den Dingen, das heißt zugleich: das sich Zurechtfinden ist ein Bezogensein auf das Gegebene als die Gegenstände. Dann bekommt das Wort ›bewußt‹ und ›Bewußtsein‹ im 18. Jahrhundert den theoretischen Sinn als die Beziehung auf die erfahrbaren Gegenstände, für Kant auf die Natur als sinnlich erfahrbaren Bereich. Dann geht es noch einen Schritt weiter: Dieses sogenannte empirische Bewußtsein, dieses sich Zurechtfinden, nimmt die Naturwissenschaft als die Möglichkeit der Berechenbarkeit der physikalischen Vorgänge.

Kant spricht auch vom reinen Bewußtsein. Dieses ist dasjenige Wissen, das sich nicht mehr auf sinnlich wahrnehmbare empirische Gegenstände bezieht, sondern darauf, was die Erfahrbarkeit der Gegenstände, nämlich ihre Gegenständlichkeit ermöglicht. Die Gegenständlichkeit der Gegenstände, das heißt das Sein des Seienden, ist auf das Bewußtsein orientiert, und dies nennt man Idealismus. Dieser geht bis und mit Husserl. Die neuzeitliche Philosophie ist Idealismus.

So ist der Titel ›Bewußtsein‹ zu einer Grundvorstellung der neuzeitlichen Philosophie geworden. Auch Husserls Phänomenologie gehört dazu. Sie ist eine Deskription des Bewußtseins. Husserl hat nur als Neues die Intentionalität gebracht. In gewisser Weise ist Intentionalität schon bei Husserls Lehrer Brentano gesehen.

Intentionalität heißt: Jedes Bewußtsein ist Bewußtsein von etwas, ist gerichtet auf etwas. Man hat keine Vorstellungen, sondern man stellt vor. Repräsentieren = gegenwärtig machen. Das ›re‹ = zurück auf mich. Repraesentatio = das auf mich zurück, mir zu präsentieren, wobei ich mich selbst allerdings nicht eigens mit vorstelle. Darin liegt die Möglichkeit, daß dieses ›re-‹ (= mir zurück präsentieren) eigens zum Thema wird, der Bezug auf mich, der ich dann als Vorstellender bestimmt werde. Dann ist jedes Bewußtsein Selbstbewußtsein. Es gibt kein Bewußtsein ohne Selbstbewußtsein, wobei das Selbst nicht eigens thematisch werden muß. Dies ist die allgemeinste Struktur der Vorstellung oder im Husserlschen Sinne des Bewußtseins von etwas. Auch wenn ich mir einen goldenen Berg, den es gar nicht gibt, ein*bilde*, muß ich ihn mir selbst ›bilden‹. Das Glas vor mir kann ich antreffen.

14. Juli 1969, Zollikon

Wenn Binswanger glaubt, das »Krebsübel der Psychiatrie«, wie er es nennt und dabei die Subjekt-Objekt-Spaltung meint, dadurch überwinden zu können, daß er eine Subjektivität aus sich heraus zu den Dingen der Außenwelt ›transzendieren‹ läßt, dann hat er erstens meine Schrift »Vom Wesen des Grundes« nicht gelesen oder die dort erwähnte *Transzendenz* völlig mißverstanden, und zweitens verrät er nicht, wie ein Transzendieren im oben erwähnten Sinne vor sich gehen könnte, wie nämlich eine primär als Immanenz vorgestellte Subjektivität auch nur die geringste Ahnung von einer Außenwelt zu bekommen vermöchte. Das In-der-Welt-sein ist eben niemals eine Eigenschaft einer wie immer vorgestellten Subjektivität, sondern ist von vornherein das Existieren des Menschen selbst.

Das völlige Mißverstehen meines Denkens verrät Binswanger am krassesten durch sein Riesenbuch »Grundformen und Erkenntnis menschlichen Daseins«. In ihm glaubt er, die *Sorge* und *Fürsorge* von »Sein und Zeit« durch einen »dualen Seinsmodus« und durch ein »Über-die-Welt-hinaus-sein« ergänzen zu müssen. Damit bekundet er aber lediglich, daß er das grundlegende Existenzial, Sorge genannt, als eine ontische Verhaltensweise im Sinne eines trübsinnigen oder bekümmert-fürsorglichen Benehmens eines bestimmten Menschen verkennt. Sorge als existenziale Grundverfassung des Da-seins des Menschen im Sinne von »Sein und Zeit« ist aber nichts mehr und nichts weniger als der Name für das gesamte Wesen des Daseins, insofern dieses immer schon angewiesen ist auf etwas, was sich ihm zeigt, und als es stets von Anfang an immer in je einem wie immer gearteten Bezug zu solchem aufgeht. In solchem In-der-Welt-sein als Sorge gründen deshalb auch alle ontischen Verhaltensweisen der Liebenden wie der Hassenden wie des sachlichen Naturwissenschaftlers usw. gleich ursprünglich. Ebensowenig bedarf es dann, wenn man nicht wie Binswanger ontologische Einsichten mit ontischen Dingen verwechselt, der

Rede von einem »Über-die-Welt-hinaus-sein«. Die ›Welt‹ im Sinne der Daseinsanalytik von »Sein und Zeit« läßt ›innerhalb‹ ihres Bereiches auch das offenbar werden, was jenseits von Binswangers Welt liegt, so daß das recht verstandene *Welten* im Zusammenhang mit dem menschlichen Existieren, wie es z. B. im »Wesen des Grundes« angezeigt ist, nicht nur keines »Über--die-Welt-hinaus-seins« bedarf, sondern etwas derartiges überhaupt nicht möglich werden läßt.

2. März 1972, Freiburg-Zähringen[1]

Man kann nicht sagen, wenn man aufwacht, dann befinde man sich in derselben Welt, sondern umgekehrt: das Aufwachen besteht gerade darin, daß einem die Welt als dieselbe begegnet, die man gewohnt ist im Wachen. Die wache Welt ist charakterisiert durch das identisch Sich-durchhalten der Dinge und der Mitmenschen und wie sie sich darin bewegen. Erwachen heißt nichts anderes als wach werden für dieselbe Welt. Wesentlich ist dabei, daß die Selbigkeit dasselbe ist durch alltägliche Gewöhnung.

Beim Träumen begegnet nicht dasselbe, sondern im besten Falle – bei den sog. stereotypen Träumen – das Gleiche.

Im Wachen ist es das Moment des Zurückkehrens. Beim stereotypen Traum kommt man zu bestimmten Situationen zurück. Es ist eine Wiederholung des Gleichen, aber nicht dasselbe.

Das Erwachen als die Rückkehr in dieselbe Welt, deren Selbigkeit durch die alltägliche Geschichtlichkeit des Daseins bestimmt wird. Jedenfalls gehört es nicht zum Wesen des Träumens, daß ich in dieselbe Welt ›erträume‹, wie es zum Wesen des Erwachens gehört, daß ich in dieselbe Welt hinein erwache.

Es gibt Träume mit Dingen, Häusern, Gegenden, die man nur vom Träumen her kennt und wobei das ›Aha-Erlebnis‹ des Wiederbegegnens ausdrücklich erfahren wird. Man kann auch träumen, daß man im gewohnten Bett erwacht und aufsteht, wie man es für gewöhnlich nach dem Erwachen tut.

Ein Vergleich zwischen Wachen und Träumen ist grundsätzlich nicht möglich wie ein Vergleich zwischen Gegenständen, weil dieselbe Person vom Träumen ins Wache erwacht und so

---

[1] Grundlage des Gesprächs ist die Ausarbeitung des zweiten Traum-Buches des Herausgebers: Medard Boss, »Es träumte mir vergangene Nacht ...«. Sehübungen im Bereiche des Träumens und Beispiele für die praktische Anwendung eines neuen Traumverständnisses. Bern, Stuttgart, Wien 1975.

sich identisch durchhält. Man kann wohl Unterschiede feststellen zwischen Wachen und Träumen. Die Selbigkeit hat ihre Basis im Wachen, weil das Geträumt-haben eine Sache des Wachens ist. Wenn die Philosophen sagen, man erwache zum Gleichen, so ist das auf das Inhaltliche beschränkt. Wichtig ist, daß es immer auch *mein* Träumen ist. Die unterschiedliche Weise des Seins im Träumen und Wachen gehört in die Kontinuität der Geschichtlichkeit des jeweiligen Menschen. Nur so ist ein Vergleich *nicht* möglich, daß es die verschiedenen Traum- und die verschiedenen Wachzustände gibt, wie man z. B. Fuchs und Adler vergleichen kann. Das Wachen und das Träumen sind nicht verschiedene gegenständliche Bereiche, deren Verschiedenheit durch inhaltliche Merkmale registriert werden könnte. Gerade weil die Basis, das Durchhaltende, die Geschichtlichkeit, oder besser: die alltägliche Geschichtlichkeit die Dimension ist, in der überhaupt der Unterschied eines träumenden gegenüber dem wachen In-der-Welt-sein sich ereignet, kann die Traumwelt nicht als ein Gegenstandsbereich für sich abgelöst werden, sondern sie, die Traumwelt, gehört in gewisser Weise in die Kontinuität des In-der-Welt-seins, ist ebenfalls ein solches.

Das Moment des Wiedererkennens, wenn auch nicht als expliziter Akt des Wiedererkennens, sondern des einfachen Wiederkehrens, das gehört zum Erwachen. Gerade weil die stereotypen Träume nur so lange wiederkehren, bis das darin enthaltene Problem nicht im wachen Leben gelöst und zur Reife gebracht wurde, ist es in diesen Träumen nicht eine Rückkehr zum Selben und wieder neu Aufnehmen und Fortführen wie im Wachen, sondern zum Gleichen.

Wenn es dasselbe wäre, so würde eben diese Sache, z. B. mein Abitur, weiter geträumt. Das Geschehen würde sich im Träumen in irgendeiner Weise vorwärts oder zurück entfalten oder verschließen. Im stereotypen Träumen wird diese Sache aber nicht weiter entfaltet, sondern nur wieder geträumt. Wenn es dasselbe wäre, müßte eine Verschiedenheit dabei eintreten, in der sich die Sache entfaltet.

Wenn z. B. – wie in Ihrem Patienten-Traum – eine rotgekleidete Frau zunächst tot ist und dann schließlich in späteren Träumen tanzt, so geschieht diese Entwicklung nicht im Träumen. Es gehört nicht in den Gehalt der Traumwelt selbst, daß sich diese Geschichte so und so entwickelt, so daß im Träumen selbst die früheren Phasen träumend erinnert oder ihre weitere Entwicklung erwartet wird. Das beweist, daß beim jedesmaligen Wiederträumen eines Traumes keine Rückkehr in dieselbe Welt ist wie beim Wachen.

Jedes Träumen ist ein In-der-Welt-sein und kann in sich eine gewisse Geschichte haben (wie z. B. beim Bergsteiger-Traum), aber der Träumende verfügt gewissermaßen nicht über eine Rückkehr-Möglichkeit in dasselbe seiner Traumwelt. Das heißt, er träumt wohl das Gleiche, aber er träumt dieses nicht weiter.

Um das Spezifische dieser Kontinuität der Träume zu sehen bei all ihrer Gleichheit, bedarf es der Kontinuität des wachen In-der-Welt-seins. Trotz aller Gleichheit eines Traumes ist es niemals das Träumen dieses jeweiligen gleichen Traumes, das in sich eine geschichtliche Kontinuität hätte.

Daß die Kriteriums-Fragen unzureichend gestellt sind, kommt daher, daß nicht berücksichtigt wird, daß man die Wach- und Traumbereiche nicht wie Gegenstände abgrenzen kann, sondern daß die Traumwelten mit in das wache Leben hineingehören.

Unterschied von Erwachen aus einem Träumen und das traumlose Erwachen: Wenn nicht die Tendenz des Zurückfindens in die wache Welt da wäre, gäbe es gar keine Probleme des sich Nicht-zurecht-findens aus einem Träumen in die wache Welt.

Entscheidende Sache: Daß man in einem späteren Traum den früheren Traum *erinnernd* fortsetzt und fortführt, den früheren mit aufnehmend, nicht nur faktisch die gleiche Tätigkeit wieder aufnimmt; daß es nicht neben dem wachen geschichtlichen Entfalten des Da-seins noch eine träumende Geschichte gibt.

Ganz zum Schluß die Frage der Methodik der Vergleichung. Wenn es so steht mit dem Kriterium des Vergleichens, von welcher Basis aus spricht man dann überhaupt über die Träume? Daß man nämlich immer nur im Wachen davon spricht und nicht im Träumen vom Wachen spricht, das deutet auf die Zugehörigkeit des Träumens zum Wachen, und andererseits ist dies nur möglich dank der Kontinuität des wachen Da-seins, sonst könnte ich ja auch Träume unter sich nicht vergleichen. Also darf man das Wachen nicht als Selbstverständlichkeit nehmen, sondern muß das Wachen als Wesensvoraussetzung nehmen, um über das Träumen überhaupt sprechen und Träume interpretieren zu können. In dem Betrachten-können von Träumen ist schon ein ganz spezifisches Verhältnis von Träumen und Wachen impliziert. Entsprechend der Kennzeichnung der Eigentümlichkeit des Wach-seins modifizieren sich die Möglichkeiten, in der Dimension des Wachens die Träume selber zu kennzeichnen. Es gibt keine träumende Verständigung unter Träumenden über Träume.

Lassen Sie mich jetzt, lieber Herr Boss, da es schon einzunachten beginnt, noch einen großen Sprung weg vom Träumen tun. Ich möchte Ihnen eine Frage vermachen, die mich sehr umtreibt. Wie gehört das Ding in das EREIGNIS, wenn das Ding als solches in der neuen Bestimmung gesehen wird? Dies ist eine Lockfrage, für Sie, Herr Boss. Ich schaffe es wohl kaum mehr.

3. März 1972, Freiburg-Zähringen

Boss: Die früheren Seminare über den *Leib* und die *Psyche* 1965 waren für die Teilnehmer eher unbefriedigend. Sie wollen besser darüber orientiert werden, wo ihre Beschränkung liegt, wenn sie das Verhältnis von Leiblichem und Psychischem immer nur als Gleichzeitigkeit auffassen können. Daß andererseits ein Reden von einer Kausalität nicht am Platze sei, ist allen klar. Niemand glaubt mehr, daß aus elektrischen Nervenimpulsen im Hinterkopf das psychische Wahrnehmen z. B. eines Schmetterlings in seiner Bedeutsamkeit als Schmetterling positiv zu bestimmen sei. Andere nahmen den Vorwurf von Jean Paul Sartre auf, der sich darüber wunderte, daß Sie im ganzen »Sein und Zeit« nur sechs Zeilen über den Leib geschrieben hätten.

Heidegger: Sartres Vorwurf kann ich nur mit der Feststellung begegnen, daß das Leibliche das Schwierigste ist und daß ich damals eben noch nicht mehr zu sagen wußte.

Entscheidend bleibt indessen dies, daß auch in aller Erfahrung des Leiblichen in daseinsanalytischer Sicht immer von der Grundverfassung des menschlichen Existierens, d. h. vom Mensch-sein als Da-sein, als das Existieren – im transitiven Sinne – eines Bereiches von Welt-Offenständigkeit auszugehen ist; von Offenständigkeit also, von der her sich in deren Lichte die Bedeutsamkeiten des Begegnenden dem Menschen zusprechen. Dank solcher Wesensverfassung des Menschen ist Da-sein immer schon auf etwas sich ihm Entbergendes bezogen. In seinem wesensmäßigen vernehmenden Bezogen-sein auf das sich ihm aus seiner Weltoffenheit Zusprechende ist der Mensch aber auch immer schon aufgefordert, diesem mit seinem Verhalten zu ihm zu entsprechen, d. h. zu antworten, und zwar so, daß er das Begegnende in seine Hut nimmt, ihm nach Möglichkeit zu dessen Wesensentfaltung verhilft.

Solches könnte der Mensch aber gar nicht, wenn er nur aus einem ›geistigen‹ Vernehmen bestünde, wenn er nicht auch leiblicher Natur wäre. Wie sollte sonst ein Zupacken, ein Formen und Umformen begegnender anderer lebendiger oder lebloser ›materieller‹ Gegebenheiten möglich sein?

Alles nun, was wir unsere Leiblichkeit nennen, bis hin zur letzten Muskelfaser und zum verborgensten Hormonmolekül, gehört wesensmäßig in das Existieren hinein; ist also grundsätzlich *nicht* leblose Materie, sondern ist ein Bereich jenes nicht zu vergegenständlichenden, optisch nicht sichtbaren Vernehmen-könnens von Bedeutsamkeiten des Begegnenden, aus dem das ganze Da-sein besteht. Dieses Leibliche bildet sich so, daß es zum Umgang mit dem leblosen und lebendigen ›Materiellen‹ des Begegnenden zu gebrauchen ist. Im Gegensatz zu einem Werkzeug werden aber die leiblichen Sphären des Existierens nicht aus dem Mensch-sein entlassen. Sie können nicht in einem Werkzeugkasten für sich versorgt werden. Vielmehr bleiben sie vom Mensch-sein durchwaltet, in ihm gehalten, ihm zugehörig, solange ein Mensch lebt. Beim Sterben allerdings verwandelt dieser Leibbereich seine Seinsart in die eines leblosen Dinges, in die Masse eines Leichnams, die herausfällt.

Freilich läßt es sich das Leibliche des Da-seins gefallen, daß man es schon zu Lebzeiten als einen materiellen, leblosen Gegenstand, als eine Art von komplizierter Maschine, sieht. Einem solchen Betrachter ist dann allerdings das Wesentliche des Leiblichen schon für immer dem Blick entschwunden. Ratlosigkeit allen wesentlichen Erscheinungen des Leiblichen gegenüber ist denn auch die Folge solch unzulänglicher Betrachtung.

In bezug auf die gesamte Leiblichkeit ist deshalb dasselbe zu sagen, was bereits in bezug auf das Sehen und die leiblichen Augen erwähnt wurde: Wir können nicht ›sehen‹, weil wir Augen haben, vielmehr können wir nur Augen haben, weil wir unserer Grundnatur nach sehenden Wesens sind. So könnten wir auch nicht leiblich sein, wie wir es sind, wenn unser In-der-Welt-sein nicht grundlegend aus einem immer schon vernehmenden Bezogen-sein auf solches bestünde, das sich uns aus dem Offenen unserer Welt, als welches Offene wir existieren, zuspricht. Dabei sind wir immer schon in diesem Zuspruch auf die sich uns entbergende Gegebenheit ausgerichtet. Nur dank solcher wesensmäßigen Ausrichtung unseres Da-seins können wir ein Vorne und ein Hinten, ein Oben und Unten, ein Linkes und ein Rechtes unterscheiden. Dank desselben Ausgerichtet--seins auf etwas sich uns Zusprechendes können wir überhaupt einen Leib haben, besser: leiblich sein. Nicht aber sind wir zuerst leiblich und haben dann von ihm aus ein Vorne und ein Hinten usw. Nur darf man unser existenzielles Leiblich-sein nicht mit der Körperhaftigkeit eines leblosen, bloß vorhandenen Gegenstandes verwechseln.

Boss: Ich fürchte, daß meine naturwissenschaftlich präparierten Kollegen über eine solche Sicht nur lachen werden, setzt sie doch die Möglichkeit voraus, daß sich Unsichtbares, rein ›Geistiges‹, weder Wäg- noch Meßbares, wie es die menschlichen Verhaltensmöglichkeiten als solche sind, in etwas Materielles, Greif- und Meßbares, wie es Körperorgane sind, verwandelt.

HEIDEGGER: Sollte nicht gerade dem Naturwissenschaftler die Umwandlung der Seinsart einer nicht-materiellen, nicht optisch sichtbaren Verhaltensmöglichkeit in die von ›Leiblich-Materiellem‹ nicht mehr unvertraut sein? Haben sie doch inzwischen von Einstein gelernt, daß ›Energie‹ und ›Materie‹ sich restlos ineinander umwandeln lassen, also wesensmäßig dasselbe sind. Was allerdings diese und jene wesensmäßig für sich sind, konnte uns Einstein nicht lehren, weil diese Fragen nach dem ›Wesensmäßigen‹ philosophische Fragen sind.

Boss: Also weiß kein Physiker zu sagen, was eigentlich Energie ist. Das Wort wird heutzutage einfach überall dort eingesetzt, wo sich etwas verändert, wo etwas in Erscheinung tritt oder verschwindet.

HEIDEGGER: Über den Bedeutungswandel dieses Wortes, ἐνέργεια, der ihm seit der Antike bis heute widerfuhr, ließe sich ein ganzes Buch schreiben. Außerdem kann der Vergleich von Einsteins Formel E = mc² nur ein sehr hinkender sein. Weder wohnt Einsteins Masse noch der Lichtgeschwindigkeit ein Sehen- und Vernehmenkönnen inne, wie es die Grundverfassung des menschlichen Da-seins charakterisiert. Aber immerhin! Jedenfalls darf man überhaupt kein Verstehen des Menschen und seiner Welt von den modernen Systemtheorien erwarten. Sie alle bleiben ihrem Wesen nach dem Kausalitätsprinzip verhaftet und machen die Vergegenständlichung von allem mit, das überhaupt ist. Damit haben sie sich aber auch schon die Sicht auf das eigentliche In-der-Welt-sein des Menschen auf immer versperrt.

Boss: Darf man vielleicht zur Veranschaulichung die ›leiblichen‹ Sphären des menschlichen Da-seins und die ›geistigen‹ mit unterschiedlichen ›Aggregats-Zuständen‹ eines und desselben Dinges vergleichen, z. B. mit dem unsichtbaren Wasserdampf, dem sichtbaren flüssigen Wasser und dem Eis, die alle H₂O sind?

Heidegger: Man könnte schon, aber man darf es nicht. Man würde dabei den unerlaubten Fehler begehen, menschliches Da-sein zu vergegenständlichen und zu einem bloß vorhandenen Ding und Gegenstand zu machen. Hier hören eben alle Vergleichsmöglichkeiten auf, weil das In-der-Welt-sein, als welches der Mensch existiert, von einzigartiger Natur ist, die von nichts anderem abgeleitet werden kann.

Boss: A propos Kausalität. Sagte ich Ihnen schon, daß ich auch in Indien von einer Ajati-Lehre hörte? Sie lehrt schon seit einigen Jahrtausenden, daß es mit der Kausalitäts-Vorstellung nichts sei. Gäbe es nämlich wirklich so etwas wie Kausalität, so müßte die Wirkung entweder schon in der Ursache drinliegen oder man müßte sagen können, wann, wo und wie die Umwandlung der Ursache in die Wirkung stattfindet. Doch solches ist noch niemandem gelungen.

Heidegger: Nein, von solcher Ajati-Lehre wußte ich noch nichts. Das Entscheidende in unserem Zusammenhang aber bleibt unsere Einsicht in das unmittelbare Entwachsen von allem unserem sogenannten materiellen Leiblichen aus den an sich nicht materiell faßbaren Vernehmens- und Verhaltensmöglichkeiten, aus denen unser Da-sein wesensmäßig besteht. Diese Einsicht erlaubt, leicht zu begreifen, wie unmittelbar und grenzenlos alles Leibliche dem Existieren zugehört und von dessen Seinsart ist und bleibt. Deshalb darf diese Einsicht auch die grundlegende Philosophie aller psychosomatischen Medizin geheißen werden.

Boss: Für die psychosomatische Medizin wäre demnach viel gewonnen, wenn die Ärzte die Erfahrung nachvollziehen lernten, daß auch alles Leibliche, bis in die letzte Nervenfaser hinein, jenem Einzigartigen, von nichts anderem Ableitbaren entstammt, sich aus ihm bildet und das ihm Einbehaltene bleibt, das man die Wesensbestimmung menschlichen Da-seins nennen muß. Das aber ist doch das Gesamt der nichtmateriellen und nicht bloß energetischen, weltweit ausgespannten Verstehens- und Verhaltensmöglichkeiten, die ein Da-sein grundlegend ausmachen.

Heidegger: Ja, genau mit diesen Worten würde ich es auch sagen.

III

AUS DEN BRIEFEN AN MEDARD BOSS
(1947-1971)

Antwort Martin Heideggers an Medard Boss auf dessen Bitte um philosophische Denkhilfen:

Todtnauberg, 3. August 1947

Sehr verehrter Herr Dr. Boss!

Ich danke Ihnen für Ihren freundlichen Brief. Die langsamen Leser sind zuverlässiger als jene, die sogleich alles verstehen.

Die Sachen, die in dem Aufsatz angerührt sind, übersteigen auch mein Vermögen und zwingen das Denken zu immer neuen Versuchen, das Wesentliche einmal einfach zu sagen. Sie wissen, daß mich die Probleme der Psychopathologie und Psychotherapie nach der Seite der Prinzipien sehr interessieren, wenngleich mir die Fachkenntnisse und die Beherrschung der aktuellen Forschungsarbeit fehlen. Darum bin ich auf Ihre Habilitationsschrift sehr gespannt.

...

Wenn es möglich wäre, bei gegebener Gelegenheit mit einem *kleinen* Schokoladepäckchen meiner Arbeitskraft nachzuhelfen, wäre ich Ihnen sehr dankbar.

...

Mit freundlichen Grüßen
bin ich Ihr sehr ergebener
M. Heidegger

Brief vom 1. September 1947 aus Todtnauberg:

Sehr verehrter Herr Kollege!
...
Jedesmal wird bei Ihren Gaben in mir der Wunsch lebendiger, Sie persönlich kennenzulernen und mit Ihnen die wissenschaftlich-philosophischen Probleme zu erörtern. Vielleicht gibt sich einmal die Gelegenheit, daß Sie nach Freiburg zu einem

Vortrag kommen, wo jetzt an der Universität die Medizinische Gesellschaft wieder ihre Vortragstätigkeit aufgenommen hat ...

Sie wissen vielleicht, daß Herr von Gebsattel, mit dem ich in der letzten Zeit viele Fragen der philosophischen Grundlagen der Psychotherapie und der Anthropologie besprochen habe, in Badenweiler ein Sanatorium leitet und gleichzeitig in der Beringerschen Klinik mit Vorlesungen beauftragt ist, die großen Anklang finden.

Es wäre in vieler Hinsicht für alle Teile fruchtbar, wenn die räumliche Nachbarschaft zur Schweiz sich bald zu einem geistigen Gespräch erweitern und öffnen könnte, so daß es nicht nur bei zufälligen und beschränkten Begegnungen bleibt.
...

Brief vom 15. Dezember 1947 aus Freiburg i. Br.:

Sehr verehrter Herr Boss!

Inzwischen ist Ihr Buch eingetroffen; ich denke, daß ich bis zu Ihrem Besuch, auf den ich mich sehr freue, die Schrift einigermaßen durchgearbeitet habe. Herrn von Gebsattel werde ich ein Exemplar zugehen lassen. Sie wissen, wie schwer Bücher zu bekommen sind. Darum möchte ich das zweite Exemplar mit Ihrer Erlaubnis einem der mir bekannten Ärzte schenken, die sich für die anthropologischen Fragen interessieren.
...

Brief vom 20. März 1948 aus Freiburg i. Br.:
...

Gern würde ich auch einmal hören, wie Sie Ihre Lehrtätigkeit eingerichtet haben. Bei der Art Ihrer Forschungen hängt doch auch viel daran, ob und wie der Lehrer mit den Studierenden ins Gespräch kommt. Nur auf diesem Wege läßt sich streng überprüfen, ob und inwieweit jeder das Gehörte bei sich zur anschaulichen Vergegenwärtigung und Ausweisung bringt.

Auch ist gerade in der Psychiatrie die ständige Begegnung des naturwissenschaftlichen und des philosophischen Denkens besonders befruchtend und erregend.
...
Da die Einfuhr von Büchern in die französische Zone verboten ist, gingen die zwei Exemplare Ihrer Bücher vom hiesigen Zollamt wieder an Sie zurück ...

Brief vom 14. Juni 1948 aus Todtnauberg:
...
Weil ich aus den Andeutungen Ihrer Briefe ganz eindeutig spüre, wie entschieden Sie in den Kernbereich meiner Denkversuche vordringen, wünsche ich mir die Gelegenheit zu einem Gespräch immer lebhafter. Es bleibt immer noch die rechte Weise, den Wegen des Gedankens in seine feinsten Falten nachzugehen und sich dabei gegenseitig zu prüfen und so wechselweise zu lernen. Vorträge können wohl Anstöße geben, vielleicht auch das Atmosphärische eines Denkens verspüren lassen; aber sie geraten leicht, besonders beim heutigen Betrieb auf diesem Feld, in die Gefahr, eine Sache der bloßen Repräsentation zu bleiben.

Das wirkliche Denken läßt sich durch Bücher nicht lernen. Aber es läßt sich auch nicht lehren, wenn der Lehrer nicht bis ins Alter der Lernende bleibt.

Hoffen wir also auf ein Gespräch.

Ich grüße Sie herzlich
Ihr
Martin Heidegger

Brief vom 22. Dezember 1948 aus Freiburg i. Br.:

... Ich hoffe, daß im nächsten Jahr auch ein Vortrag für Sie sich hier einrichten läßt. Die verschiedenen wissenschaftlichen Gesellschaften haben sich jetzt erst wieder konstituiert, so daß auch die Vortragstätigkeit nun wieder in Gang kommt. Hier ist ein gut unterrichteter Kreis auch von jüngeren Menschen, die sich für die anthropologischen Probleme und die Stellung der Anthropologie im Ganzen der Wissenschaften sehr interessieren.

. . .

Brief vom 2. August 1949 aus Todtnauberg:

Lieber Herr Boss!

. . . Wir denken immer wieder gerne an den freundlichen und schön geglückten Besuch von Ihnen . . .

Ich wünsche sehr, daß bald wieder eine Gelegenheit zu einem Gespräch kommt. Auf diesem Weg gelangen wir unmittelbarer an die Sachen.

. . .

Brief vom 30. Dezember 1949 aus Freiburg i. Br.:

Lieber Herr Boss!

Ich danke Ihnen herzlich für Ihren Brief und zugleich im Namen meiner Frau für die schöne Einladung in Ihr Gebirgshäuschen. Vorerst aber läuft noch die Grenze. Doch hoffen wir sehr, daß im kommenden Jahr hier oder dort wieder eine so schöne Begegnung zustandekomme, wie die erste war, die leider nur zu kurz ausfiel . . .

. . .

                          In herzlicher Freundschaft
                          Ihr
                                  Martin Heidegger

Brief vom 25. November 1950 aus Freiburg i. Br.:[1]

... Neben der rein ärztlichen Entscheidung ist hier und in allen wesentlichen Dingen die Frage der *Mitteilung* (der Art und Weise, des Augenblicks, der Hörer und Leser) von der größten Tragweite; etwas, was wir Heutigen alle noch zu wenig bedenken und darum auch noch nicht in allen Hinsichten übersehen.

Darüber wußte von allen bisher wohl *Sokrates* das meiste. Aber wir wissen kaum etwas von dem, was *er* wußte. Und das ist kein Zufall. Denn die Frage der Mitteilung läßt sich nicht schematisch lösen und organisieren ... Ich glaube auch, daß eine philosophische Diskussion mit Mitscherlich ganz unfruchtbar ist. Von meinem Schlußwort hat er überhaupt nichts verstanden. Aber man merkt die Absicht des ganzen Berichtes und könnte verstimmt werden, wenn es sich lohnte. Seit Erscheinen von »Sein und Zeit« 1927 habe ich so viel über mich ergehen lassen müssen an Torheit und Oberflächlichkeit, daß ich in dieser Hinsicht abgebrüht bin. Gleichwohl können wir bei Gelegenheit immer wieder für uns selber lernen, um einzusehen, wie schwierig es heute geworden ist, etwas in die Öffentlichkeit zu sagen.

...

Ich mußte während unseres Zusammenseins, im Blick auf den Rheinstrom, immer wieder an Hölderlins Hymne »Der Rhein« denken, die ich 1934/35 in einer großen Vorlesung auszulegen versuchte. Lesen Sie in einer stillen Stunde einmal diese gewaltige Dichtung.

Aus ihr strahlt eine geheimnisvolle Ruhe, ein Schicksal, eine Ruhe, die wir erlangen müssen, um zu bestehen.

...

---

[1] Im Anschluß an Martin Heideggers Teilnahme an einem Psychotherapeuten-Kongreß, auf dem Medard Boss über eine Kastrations-Therapie bei einem schweren Fetischisten gesprochen hatte.

Meine »Übungen im Lesen« sind noch sehr im Vorläufigen. Meine wichtigste Beobachtung ist die, daß den jungen Menschen offenbar durchgängig jeder Sinn und jede Vorbereitung für das Methodische im Denken abgehen. Es werden Meinungen, zufällige Kenntnisse und Einfälle geäußert und gegeneinander ausgespielt. Vielleicht gibt sich mal eine Gelegenheit, daß Sie eine solche Stunde mitmachen...

Brief vom 15. Dezember 1950 aus Freiburg i. Br.:
...
Heute komme ich mit der Bitte, mir zu raten. Vor einigen Tagen erhielt ich eine Einladung der Studentenschaft der Universität Zürich, im Februar dort einen Vortrag zu halten. Ich bin dazu geneigt, aber zugleich ganz im unklaren, worüber ich dort sprechen soll. Die Frage der Mitteilung ist wieder da. Ich habe von der Verfassung der dortigen Studierenden noch weniger eine hinreichende Vorstellung als von der hiesigen. Lediglich zur Repräsentation und gar zur Sensation einen Vortrag zu halten, habe ich keine Lust.

Andererseits besteht die Möglichkeit, hier oder dort, wenn auch nur mittelbar, einen Anstoß zu geben. Aber gerade deshalb muß ein geeignetes Thema gewählt sein.

Vielleicht wissen Sie einen Vorschlag und können mir in wenigen Worten einen Hinweis geben.
...

Brief vom 7. März 1951 aus Freiburg i. Br.:
...
Wenn Sie gern einmal Freunde einladen wollen, bin ich gern zu einem Gespräch bereit. Im ganzen aber möchte [ich] sonst privat und incognito dort sein, soweit das heute unsereinem bei der gefräßigen Öffentlichkeit überhaupt noch möglich ist.
...
Heute bekam ich einen sehr aufschlußreichen Brief von Prof. Staiger aus New York, wo er zu Vorlesungen ist.

Schultz-Henke hat bei mir in meinen ersten Freiburger Dozentensemestern gehört, als die Seinsfrage zwar da war, die Analytik des Daseins aber noch in den Kinderschuhen stak.
...

Brief vom 26. Januar 1952 aus Freiburg i. Br.:
...
Ich schulde Ihnen noch meinen herzlichen Dank für Ihren freundschaftlichen Neujahrsbrief; diese Zeilen sollen ihn aussprechen. Auch wenn die Gleichzeitigkeit unserer Vorlesungsstunden nicht wäre, würde ich doch oft an Sie, Ihre Arbeit und Ihre liebe Familie denken und zusammen mit meiner Frau für diese Freundschaft dankbar sein. Hoffentlich waren Sie in den Ferien in einer fruchtbaren Wachheit für die »Träume«. Ich meine immer, die Arbeit könnte große grundsätzliche Bedeutung bekommen und alle Therapie aus der »Psychologie« herausdrehen. Ich bin gespannt, vom Fortgang Ihrer Ausarbeitung zu erfahren, aber auch von der Arbeitsgemeinschaft mit den jüngeren Ärzten.
...
Meine Vorlesung [Was heißt Denken?] wird in steigendem Maße besucht. Ich habe mich entschlossen, sie im Sommersemester fortzusetzen und sie dann in den Sommerferien druckfertig zu machen. Darum lege ich jetzt schon besondere Sorgfalt auf den durchsichtigen Gang und die strenge Formulierung; was um so mehr Mühe macht, je einfacher die Sachen sind. Ich möchte im Hinblick auf diese Sommerpläne gern von Mitte April ab mich ganz für diese Aufgabe konzentrieren; ich halte deshalb im Sommersemester auch keine Übungen.

Wie steht es nun mit der Italienfahrt und den Terminen? Wäre die zweite Hälfte des März noch zu früh? Und wie haben Sie sich die Route gedacht? Meine Frau und ich kennen vor allem Florenz und die Toskana noch nicht. *Zuviel* herumfahren – ist auch nicht erholsam ...
...

Brief vom 15. März 1952 aus Freiburg i. Br.:

... Die Frage des »Verhaltens« greift sehr weit aus; ich habe die Manuskripte mehrmals daraufhin durchgesehen und gefunden, daß ich eigentlich die ganze Arbeit unter diesem Gesichtspunkt noch einmal durchprüfen müßte.

Aber das würde wohl für Sie erneute Betrachtungen nötig machen, die schließlich bei der schwierigen Frage »Tier und Mensch« anlangen. Das wiederum ins Reine zu bringen, ist nicht die Aufgabe Ihrer Arbeit. Nach längerem Überlegen bin ich auf einen Ausweg verfallen, der keine Flucht darstellt, sondern nur der Fragwürdigkeit der zureichend gemäßen Wesensabgrenzung von Mensch, Tier, Pflanze, Stein entspricht. Zu erwägen bliebe, ob Sie die Bemerkung, die ich im Folgenden zu skizzieren versuche, an einer geeigneten Stelle im Text als Fußnote anbringen oder in der Einleitung. Dies kann ich im Augenblick schwer ausmachen, weil mir die Arbeit im Ganzen, bezüglich der Sache und des Sprachgebrauchs »Verhalten« nicht deutlich genug gegenwärtig ist. In rohem Entwurf handelt es sich um Folgendes: Die Untersuchung spricht von Verhalten, und zwar beim Menschen und beim Tier, ohne die hier obwaltenden Wesensunterschiede eigens herauszuheben oder gar zureichend fassen zu wollen.

Um die Projektionstheorie unter anderem zurückzuweisen, als nicht dem phänomenalen Bestand entsprechend, genügt es schon zu beachten, daß ein Tier immer nur *ist*, indem es sich in einer für es irgendwie offenen *Umgebung* bewegt und von ihr, die selbst durch das Tierwesen mit ausgegrenzt bleibt, gelenkt bleibt. Der tierische Bezug zu dieser Umgebung, die nie angesprochen ist, zeigt eine gewisse Entsprechung zum menschlichen ek-sistenten Weltbezug. So kann der Mensch in seinem ek-sistierenden Dasein in einer gewissen Weise unmittelbar in und mit dem tierischen Umgebungsbezug mit-leben, ohne daß es jemals zu einem sich deckenden Mitsein des Menschen mit dem Tier oder gar umgekehrt je kommen könnte. Der Sprachgebrauch, der unterschiedslos von menschlichem und tierischem »Verhalten« spricht, achtet nicht auf die abgründige Wesensverschiedenheit von Weltbezug und Umgebungsbezug. Gemäß seinem ihm wesenseigenen Umgebungsbezug verstattet das Tier nicht nur von sich aus, daß wir Menschen auf diesen Bezug ein- und mit ihm mit-gehen und gleichsam in ihm verweilen. Doch es genügt nicht, nur dieses zu beachten. Weit wesentlicher bleibt es, zu sehen, daß uns überhaupt ein Tier (im Unterschied zu einem Stein) nur dann *als* Tier sich zeigt, insofern wir Menschen uns, als ek-sistierende, *im vorhinein* auf den dem Tier eigenen Umgebungsbezug *eingelassen* haben. Dabei verschlägt es nichts, daß unserer Erkenntnis die unmittelbare Erfassung der dem Tier eigenen Umgebung und damit auch die genuine Erfassung des tierischen Umgebungsbezuges versagt bleibt. In diesem Versagten verbirgt sich das Befremdliche des Tierwesens. (So ungefähr!) ...

Brief vom 14. April 1952 aus Freiburg i. Br.:

...

Am Montag vormittag nach unserer Rückkehr war schon Herr Beaufret aus Paris da. Dies und die Post und Vorbereitungen für das Semester haben meinen Gruß für Sie ... verzögert.

Unsere Italienfahrt war so schön und harmonisch und dank Ihrer Fürsorge so angenehm für uns, daß sie nur die besten Früchte tragen und noch lange nachwirken wird.

...

Brief vom 2. August 1952 aus Todtnauberg:

...

Der Umzug hieher hat meine Antwort auf Ihren freundschaftlichen Brief verzögert. Der beigefügte Abschnitt [Einleitung zu dem Buch von Medard Boss: »Der Traum und seine Auslegung«, 1953] ist klar und richtig. Am Schlußabsatz wäre ein Zusatz günstig, der nur etwas verschärft, was Sie schon sagen und die ganze Arbeit durchzieht: nicht eine kausale Erklärung und Herleitung der Träume, sondern die Träume selber in dem, was sie sagen und in ihrer Welthaltigkeit bekunden, erst einmal zum Sprechen bringen; Träume nicht als Anzeichen und Folgen von etwas Dahinterliegendem, sondern sie selber in ihrem Zeigen und *nur* in diesem. *Damit* beginnt erst die Fragwürdigkeit ihres Wesens.

Meine Vorlesung kam zum rechten Abschluß; eine zu schwere Partie, die ich wegließ, muß ich jetzt noch dazufügen. Dann geht es an das andere. Hoffentlich glückt der Absprung. Prompt kam vorige Nacht der Abiturientetraum.[2]

...

Brief vom 10. Februar 1953 aus Freiburg i. Br.:

...

Vor einiger Zeit kam Ruffin und bat mich, mit fast verzweifelter Miene, doch zu ihm zu kommen, wenn Binswanger da sei. Dieser war mit einem Riesenmanuskript über die »Verschrobenheit« bewaffnet...

Die Sache wurde, ich meine jetzt die Abhandlung über die »Verschrobenheit«, gemeinsam [mit Szilasi] in Brissago gekocht. Als ich dann meine Kritik vorbrachte und unter anderem klar sagte, daß mir die Analyse sehr verschroben vorkomme, stimmte Szilasi mir zu. Binswanger kam in Verlegenheit, da er feststellen mußte, das von mir Beanstandete stamme doch von Szilasi selbst.

---

[2] Bezieht sich auf den – wie Martin Heidegger sich ausdrückte – einzigen, aber seit seiner Jugend ständig, wenn auch meist in größeren Abständen wiederkehrenden Traum, an den er sich erinnert. In diesen Traumzuständen erfährt er sich immer wieder in ganz ähnlicher Art im Gymnasium und wird von den gleichen Professoren geprüft, die ihn seinerzeit auch im Abitur seines Wachlebens prüften. Endgültig war es mit diesem stereotypen Traum vorbei, als er im wachen Denken *Sein* im Lichte des *Ereignisses* zu erfahren vermochte, damit dessen »Reife« erlangend.

Ich vermied jede Schärfe, da es sich nicht lohnte, Wesentlicheres anzurühren.

Daß das gegenseitige Sichhinaufloben zum Geschäft gehört, kann Ihnen einiges davon erklären, daß man Szilasi für einen bedeutenden Philosophen hält. Aber es lohnt nicht, sich lange bei dieser Betriebmacherei aufzuhalten.

...

Brief vom 30. September 1953 aus Freiburg i. Br.:

Lieber Freund!

Jetzt denke ich an Ihren ersten Brief, der unsere Freundschaft bereits aus der Ferne und im Unbekannten entschied. Und seitdem war es ein gutes Näherkommen, und die wechselweise Förderung spielte sich ein. Auch Fragen, auch hartnäckige, fördern.

So kommen denn meine herzlichen Wünsche zu Ihrem fünfzigsten Geburtstag aus einer freudig dankbaren Stimmung, die von der Hoffnung belebt ist, Ihr eingeschlagener Weg werde noch zu durchschlagenden Fragestellungen und fruchtbaren Perspektiven in Ihrer Wissenschaft führen.

...

Meine Frau und ich waren bis vorgestern auf der Hütte. Ich war sehr gut gesammelt, und die Fragen der Technik und Kausalität sind durchsichtiger geworden im Gang der Niederschrift eines größeren Manuskriptes, dem aber noch die letzte Form fehlt...

...

Ihre Antwort an Szilasi ist treffend; diese Empfindlichkeit geht etwas weit. Wenn ich auf diese Weise jeder kritischen Bemerkung antworten müßte, könnte ich das Tagwerk damit ausfüllen.

...

                                  in herzlicher Freundschaft
                                            Ihr
                                         Martin Heidegger

Brief vom 28. Oktober 1953 aus Meßkirch:

...

Sie vermuten recht, ich bin durch den Münchner Vortrag (»Die Frage nach der Technik«) und eine damit zusammenhängende Korrespondenz mit Heisenberg arg beansprucht. Auf der Hütte schrieb ich einen weit ausladenden Entwurf und kam dabei tief in die Frage der Kausalität. Aber nun ist das Hauptkreuz, eine einfache Linie für einen zweistündigen Vortrag durchzuhalten, der zugleich auf unser Verhältnis zur Natur wie zur Kunst blickt und vor allem nicht zu schwer und zu heideggerisch ist! Wie immer fällt bei dieser Graberei viel anderes, Ergiebiges ab, was aber nicht zum Thema gehört....

...

Im Januar, zweite Hälfte, spreche ich in Bern und Luzern. Dann könnten wir einige Tage Zürich einlegen, falls Sie uns da brauchen könnten. Ich würde auch den Marburger Theologen Bultmann gern sehen, der im Wintersemester in Zürich Vorlesungen hält. Wir hatten in der gemeinsamen Marburger Zeit eine schöne Arbeitsgemeinschaft; er wird Ihnen auch gefallen.

Ich könnte dann in einem kleinen Zirkel bei Ihnen in Zollikon über die Technik sprechen; vielleicht ließe es sich ermöglichen, auch einige jüngere Menschen einzuladen. –

Oft finde ich, daß ich jetzt einigermaßen so weit bin, um *anzufangen*, auf die rechte Weise zu denken. –

...

Ich grüße Sie, lieber Freund, und Ihre liebe Frau herzlich
Ihr Martin Heidegger

Brief vom 19. Dezember 1953 aus Freiburg i. Br.:

...

Falls der Vortrag in Zürich zustande kommt, schließt das nicht aus, daß wir in Ihrem Hause eine Zusammenkunft im kleineren Kreis veranstalten. Das lebendige Wort und die Aussprachen sind durch nichts zu ersetzen – nur kann der Einzelne schwer allen Ansprüchen genügen, wenn noch Zeit bleiben soll für die gesammelte Arbeit.

...

[Beilage]
Goethe: »Das Höchste wäre: zu begreifen, daß *alles* Faktische *schon* Theorie ist.« (Maximen und Reflexionen, Nr. 993).[3] ...

Brief vom 2. Januar 1954 aus Freiburg i. Br.:

... Wir hätten also vom 30. I. bis 2. II. Spielraum zu einem Gespräch in Ihrem Hause, wo ich gerne den Abschnitt über die Kausalität lesen würde.

... vielleicht wäre es besser, ... Sie lüden einige der jungen Leute zu sich ein, wenn das Gespräch stattfindet ...

Der Vortrag existiert aber noch nicht, so wenig wie der Beitrag zur Konstanzer Gymnasiumsfestschrift, der im Februar abgeliefert sein soll – über *Heraklit*. So bleibt für die »gesammelte Arbeit«, wie Sie es nennen, und das Eigentliche in den nächsten Monaten kaum eine Zeit, und schließlich werde ich in diesem Jahr 65, und einmal ist es mit dem sogenannten »Schöpferischen« zu Ende, und doch hätte ich noch Einiges zur Sprache und Gestalt zu bringen.

...

Nur als Herausgeber des eigenen Nachlasses zu fungieren, ist weniger belebend. Auch bin ich zu wenig auf literarische Publizität versessen und auf eine Herausgabe »Gesammelter Werke«, als daß ich in solcher Arbeit heute schon das Letztmögliche sehen könnte.

...

---

[3] Nach der Zählung der Ausgabe von Günther Müller; Nr. 575 nach der üblichen Zählung. Vgl. Anm. 3, S. 168. Hervorhebung durch M. H.

Brief vom 11. Februar 1954 aus Freiburg i. Br.:

...

Das Vorwort[4] ist so richtig ... Ich glaube, es lohnt sich, wenn Sie einige Mühe auf den grundsätzlichen Vortrag in München verwenden. Außerdem – man selber lernt dabei am meisten.

...

Ich freue mich, daß die junge Generation bei der abendlichen Zusammenkunft in Ihrem Haus einiges mitnehmen [kann]. Durch bloßes Schreiben und »Lesen« sind solche Zusammenkünfte nie zu ersetzen ...

Beaufret schrieb plötzlich – es ging ihm schlecht – vermutlich »seelisch«. Er kommt nächsten Sonntag für einige Tage. ...

Brief vom 7. Juli 1954 aus Freiburg i. Br.:

...

Ich finde den Schlußvortrag sehr gut, um nicht zu sagen dramatisch. Den Schlußabschnitt, der die »Kehre« bringt, müssen Sie sehr langsam und eindringlich sprechen.

Überhaupt wäre es gut, noch einige Bandwürmer zu zerschneiden und die Sätze einfacher zu halten. Hoffentlich finden Sie Zeit, das Ganze noch einmal niederzuschreiben. Ich habe mir einige äußerliche sprachliche Änderungen erlaubt.

Binswanger war bei meinem Konstanzer Vortrag ... Ich glaube, durch die Vorlesung »Was heißt Denken?«, die ihn fasziniert, gehen ihm einige Lichter auf.

...

Brief vom 10. September 1954 aus Todtnauberg:

... Da wir meinem Bruder gerade die Fahrt wünschten, möchten *wir* sie jetzt auch auf das nächste Frühjahr verschieben,

---

[4] Bezieht sich auf die Einleitung zum Buch des Herausgebers: »Einführung in die psychosomatische Medizin«. Verlag Hans Huber, Bern und Stuttgart. 1954.

auf eine Zeit, zu der meine Frau auch einmal die blühenden Alpenwiesen sehen kann ...

Zu einem Gespräch über das »Denken« werden sich in den kommenden Monaten gewiß Gelegenheiten finden lassen.
...

Brief vom 13. Oktober 1954 aus Freiburg i. Br.:

Lieber Freund!

... Ihr schönes Geschenk mit der gedruckten und handschriftlichen Widmung bleibt für mich eine große Ehre und Freude.[5] Und wenn ich darin studiere, wird mir erneut klar werden, wie weit das Denken noch hinter seinen drängendsten Aufgaben nachhinkt. Aber jeder geht so weit, als er mit seinen Kräften kann.

Ihre freundschaftliche Gesinnung ist dabei eine größere Hilfe, als Sie denken. Ihre und Ihrer Familie Geburtstagswünsche waren mir darum auch eine besondere Freude. Und daß noch das stärkende Geschenk der Schokolade nachfolgte, möchte ich eigens verdanken.
...

Brief vom 3. Januar 1955 aus Freiburg i. Br.:

..., daß ich Ihre Einladung auf die Lenzerheide Ende Februar / Anfang März mit Freuden annehme. Ich habe das Gefühl, in eine von dem bisherigen unterschiedene produktive Phase zu kommen, die länger anhalten wird, weshalb ich die Arbeitsgelegenheit auf der Lenzerheide in Ihrer Nähe besonders begrüße. Das wird unsere Gespräche nicht ausschließen ...

Allemann schickte mir seinen Aufsatz, den ich ausgezeichnet finde; er schreibt dazu, daß er sich demnächst wieder ganz Höl-

---

[5] Bezieht sich auf das Buch des Herausgebers: »Einführung in die psychosomatische Medizin«. Verlag Hans Huber, Bern und Stuttgart. 1954.

derlin zuwenden werde. ... Ich habe jetzt noch einmal seine Dissertation durchgearbeitet und bewundere diese Leistung immer mehr. ...

Die »Friedensfeier« ist im Vorhaben übermenschlich; aber Hölderlin ist im selben Jahr ihrer Entstehung auch von dem Versöhnungsgedanken abgekommen, um den Weg in die »Vaterländische Umkehr« zu finden. Vater-Land = Land des Vaters, des Gottes der Götter.

Diese Wende hat Allemann zum ersten Mal klar gesehen und in den entscheidenden Zügen schon gezeichnet. Die neu gefundene Hymne ist eine überraschende Bestätigung seiner Entdeckung, die meine eigenen zum Teil irrigen Versuche auf eine ganz neue Basis bringt. –
...

Brief vom 8. Februar 1955 aus Freiburg i. Br.:
...
Das von Bally erwähnte Buch von E. Strauß mit seiner Descartes-Kritik ist eine so handgreifliche Kopie von »Sein und Zeit«, daß auch Binswanger in seiner Besprechung dieses Buches (Vom Sinn der Sinne) daran nicht vorbeikommt. (Schweizer Archiv für N.-Psych., Bd. XXXVIII (1936), S. 1) Wie wenig Bally die Position Weizsäckers bedenkt, zeigt sich daran, daß Bally nicht sieht, daß Weizsäckers Zustimmung zu Sartre schon genügt, um zu erweisen, daß Weizsäcker über die Subjektivität nicht hinausgekommen ist. ...

Bei uns ist jetzt die Parole »Anti-Heidegger« auf allen Seiten das Modernste. Die »junge Generation«, die wahrscheinlich nicht imstande ist, ein Kapitel aus Aristoteles zu lesen, geschweige denn zu durchdenken, schreibt jetzt über »den Unfug des Seins«.
...

Brief vom 30. Juni 1955 aus Meßkirch:

Lieber Freund!

Die vergangenen Wochen hindurch war ich ganz in die Arbeit vergraben. Die neu aufgenommene Besinnung auf die Sprache und die noch einmal angesetzten Fragen nach dem »An-sich« der Gegenständlichkeit und der Wissenschaft haben mich je auf ihre Art zur Frage der »Begründung« und des »Grundes« zurückgeführt, worin auch das Problem der Kausalität seine Wurzel hat. Dabei kamen mir die hier liegenden Manuskripte zu Hilfe, manches erwies sich auch als überholt; sonst aber lagert ein Gebirge hier, das wohl »Nachlaß« bleiben muß. ...

Ich habe oft zu Ihnen und den Ihren hinübergedacht. Ihre Befürchtung aber, unsere Freundschaft könnte durch das »Reiseproblem« im Frühjahr irgendwie getrübt sein, ist ganz grundlos. Wenn so etwas geschähe, wäre sie von Anfang an nicht auf rechtem Boden gewachsen.

Daß Ihre Darlegungen in Paris eingeschlagen haben, war mir eine aufrichtige Freude. ... Vor Ihrer Indienfahrt müssen wir uns aber auf alle Fälle noch ausgiebig sehen und sprechen.

Wir sind von Mitte Juli bis Ende August auf der Hütte. Dann soll ich nach Frankreich, und zwar nach Cérisy, ein Schloß in der Normandie, wo die vor dem ersten Weltkrieg begründeten Zusammenkünfte in Pontigny wieder aufgenommen werden sollen. Meine Frau und ich sind dorthin für eine Woche eingeladen und *vorher* möchten wir Ende August noch in Paris und Umgebung sein. Ich dachte mir das Ganze sehr »privat« – aber jetzt scheint schon ganz Frankreich davon zu wissen, und sie kolportieren das Vorhaben bereits nach Deutschland, wo nun von Freiburg und anderen Orten aus auch die Unsrigen mit in Frankreich dabei sein möchten. Die Existenz unter einem bekannten Namen ist eine grausige Sache; selbst *hier* hat mich das Auslandsinstitut in Stuttgart ausfindig gemacht und einen Japaner herdirigiert, der mich für nächstes Jahr auf Monate nach Japan eingeladen hat.

Wenn ich täglich allein oder mit dem Bruder, der nicht in bester Verfassung ist – zu sehr isoliert hier und für eigene Initiative oft durch die Bank überarbeitet – wenn wir also auf dem Feldweg gingen oder durch die Wälder, kam uns der Weltbetrieb wie ein Narrenhaus vor. Meine Herbstpläne sind noch unbestimmt. Vieles hängt daran, wie ich die *Erörterung der Sprache* auf die rechte Bahn bringe. Die Sache wird täglich dunkler und zugleich erregender; heute wundere ich mich, daß ich vor Jahren den Sprachvortrag gewagt habe. Die größte Lücke ist, daß die Möglichkeit einer *zureichenden* Erörterung der ostasiatischen Sprachen *fehlt*. ...
. . .

                Ich grüße Sie in herzlicher Freundschaft
                          Ihr Martin Heidegger

Brief vom 17. November 1955 aus Freiburg i. Br.:
. . .

Das darf auf keinen Fall geschehen, daß Sie nach Indien reisen, ohne daß wir uns zuvor noch einmal gesehen und gesprochen hätten. ... Darum schlage ich Ihnen vor, am nächsten Freitag, den 25. XI., schon in die Vorlesung zu kommen.

Von den säumigen Franzosen erwarte ich immer noch wichtige Protokolle einiger Sitzungen. Ich habe den Eindruck, daß das dortige Denken noch sehr weit weg ist von meinen Wegen. Aber schließlich wurden sie doch aufmerksam.
. . .

Brief vom 16. Juli 1956 aus Meßkirch:

Lieber Freund!

Ich danke Ihnen für den Brief, der Ihre glückliche Heimkehr [aus Indien] berichtet. Seit drei Wochen bin ich hier in die Arbeit vergraben – im Wesentlichen ein Einheimsen der Früchte, die sich aus der Winter-Vorlesung über den Satz vom Grund

ergaben. Fertig werde ich natürlich nicht. Aber ich sehe jetzt einiges klarer; und bei dieser Gelegenheit sah ich auch wieder Aufzeichnungen durch von der Lenzerheide. Dieses Vorwort über mich soll nur andeuten, daß ich inzwischen noch aufmerksamer hören kann, was Sie aus den großen Erfahrungen [im Fernen Osten] werden sagen können. Dazu bedürfte es der rechten Ruhe. . . .
. . .

Brief vom 29. September 1956 aus Todtnauberg (»Hütte«):
. . .
Meine Frau und ich möchten die Zürcher Cézanne-Ausstellung noch sehen, andererseits möchte ich hier oben die Arbeitstage noch ausnützen. Nun meinte Dr. Petzet, der letzte Tag, Sonntag, den 7. Oktober, sei sehr ungünstig, und wir sollten spätestens am Samstag vormittags in Zürich sein, was für uns etwas ungünstig ist. Meine Frau fährt am selben Tag des Ausstellungsbesuches zurück, wir haben dann die Reise zu Hermann nach Bonn vor; ich selber würde gerne einen Tag noch bei Ihnen in Zollikon bleiben.

Mit den herzlichsten Grüßen, auf Wiedersehen
Ihr Martin Heidegger

Brief vom 24. April 1957 aus Freiburg i. Br.:
. . .
. . . Meine Vorträge für das Sommersemester machen mir einige Sorgen; je einfacher die Sachen werden, um so schwerer sind sie zu sagen.
. . .

Brief vom 9. Oktober 1959 aus Todtnauberg:

...

... Mein Plan steht also fest, daß ich um den 2. November herum für einige Tage nach Zürich komme und daß wir im Burghölzli zugleich das Gespräch fortsetzen. Zugleich danke ich auch für Ihren Beitrag zur Festschrift, den ich zuerst gelesen habe. Mir scheint, daß er durch die Verwebung des persönlichen Weges und der sachlichen Besinnung besonders nachdenklich stimmen muß.

Überhaupt hoffe ich durch die Festschrift viel Anregung und Anstöße zu empfangen für die nun kommende ruhige Zeit des Vollendens, soweit ein solches Wort bei meinem »unterwegs« jemals erlaubt ist.

...

Brief vom 9. November 1959 aus Freiburg i. Br.:

Lieber Freund!

Ich danke Ihnen ... für die schöne Gastlichkeit in Ihrem Haus.

Im Rückblick denke ich, die beiden Abende könnten doch hier und dort ein kleines Licht angezündet haben. Das Indiengespräch zeigte mir zugleich, daß meine Versuche nicht ganz in der Vereinzelung bleiben.

...

Brief vom 7. März 1960 aus Freiburg i. Br.:

...

Bisweilen überlege ich mir, auf welchem Wege die jungen Ärzte aus ihrer übermäßigen Verstrickung in ihr Fachwissen und die bloße Praxis zu lösen sind. Aber dieser Fall ist ja nicht vereinzelt; die Schwierigkeit zeigt sich überall. Sie steigert sich noch künftig mit der Übermacht des Technischen.

...

Wenn Sie – aber nur gelegentlich – einmal die indischen Wörter für die ontologische Differenz, das heißt Sein und Sei-

endes, für Unverborgenheit und Vergessenheit feststellen und mitteilen könnten, wäre ich Ihnen sehr dankbar.
...

Brief vom 26. März 1960 aus Meßkirch:
...

Sie schreiben nicht, wann und wo der Psychologenkongreß ist. Das Thema ist reichlich komisch; aber vielleicht ist es gut, wenn Sie den Vortrag halten. Wenn der Kongreß erst im Sommer oder Herbst ist, könnten wir am besten *mündlich* darüber verhandeln. Oder Sie schicken mir einen *vorläufigen Entwurf*, und ich gebe meine Anmerkungen dazu.

Zunächst ist mir unklar, was »menschliche Motivierungen« meint. Heißt es: der Mensch als Ich: der *motivierende*, oder: das Ich innerhalb des anderswie noch *motivierten* Menschen? Sind die »menschlichen Motivierungen« ein Gemengsel von Einflüssen? Ist zwischen Verursachung und Motivation unterschieden? Oder steckt hinter dem ganzen Salat, verzeihen Sie, der fatale Unterschied des Bewußten und Unbewußten?
...

Im Evangelischen Verlag AG Zollikon ist eine ausgezeichnete Arbeit von Heinrich Ott erschienen: »Denken und Sein. Der Weg Martin Heideggers und der Weg der Theologie.«
...

Brief vom 19. April 1960 aus Freiburg i. Br.:
...

Inzwischen werden die Krokusse [auf der Lenzerheide] noch einmal von Schnee überdeckt worden sein. Doch bis wir hinaufkommen, hat gewiß der Frühling die Oberhand gewonnen.
...

Brief vom 10. August 1960 aus Freiburg i. Br.:
...

Ich danke Ihnen für Ihren ausführlichen Brief mit der Darstellung des Planes, mit Ihnen drei Wochen in Washington zu arbeiten. Alles klingt verlockend. Grundsätzlich bin ich geneigt, diese Sache zu wagen.

Eine große Schwierigkeit ist meine sehr dürftige Beherrschung des *Englischen*. Sprechen kann ich gar nicht und hören kaum.

Durch das Übersetzen wird alles verwandelt und langwierig. Meine Denkweise und das Phänomenologische wird drüben doch noch fremd sein.

...

Brief vom 16. August 1960 (ohne Ortsangabe):

Lieber Freund,

ich stecke noch im »Abgrund« Nietzsche. Sobald ich freier bin, schreibe ich ausführlich.

...

Brief vom 18. Dezember 1960 aus Freiburg i. Br.:

Lieber Freund,

noch einmal muß ich herzlich um Entschuldigung bitten, daß ich die geplante Reise nach Washington absagte und dies zu spät, das heißt erst, nachdem Sie sich viel Mühe mit der Vorbereitung gemacht hatten.

Zwar wußte ich, daß mich der »Nietzsche« bis ins nächste Jahr beanspruchen werde, aber ich dachte nicht, daß so viel Arbeit dazu käme. Ich wäre zu keiner ausreichenden Vorbereitung gekommen; außerdem schreckte mich schließlich das heraufsteigende Gespenst der amerikanischen Publicity ab.

Sobald ich einigermaßen »Luft« bekomme, d. h. wenn ich den Umbruch hinter mir habe, werde ich mich für Burghölzli wieder melden. Aber ich muß Sie bitten, mich erneut über den gegenwärtigen Stand der dortigen Diskussionen zu unterrichten.

Ich halte es immer noch für das Fruchtbarste, einmal einen geeigneten Text mit Ihrem Kreis zu *lesen*. Die freien Diskussionen zerflattern zu leicht.

...

Brief vom 1. Februar 1961 aus Freiburg i. Br.:

...

Dieser Tage kam eine Anfrage von Professor Ebeling (systematische Theologie), ob ich einmal an seinem Seminar teilnehmen möchte, das vierstündig mit 78 Teilnehmern über meine »Philosophie« handelt. ... Die erste Sitzung würde Ebeling leiten und eine Disputatio von Luther »*de homine*« behandeln; tags darauf würde ich das Seminar leiten.

Ich würde die Sache nur annehmen, wenn ich sie mit Ihrem Seminar und Gesprächen mit Ihnen verbinden könnte. Es wäre vielleicht auch für Sie aufschlußreich, an dem theologischen Seminar teilzunehmen. –

...

Brief vom 14. Februar 1961 aus Freiburg i. Br.:

...

Zwischen dem Burghölzli-Seminar und dem mit Ebeling möchte ich den Donnerstag, den 2. III., als freien Tag einschalten, da es doch einer ziemlichen Umstellung bedarf. ...

Für das theologische Seminar habe ich Sie beim Kollegen Ebeling schon vorgemerkt. Die Sache könnte für Sie interessant werden. ...

...

Brief vom 14. März 1961 aus Freiburg i. Br.:

... Diesmal sind die beiden Zusammenkünfte mit Ihrem Seminar besonders gut geglückt. Mir scheint, daß die Teilnehmer aufgewacht sind und jetzt deutlicher den anderen Weg sehen. Freilich bedarf dies alles noch einer längeren Einübung. Viel-

leicht könnte man für das nächste Mal die Beschreibung eines besonders lehrreichen Falles von Halluzination vorbereiten.
...

Brief vom 9. September 1961 aus Freiburg i. Br.:
...
... Während der Heimfahrt habe ich Ihre »Bemerkungen zu Freud« gelesen. Ich finde sie ausgezeichnet.

Wir alle wünschen uns in dieser ruhelosen Zeit, daß noch eine Spur von Frieden bleibe.
...

Brief vom 15. November 1961 aus Freiburg i. Br.:
...
Zu Ihrem Kongreßvortrag habe ich mich nicht mehr geäußert, weil ich ihn in der vorliegenden Fassung ausgezeichnet finde.

Auch die Darstellung des jungen Kollegen über die halluzinatorische Wahrnehmung finde ich *sehr beachtlich* und halte sie für eine gute Unterlage für die Gespräche. Fruchtbar wäre es freilich, wenn die Darstellung eines entsprechenden *zweiten* Falles vorläge, weil das Vergleichen immer sehr lehrreich ist.
...

Brief vom 15. März 1962 aus Freiburg i. Br.:
...
Am selben Tag, da Sie aus Amerika zurückkamen, kehrte ich aus Berlin wieder heim. Ich wurde dorthin zu einer Gedenkfeier für Max Kommerell gebeten in die »Akademie der Künste«. Max Kommerell starb 42jährig an Krebs im Jahre 1944, und er wäre jetzt 60 Jahre alt geworden. Er war – und ist es noch – der bedeutendste Literaturhistoriker und Dichter – aber totgeschwiegen und das heißt ausgebeutet. Im Anschluß an die Feier gab es dann noch zwei Sitzungstage in der Akademie; alles ziemlich anstrengend, weil die Leute sich auf einen stür-

zen; schließlich schnappte ich dort eine Grippe-Infektion und lag hier eine ganze Woche fest; ... Darum ist es wohl nach jeder Hinsicht das Richtige, wenn wir das Seminar auf den Mai verlegen.

...

Ich danke für die kurzen, aber wichtigen Aufzeichnungen zum Gespräch.

...

Brief vom 28. Januar 1963 aus Freiburg i. Br.:

...

Dank für Ihren orientierenden Brief und das Buch [Lehrbuch der Psychiatrie von Bleuler].

...

Das Chaos der Begriffsverwirrung ist freilich groß. Ein Grundmangel zeigt sich schon äußerlich: Die Darstellung des gesunden Gedächtnisses umfaßt kaum zwei Seiten, über die Störungen dagegen handeln sechs Seiten.

Ich sehe noch nicht, wie man dieser »Wissenschaft«, die mit gelehrten Titeln aufwartet, beikommt. Das Ganze bewegt sich in rein mechanistischen kausal rechnenden Vorstellungen.

Einige Hinweise über Denken, Dank, Gedächtnis finden sich in »Was heißt Denken?«, S. 5 ff., S. 91 ff.

Die älteste ausführliche Erörterung über die memoria in Augustinus, Confessiones, Buch X, cap. 8 ff. ...

...

Brief vom 2. Februar 1963 aus Freiburg i. Br.:

...

Da wir jetzt etwas Nachschub an Heizöl bekommen haben, wäre doch Ihr Besuch am 16. Februar möglich, mir auch lieber als eine schriftliche Darlegung der Fragen, bei der ich nicht sicher bin, ob sie Ihr Anliegen trifft. Im Hin und Her des Gesprächs bleibt alles offener.

Die Herrschaft des technisch-rechnerischen Denkens stützt sich so sehr auf den Effekt und das Faszinierende des Fortschritts, daß sie heute vorerst kaum zu erschüttern ist.

Aber deshalb darf das einfache »Sehen« der Phänomene nicht preisgegeben werden, schon deshalb nicht, weil auch das technische Denken sich notwendig und daher überall auf einem Minimum von unmittelbar gesehenen Phänomenen gründet. Die Hauptschwierigkeit bleibt, daß man vor lauter Bäumen der technischen Erfolge den Wald nicht sieht; das heißt: das einfache Dasein. Indes wird auch dieses mehr und mehr dem technischen Verzehr ausgesetzt.

. . .

Brief vom 3. März 1963 aus Freiburg i. Br.:

Lieber Freund!

Herzlichen Dank für Ihren Brief. Ihr Besuch war sehr belebend, er gab mir die Zuversicht, daß Sie die bevorstehende Aufgabe in Harvard in der rechten Weise erfolgreich erfüllen werden.[6] . . . Ich wünsche sehr, . . . daß Sie . . . Ihre Arbeit auf der Lenzerheide aufnehmen und in der Hauptsache so fördern können, daß die Grundrisse des Aufbaues und die Art des Vorgehens klar vorgezeichnet sind. Über das »Materiale« an »Fällen« und »Beispielen« verfügen Sie doch leicht. Aber je öfter ich mir Ihr Vorhaben überlege, um so ausschlaggebender erscheint mir das *Didaktische* in der *Anlage* des *Ganzen*. Es muß Ihnen gelingen, den Wandel der Blickstellung zu erreichen bei den Hörern, die Erweckung des Sinnes, in dem gefragt werden muß. Die Paragraphen über die Räumlichkeit des Daseins wären hiefür ein geeigneter Prüfstein und die Anweisung, die andere Art des Sehens einzuüben gegenüber dem positivistischen Kausalismus und dem ausschließlichen Rechnen auf den

---

[6] Bezieht sich auf das Sommersemester 1963, das der Herausgeber als »Visiting Faculty Member« der Harvard University in Cambridge U.S.A. zu absolvieren hatte.

Martin Heidegger und Medard Boss im Zwiegespräch
auf dem »Feldweg« in Meßkirch 1963

Effekt. Von der Räumlichkeit aus gelingt auch am ehesten der Blickschritt zur »Lichtung« und innerhalb dieser der Blick in das Ekstatische der Zeit. Und stets müssen Sie versuchen, die Hörer, das heißt einzelne, denen eher ein Licht aufgeht, darauf aufmerksam zu machen, *daß* und *wie* in ihrem *gewohnten* Verhalten und Vorstellen *schon un*thematisch ein Seinsverständnis bestimmend ist, vor allem auch in der Art der Fragen, mit denen sie Ihnen begegnen werden. Wenn Sie all dies ohne Hast, aber unablässig an *einem* Phänomen durchsprechen, ist mehr gewonnen als durch kritische Diskussion von Theorien, wobei meist der Standort und der Gesichtskreis und die Sehweise der Kritik ungenügend, das heißt nur mittelbar ans Licht kommen.

Dazu ist nötig, daß Sie selber zum Beispiel die Blickstellung in die Räumlichkeit des Daseins frei beherrschen, um sogleich zu bemerken, wo und inwiefern die gestellten Fragen fehlgreifen.

Falls Ihnen daran liegt, für die Durcharbeitung von »Zeit und Sein« das Protokoll des Seminars zur Verfügung zu haben, werde ich versuchen, Ihnen eine Abschrift zu beschaffen.

Mit den herzlichsten Grüßen und Wünschen für die Arbeit und für Ihr Wohlergehen

Ihr Martin Heidegger

N. S. Wir haben, einer gründlichen Erholung und Auffrischung wegen, große Pläne. Wir möchten Ende April bis Anfang Mai für 14 Tage nach Taormina auf Sizilien zufliegen, und zwar von Zürich aus. Hätten Sie nicht Lust?

Brief vom 8. März 1963 aus Freiburg i. Br.:

...

Falls Sie mitkommen könnten [auf die Ferienreise nach Taormina], wäre dies für uns eine große Freude und für uns beide eine wertvolle Beruhigung, den Arztfreund bei uns zu haben, der Italien kennt und die Sprache und die Umstände der Flugreise aus reichlicher Erfahrung kennt. Wir würden uns hinsichtlich der Zeit (nach der Osterwoche) ganz nach Ihnen richten.

Für diesen Ihren Beistand wären wir Ihnen ganz besonders dankbar. Wenngleich unter Freunden nicht gerechnet werden soll, möchte ich Ihnen doch bei dieser ganz unerwarteten neuen Aussicht auf die Reisemöglichkeit sagen, daß es mir ein Vergnügen und zugleich eine heilsame Selbstprüfung wäre, mit Ihnen jeden Tag eine phänomenologische Einübung anhand von »Sein und Zeit« zu pflegen.

...

Mit den herzlichsten Grüßen für Sie beide und die Söhne von uns beiden

Ihr

Martin Heidegger

Brief vom 20. März 1963 aus Freiburg i. Br.:

...

Es ist schön und belebend, an die bevorstehende gemeinsame Reise nach Sizilien zu denken. Ihre Verwirrung wird sich schon entwirren lassen. Die englische Übersetzung von »Sein und Zeit«, die vielfach beanstandet wird, soll beiseite bleiben, damit die Sachverhalte erst klar sichtbar werden, so daß dann das geeignete Wort sich von selbst einstellt. Raum und Räumlichkeit halte ich deshalb für wichtig, weil von da am ehesten das »Welt-phänomen« sich klären läßt im Zusammenhang mit der Offenheit und Lichtung. Von daher bestimmt sich das ganze Vorgehen, *die* Methode, die keine Technik ist, sondern zur Sache gehört. Dafür wird es gut sein, wenn Sie mir in Sizilien dann noch genauer die gängigen Vorstellungen (die psychologischen und anthropologischen in USA) darstellen....

...

Brief vom 1. April 1963 aus Freiburg i. Br.:

...

Nun wollte ich Ihnen ohnedies in zwei grundverschiedenen Sachen schreiben.

Beim Überdenken unserer kommenden Gespräche wurde mir klar, daß wir sie nicht auf die Räumlichkeit beschränken dürfen, so wichtig gerade dieses Phänomen für Erläuterung dessen ist, was das Wort »Welt« meint. Da ich gern die Gespräche an *Texten* meiner Schriften durchführen möchte, bitte ich Sie, mir zu schreiben, welche Themen Sie vorzugsweise behandelt haben möchten. Dementsprechende Seiten nehme ich dann aus den Schriften heraus. Wir können ja nicht eine ganze Bibliothek nach Sizilien befördern. Im Ganzen werden wir freilich auf irgendeine Weise das Gesamt Ihrer Vorlesung [in Harvard] durchsprechen. Aber die von Ihnen vorgesehenen Seminare [in Zollikon] haben doch einen besonderen Charakter und verlangen eine eigene Vorbereitung.

Jetzt die ganz anderen »Sorgen«. Da ich noch nie in einem solchen Hotel wohnte und die Gebräuche nicht kenne, was den »Anzug« betrifft, muß ich mich doch nach dem »man« richten. Deshalb bitte ich Sie um eine *ganz kurze* Anweisung. Ich dachte: ein Anzug auf der Reise, einen leichteren für den Aufenthalt und den »schwarzen« für die Abende. Den lästigen Hut braucht man wohl nicht mitzuschleppen. Baskenmütze genügt; ...

Ich lebe schon ganz in der griechischen Welt. Es wird schön sein, von Sizilien nach Griechenland hinüberzudenken und zu finden, daß beides das Selbe ist.

...

Brief vom 11. April 1963 aus Freiburg i. Br.:

...

Aus der Übersicht wird deutlicher, wie die Gewichte verteilt sind – entsprechend dem vorherrschenden technisch-praktischen Interesse. Gleichwohl bietet das Thema »Fundamente« einen

Anlaß, um auf die Phänomene einzugehen und das Unumgängliche dieses Vorgehens zu zeigen. Die Goethe-Texte sind dazu eine gute Hilfe. Ich bringe noch zwei Sonderdrucke des Vortrags »Wissenschaft und Besinnung« mit. Es ist eine taktische Frage, ob Sie nicht zuerst mit dem *Beispiel* (Frau auf der Bahnhofstraße) *beginnen* – dies eine Strecke weit in der *Richtung* auf die Fundamente durchsprechen, dann erst zu Nr. 1 bis 5 übergehen und anschließend das Beispiel prinzipieller wieder aufnehmen. Sie werden die Hörer fragen müssen, woher sie wüßten, daß die Fundamente der Anthropologie »Mystik« seien und was sie unter »Mystik« verstehen. Dies alles ohne den Eindruck zu erwecken, die Hörer sollten zuerst »Philosophie« treiben – es genügt, sie zur Einsicht zu bringen, daß sie selber (sie, die *Tatsachen* und Beweise fordern) auf *unge*prüften und *unaus*gewiesenen Voraussetzungen beharren. –

...

N. S. Was die griechischen Denker schon wußten, faßt Goethe einmal in den Satz: »Das Höchste wäre: zu begreifen, daß alles Faktische schon Theorie ist.«[7]

Dies heißt: es gibt überhaupt keine bloßen und reinen »Tatsachen«. Bedenken wir, daß die »Ansicht« von etwas sein »Aussehen« meint, das εἶδος, die ἰδέα, dann wird Goethes Satz verständlich: »Mit den Ansichten, wenn sie aus der Welt verschwinden, gehen oft die Gegenstände selbst verloren. Kann man doch im höheren Sinne sagen, daß die Ansicht der Gegenstand sei.«[8]

---

[7] Goethe, Maximen und Reflexionen. Nr. 993 nach der Zählung der Ausgabe von Günther Müller; Nr. 575 nach der üblichen Zählung. Vgl. Anm. 3, S. 168.

[8] Goethe, Maximen und Reflexionen. Nr. 1025 nach der Ausgabe von Günther Müller; Nr. 1147 nach der üblichen Zählung.

Brief vom 6. Mai 1963 aus Freiburg i. Br.:

Lieber Freund!

Diese Zeilen können nur ein Zeichen des Dankes sein für Ihren stets freundlichen Beistand, der meiner Frau und mir die Reise nach Sizilien und den Aufenthalt dort so schön und vielfältig gestaltet hat....
Jeder Tag in Taormina hatte sein Gepräge. Die regelmäßigen Stunden des Gesprächs am Vormittag, die freilich nicht ausreichten, um alle wichtigen Fragen zu klären; die erholsamen Gänge durch den Garten von San Domenico; das Bummeln durch die Gassen des Ortes; und schließlich die Ausfahrten in das Innere der Insel.
Meine Frau und ich sind nach dem ungewöhnlich schönen Rückflug nach Zürich pünktlich um 20 Uhr in Freiburg eingetroffen, ... Hier stehen ringsum die Apfel- und Birnbäume in voller Blüte. Das heimatliche Land erscheint neu in der Abhebung gegen das geschaute Meer und die Insel und seine Bewohner.
... Sie selber sollten jetzt noch Stunden der Sammlung finden, damit Sie wohlgerüstet Ihre Aufgabe durchführen können. Wenn dabei nur einigen wenigen von den Hörern ein Licht aufgeht, das bleibt und weiter scheint, ist es schon genug.
Der beiliegende kleine Text zeichnet nur die Stationen des Weges in und durch die Phänomenologie, deren Vollzug für die Heutigen um so schwieriger wird, je ausschließlicher sie dem rechnenden Denken verfallen, das nur zum Schein dem unverborgenen unmittelbaren Erblicken des Wesens überlegen ist. Alles kommt auf das Einüben des selben einfachen Blickes auf das unausgesprochen aber ständig uns ansprechende Wesenhafte an. *Einüben:* beim Selben verweilen, den Sinn für das Einfache wecken – nicht das gehetzte Weiterrennen von einem Fortschritt in den nächsten und auf nutzbare Ergebnisse pochen.

Ich spüre nach dieser Reise wieder die alte Frische zur Arbeit in der Werkstatt.

...

Brief vom 1. Juni 1963 aus Freiburg i. Br.:

...

Ich denke noch viel an unsere Gespräche. Wenn ich Ihren Text habe, kann ich vielleicht noch einige Zusätze machen. In diesen Tagen bekam ich die Einladung zum Internationalen Philosophenkongreß in Mexiko vom 7. bis 14. September. Reise und Aufenthalt frei. Aber ich werde absagen, weil das Ganze zu anstrengend und »nutzlos« ist – vor allem, weil ich von Kongressen und gar philosophischen nichts halte.

Gern wüßte ich, wie weit Ihre Vorbereitung für Harvard gediehen ist; ...

...

Ich fühle mich sehr frisch und gut bei der Arbeit. Das Buch von U. Sonnemann ist weniger erfreulich.

...

Brief vom 19. Juni 1963 aus Freiburg i. Br.:

...

Sogleich habe ich Ihre Aufzeichnung unserer Gespräche in Taormina gelesen. Ich finde sie ausgezeichnet und danke herzlich dafür und für den Brief.

Überall ließen sich Erweiterungen des Textes anbringen; dies würde jedoch wieder das Konzentrierte des Ganzen auflösen. Ich vermerke nur wenige sprachliche Versehen. ... Seite 7 am Schluß von a) wäre anzufügen:

Auch die größtmögliche Anhäufung und Intensität von Reizen bringt niemals das »ist« hervor. Dieses bleibt in jedem Gereizt*sein* – schon vorgegeben.

...

Brief vom 31. August 1963 aus Freiburg i. Br.:

... Nun scheint alles auf das Beste geglückt zu sein – bis auf die lästigen Philosophieprofessoren und deren Fragen. Ich freue mich mit Ihnen über diesen Erfolg. Die echte Wirkung und ihre Dauer und Tragweite läßt sich in solchen Fällen nie abschätzen. Sie nimmt ihre eigenen Wege.

Ihren Wunsch erfülle ich gern.... Auch möchte ich die eigene Arbeit, die weit besser »läuft« als vor der Krankheit, nicht zu sehr unterbrechen....
...
N. S. Die Leber scheint ganz in Ordnung zu sein. Ich merke nicht die geringste Störung.

Brief vom 2. Oktober 1963 aus Todtnauberg:

Lieber Freund,

Zu Ihrem sechzigsten Geburtstag grüße ich Sie zugleich im Namen meiner Frau sehr herzlich. Die Wünsche zu diesem Tag sind einfach: ein friedlich bewahrtes Leben..., die Kraft zur fruchtbaren Arbeit im helfenden Beruf; das Geschenk einer Besinnung, der das geplante Werk einer »Psychologie« entwächst, durch die den Ärzten ein Umdenken nahegelegt wird, das sie in den unverstellten Bezug zum Menschen und seiner heutigen Welt bringt. Ein solches Werk braucht eine lange Vorbereitung. Die Jahre mögen Ihnen gewährt sein, frei von Unruhe und Mißgeschick.[9]

Zum Festtag kommt eine kleine Gabe. Es ist die Niederschrift eines Vorwortes für eine Lesung von Gedichten Hölderlins, die als Sprachplatte erscheinen wird.

Daß Ihr Festtag recht gefeiert wird, dafür werden die Ihren und die Freunde sorgen und alle diejenigen, denen Sie helfen,

[9] Bezieht sich auf den Abschluß des Buches von Medard Boss: Grundriß der Medizin. Vgl. Anm. 1, S. 199.

seien es die Kranken, seien es die Ärzte, die von Ihnen Leitung und Belehrung empfangen.

...

Beilage zum Brief vom 2. Oktober 1963:

Für Medard Boss zu seinem sechzigsten Geburtstag
    in herzlicher Freundschaft   Martin Heidegger

           Ein Wort zu Hölderlins Dichtung
Ob wir es noch einmal erkennen?

Hölderlins Dichtung ist für uns ein Schicksal. Es wartet darauf, daß die Sterblichen ihm entsprechen.

Was sagt Hölderlins Dichtung? Ihr Wort ist: das Heilige.

Dies Wort sagt von der Flucht der Götter. Es sagt, daß die entflohenen Götter uns schonen. Bis wir gesonnen sind und vermögend, in ihrer Nähe zu wohnen. Dieser Ort ist das Eigentümliche der Heimat. Nötig bleibt deshalb, den Aufenthalt in dieser Nähe vorzubereiten. So vollziehen wir den ersten Schritt auf dem Weg, der uns dahin führt, wo wir dem Schicksal, das Hölderlins Dichtung ist, schicklich entsprechen. Dadurch gelangen wir erst in den Wortort der Ortschaft, in der vielleicht »der Götter Gott« erscheint.

Denn kein menschliches Rechnen und Machen kann von sich aus und durch sich allein eine Wende des gegenwärtigen Weltzustandes bringen; schon deshalb nicht, weil die menschliche Machenschaft von diesem Weltzustand geprägt und ihm verfallen ist. Wie soll sie dann je noch seiner Herr werden?

Hölderlins Dichtung ist für uns ein Schicksal. Es wartet darauf, daß die Sterblichen ihm entsprechen. Die Entsprechung führt auf den Weg einer Einkehr in die Nähe der entflohenen Götter, dies sagt: in den Raum ihrer uns schonenden Flucht.

Doch wie sollen wir dies alles erkennen und behalten? Dadurch, daß wir auf Hölderlins Dichtung hören.

Indes können nur wenige Gedichte hier gesprochen werden. Das Wenige beschränkt sich auf eine Auslese. Sie bleibt mit dem Anschein der Willkür behaftet. Er mildert sich, wenn wir durch ein öfteres Hören williger den Leitworten folgen, die der Dichtung Hölderlins entnommen sind.

Das erste Leitwort lautet:

»Alles ist innig«

Dies will sagen: Eines ist in das Andere vereignet, aber so, daß es dabei selber in seinem Eigenen bleibt: Götter und Menschen, Erde und Himmel. Die Innigkeit meint kein Verschmelzen und Verlöschen der Unterscheidungen. Innigkeit nennt das Zusammengehören des Fremden, das Walten der Befremdung, den Anspruch der Scheu.

Das zweite Leitwort ist eine Frage:

»Wie bring ich den Dank?«

Der Dank ist das scheu verehrende, zustimmende Andenken an das Gewährte, und sei dies nur ein Zeichen in die Nähe zur Flucht der uns schonenden Götter.

Das dritte Leitwort sagt:

»Tiefprüfend ist es zu fassen«

Die Prüfung muß »durch die Knie gegangen« sein. Der Eigensinn muß sich beugen und wegschwinden. Dem Sinnen und Denken liegt nur das Eine ob, dem Dichten vorzudenken, um dann vor ihm zurückzutreten.

Durch das wiederholte Hören werden wir hörender. Aber auch achtsamer auf die Weise, wie das Gesagte des Dichters gesprochen sein möchte. Denn schwieriger noch als die Auswahl der Gedichte ist das Treffen des Tones. Es kann in dem einen Augenblick des technisch festgehaltenen Sprechens glücken, es kann ebenso leicht mißglückt sein.

Der Dichter selbst weiß es, weiß es wie niemand sonst, daß der rechte Ton leicht verfehlt wird.

In späten Versen heißt es:

»Von wegen geringer Dinge
Verstimmt wie von Schnee war
Die Glocke, womit
Man läutet

Zum Abendessen.«

In diesen Worten wird durch das geringe Tägliche das Ungewöhnliche, Große genannt: »Das Abendessen« ist der Abend der Zeit, wo es sich wendet.

»Der Schnee« ist der Winter:
»Weh mir, wo nehme ich, wenn
Es Winter ist, die Blumen und wo
Den Sonnenschein
Und Schatten der Erde?«
»Die Glocke« aber – ihr Klang – ist der Gesang des Dichters. Er ruft in die Wende der Zeit.

Brief vom 18. Dezember 1963 aus Freiburg i. Br.:
. . .
Ja – die jungen Leute! Mit Blinden kann man nicht über Farben reden. Aber vielleicht läßt sich der Star stechen. Dazu ist Voraussetzung, daß die Leute über ihr Fach und die Praxis hinaussehen und sich einmal auf ganz anderes freimachen und loslassen.

Deshalb schlage ich vor, meine kleine Schrift »Kants These über das Sein« gemeinsam zu lesen, daß heißt *einige Stücke* daraus. . . . Es schadet nichts, wenn die Ärzte auch etwas über *Kant* in ihrer Bibliothek stehen haben. In Kants Denken kreuzt sich das Denken seit Descartes und in den Ansätzen das Denken der letzten 1 1/2 Jahrhunderte. Es soll also einmal ein Seminar werden, wo nicht über Psychologie und Psychoanalyse gesprochen wird – Denkweisen der Vorstellungsarten, die besonders geeignet sind, daß das Denken ein *verhocktes* wird, weil man durch die Reduktion auf die ungeklärte Subjektivität die ganze Welt »erklären« kann. Mit der Erörterung von Einzelfragen ist der »Sturheit« nicht beizukommen. –

. . .

Brief vom 10. Februar 1964 aus Freiburg i. Br.:

...

... Ich freue mich, daß »es [das letzte Seminar] eingeschlagen« hat. Aber nun bedarf es der *Einübung* des Sehens und der methodischen Ausschaltung der naturwissenschaftlichen Vormeinungen. Es darf sich nicht darum handeln, gewisse Sätze aufzuschreiben und sie sich zu merken.

...

Brief vom 30. April 1964 aus Meßkirch:

...

Zunächst wollte ich Sie bitten, für unser Wiedersehen am 8. Mai einige Fragen zu überlegen, die beim nächsten Seminar durchgesprochen werden sollen. Vielleicht haben auch einige Teilnehmer inzwischen schon solche überlegt. Ich wäre gerne unterrichtet, um die Sache auf Ägina zu überdenken. Dort will ich zugleich eine für mich entscheidende Sache niederschreiben, wozu ich die Atmosphäre Griechenlands brauche. Für die Kierkegaard-Veranstaltung der UNESCO in Paris habe ich neulich einen Text ausgearbeitet, den Beaufret vorgelesen hat. Thema: »Das Ende der Philosophie und die Bestimmung des Denkens.« Aber man hat natürlich das Wesentliche nicht verstanden.

...

Brief vom 5. Juni 1964 aus Meßkirch:

...

... Ihr Aide-mémoire habe ich durchgesehen. Die einzige Schwierigkeit bietet die Unterscheidung der beiden Evidenzen. Dieser Unterschied kann erst erörtert werden, wenn zuvor eine erste Klärung der ontischen und der ontologischen Evidenz gewonnen ist. Die Frage der Unterscheidung habe ich absichtlich zurückgestellt.

...

Brief vom 1. Oktober 1964 aus Freiburg i. Br.:

Lieber Freund,

zu Ihrem Geburtstag möchte ich Ihnen sagen, daß Ihr Geburtstagsbrief das schönste Geschenk war, das ich dankbar entgegennehme. Mein Wunsch für Sie aber ist der entsprechende: daß Ihnen die Verwirklichung Ihres Vorhabens glücken möge; denn diese »Psychologie« ist das Nötigste für die medizinische Wissenschaft. Von außen gesehen mag es fast aussichtslos erscheinen, gegen die rücksichtslose Gewalt des naturwissenschaftlichen Denkens anzukommen. Zwar gibt es Anzeichen dafür, daß die Besinnung auf die innere Grenze der Grundwissenschaft, das heißt der Kernphysik und damit der Physik als solcher, wach wird. Herr von Weizsäcker war zwei Tage in Todtnauberg um den 20. September. Ich werde davon beim nächsten Seminar einiges berichten können.

Es waren spätsommerliche Tage auf der Hütte. Der Andrang der gratulierenden Gäste war trotz aller Abwehr groß. . . . Ich mußte bei all der Freundlichkeit stets an die Aufgabe denken, die noch vor mir steht, die reif ist, aber noch des guten Augenblickes bedarf.

Heute werde ich nach Amriswil von Larese abgeholt, wo ich morgen den bereits gedruckten Vortrag »Sprache und Heimat« (eine Auslegung des Gedichtes »Der Sommerabend« von Johann Peter Hebel) noch einmal lese. . . .

Brief vom 19. Oktober 1964 (ohne Ortsangabe):

. . .

Es ist freilich nötig, die Fragen auf einige konkrete Phänomene abzustimmen, denn Räumlichkeit und Zeitlichkeit sind Riesenthemen. Die Teilnehmer müssen zunächst methodisch geschult werden und dürfen keine Lösungen von Allerweltsproblemen erwarten. Vielleicht können Sie doch noch einmal erkunden, in welcher bestimmten Richtung die Hauptschwierigkeiten liegen....

...

Brief vom 11. Januar 1965 aus Freiburg i. Br.:

...

Auf Grund des ausgezeichneten Protokolls der beiden letzten Seminarabende könnten die Teilnehmer von sich aus zu *Fragen* kommen. Es wäre gut, solche vorher zu haben, damit der weitere Gang nicht zu schwierig wird, sondern den Erfahrungshorizont der Ärzte *mit*beachtet. Die rein philosophische Thematik von Raum und Zeit und Zeit und Raum führt auf einen Ozean hinaus.

...

Brief vom 4. Februar 1965 aus Freiburg i. Br.:

...

ich habe mich sogleich an die Durchsicht des Protokoll-Entwurfes gemacht und dieses Mal mehr Korrekturen und vor allem Ergänzungen angebracht, damit ein sachlich und sprachlich zusammenhängender Text vorliegt. Beim ersten und eiligen Vorlesen des Entwurfs werden die Lücken und Ungenauigkeiten nicht sogleich sichtbar. Ich halte es darum künftig für wichtiger, daß wir das Protokoll erst *nach* den beiden Sitzungen in Ruhe durchgehen, wenn ich von den Abenden erholt bin. Ich möchte daher die Zeit meines Aufenthaltes bei Ihnen anders einteilen. Ich komme erst *einen* Tag vor dem ersten Seminar und bleibe nach dem zweiten länger. So können wir auch den Fortgang der Sache besser besprechen.

...

Brief vom 5. März 1965 aus Freiburg i. Br.:

...

herzlichen Dank für die Protokolle, die schön ausgefallen sind; einige kleine Versehen sind noch zu verbessern....

...

Brief vom 3. Mai 1965 aus Freiburg i. Br.:
...
Ich bin nicht sicher, ob die Mißdeutung der »Vergegenwärtigung« schon beseitigt ist. Aber wir können sogleich auf die Klärung des »Habens« eingehen, ohne das Zeit-haben genauer zu erörtern – der Weg dahin ist weit.

Vom »Haben« können wir »übergehen« zum »Leib-Haben« bzw. »Leib-Sein« – um so ein großes Hindernis zu beseitigen....

Gleichzeitig müßte freilich darauf eingegangen werden, was Kybernetik ist, worin sie gründet als Phase der Entfaltung des Ansatzes der neuzeitlichen Physik.

Ich verstehe sehr gut, daß die Kollegen ungeduldig werden und den Eindruck haben, daß ich unnötige Umwege mache, auf denen für sie nichts Greifbares anzutreffen ist.

Aber vielleicht ist der jetzt einzuschlagende Weg auch fruchtbar, sofern die Seminarteilnehmer merken, daß wir dorthin zurückgeführt werden, wo wir jetzt stehen.
...

Brief vom 10. Juni 1965 aus Freiburg i. Br.:
...
Was Sie über Ostberlin schreiben, wird – zunächst in verschleierter Form – in absehbarer Zeit auch für den Westen gelten. Und Ostasien? Was geschieht da? Die Amerikaner sitzen immer noch auf dem hohen Roß. Ihre indischen Freunde werden schmerzlich resignieren.
...

Brief vom 14. Juli 1965 aus Freiburg i. Br.:
...
Aus dem letzten Seminar ist mir noch deutlicher geworden, wie notwendig die Besinnung auf die Methode und die Kennzeichnung der Phänomenologie sein werden.
...

Die Erörterung des Intuitus bei Descartes läßt sich ohne Eingehen auf Husserls »Cartesianische Meditationen« nicht durchführen. Sie bietet im nächsten Seminar einen guten Übergang zur »Phänomenologie«.
Darf ich die Protokolle bald erwarten?
...

Brief vom 17. August 1965 aus Freiburg i. Br.:
...
... Ihre wichtigen Auszüge aus Uexküll [Buch über die Psychosomatik] habe ich bisher nur »überfliegen« können; denn ich bin noch ganz bei meiner Arbeit, die ich nicht unterbrechen kann. Dies ist auch der Grund, weshalb ich das nächste Seminar auf den Beginn des kommenden Wintersemesters legen möchte. Zu seiner Vorbereitung brauche ich diesmal mehr Spielraum, weil die rechte Einführung in das Methodenproblem erheblich größere Schwierigkeiten macht als alles Bisherige. Wie ich Ihnen schon sagte, ist mir besonders im Verlauf des letzten Seminars ganz deutlich geworden, daß sich die Frage nach der Methode, nach ihren verschiedenen Möglichkeiten, nicht mehr umgehen läßt. Wenn das Buch von Uexküll so geschätzt wird, muß ich vermutlich das Ganze lesen, um vor allem den Ductus im Zusammenhang zu sehen. Auch hat er sich früher schon philosophische Fragen, durch Grassi angeregt, vorgenommen.
... Im letzten Drittel des September kommt traditionsgemäß Weizsäcker für zwei Tage mit Fragen. Bei dieser Gelegenheit hoffe ich, mit ihm auch Methodenfragen der Kernphysik erörtern zu können.
... Bei den französischen Autoren stört mich immer noch die Mißdeutung des In-der-Welt-seins, wobei es entweder als Vorhandensein oder aber als Intentionalität des subjektiven Bewußtseins vorgestellt wird....
Ich muß im Hinblick auf die eigene Arbeit immer entschiedener darauf verzichten, noch die laufende »Literatur« zu

lesen. Ich beschränke mich auf Texte, die unmittelbar in den Bezirk meiner Arbeit gehören.
...

Brief vom 12. September 1965 aus Freiburg i. Br.:
...
... Vermutlich haben Sie aber gleichzeitig den Grundriß für das geplante Buch gewonnen. Die Übermacht des rechnenden Denkens schlägt tagtäglich entschiedener auf den Menschen selbst als Objekt zurück, daß sich das besinnliche Denken darüber klar werden muß, künftig in der Vereinzelung zu bleiben und zu wenigen zu sprechen.

Ich bin gespannt, mit welchen Erfahrungen Sie von Südamerika zurückkommen.

... Es wäre mir lieb, wenn Sie nach Ihrer Rückkehr bei Semesterbeginn die möglichen Termine für das Seminar angeben können.

Ich bin mir über das Vorgehen bei der Besinnung auf die *Methode* noch nicht ganz klar.

Die große Belastung der Kollegen und Teilnehmer macht es beinahe unmöglich, ihnen eine sorgfältige Beschäftigung mit philosophischen Texten zuzumuten. Sie ist andrerseits nach meinen langjährigen Lehrerfahrungen immer noch die beste Art und Weise, einer stetigen Besinnung den rechten Anhalt zu bieten.
...

Brief vom 20. September 1965 aus Freiburg i. Br.:
...
Griechenland ist wieder am Horizont und weil zu ihm die Inseln und das Meer gehören, planen wir die angestrichene »Kreuzfahrt«; vor allem auch deshalb, weil auf dieser Fahrt der großartige Tempel von Bassai besucht wird. Es wäre schön, wenn Sie ... mitkämen. ...
...

Brief vom 26. September 1965 aus Todtnauberg:

...
Daß Sie ... zur Griechenlandreise bereit sind, freut uns ganz besonders. ...
Der Termin für das nächste Seminar, die Woche vom 21. bis 28. November, paßt mir sehr gut. Die von Ihnen genannten Fragen sind wichtig – ich werde im geeigneten *Zusammenhang* darauf eingehen; sie lassen sich eben nicht stückweise für sich abfertigen; das Wichtigste bleibt, daß die Teilnehmer in der Art und Weise des Sehens sicherer werden, was freilich durch die immer stärker sich verfestigende naturwissenschaftliche und technische Denkweise immer mehr erschwert wird. Ich bin sehr gespannt zu hören, wie weit Sie mit Ihrer eigenen Arbeit gekommen sind. ... Gestern war v. Weizsäcker einen Tag hier; es gab ein sehr fruchtbares Gespräch, das heißt Fragen über Fragen, die sich auftun, sobald man die Wissenschaft dazu bringt, zu denken. Der Vorwurf der »Wissenschaftsfeindlichkeit« ist eine törichte Oberflächlichkeit, die sich auf eine grundlose Verabsolutierung »der« Wissenschaft stützt. –

...

Brief vom 10. November 1965 aus Meßkirch:

...
... am 30. Oktober sprach ich in Amriswil zur Binswanger-Feier; zuerst hatte ich abgelehnt; aber Larese hatte von sich aus Binswanger schon angekündigt, daß ich sprechen werde. So war ich gebunden; ich bringe den Text mit und werde ihn im Seminar vorlesen.

...

Brief vom 16. Dezember 1965 aus Freiburg i. Br.:

...
Heute noch gebe ich das korrigierte Protokoll an die Post und hoffe, daß es Sie noch vor der Fahrt nach der Lenzerheide

erreicht. Es ist etwas lang ausgefallen, aber manche Wiederholungen darin sind vielleicht ganz nützlich.

...

Es ist natürlich eine große Selbsttäuschung zu meinen, die konkreten Beschreibungen ließen sich abgetrennt von »philosophischer« Besinnung zureichend nachvollziehen. Ich bin nach dieser Hinsicht sehr skeptisch.

In Wahrheit ist das »Philosophische« das Konkrete und die jeweiligen Beschreibungen sind abstrakt, das heißt: abgezogen von dem tragenden ontologischen Sinn.

Um eine genügend klare Interpretation des Verhältnisses zwischen Psychiater und Patient bei der Exploration leisten zu können, bedarf es zugleich der ärztlichen Erfahrung, die mir fehlt. Ich bin hier wie in anderen Fällen auf das »Entgegenkommen« der Seminarteilnehmer angewiesen.

Ich bin damit einverstanden, daß Sie meine Bemerkungen zur Kritik von Herrn Dr. Blankenburg dem Verfasser mitteilen.

...

Brief vom 18. Januar 1966 aus Freiburg i. Br.:

...

Heute bestätige ich herzlich dankend den Eingang Ihres Briefes mit dem Protokoll und das sehr aufschlußreiche Separatum der Umfrage über den Streß-Begriff. Unter diesem Titel verbirgt sich ein Hexenkessel von Verwirrung und Gedankenlosigkeit. Den Beitrag von Plügge finde ich sehr überlegt. Ihr Beitrag müßte heißen: »Antwort auf eine mißlungene Rundfrage.«

Wem an diesen Texten nicht die Augen aufgehen über die Diktatur des naturwissenschaftlichen Denkens, dem gegenüber ist jeder Versuch einer Besinnung vergeblich. Die Frage wird freilich immer bedrängender, in welcher Weise und an welchem Ort des heutigen Daseins es noch möglich ist, eine vielleicht auf lange Zeit untergründige Überlieferung des Denkens durch das Zeitalter zu retten.

Vielleicht wäre der Text der Umfrage über den »Streß« sehr geeignet als Unterlage für das nächste Seminar; er wäre für alle Teilnehmer gewiß zu beschaffen. Dann ließe sich zeigen, welches Gemenge unbedachter Philosophie notwendig in diesen »konkreten« Forschungen steckt.

Ich hege schon längere Zeit den Verdacht, daß mit dem Seminar Mißbrauch getrieben wird. B. könnte doch sein Urteil über meine antiquierte Vorstellung von der Methode der Naturwissenschaft im Seminar vorbringen, statt damit eine Hörerschaft zu unterhalten, die über den Gang und die Absichten des Seminars nicht unterrichtet ist.

. . .

N. S. . . . Dr. Blankenburg bat brieflich um ein Gespräch; er schreibt, Sie hätten ihm in einer Reihe von Punkten meine Einwände mitgeteilt. An seinen Text erinnere ich mich nicht mehr genau. Er meint, er sei mit Rücksicht auf das »Archiv« absichtlich allgemein gehalten.

Brief vom 3. Februar 1966 aus Freiburg i. Br.:

. . .

Ich komme also am Sonntag, den 27. Februar, mit dem üblichen Zug. Das Thema bleibt der »Streß«. So oder so bleibt aber auch eine Schwierigkeit des Seminars bestehen, die ihren Grund im Zustand der »Wissenschaft« und der »Philosophie« hat. Entweder werden die Erörterungen für die Teilnehmer zu »abstrakt«, oder aber – wenn es für sie »konkret« wird – rede ich meinerseits über Sachen, von denen ich fachlich nichts verstehe.

. . .

Dann möchte ich Sie auf ein Buch aufmerksam machen, das schon 1964 erschienen, mir aber bisher seltsamerweise entgangen ist. Ich bekam es von Pfarrer Haßler in Basel anfang Januar als Geschenk geschickt; den Verfasser kannte ich auch nicht, jetzt Ordentlicher Professor in Bonn. *Wagner*, Friedrich, Die Wissenschaft und die gefährdete Welt. Untertitel: Eine

Wissenschaftssoziologie der Atomphysik. C. H. Beck-Verlag, München.

Ein *erregendes* Buch, in den Grundlagen noch radikaler zu durchdenken; eine »konkrete« Bestätigung des Ge-Stelles. Jeder der Seminarteilnehmer müßte es lesen; vielleicht gehen ihnen dann die Augen endgültig auf....

Plügge betreffend haben Sie natürlich recht – die »Situation« fällt vom Himmel.

Für Blankenburg: eine »wissenschaftliche« Erörterung der »Lichtung« gibt es noch weniger als eine Differentialgleichung für Cézanne's Mont St^e Victoire.

...

Brief vom 27. März 1966 aus Freiburg i. Br.:

...

ich glaube schon, daß die Seminarteilnehmer vom letzten Seminar »einhellig begeistert sind«. Diese Art des Gesprächs liegt ihnen nach vielen Hinsichten näher. Sie büßt jedoch durch die »Lebendigkeit« den einheitlichen straffen Gang ein; daher wird für die Rückbesinnung der sachliche Zusammenhang der Schritte verdeckt. Deshalb ist das Protokoll von Frau Dr. B. »lückenhaft«; mehr noch: Vom *Gang* des Gespräches wird nichts mehr sichtbar. Ich habe mich bemüht, diesem Mangel etwas abzuhelfen.

...

Gespräche, in denen man die Zügel schießen läßt, lassen sich entweder nur durch ein vollständiges Stenogramm wiedergeben oder aber durch eine *freie* Wiedergabe des Hauptinhaltes festhalten, was dann auf eine selbständige Abhandlung hinauskommt....

Wenn an einem Seminarabend das Thema von der Stelle gebracht und etwas erreicht werden soll, bleibt wenig Zeit für die Nachprüfung, ob die Beteiligten wirklich das »Sehen« der Phänomene nachvollziehen oder nur mit »Verstand« meinen, etwas Nützliches verstanden zu haben. Ich beobachte immer wieder, daß die Befragten früher Besprochenes »vergessen« haben. Allein, wer einmal das in Frage stehende Phänomen *gesehen* hat, kann es nicht mehr »vergessen«.

Es scheint, daß ein noch langsameres Vorgehen nötig ist. Eine weitere Schwierigkeit bleibt der Übergang aus der gewohnten wissenschaftlichen Terminologie in die Sprache der Beschreibung der Phänomene. ... Wie weit weg sind wir von der lichtenden (befreienden) Macht des griechischen Lichtes!

...

Brief vom 2. Juni 1966 aus Freiburg i. Br.:

...

... Ich kann dann bis zum 11. Juli bleiben und mit Ihnen den »Grundriß« besprechen.[10] Wie wir es mit dem Protokoll der nächsten Seminare halten wollen, die sehr wichtig sind, müßten wir noch besprechen.

...

Brief vom 10. Juni 1966 aus Freiburg i. Br.:

...

ich schicke umgehend die durchgesehenen Korrekturfahnen zurück; vier sprachliche Verbesserungen habe ich mir erlaubt.

Deutlicher kann die Sache nicht gemacht werden, vorausgesetzt, daß man sich die Mühe macht, die Unterscheidung von ontisch – ontologisch zu durchdenken.

...

Brief vom 15. Juni 1966 aus Freiburg i. Br.:

...

meine Zahngeschichte ist langwieriger und lästiger als ich dachte; vor allem macht die Prothese des Unterkiefers Schwierigkeiten beim Essen und Sprechen. Jenes verlangt weiche Kost,

[10] Medard Boss, Grundriß der Medizin und der Psychologie. Bern, Stuttgart, Wien (Hans Huber Verlag) 1971. 2. Aufl. 1975.

dieses Übung im Sprechen, was ich durch lautes Lesen von Goethes Italienischer Reise übe.
...
So müssen wir das Seminar auf den Herbst verschieben. Das Gleiche mußte mit dem Spiegelgespräch geschehen. Dagegen könnte ich schon und gern privatissime zu Ihnen kommen, um mit Ihnen den *Grundriß* durchzusprechen. Nun ist die Frage ob Sie sich schon [in] der Zeit vom 4. bis 11. VII. hinreichend freimachen können, daß wir etwa vom 7. bis 11. VII. *ausschließlich den »Grundriß«* besprechen, vielleicht auf der Lenzerheide...
...

Brief vom 15. August 1966 aus Freiburg i. Br.:
...
inzwischen ist ein Monat vergangen, seitdem Sie mir aus Ihrer Klausur den Aufsatz von Schwyzer über Molekularbiologie schickten.

Er ist in der Tat durch die souveräne klare Darstellung beispielgebend für die seltsame Identifizierung von rein chemischen Vorgängen und den Geschehnissen sprachlicher Mitteilung. Als die maßgebende Identität ist die Information angesetzt. An ihr gemessen wird das entbergende Mitteilen des Sagens herabgemindert auf die bloße Reihung einander auslösender Prozesse. An ihr gemessen wird gleichzeitig der Ablauf chemischer Vorgänge überhöht zu Mitteilungen. Beides, jene Herabminderung und diese Überhöhung, setzt voraus, daß vom spezifischen Sachcharakter der Bereiche (stofflich-energetische Abläufe und sprachliches Geschehen) abgesehen wird und dies auf Grund des alles andere ausschließenden Hinsehens auf Information. Diese ist ausgezeichnet durch die Beziehung wechselseitiger Regelungen. Auf diese wiederum ist es im Entwurf allein abgesehen, um dadurch eine durchgängige Steuerbarkeit von allem zu gewährleisten. Die Steuerbarkeit jedoch gilt als der leitende Charakter alles Geschehens, weil durch diese Maßgabe ein gleichförmiges universales Vorgehen in allen Wissenschaftsbezirken sichergestellt ist. So erst wird der absolute »Sieg der Methode« in den Wissenschaften über die Wissenschaft ermöglicht.

Nun fehlt aber in den Wissenschaften jede klare Einsicht in den genannten Sachverhalt und seine Tragweite – von der Frage nach seiner Herkunft ganz zu schweigen. Andrerseits ist die Eingewöhnung in das rechnende Denken unter der Botmäßigkeit zur technischen Effizienz so entschieden, daß es für die Wissenschaften nichts mehr bedeutet, wenn sie zugunsten der unbedingten Regelbarkeit den Sachgehalt der Sachgebiete außer Acht lassen, so daß diese nicht mehr ansprechen können. Darum wird die Unheimlichkeit dieses Geschickes auch nicht mehr erfahren. Die Förderung des Fortschritts in der Beherrschbarkeit der »Welt« gilt als Rechtsgrund der Forschung.

Ich hoffe, daß Sie in den vergangenen Wochen einiges hinter sich gebracht haben und zufrieden sind. Ich bin zur Zeit wieder dabei, mein Denken an dem der frühen Griechen zu messen, um Nähe und Ferne zugleich wieder abzuschätzen. Diese Art von Selbstkritik ist heilsamer als die Beschäftigung mit zeitgenössischen Einwänden, die hinter der Sache herhinken. –

...

Brief vom 24. August 1966 aus Freiburg i. Br.:

...

herzlichen Dank für Ihren Brief; ich freue mich, daß es mit der Arbeit vorwärts geht. Die Seminar-Protokolle sind dafür da, daß sie *benutzt* werden und in der Wissenschaft weiter wirken, was doch unsereiner nicht selbst besorgen kann. Ich glaube, daß hier keine Schwierigkeiten der Verwendung bestehen, wo Sie doch durch eigene Arbeiten wissenschaftlich ausgewiesen sind.

...

In den USA häufen sich jetzt die »Symposien« über Heidegger; da war Ihr Anstoß doch wichtig.

...

Brief vom 16. Oktober 1966 aus Meßkirch:
...
... Ich könnte also am 10. November für einige Tage zu Ihnen kommen, aber nur um Ihr Buch und die damit zusammenhängenden Fragen durchzusprechen. Ein Seminar mit den Kollegen ließe sich dann in den ersten Wochen des neuen Jahres einrichten.
...

Brief vom 4. Dezember 1966 aus Freiburg i. Br.:
...
Ich wünsche sehr, daß Ihnen die geraffte Darstellung des »Grundrisses« glückt, der zu einer grundsätzlichen Klärung der Hauptbegriffe führen und die rechte Methode der medizinischen Selbstbesinnung zeigen soll.

Sie werden gewiß auch das dicke Buch von Lacan (Ecrits) bekommen haben. Ich selbst komme jetzt nicht dazu, in dem offenkundig barocken Text zu lesen. Wie ich höre, erregt es aber in Paris ähnliches Aufsehen wie seinerzeit Sartres L'être et le néant.

Ganz unabhängig vom Heraklit-Seminar beschäftigt mich eine erneute Besinnung auf das Verhältnis des heutigen Denkens und seiner Aufgabe zum maßgebenden Anfang bei den Griechen von Tag zu Tag stärker.
...

Brief vom 15. Januar 1967 aus Freiburg i. Br.:
...
Ich denke, daß das Thema *Motivation und Kausalität* für die Seminarteilnehmer doch wichtig werden könnte. Damit ich aber nicht *zu* sehr in den Bereich des Prinzipiellen und »rein Philosophischen« »ausrutsche«, wäre es gut, wenn wenigstens einige bestimmte Fragen aus dem genannten Themabezirk

formuliert und mir rechtzeitig zur Kenntnis gebracht werden könnten – nach Umfrage bei den Teilnehmern.

...

Ich bin sehr gesammelt bei den Griechen, weit über den Rahmen des Heraklit-Seminars hinaus. Sie sind die einzigen großen Lehrmeister des Denkens.

Inzwischen setzt »die Wissenschaft« ihren fragwürdigen Siegeslauf fort. Ich verweise auf die letzte Nr. (53) 1966 des »Spiegel« über »Futurologie«. Wir könnten – zur Rekapitulation des Seminars über die Zeit – einiges zur Klärung dieser sonderbaren Wissenschaft überlegen, zumal die Frage nach der Kausalität und Zeitfolge wieder aufgenommen werden muß.

...

Brief vom 17. Februar 1967 aus Freiburg i. Br.:

...

Es scheint mir aber auch wichtig zu sein, den Seminar-Teilnehmern klar zu machen, welcher prinzipielle Gegensatz sich hinter der rechtvollzogenen Unterscheidung von Kausalität und Motivation verbirgt.

Es muß klar werden, daß es sich nicht nur um eine methodische (technisch-praktische) Unterscheidung handelt, sondern um die grundverschiedene Art der Bestimmung des Menschseins und der Stellung des Menschen in der heutigen Weltzivilisation. Nur wenn dies bedacht wird, kommt das volle Gewicht der Unterscheidung ans Licht.

...

Brief vom 5. März 1967 aus Freiburg i. Br.:

...

Bei der langen Pause wird es gut sein, wenn ich in der ersten Stunde einen Rückblick und zugleich einen Vorblick auf das Thema gebe. Dabei läßt sich kaum vermeiden, auf den weiteren Horizont hinzuweisen, in dem die Unterscheidung von Kausalität und Motivation steht.

Es bleibt freilich nach wie vor schwer, mit dem Grundsätzlichen eine fruchtbare Erörterung konkreter Fragen zu verbinden. Aber inzwischen habe ich durch die voraufgegangenen Seminare auch einiges gelernt.

Daß neue jüngere Teilnehmer dazu kommen, freut mich besonders.

...

Brief vom 24. April 1967 aus Freiburg i. Br.:

...

ich bin gestern gut heimgekehrt und heute schon frisch an der Arbeit. Die Post ist erträglich. Aber daraus lege ich einen Brief von *Lacan* bei – mir scheint, der Psychiater bedarf des Psychiaters. Vielleicht schreiben Sie mir bei Rücksendung einige kurze Hinweise. Bei der These handelt es sich um ein Exemplar einer Doktordissertation.

Die beiden Seminare scheinen mir im Rückblick eine gute Wirkung gehabt zu haben – teils wegen der Nähe zur Sache der Teilnehmer, teils weil manche das Gefühl haben konnten, daß die Philosophie doch nicht auf alle ihre Fragen eine Antwort bereit hat. Das Thema »Hermeneutik der Exploration« (in unserer Fassung) ist insofern sehr günstig, als es sich im *Zwischenfeld* bewegt und nicht Gefahr läuft, zu philosophisch zu werden.

...

Brief vom 14. August 1967 aus Freiburg i. Br.:

...

»Immanenz« ist ein fester Terminus für die »Bewußtseinsimmanenz«.

Für die »Weltlosigkeit bloß vorhandener Dinge« läßt sich schwer ein Titel finden, der unmittelbar eingeht. Der Wissenschaft ist dieser Sachverhalt fremd, sie sieht die »Welt« und das »Welthafte« überhaupt nicht. Sie nimmt die Dinge als Gegenstände der wissenschaftlichen Thematisierung und kennt nichts

anderes. Sie übersieht die den Dingen in Wahrheit eigene Verweisung auf den Bereich, in dem das menschliche Dasein tagtäglich unmittelbar existiert. Wessen Vorstellungen auf die wissenschaftlichen Gegenstände als die »wahre Welt« reduziert bleiben, dem kann so etwas wie »Weltlosigkeit« so wenig gezeigt werden, wie den Farbenblinden die Farbe.
. . .

Brief vom 24. September 1967 aus Meßkirch:
. . .

Zu den »erhofften Lichtblicken« läßt sich in wenigen Sätzen, überhaupt in bloßen Aussagen, wenig mitteilen, weil es sich dabei vor allem um eine Wandlung des Erfahrens und Blickens handelt.

Die Offenständigkeit des Da-seins »ist« das Ausstehen der Lichtung. Lichtung und Da-sein gehören im vorhinein zusammen und die bestimmende Einheit des Zusammen ist das Ereignis. Sie kommen am ehesten in die Dimension dieses Bereiches, wenn Sie noch einmal meinen Vortrag über den »Satz der Identität« durchdenken und dazu das Heft »Zur Seinsfrage« zu Hilfe nehmen.

Die Frage nach dem »Bewußtsein«, »Bewußtsein und Dasein« möchte ich auf das Seminar verschieben.
. . .

Brief vom 1. Oktober 1967 aus Meßkirch:
. . .

Ich bin sehr traurig, daß ich Ihnen nichts Rechtes als »Lichtblicke« schreiben kann, weil die von Ihnen gestellten Themen sich kaum mit einigen Hinweisen erledigen lassen.
. . .

In getreuer Freundschaft grüße ich herzlich
Ihr Martin Heidegger

Brief vom 29. Dezember 1967 aus Freiburg i. Br.:
...
Ich meine, nicht fehl zu gehen, wenn ich Ihnen vorschlage, die Veröffentlichung des »Nationalbuches« noch zu verschieben. Es sollte das Vermächtnis Ihrer ganzen praktisch-theoretischen Lebensarbeit werden. Diese Aufgabe springt Ihnen nicht fort, und sie bedarf einer noch entschiedeneren Klärung und Durchformung in den Fundamenten.

Meiner Hilfe dürfen Sie gewiß sein. Die Fragen, die im letzten Seminar angeschnitten wurden, gewinnen in der Zukunft mehr und mehr an Gewicht – in der »Wissenschaft« stellt man sich zusehends positiver zur Kybernetik und ihren Möglichkeiten. In der »Philosophie« drängt sich der »logische Positivismus« mit seiner Sprachtheorie immer deutlicher in die vorderste Front. Dem allen muß aus prinzipiellen Besinnungen begegnet werden – wenngleich zunächst kein Erfolg in Aussicht steht. Gegen die unaufhaltsame Macht der Technik werden sich überall »Zellen« des Widerstandes bilden, die unauffällig die Besinnung wachhalten und die Umkehr vorbereiten, nach der »man« eines Tages, wenn die allgemeine Verödung unerträglich geworden ist, schreien wird.

Aus allen Weltgegenden vernehme ich jetzt Stimmen, die, auf leichtgreifbare Effekte verzichtend, nach der Besinnung und nach Wegen zu dieser verlangen.

Die Zurückstellung der Veröffentlichung des Grundrisses ist aber nur die eine Seite des Vorgehens; die andere müßte, so scheint es mir, darin bestehen, daß Sie das reiche »Material« Ihrer ärztlichen Erfahrung vorlegen, und zwar in einer Form, die unausgesprochen auf die Notwendigkeit des »Grundrisses« hinweist und das Bedürfnis darnach weckt. Sie selbst schaffen sich den Vorteil, daß Sie dann im Grundriß auf eine reiche Erfahrung *verweisen* können und so den prinzipiellen Überlegungen mehr Substanz verschaffen.

Nun erhebt sich die Frage unserer weiteren Arbeit. Ich stecke zur Zeit und plötzlich dahin gedrängt in einer Umarbeitung meines vor 5 Jahren gehaltenen Vortrags »Zeit und Sein« und der dazu gehörigen Manuskripte; zugleich beschäftigt mich eine Neubesinnung auf »die ontologische Differenz« und schließlich durchdenke ich das Ge-Stell neu im Hinblick auf sein »Subjekt«: die Industriegesellschaft. Diese Arbeit möchte ich jetzt nicht unterbrechen, zumal ich in guter Arbeitsform bin. Darum schlage ich vor, das Seminar, bei dem die letztgenannten Fragen zur Sprache kommen sollen, zu verschieben.

Vorher möchte ich aber mit Ihnen Ihre weitere Arbeit fördern und wage den Vorschlag, daß wir bei fortgeschrittener Jahreszeit Anfang März etwa eine Woche auf der Lenzerheide zusammen arbeiten und dabei auch das Seminar für Beginn des Sommersemesters vorbereiten.

...

Brief vom 10. Januar 1968 aus Freiburg i. Br.:

...

vielen Dank für Ihren Brief. Er hat mir klar gemacht, daß wir Ihre Veröffentlichung [Grundriß-Buch] nicht zu weit hinausschieben können.

Ich werde daher meine Arbeit so einrichten, daß wir im März auf der Lenzerheide genügend Zeit haben, um die wichtigsten Fragen gründlich durchzusprechen.

...

Brief vom 19. März 1968 aus Freiburg i. Br.:

...

Ich denke, daß wir nun auch mit Ihrem Buch so weit gelangt sind, daß es *steht* und die unvermeidliche Kleinarbeit ihren sicheren Gang nehmen kann.

Den Text der »Einleitung« und das erste Kapitel des »naturwissenschaftlichen Grundrisses« werde ich durchsehen, sobald ich mit der Post fertig bin.

...

Brief vom 2. April 1968 aus Badenweiler:
...
... Das Thema des [nächsten] Seminars ist im einzelnen schwer zu fassen. Wir werden um die besprochene Frage des Verhältnisses von »Bewußtsein und Da-sein« nicht herumkommen, weil für Marx – herkommend von Hegel – »das Bewußtsein« eine fundamentale Rolle spielt, sich jedoch vom psychologischen Begriff wesentlich unterscheidet. ...
...

Brief vom 22. August 1968 aus Freiburg i. Br.:
...
Am 10. September bin ich von der Provence wieder zurück und möchte möglichst bald zu Ihnen kommen, um ausschließlich das Buch zu besprechen. Ich möchte zwischen der Rückkehr hierher (am 10. IX.) und der Reise zu Ihnen keinen zu großen Zwischenraum haben, um nachher (nach dem Aufenthalt bei Ihnen) eine geschlossene Arbeitszeit vor mir zu haben. Aber ich richte mich natürlich nach Ihnen. ...
...

Brief vom 7. Dezember 1968 aus Freiburg i. Br.:
...
... Die Seminarfrage ist thematisch nicht anders zu lösen, als daß wir an einem Tag Grundsätzliches erörtern und am andern, dadurch vorbereitet, ein konkretes Thema behandeln. Über das Inhaltliche bin ich noch nicht entschieden. Auch richte ich mich hier gern nach den Wünschen der Teilnehmer. Im Januar und Februar reise ich nicht gern. So käme der März in Frage.

Von einem Interview bitte ich abzusehen. Ich bin in diesen Sachen, gerade wenn sie die meinigen angehen, zu ungeschickt; und außerdem gilt in diesem Fall der Satz von Ernst Jünger: »Wer sich selbst interpretiert, geht unter sein Niveau.«
...

Brief vom 5. Januar 1969 aus Freiburg i. Br.:

... Die Disposition des [Grundriß-] Buches habe ich erneut durchdacht. Es sollte nichts mehr geändert werden. Nur die Gestaltung des 3. Kapitels des II. Teils »Grundzüge des Menschseins« müßten wir noch einmal überprüfen. Es sollte Entscheidendes bringen ohne den Anspruch, eine ausgearbeitete »Anthropologie« vorzulegen.

...

Brief vom 27. Januar 1969 aus Freiburg i. Br.:

... Ich bin darüber froh und freue mich schon im voraus auf das März-Seminar und das Gespräch über »das Buch«, an dem nichts mehr geändert werden soll.

...

Brief vom 7. Juli 1969 aus Freiburg i. Br.:

... Damit wir mit frischer Kraft das Manuskript [Grundriß der Medizin] nun endgültig druckfertig machen können, habe ich mein Kommen auf den 14. Juli verschoben....

...

Beilage zum Brief vom 7. Juli 1969:
Aus Martin Heideggers Hilfen zur Einleitung des »Grundriß-Buches«

...

Wir erfahren dabei, inwiefern die naturwissenschaftliche Forschungsmethode sich alsbald vor einen ihr unzugänglichen Bereich gestellt sieht. Dies setzt freilich das Einverständnis darüber voraus, daß im Thema der Medizin der Mensch in seiner ganzen tagtäglich von ihm gelebten Wirklichkeit steht. Denn gerade sie unterscheidet sich wesenhaft von jeder anderen uns bekannten Wirklichkeit. Dieser Unterschied sei im vorhinein angezeigt und terminologisch festgelegt.

Wir sagen: Nur der Mensch existiert. Der Grundzug seiner Existenz ist das Da-sein. Mit diesen Aussagen wird jedoch keineswegs behauptet, die materielle Natur, die Lebewesen (Pflanze, Tier) seien, weil nicht existierend, unwirklich, nichtseiend und ein bloßer Schein. Gesagt wird nur: Die Wirklichkeit der genannten nichtmenschlichen Bereiche ist eine andere als die der Existenz. Sofern aber diese durch das Da-sein ausgezeichnet bleibt, muß auch schon die Benennung »Da-sein« in einem Sinn verstanden werden, der sich von der geläufigen Bedeutung des Wortes »Da-sein« unterscheidet. Die unterschiedliche Schreibweise soll dies andeuten. Die gewöhnliche Bedeutung von »Dasein« besagt soviel wie Anwesenheit, so zum Beispiel in der Rede von den Beweisen für das Dasein Gottes. Der Mensch *ist* jedoch nicht schon dadurch als Mensch, daß er etwas Anwesendes und als solches feststellbar ist. Der Mensch *ist*, indem er das Da-sein ek-sistiert, es aussteht, indem er es übernimmt, das Da-, d. h. die Offenbarkeit des Seienden, zu verwahren, indem er sie, ihr sich fügend, gestaltet.

Die jetzt gegebene Kennzeichnung von Da-sein und Existenz möchte nicht als Definition gelten. Sie enthält nur die Anzeige der Blickrichtung, aus der her im Folgenden ausgezeichnete Phänomene des Da-seins in den Blick kommen und erläutert werden sollen.

Die Rede von einem Daseins-gemäßen Grundriß der Medizin nennt stets eine erst zu leistende Aufgabe: Die Auszeichnung des Menschseins, daß es das Da-sein auszustehen hat, im vorhinein und ständig und immer entschiedener in den Blick zu bringen, um sie darin künftig zu behalten.

Die neuzeitliche Naturwissenschaft hat im Unterschied zu aller früheren Naturbetrachtung nicht nur zu neuen Ergebnissen geführt. »Neu« ist vor allem das sie tragende Grundverhältnis zur Natur, was sich in einem neuen Naturbegriff ausdrückt. Je entschiedener dieser selbst durch die Unterscheidung der klassischen und der Kern-Physik ins allgemeine Bewußtsein tritt, umso deutlicher schafft sich die Einsicht Geltung, daß die

Naturforschung vor allem in ihren Grundlagen einem geschichtlichen Wandel unterliegt. Darum sieht sich die Besinnung auf den Grundcharakter der naturwissenschaftlichen Forschungsmethode an die Überlieferungsgeschichte der Naturwissenschaft verwiesen. Die Befragung dieser Geschichte gehört zu der ihrer Aufgabe bewußten Grundlagenforschung und dient nicht einem bloß antiquarischen Interesse der Wissenschaftsgeschichte.

Brief vom 2. August 1969 aus Freiburg i. Br.:

. . .

Hier kommt der gewünschte Vorschlag einer Vereinfachung Ihres etwas komplizierten Textes über die Verdrängung. Es handelt sich immer wieder um dasselbe Grundphänomen: an Stelle einer psychischen Mechanik oder Dynamik die ekstatisch-intentionalen Weltbezüge zu sehen und zur Darstellung zu bringen.

. . .

Beilage zum Brief vom 2. August 1969:

Dann zeigt sich das Verdrängen als eine jener möglichen Verhaltensweisen des Menschen, die durch ein Nichtzulassen charakterisiert sind von solchem, was den Menschen angeht und bedrängt. Das Verdrängen ist ein Wegsehen von . . ., ein Fliehen vor . . ., somit kein gleichsam mechanisch vorgestelltes Wegschieben von psychischen Zuständen, ein Verschwindenlassen von psychischem Material. In der Verdrängung wird das den Menschen Angehende so wenig beseitigt, daß es vielmehr den Verdrängenden erst recht in einer besonders hartnäckigen Weise betrifft. Im Verdrängenwollen steigert sich gerade der Andrang des zu Verdrängenden. Das Phänomen der Verdrängung kann nur dann in seiner Eigenart gesehen werden, wenn es im vorhinein als ein ekstatisch-intentionaler Weltbezug zu Dingen, Lebewesen, Mitmenschen in den Blick gebracht wird.

Brief vom 20. November 1969 aus Meßkirch:
...
Dank für Ihren Brief und die Besorgung. Um die Zeit des Geburtstages war ich, von allem Äußeren unberührt, obzwar belastet, in besonderer Weise gesammelt auf das, was *ist*, und fragend dem nachsinnend, wie es zu *sagen* sei. Das gemäße Wort – ich spür es deutlich, ist immer noch nicht gefunden. Das Denken behilft sich immer noch mit Vor-Wörtern. Zugleich wird das Gerede immer mächtiger; und der Verschleiß der Sprache scheint unaufhaltsam zu sein.
...

Brief vom 8. Dezember 1969 aus Freiburg i. Br.:
...
Ihr freundschaftlicher Gruß in der Tabula gratulatoria, im Fernsehen, in dem Aufsatz in der NZZ, ist ein einziger Dank, den ich vielleicht doch nicht verdiene. Denn gemessen an dem, was dem Denken aufgegeben ist, vermochte und vermag ich nur ein Geringes in Bewegung zu bringen. Hier spricht keine falsche Bescheidenheit, sondern nur ein gewagter Vorblick in die Bestimmung des Denkens.

Dessen Auseinandersetzung mit der unheimlichen Macht »der Wissenschaft« steht noch in dürftigen Anfängen. Vielleicht ist sogar ein Rückzug des Denkens nötig, um den Angriff zu wagen, der keinen kriegerischen Charakter hat, sondern den einer stillen Entmachtung »der Wissenschaft«. Ich weiß, eine fast unheimliche Gunst des Geschickes waltet um meinen Denkweg und viel unverdiente Hilfe der Nächsten und der Freunde.

So ist es fast eine Vermessenheit, wenn ich bis zum Ende noch eine Zeit erwarte, die mir die ungestörte Sammlung schenkt, um das zu Denkende, so weit ich es erblicke, in die Form zu bringen, die mir vorschwebt und die, roh gesprochen, zwischen der wissenschaftlichen Aussage und dem dichterischen Wort liegt.

Ich danke Ihnen für Ihre Freundschaft und bitte Sie, nicht nur die Ihrigen von mir zu grüßen, sondern die Nachkommen, die jungen Ärzte, die es immer schwerer haben werden, der Macht »der Wissenschaft« zu widerstehen.

In gutem Gedenken grüße ich Sie herzlich
Ihr
Martin Heidegger

Brief vom 20. Februar 1970 aus Freiburg i. Br.:
...
... Langsam komme ich wieder seit der Unterbrechung durch den Geburtstag ins eigene Denken. Ich hoffe, daß es mir noch gelingt, das, was mir vorschwebt, zu gestalten.

Mit guten Wünschen für Sie und die Arbeit
in alter Freundschaft
Ihr Martin Heidegger

N. S. Ich bin sehr froh, daß Sie die Ihnen gemäße Lehraufgabe an der Universität gefunden haben.

Brief vom 16. August 1970 aus Freiburg i. Br.:
...
nun weiß ich nicht, *wo* ich Sie finden kann, um zu erfahren, wie es Ihnen geht. Mein Wunsch und Gedanke ist, Sie möchten auf einem guten Weg der Genesung sein. Ich lege das kleine Bändchen bei, worin der Vortrag des Japaners sehr belehrend ist.

Der »Grundriß« macht jetzt vielleicht ein anderes Gesicht, wenngleich die beschleunigte Raserei der Technik und Wissenschaft, die »Informatik«, bleibt, was sie ist.

Mir geht es bei der nötigen Schonung gut. Ich schwimme mit meiner Frau fast täglich in unserem Schwimmbecken. Aber Menschen und Gespräche für längere Zeit meide ich nach Möglichkeit.

...

Brief vom 8. September 1970 aus Freiburg i. Br.:

...

... Werden Sie im Wintersemester wieder lesen? Ich habe die eigentliche Denkarbeit eingeschränkt und bin mit der Ordnung der Manuskripte beschäftigt. Ein Assistent von Professor Fink wird mir in den kommenden Monaten helfen. Außerdem werde ich meine Bibliothek wesentlich verkleinern. Nach der Provence hatte ich wieder eine Einladung, habe jedoch abgesagt. Aber das Denken geht doch weiter, das heißt es bleibt bei dem *Selben,* wenngleich die Macht des Gestelles von Tag zu Tag in allen Lebensbereichen sich steigert. Es gibt auch den Menschheitstod; es ist auch nicht zu begründen, weshalb das, was jetzt den Planeten bevölkert und auf jede nur mögliche Weise zerstört, ins Endlose weiterexistieren soll.

Zur Zeit bringt »Der Spiegel« eine Artikelserie über Brasilien und Südamerika. Wenn dieser Halbkontinent explodiert und andere mit, dann hat Marx seine »Veränderung des Bewußtseins« in der klassischen Form erreicht.

Aber es gibt noch unsichtbare Inseln und Gesagtes, das sich aller Informatik entzieht und keiner »Gesellschaft« bedarf, das heißt keiner Bestätigung durch sie.

...

Brief vom 21. Februar 1971 aus Freiburg i. Br.:

...

Mitarbeiter und Freunde sind durch die Ihnen verliehene hohe seltene Auszeichnung mitgeehrt, und sie wird alle zu erneuter Mitarbeit in der neu gegründeten Gesellschaft anspornen.[11]

Der Rat für das Lesen meiner Schriften ist schwer zu geben, weil die Vorbereitung bei den älteren und neu dazu kommen-

---

[11] »Die Auszeichnung« bezieht sich auf die Verleihung des Preises »Große Therapeuten« durch die American Psychological Association; mit der »neu gegründeten Gesellschaft« ist die Schweizerische Gesellschaft für Daseinsanalyse gemeint.

den Teilnehmern [der Seminare] verschieden sein wird, ebenso wie die Richtung der Interessen.

Als erste Lektüre möchte ich vorschlagen: Die Vorlesung »Was heißt Denken?«, wobei die Erörterung der griechischen Texte übergangen werden kann. Daran anschließend: »Der Satz vom Grund«, weil auf diesem Wege eine Abhebung gegen die Kausalität des naturwissenschaftlichen Denkens erzielt werden könnte, auch diejenige gegen die jetzt aufkommende »Informatik«, die Wissenschaft von Bau und Behandlungsweise des Computers. Schließlich die Schrift »Gelassenheit« (Neske) mit dem »Feldweggespräch«. Zur Einführung in das moderne Daseins-Bewußtsein wichtig: die Nietzsche-Vorlesungen. Einen Durchblick könnten die »Wegmarken« geben. Dies aber erst später. Von der Literatur *über* Heidegger möchte ich abraten.

...

Mit dem Wunsche, der Beginn der Arbeit der Gesellschaft möge glücken und einen gefestigten Fortgang nehmen, grüße ich Sie und die Teilnehmer. . . .

Brief vom 14. März 1971 aus Freiburg i. Br.:

...

... Jetzt kommt es darauf an, daß für die »Innen«-Einrichtung der »Gesellschaft«[12] die rechten Leute gefunden werden und daß die neue Flut des Strukturalismus und Positivismus der »kritischen Theorie« nicht doch alles überschwemmt. Sogar die spärliche Phänomenologie erstarrt im Dogmatismus.

...

Zum Herbst erscheint eine Vorlesung bei Niemeyer; aber ich habe mich von der Arbeit der Herausgabe dispensiert.

---

[12] Bezieht sich auf die neu gegründete »Schweizerische Gesellschaft für Daseinsanalyse« und auf das neue Ausbildungsinstitut »Daseinsanalytisches Institut für Psychotherapie und Psychosomatik, Medard Boss-Stiftung« in Zürich.

Für das viele Neue, das sich sonst noch tut, bin ich zu alt.
Mit guten Wünschen für Ihre Erholung
Ihr
Martin Heidegger

Brief vom 2. Mai 1971 aus Freiburg i. Br.:
...
... Es geht mir gut, ich danke für die freundliche Nachfrage aus Amerika. Aber natürlich muß ich jetzt jede Belastung meiden und Besuche und Briefe einschränken. Im Sommer hoffen wir, in unser kleines »Altenteil« im Garten umziehen zu können. Unser großes Haus wird ein junges Ehepaar aus dem Freundeskreis beziehen, die dann auch notfalls uns Alten eine Hilfe sein können.

Mit herzlichen Grüßen und besonderen Wünschen für Ihr Ergehen und Ihre Arbeit
stets Ihr
Martin Heidegger
...

SCHLUSSWORT

Als Schlußwort für dieses Buch eignet sich nichts besser als jener »Freundesbrief«, den der Herausgeber zum 80. Geburtstag Martin Heideggers schrieb und der auf Seite 5 der Nummer 606 der »Neuen Zürcher Zeitung« vom 5. Oktober 1969 veröffentlicht worden war. Seine Eignung als Schlußwort verdankt er dem Sachverhalt, daß er nicht nur ein Geburtstags- und Dankesbrief war, sondern auch schon in gewissem Sinne ein Abschiedsbrief. Denn gar manche Zeichen – nicht zuletzt die Inhalte fast aller Briefe, die Martin Heidegger nach 1969 an mich schrieb – deuteten darauf hin, daß sich der Freund mehr und mehr zum Sterben in sich selbst zurückzuziehen begann. Der Brief lautete:

»Wenn ich unter denen bin, die sich an Ihrem Festtag ein wenig in den Vordergrund gedrängt sehen, so darum, weil mir vergönnt war, ein volles Vierteljahrhundert in Freundschaft mit Ihnen verbunden zu sein.

Zunächst schien allerdings sich nirgends ein Boden zu zeigen, in dem überhaupt etwas zwischen uns beiden hätte Wurzeln schlagen können. Alles stellte sich – von außen gesehen – hart dagegen. Erst als ich Ihnen oben in Ihrer Schwarzwaldhütte ein erstes Mal leibhaftig hatte begegnen dürfen, war ich aufs tiefste betroffen. Nicht Ihrer äußeren Gestalt wegen, obgleich auch sie mein Erstaunen hätte wachrufen können. Einen Menschenschlag dieser Art war ich wohl bei den südfranzösischen Weinbauern anzutreffen gewohnt, nicht aber unter Deutschen. Doch all dies trat hinter Ihren Augen und Ihrer hohen Stirn zurück. Von dort ging die Strahlung einer Denkkraft aus, die bis zum äußersten leidenschaftlich und nüchtern zugleich war und sämtliche Schranken eines menschlichen Intellekts zu durchdringen schien. Heimlich und leise in sie verwoben war eine unerhörte Zartheit und Empfindsamkeit des Herzens. Nur zweimal in meinem Leben begegnete ich noch Augen, die in gewisser Hinsicht ähnlich zu blicken vermochten. Einmal war es, fast zwanzig Jahre früher, als ich an der Bergstraße in Wien Sigmund Freud gegenüberstand. Dann wieder geschah es gute zehn Jahre nach meinem ersten Besuch bei Ihnen, in der Klause des wohl größten Weisen des heutigen Indien.

Als der entschieden Weltgewandtere hielt ich es alsbald für meine Pflicht, die vollkommene Menschenabgeschiedenheit, in der ich Sie vorfand, zu durchbrechen. Die anfangs der fünfziger Jahre unternommene erste gemeinsame Auslandsreise, die uns bis nach Perugia und Assisi führte, deutete ich als einen ersten, kleinen Erfolg. Noch nie zuvor hatte ich Sie so frohgemut gesehen wie damals, als Sie sich mitten im Land und unter den Leuten Italiens aufhielten.

Seit langem war ich auf der Suche nach einem tragfähigen wissenschaftlichen Fundament für mein ärztliches Tun und Lassen. Den Absolutheitsanspruch auf Wissenschaftlichkeit und Wahrheitsfindung nämlich, den die naturwissenschaftliche Forschungsmethode immer gebieterischer auch in bezug auf den kranken Menschen erhob, hatte ich nicht lange gelten lassen können. Sie wußte ihn durch nichts anderes als durch ihre gewiß bewundernswürdigen praktischen Erfolge im Umgange mit dem menschlichen Körper zu begründen.

Kein noch so stupendes Manipulierenkönnen mit etwas verbürgt jedoch auch schon von sich aus eine sachgemäße Einsicht in das Wesen und den Sinn des Manipulierbaren. Bereits zu meinen Studienzeiten hatte mir der verehrte Lehrer und große Psychiater Eugen Bleuler die Augen dafür geöffnet, daß die modernen naturwissenschaftlichen Untersuchungen gerade zum eigentlich Menschlichen unserer Kranken keinen Zugang finden können. Dies verwehren ihnen grundsätzlich und deshalb auf immer ihre eigenen Denk-Voraussetzungen. Das war eine niederschmetternde Einsicht für den angehenden Arzt gewesen. Wie sollte ihm denn diese Wissenschaft je die rechten Leitlinien und den Sinn seiner ärztlichen Kunst aufzeigen können?

In dieser Not, die so viele meiner Kollegen mit mir bedrängte, kamen Sie zu Hilfe. Dank Ihrem unermüdlichen Bemühen verwandelte sich im Laufe der Jahre mein bloßes anfängliches Ahnen der grundlegenden Bedeutung, die Ihrem Denken auch im Bereiche der Medizin zukommt, in ein immer sichereres Wissen. In den von Ihnen herausgearbeiteten Wesenszügen des menschlichen Existierens erkannte ich den zuverlässigsten Grundriß einer Heilkunde, der mir bisher auf meinen Wanderwegen durch die Philosophie- und Medizingeschichte und auf meinen Forschungsreisen in den Fernen Osten und Fernen Westen vor Augen gekommen war. Seither sind Sie für mich auch der eigentliche Grundlagenforscher der Medizin. Erst vor dem Hintergrund Ihres Denkens lassen die Ergebnisse der modernen Biologie, Anatomie, Physiologie, Psychologie und Pathologie ihre wesentliche Bedeutung erkennen.

Ihrem Wunsch, die Hilfe Ihres philosophischen Denkens möglichst vielen leidenden Menschen angedeihen zu lassen, und meinem Bedürfnis nach einem soliden Rückhalt für meine ärztliche Wissenschaft entsprang die gemeinsame Idee der Zollikoner Seminare. Schon ist es über zehn Jahre her, daß diese Zusammenkünfte ihren Anfang genommen haben. Nie scheuten Sie die sehr erhebliche Belastung, jedes Semester ein-, zwei-, dreimal bei mir Gast zu sein, um die besten meiner Schüler und Mitarbeiter einem grundlegenden Denken, dessen sie als einseitig naturwissenschaftlich geschulte Psychiater so wenig mächtig waren, ein wenig näher zu bringen. Dutzende junger schweizer Ärzte und ehemaliger ausländischer Seminarteilnehmer wissen Ihnen heute tiefen Dank für die Geduld, mit der Sie immer von neuem der Schwerfälligkeit unseres eingleisigen Sehens zu Leibe rückten. Mit diesen Seminaren schufen Sie zahlreiche und unauflösliche Bande, die Sie mit meiner Vaterstadt und meinem Land verknüpfen. Mit Händen ist es zu greifen, in welch maßgeblicher und dauerhafter Weise Ihre Lehrtätigkeit im Kreise der angehenden Zürcher Psychiater und Psychotherapeuten Stil und Gestalt von deren ärztlicher Tätigkeit beeinflußte und ihr ein menschlicheres Gepräge gab. Doch welch unendliche Mühe hatten Sie nur schon aufzuwenden, bis Sie die jungen Leute zur Einsicht brachten, daß eine philosophische Besinnung über die Grundlagen ihrer Wissenschaft auch für sie als Ärzte – und erst recht für sie, die es mit lebendigen Menschen zu tun haben – eine unabdingbare Voraussetzung für eine wahre Wissenschaftlichkeit der Heilkunde und alles andere als eine bloß spielerische Freizeitbeschäftigung ist.

Später verstanden wir, daß und weshalb die Verfassung des Menschen und der Sinn seines Existierens nicht zu begreifen ist, solange man nach Art der herkömmlichen psychologischen Anthropologien das Mensch-Sein selbst zum Ausgangspunkt und Ziel der Untersuchung macht. Sie forderten von uns die Einkehr in die Grundfrage aller Philosophie, die wissen will, was es denn heißt, daß überhaupt etwas sein kann und »ist« und daß nicht einfach nichts vorliegt.

Sie lehrten uns also, dieses »*ist*«, das »Sein« als das größte Wunder zu bestaunen, das es gibt. Die Frage nach dem Sein als solchem hält Sie seit Ihren frühen Brentano- und Aristoteles-Studien in Atem. An ihr verzehrt sich Ihr Leben. Allein im Lichte dieser Frage kann denn auch das Mensch-Sein in seinem Eigensten offenbar werden. Von ihr aus zeigt es sich als solches, das von weit Höherem, als es selbst ist, in Anspruch genommen wird. Mensch-Sein wird von Grund auf als der weltweit offenständige Bereich eines Vernehmen-Könnens gebraucht, damit die Gegebenheiten, die mit ihren Bedeutsamkeiten und Verweisungszusammenhängen die Welt ausmachen, in ihn hinein aufgehen, zum Vorschein, zu ihrem Anwesen, ihrem Sein gelangen können. Wie und wohin sollte denn – gäbe es kein Wesen von der Art des offenständigen Mensch-Seins – irgendetwas anwesen, sich entbergen, das heißt: sein können? Mit diesen Funden Ihres Denkens gaben Sie uns Ärzten die wahre Würde des Menschen zu erkennen.

Indem Sie aber diese Menschenwürde als etwas nicht vom Menschen selbst Verfertigtes nachwiesen, kam eine dritte Wurzel, die Stammwurzel unserer Freundschaft, ans Licht. Es ist unser beider von weit her stammendes Durchdrungen-Sein vom Wissen um das In-Anspruch-genommen- und Gebraucht-Sein des Menschen von solchem, das ihn haushoch überragt. War meine Hingabe an solchen Auftrag eher dumpfer Art, ehe Sie mir den Star stachen, und wird sie auch entsprechend dem Abstand zwischen einem Genie und einem gewöhnlichen Mann immer von unterschiedlicher Stärke bleiben, meine gleichgerichtete Anstrengung schien Ihnen einer freundschaftlichen Beachtung wert zu sein.

Die so geartete Gemeinsamkeit eint uns schon dadurch, daß in ihrer Sicht das »Machen« des menschlichen Subjekts seine vom heute herrschenden Geist der Technik beanspruchte Vormacht verliert. Das Pochen des modernen homo faber auf die Subjektivität des Menschen erscheint dem, der sich als Hirt und Hüter eines Höheren versteht, als bodenlos. Dem, was höher ist als der Mensch, dem, was diesen aus sich heraus in sein Existieren entläßt, so wie es auch die vom Menschen vernehmbaren und von ihm zu hütenden Dinge in ihr Vorhandensein schickt, wurden schon viele Namen gegeben, obgleich es unsagbar ist und verborgen bleiben will. Es könnte sein, daß in der schier grenzenlosen Offenheit Ihres Denkens für die Ankunft dieses Absoluten seine unversiegliche Anziehungskraft für die wachen Menschen unserer gottfernen Zeit gründet. Ihre Aussagen verweisen still auf dieses Unsagbare, ohne es mit Wörtern zu belegen, die nicht bergen, sondern nur verschütten.

Zahlreich sind allerdings die Spötter, die den »späten« Heidegger nur noch für einen Poeten oder Mystiker halten, der längst den Boden einer »wissenschaftlichen Philosophie« verlassen habe. Solche Geister der Oberfläche übersehen jedoch erstens, daß der »spätere« sich keineswegs vom »früheren« Heidegger trennte, Kehre her oder hin. Heideggers Denken denkt immer noch vom Selben das Selbe, wie es einst spöttisch ein Sophist von Sokrates sagte und dabei nicht merkte, daß gerade dies das Schwierigste und Wichtigste ist. Ihre Kritiker versäumen zum anderen, die strenge Angemessenheit Ihres frühen und späten Denkens an das Gesagte, dessen »Objektivität« also im höchsten Sinne dieses Wortes, mit der üppigen und dunklen Magie zu vergleichen, die so viele Vorstellungen der modernen Wissenschaft durchherrscht.

Weil die meisten mit achtzig Jahren sich selbst bereits ein wenig überlebt haben, bekommen auch Sie immer häufiger zu hören, nun sei Ihre Philosophie aber endgültig überholt und unzeitgemäß geworden. Keiner, der so spricht, ist aber auch nur schon an sie herangekommen. Wie käme es sonst, daß Ihrem Denken eben erst der große Durchbruch in Japan und Amerika gelingt? Offenbar werden gerade die fähigsten Techniker unserer Welt gewahr, daß Sie alles andere als ein altertümlicher Verneiner des technischen Zeitalters sind. Sie spüren, daß Sie im Gegenteil wie keiner vor Ihnen das eigentliche Wesen der Technik zu denken vermögen. Dieser Geist der Technik ist selbst nichts Technisches. Daher läßt er sich auch nie technisch-wissenschaftlich fassen, sondern kann nur philosophisch, im Denken gefaßt werden. Sie aber vermochten dies in einer Weise zu tun, daß Sie uns Heutige aus einem dämonischen Gebanntsein in die Technik zu einem freien Verhältnis zu ihr führen können. Sie lehren uns, das technische Welt-Verhältnis, in dem wir Heutigen zu existieren haben, als ein Geschick der Menschheitsgeschichte zu begreifen. Damit lassen Sie uns seines unausweichlichen Auftragscharakters inne werden, nehmen ihm aber zugleich das Verhängnishafte eines endgültig über uns hereingebrochenen Absoluten und Letzten.

Wiederum sind Sie mit solcher Bestimmung der »Technik-Natur« – faßt man nur die Heilkunde weit genug – in den Bereich des Ärztlichen zurückgekehrt. Als Erheller des technischen Geistes sind Sie auch der Begründer einer wirksamen Präventiv-

Medizin. Bereits nämlich gehört die überwältigende Mehrzahl aller modernen Leiden zu den Krankheiten des Menschen, die man mit einem unglücklichen Namen die »psychosomatischen« nennt. Sie alle haben letztlich ihren Ursprung in einem nicht menschenwürdig bewältigten Verhältnis des Kranken zur modernen Industriegesellschaft unserer Tage. Erste Voraussetzung einer vorbeugenden Korrektur solch pathogenen Sozial-Verhaltens ist die klare Einsicht in das eigentliche Wesen der diese Gesellschaft bestimmenden Technik.

Ihr Medard Boss«

SACHVERZEICHNIS

Abiturientraum 308
Abstraktion 170
Abwesenheit 231
Acception 5, 7, 35, 233–234
Ärzte, über die jungen 318, 359
Ärztliche Erfahrung 342
Ärztliches Helfenwollen 202
Affekt 211
Afrika 245
Ajati-Lehre 296
Alpen 71
Analyse 148
Analytik 148–150
Andenken 213, 216, 275
Angst 256
Angsthaben 81–83
Anlaß 263
Annahme 5–6
Anspruch 272
Anthropologie 156, 159, 164, 197, 279, 302
Anthropomorphisierung 246
Antworten 206
Anwesen 152, 205, 223–224, 228, 248
Anwesendes 128–129, 229, 272–273
Anwesenheit 129, 155, 201, 221, 227, 229, 231, 272–273, 283
Anwesen 223–224
Anwesenheitsmodus 195
Apfelbeispiel (Galilei) 35, 37

Aphasie 248
Apodiktische Gewißheit 11
Apriorischer Begriff 170
Arbeiten 265
Arzt 134, 250, 263, 273
Arzt, Terminologie 250
Atombombe 177, 204
Atombombenexplosion 204
Atommodell 267
Atomphysik 174, 176, 264
Atomuhr 71, 222
Atomzerfall 221–222
Aufenthalt 85–86, 204–205
Aufmerksamkeit 278
Auge 107–109, 293
Ausgedehntheit 243
Automobil 65
Autoritäten 131

Bahnhof 110
Bannung 196
Baum 170–171, 221
Baumstamm 209–210
Beanspruchung 183, 185–186
Befindlichkeit 82, 182, 210
Befund 89
Begegnen 270
Begriff 164, 169–171, 234
Begriffsfeindlichkeit 162, 169
Begründen 267
Behältnis 215
Behalten 84, 86, 213, 216, 275

Behalten, Kritik am 275
Beherrschbarkeit 135
Belastung 261–262
Berechenbarkeit 135–139, 184, 198, 244, 251, 262, 265, 268
Beweggrund 233
Bewegung 35, 37, 160
Bewegung, Arten der 201
Beweis 6, 32, 89, 270
Beweisen 89, 246, 267, 273
Bewußtsein 157, 185, 188–191, 207, 228, 233, 239, 259–260, 283–285
Beziehung 232
Bezogen-sein 144, 292–293
Bild 88, 92
Blume 65
Blutkörperchen 246
Blutzellveränderung 246
Böse 208
Buch 283
Buschneger 64

Christliche Mystik 224
Computer 268

Da 156–158, 221, 239
Dank 333
Dasein 3–4, 105, 113, 122, 151, 156–159, 161–164, 182, 188–189, 195, 203–206, 208–209, 236–237, 240–242, 277, 279–281, 283, 292, 324, 351, 356
Daseinsanalyse 147, 150, 157, 159, 161–163, 172, 178–179, 237, 239
Daseinsanalytik 147–148, 150–151, 157, 159, 161–162, 238
Daseinsphänomen 151
Dauern 56, 70–71
Definition 169
Denken 149, 154, 301, 358

Determinismus 272
Ding 136–137, 228, 231, 350
Dortsein 94
Drängen 217, 219
Drang 218–219

EEG 245
Effekt 32–33, 243, 268, 324–325
Ego 235
Ego cogito 138, 142
Einbildung 92, 245
Eindeutigkeit 180
Einfachheit 133
Einfühlungstheorie 144
Einsicht 233
Ekstatischer Bezug 228, 357
Elektrischer Impuls 244
Empfindung (Husserl) 185
Empirischer Begriff 170
Endlichkeit 183, 224–225, 230
Energie 294
Engramm 215
Entelechie 250
Entlastung 187
Entmenschlichung 224
Entsprechen 206
Enttäuschung 13
Erdalter 221
Erde 221–223, 227
Ereignis 223, 228, 230, 241–242, 291, 351
Erfahrung 149
Erinnerung 86, 98–99, 201, 215–216, 251
Erkenntnistheorie 103, 243
Erklären 202, 266
Erklärung 214
Erröten 106, 118, 144
Erstaunen 133
Es 220
Ethik 273
Etwas 165

Evidenz 138
Exaktheit 173
Examen 262–263
Existenz 6, 11, 39
Existenzbeweis 89
Existenzial 158–159, 162–163, 180, 255, 258–259
Existieren 3, 158, 234, 257–258
Experiment 166–167, 198, 243
Experimentalphysik 198

Farbe 243, 249, 281
Fensterkreuz 107–109, 113, 244–245
Filmfestival 133
Flakgeschütz 118
Fortschritt 133, 178
Fragen, richtiges 125
Fragen, sachgerechtes 46
Frauenwesen 212
Freies 17
Freiheit 199, 202, 272–274
Früher-sein 227
Fundamentalontologie 159, 236–238
Fundamentum absolutum inconcussum 142, 154
Fundieren 28

Ge- 118
Gebärde 115–118
Gebrauchsding 169
Gedächtnis 200–201, 213, 250–251, 275
Gedanken 90–93
Gefühl 251
Gegenständliches 268
Gegenständlichkeit 23, 128–130, 137, 150, 152, 164, 167–169, 190, 260, 284

Gegenstand 128, 130, 137, 150, 165–166, 169, 175, 184, 190, 197, 261–262, 284, 350
Gegenstandsfeindlichkeit 162, 169
Gegenstandstheorie 165
Gegenwärtigen 84, 86
Gegenwart 155, 275
Geheimnis 216
Gehirn 245, 250
Gehirnforschung 123
Gehirnprozeß 124
Geist 141
Geist-/Leib-Verhältnis 244, 248, 292–293
Gelichtetheit 223, 225
Gemälde 245
Genetische Betrachtungsweise 266
Genmutationstechnik 177
Geschichtlichkeit 230
Geschick 74
Gesetz 32
Gespräch 268
Gestell 224, 353, 360
Gestimmtheit 82, 182, 210–211, 251, 263
Gestimmtsein 211, 251–252
Gesundsein 58–59
Gewärtigen 84, 86
Gewesenes 201
Gewesen-sein 227
Gewißheit 10–11, 123, 137–138, 142, 154
Gewißheit, apodiktische 11
Gewißheit, assertorische 11
Geworfenheit 182–184
Glas 70–71, 107–109, 188–189, 283–285
Glauben 269
Gleichgültigkeit 252
Gleichmütigkeit 252

Götter, Flucht der 332
Götzendienst 133
Gott 224
Greifen 107–109
Grenze 230
Griechen 348–349
Grund 28
Grund, Satz vom 267
Grundannahme 270
Grundlagen 243
Grundphänomen 86–87
Grundstimmung 272
Grundverfassung des Da-seins 286, 295

Haben 78–79
Hängen 217, 219
Hallen 226
Halluzination 195–196
Hand 107–109
Hang 219
Heidegger-Lektüre, Reihenfolge 361
Hellen 226
Herbstzeitlose 65
Hermeneutik 163
Hermeneutischer Zirkel 262
Hier 111–112
Hier-sein 93–95, 110–112, 127, 141, 145
Hinnehmen 10
Historie 230
Hören 125–126
Horizont 19
Humanitas 199
Hyletische Daten 185–186, 261

Ich 3, 220
Ich-Subjekt 54
Idealismus 191, 243, 284
Identität 172, 267

In-der-Welt-sein 3, 122, 126, 145, 157, 181–182, 202–204, 206, 208–209, 217, 219–220, 228, 236–237, 239–241, 244, 248, 251, 261, 265, 286, 295, 339
In-der-Zeit-Sein 57, 72–73
Indisches Denken 223–225, 318
Industriegesellschaft 353
Informatik 359–361
Information 75, 96, 346
Innestehen 232
Intentionalität 191, 284–285
Interpretation 69
Introjektion 208
Intuition 131, 142

Jetzt 41–44, 50, 60–61
Jetzt-Abfolge 55, 60, 65, 85
Jetzt, Öffentlichkeit des 61
Jetzt-Punkt 60, 76, 227
Jetzt-Sagen 50–51, 79–80

Kategorie 158–159, 170
Kausalität 21, 23–24, 26, 28, 31, 35, 37, 162, 170, 176, 233, 262, 272, 295
Kausalprinzip 176–177, 295
Kausalzusammenhang 7–8, 26, 234, 243, 260
Kernphysik 130, 177, 267–268
Kind 274–275
Körper 38–39, 43, 109, 112–113, 116, 245
Körpergrenze 112–113
Körperuntersuchung 109
Kongresse 330
Kontinuität 256
Kranker Mensch 23, 133
Krankheit 58–59, 202
Krankheitszustand 266
Kritik 99–100, 175

Krokus 65
Künstler 245
Kultur 133
Kybernetik 24–25, 118–120, 160, 352

Langeweile 80–81, 205, 261–262
Lassen 280
Leere 17–18
Lehren 301
Leib 99, 105, 108–114, 116, 121, 131–132, 140, 202, 231, 244–245, 292
Leiben 113, 140–141, 244–245, 248
Leibesphänomenologie 116, 202
Leibgrenze 112–113, 245
Leiblichkeit 105, 122, 258, 293
Leibphänomen 105, 107, 110, 112–113, 118, 121, 124, 126, 131–134, 141, 144, 202, 232–233
Leibproblem 99, 105, 111, 122, 132, 140
Leib-sein 131
Lernen 301
Libido-Theorie 217
Licht 16, 246, 272
Lichtung 16–17, 188, 204, 221, 223–224, 227–229, 232, 239, 242, 254, 258, 268, 283, 325, 351
Liebe 237–238
Liegenlassen 213–214
Logik 170–171, 175

Macht 358
Männlichkeit 212
Malariakranker 263
Mannheit 212

Mann-Vater-Verhältnis 38
Mannwesen 212
Massenpunkte 32, 35, 37, 265
Maß 129–130
Maßstab 134
Materie 294
Mayaschleier 230
Mechanik 217
Meditieren 225
Medizin 34, 243, 249, 279
Mediziner 232, 275
Meinung 304
Mensch 249
Mensch, Definition 119
Menschenalter 222
Menschenmaschine 178
Menschsein 32, 94–95, 100, 133, 151, 157–158, 160, 179–181, 183, 185, 243, 247
Menschseins, Grundzug des 94, 260
Mensch/Tier (Unterschied) 113–114, 117, 119, 306
Messen 7, 129–135, 141, 251
Meßbarkeit 23, 127–135, 140, 244, 248, 267
Meßtechnik 135
Methode i. d. Naturwissenschaft 167
Metaphysik 74, 152, 155, 189, 203, 228, 231
Methode 104, 121–124, 131–134, 136–137, 144, 167–169, 175–176, 178, 347
Methodisches Denken 304
Miteinandersein 145, 151, 161, 187
Mitmensch 144
Mitsein 145–146, 183, 207–208
Mitteilung 206, 346
Mittelalter 153
Modell 267–268

Möglichkeiten 203
Motiv 25–28, 249, 262
Motivation 21, 25
Motivationszusammen-
hang 233
Mythologisches Triebwesen
218

Nächstliegendes 36–38
Nähe 230
Narrenhaus 316
Natur 21, 23, 30, 32–34, 36–37,
165–168, 175, 184, 190, 198
Natura 203
Naturbegriff (Galilei, Newton)
198
Naturentwurf 34, 265
Naturwissenschaft 28, 30–37,
73–76, 119, 127–128, 132, 135,
139, 149, 160, 164–165, 167–
168, 174–175, 180, 190, 198,
243, 245–246, 248, 260, 265,
271
Naturwissenschaft, Grundlagen
133–144
Naturwissenschaft, Verabsolutie-
rung 160
Naturwissenschaftliche Vergegen-
ständlichung 139
Naturwissenschaftliche Vorstel-
lung 272
Naturwissenschaftliches Denken
127–128, 336, 342
Negation 58–59
Nervenreiz 246, 277
Netzhautbild 107
Nutzloses 204

Objekt 123, 137, 140, 153–155,
159, 165–166, 168, 175, 228,
234, 237, 240–242

Objektivität 23, 49, 123, 129,
137, 140, 155, 159, 168
Östliches Denken 230
Offenbar 5
Offenbarkeit von Sein 155, 222
Offenes 14, 16, 20
Offenheit 9, 188, 234, 239
Offensein 188–189, 272
Offenständigkeit 94–95, 247,
258, 272, 292
Offenstehen 94
Ontisches Phänomen 7, 234
Ontologie 159–160, 162–163,
168, 238, 254, 259, 279
Ontologische Differenz 39,
240–241, 254–255, 318
Ontologisches Phänomen 7, 59,
234, 281
Ort 40, 189

Palme 206
Pathologische Phänomene 229
Peinlichkeit 214–215
Pensionierter 187
Person 3
Phänomen 35, 75, 80, 106, 111,
221, 233–234, 324, 345
Phänomen, Zurückführung
111
Phänomenblindheit 96–97
Phänomene, nicht wahrnehm-
bare 234
Phänomenen, Sehen von 80,
324, 345
Phänomenologie 82, 125, 143,
156, 165, 172, 246, 265, 279
Phänomenologie des Leibes
231
Phänomenologische Denkweise
76
Phantasieren 207
Phantomschmerz 277–278

Philosoph 35
Philosophie 249
Phon 186
Physik 23, 33–34, 73–74, 159–160, 165–166, 175–179, 243
Physiker 35, 64–65, 89, 294
Physikers, Existenzbeweis des 89
Physiologie 199–200
Pietismus 228
Plunder 62
Präsenz 76
Preßluftbohrer 186
Prinzip 102
Privation 58–59, 61, 63, 70, 94–95, 262
Projektion 207–208, 210
Projektionstest 211
Psyche 3, 102–104, 131–132, 217, 249–250, 271
Psychiatrie 178–179, 183, 255, 301
Psychisches 24, 131–132, 248
Psychoanalyse 219
Psychoanalytische Lebensgeschichte 202
Psychodynamik 233
Psychologie 3, 161, 197, 201, 217, 271, 305
Psychose 66
Psychosomatik 99–101, 121, 248
Psychotherapie 178, 270, 299–300

Quantenmechanik 177

Rakete 111
Raum 8–9, 11–12, 14–20, 32, 35–40, 42–43, 109–112, 114, 189–190, 234, 267, 273, 283
Raumbestimmung 39
Reales Prädikat 5, 8, 11, 39

Rechnendes Denken 329, 340, 347
Reflexion 171, 229
Regel 31–32
Regelung 346
Reiz 181, 207, 330
Relativitätstheorie 73, 122
Religion 21
Repräsentation 191, 301, 304
Res cogitans 273
Rorschach-Tafel 211
Ruhe 303

Sache 18
Sachhaltigkeit 11
Sagen 114, 117, 126
Sanskrit (»wit«) 265
Satz vom Grund 28–29
Schätzen 130
Schallwellen 186
Schirm 213
Schizophrenie 66, 95
Schmerz 106, 110, 261
Schmerzempfindung 277
Schokolade 299, 313
Scholastik 131, 152
Schuhmacher 205
Seele 47, 260
Sehen 8, 88, 108–109, 293
Sehenlassen 117
Sein 20–21, 43–44, 155–156, 221–222, 234
Sein, Grundcharakter 283
Sein und Seiendes 21, 39, 152, 234, 240–241, 254–255
»Sein und Zeit« 150–152, 155–157, 159, 161, 163, 180, 182, 187–188, 204, 242, 303
Sein-bei 90–96
Sein/Dasein, Selbigkeit 206
Seinkönnen 203, 209–210
Seinlassen 280–281

Seinsfrage 152, 155–156, 158–159, 162
Seinsverständnis 197, 236–237, 239, 242, 244–245, 248, 260, 277
Selbst 113, 220, 228
Selbstbewußtsein 189, 191, 284–285
Selbstkritik (Wissenschaft) 74
Selbstzerstörung des Menschen 123–124
Sich-anmessen 130
Sich-einlassen 141, 143–144
Sich-verhalten 277
Silberschmiedbeispiel 22
Sinnesreize 206–207
Sinnlichkeit (Kritik an Kant) 248
Soeben 43–44
Sogleich 43–44
Sokrates-Anekdote 30
Solipsismus 151
Soma 102, 121, 131–132, 249–250
Somatisches 131–132, 248
Sonne 195–196, 260, 272
Sorge 151, 217, 219, 237, 265, 286
Spezifische Differenz 169
Sprache 19, 83, 117, 119, 126, 182–183, 232, 248–249, 268, 277
Sprache, Verflachung 62
Sprechen 114, 126, 269
Sterben 293
Steuerbarkeit 346
Stimmung 244
Stoffwechsel 270
Streß 179–187, 342
Stuhl 248, 256
Stunde 62–63
Subjekt XVII, 3, 23, 54, 84, 123, 129, 140, 144, 153–154, 165, 168, 203–204, 234, 237–238, 240, 242–243, 249, 280
Subjekt, Mensch als XV
Subjekt-Objekt-Beziehung 122, 162
Subjekt-Objekt-Spaltung 237, 240, 286
Subjektivität 138, 140, 155–156, 168, 170, 206, 238, 286, 334
Substanz 220
Summation 249
Supposition 5–7, 35, 37, 165–166, 169, 233–234
Supposition, naturwissenschaftliche 37
Symptom 148, 156, 205
Synthese 249

Tänzerin 211
Tautologie 30
Technik 133, 135, 228, 352
Technisches Denken 324
Theorie 198–199, 243, 246, 273
Therapie 270
Tier 19, 268, 306–307
Tisch 8–9, 11–16, 18–20, 56, 127–130, 134, 169–170, 184, 188, 221, 234, 272–273, 283
Tod 230, 277
Trägheitsgesetz (Newton) 38
Tränen 105–106
Transzendentale Ästhetik 149
Transzendentale Elementarlehre 149
Transzendentale Logik 149
Transzendenz 237, 239–242, 286
Trauer 106–107
Träume 288–289, 308
Transport 115
Trieb 217–218
Triebhaftigkeit 219

Über-Ich 220
Überlieferung 275
Übertragung 210
Uhr 36, 41, 49–53, 78, 114–115, 227
Uhr, Krankengeschichte 66–70
Uhrablesen 80
Uhr-Zeit 57, 61–63
Umwandeln 246
Umwelt 247, 258
Unbewußtes 233, 260
Unmittelbar 35, 274
Unmittelbar Erfahrbares 225
Unterstellung 37–38
Unverborgenheit 216, 235
Ursache 22, 233, 263
Ursachen, vier (der Griechen) 22

Verbergung 228–229, 232
Verborgenheit 216
Verdrängung 214–215, 229, 357
Verfallen 219, 256, 274
Vergegenständlichung 139, 271, 295
Vergegenwärtigung 87–99, 110, 126, 215–216
Vergessen 212–214, 216
Vergleichen 129–130
Verhältnisse 205
Verhalten 54, 197, 205, 232, 246–247
Verlautbarung 126
Vermittlung 254
Vernehmenkönnen 4
Ver-rückt 64–65
Verschlossenheit 94
Versprechen 233
Verstehen 182–183, 233
Vorausberechenbarkeit 23, 135, 178

Voraussetzungen, unausgewiesene 328
Vorgestelltheit 129
Vorhandensein 84, 94, 112, 125, 246
Vorstellung 88, 92, 184, 206, 234
Vorstellung (Kant) 234
Vorträge 301

Wachskerze (Descartes) 140, 143
Wahrheit 32–33, 123, 130–131, 137, 242
Wahrnehmung 98–99, 186, 201–202, 244
Wanduhr 66–69
Welt 242
Weltbetrieb 316
Weltentwurf 253
Weltformel 268
Weltlichkeit 221
Weltvorstellung, wissenschaftliche 351
Weltzivilisation 133
Weltzustand, gegenwärtiger 332
Wer 205
Wesen 220–221, 239, 243
Wesen des Menschen 197, 260
Wesensbegriff 220
Wesenseinsicht 221
Wirkliches 7
Wirklichkeit 117, 243–244
Wirkung 22
Wissen 189, 203, 260, 265, 283
Wissenschaft 20, 23–24, 122–125, 134, 136–137, 139, 143, 149, 159–160, 164, 167–168, 173, 176–180, 183–184, 249, 259, 262, 267, 347, 358–359
Wissenschaft, Definition 259
Wissenschaft, Entmachtung

Wissenschaft, neuzeitliche 124, 136–137, 139
Wissenschaftsfeindlichkeit 154, 162, 341
Wollen 217, 219, 274
Worauf 246
Woraus 246
Wort 232
Wünschen 217, 219, 274
Würgendes 274–275

Zeit 32, 35–37, 40, 65–67, 69–86, 155–156, 222
Zeit, Charaktere der 56–63, 77, 80
Zeit, Datiertheit der 54–55, 60–61, 63–64
Zeit, Deutsamkeit der 54, 60, 63–64
Zeit, Dimensionen der 61, 63
Zeit, Frage nach der 45
Zeit, Geweitetheit der 60–61, 63
Zeit, Homogenität 267
Zeit, Öffentlichkeit der 61–63
Zeit, Phänomen der 75
Zeit, was ist 56
Zeit-Angabe 53
Zeit-Gabe 53
Zeit haben 53–55, 58, 77–85
Zeit sein, in der 53, 55–57, 70
Zeitbegriff (Aristoteles) 158
Zeitbestimmung 52–53
Zeitbewußtsein 47–48
Zeitbezug, gestörter 55
Zeiterlebnis 47–48
Zeitigen 85–86
Zeitmessung 73, 77, 227
Zeitproblem 69
Zeitsinn 47–48
Zeug 248
Zirkel 103
Zitelosa 65
Zürcher Hauptbahnhof 87–96
Zürich 78
Zukunft 204, 275

PERSONENVERZEICHNIS

Akeret, R. 251
Allemann, B. 314
Anaximander 45
Aristoteles XVI, 6, 20–22, 36, 38–39, 43, 45, 47, 74, 152, 158–159, 190, 195, 198, 201, 234, 250, 314
Augustinus 45–47, 143, 323

Bachmann, I. 63
Bally, Ch. 314
Beaufret, J. 216–217, 307, 335
Bergson, H. 47, 57
Binswanger, L. 150–151, 157, 236, 238–240, 253–257, 259, 286, 308, 312, 341
Blankenburg, W. 254–255, 342–344
Bleuler, M. 203
Bohr, N. 267
Boss, M. 24, 40–41, 121, 147, 161, 174
Brentano, F. 165, 191, 284
Bürger-Prinz, H. 25
Bultmann, R. 310

Cézanne, P. 262, 344
Cicero 117

Descartes, R. 23, 129, 131, 135–136, 138–140, 142–143, 152, 154–155, 185, 189, 239, 244, 273, 284, 334, 339

Dührssen, A. 179

Ebeling, G. 321
Einstein, A. 73, 294–295

Fischer, F. 66
Freud, S. XVII, 6–7, 148, 156, 214, 217–218, 228–229, 233, 260, 282
Fritz-Nigglis 200

Galilei, G. 21, 23, 32–33, 35, 37, 40, 74, 142, 149, 175, 198, 201, 204, 265
Gebsattel, E. v. 300
Gehlen, A. 268
Goethe, J. W. v. 168, 170, 268–269, 311, 328
Grassi, E. 339
Grimm, Gebr. 83–84

Häfner, H. 253
Haßler 343
Hebel, J. P. 336
Hegel, G. W. F. 74, 153, 243, 263, 354
Hegglin, R. 99, 105, 119, 127
Heidegger, M. IX–XIX, 149–150, 174, 202, 230, 247
Heisenberg, W. 161–162, 176–177, 268–269, 310
Heraklit 45, 311
Herder, J. G. 268

Hölderlin, F. 183, 303, 314, 331–333
Homer 116, 148
Husserl, E. 48, 142, 152, 155–156, 165, 185–187, 191, 239–241, 261, 284–285, 339

Jones, E. 148
Jores, A. 179

Kant, I. 5, 8, 20–22, 31–32, 36, 38–39, 113, 140, 148–150, 152, 155, 159, 168, 170, 176, 190, 234, 239–242, 248, 260–261, 284, 334
Kommerell, M. 322
Kopernikus, N. XVII

Lacan, J. 350
Larese, D. 341
Leibniz, G. W. 28, 143

Marx, K. 243, 280, 354, 360
Mitscherlich, A. 303

Newton, I. 21, 32, 38, 74, 149, 160, 175, 198, 267
Nietzsche, F. 33, 105, 153, 167, 176, 212, 320

Ott, H. 319

Parmenides 45, 152

Petzet, W. 317
Planck, M. 7
Plato 59, 126, 234
Plügge, H. 182, 185–186, 342, 344
Prader, A. 200

Rilke, R. M. 63
Ruffin, H. 308

Sartre, J.-P. 202, 277, 292
Schultz-Henke, H. 305
Schwidder, W. 179, 247
Schwyzer, R. 346
Simplicius 45
Sokrates 30, 174, 205, 303
Sonnemann, U. 330
Staiger, E. 304
Strauß, E. 314
Sullivan, H. S. 197
Szilasi, W. 238, 308–309

Teilhard de Chardin, P. 71

Uexküll, Th. v. 133, 249, 339

Wagner, F. 343
Weizsäcker, V. v. 249, 314, 336, 339, 341
Wiener, N. 118–119

Zerbe, G. 118

[Verfasser: Dr. med. Klaus-Henning Gypser, Glees (2005)]